普通高等教育“十一五”国家级规划教材

国家级一流本科课程“逻辑导论”教材

新编21世纪哲学系列教材

逻辑学导论

第5版

陈 波 著

Introduction to Logic

中国人民大学出版社

·北京·

内容简介

本书是一本新型的逻辑教科书，适合于大学文理科的逻辑教学，力图贯彻一个核心理念：逻辑学是对于理性精神的培养和训练。本书在一个统一的框架内讨论了数理逻辑、传统逻辑、归纳逻辑和非形式逻辑的核心内容。全书由六章组成，分别是：逻辑是关于推理和论证的科学、命题逻辑、词项逻辑、谓词逻辑、归纳逻辑和非形式逻辑。本书各章后面有概要、思考题和练习题，为了帮助读者延伸阅读，书末附有“推荐阅读书目”。

作者简介

陈　波　1957年生，中国人民大学哲学博士，武汉大学哲学学院人文社科讲席教授。专业领域为逻辑学和分析哲学。2018年当选为国际哲学院（IIP，巴黎）正式院士，2021年当选为国际科学哲学院（AIPS，布鲁塞尔）正式院士，2022年当选为国际逻辑学、方法论、科学技术哲学分会（DLMPST）理事会六人提名委员会成员。

先后赴芬兰赫尔辛基大学、美国迈阿密大学、英国牛津大学、日本日本大学做访问学者或合作研究各一年。承担国家社科基金项目（5项）、教育部项目（4项）和北京市项目（1项），多次结项被评为“优秀”，目前为国家社科基金重大项目“当代逻辑哲学重大前沿问题研究”首席专家。主要著作有：《对话、交往、参与——走进国际哲学共同体》、《分析哲学——批评与建构》、《逻辑哲学研究》、《奎因哲学研究——从逻辑和语言的观点看》、《悖论研究》、《理性的执著——对语言、逻辑、意义和真理的追问》、《与大师一起思考》、《逻辑学导论》、《逻辑学十五讲》和《逻辑学是什么》等。在国内外重要期刊发表学术论文300多篇，其中在国际A&HCI期刊发表英文学术论文20多篇。其成果先后获得教育部（3项）、北京市（5项）和金岳霖学术奖（3项）等重要学术奖励。

教学方面，独自开设的慕课“悖论：思维的魔方”和“逻辑导论”均入选“国家级一流本科课程”，还曾获得“北京大学优秀教学成果奖”“北京大学优秀教材奖”等。

第5版序言

2021 年 9 月，我从北京大学哲学系调入武汉大学哲学学院工作，在这里仍然每学期使用本教材给本科生开设“逻辑导论”课程，先后给弘毅学堂、哲学强基班学生等开课，亦开放给其他学生选修。我把在北京大学的教学模式和考试模式搬到武汉大学，因为我觉得武汉大学学生和北京大学学生处于同一水准，因此教学内容及考试要求也应该一样。开始时遇到一些困难，经过一些小幅度调整，教学效果在不断改善中。

2016 年，我在北京大学首次开设慕课“悖论：思维的魔方”，迄今累计注册学员近十万人，2019 年获评“国家级一流本科课程”。2019 年，我在北京大学第二次开设慕课“逻辑导论”，累计注册学员十多万人，2023 年又获评“国家级一流本科课程”。我独自做了两门慕课，都获评“国家级一流本科课程”，深感欣慰。

无论是在北京大学和武汉大学的课堂教学，还是在“逻辑导论”线上慕课中，所使用的教材都是我独自撰著的《逻辑学导论》。2018 年，该教材（第 3 版）获评“北京大学优秀教材”。2020 年，该教材出了第 4 版。在后来的教学过程中，我的课堂教学的学生，我的慕课“逻辑导论”的注册学生，以及该教材的一些自学者，先后当面或用邮件向我指出了该教材第 4 版中的一些小瑕疵，所以我决定对《逻辑学导论》（第 4 版）做小幅修订，出第 5 版。

我的两位博士生唐瑞雪、李懿迪从头至尾认真阅读《逻辑学导论》，查验一切可能的错误和有疑义的地方，然后交给我仔细审核，做最后定夺。对于唐瑞雪、李懿迪的辛勤付出，对于来自授课学生和普通读者的不吝指正，我深表谢意。一如既往，感谢本书责任编辑吴冰华女士高质量的编辑工作，也感谢中国人民大学出版社一再接受出版本教材的新版本。

陈　波

2023 年 5 月 24 日

第4版序言

2018年，北京大学评选出69种优秀教材，我的《逻辑学导论》(第3版) 名列其中。根据规定，以后新版或新印时，封面上要印上“北京大学优秀教材”的字样。

尽管《逻辑学导论》获评优秀教材，但不意味着它没有缺点，相反要不断修订，使其更趋完善。我以极其认真的态度着手此次修订，主要集中在下面两点：

第一，依据使用本教材的北大学生的反馈，也依据使用本教材的外校老师和同行的反馈，改正排印错误、表述错误，甚至是小的内容差错。这种改动在第二章“命题逻辑”和第四章“谓词逻辑”中比在其他各章中明显多得多。希望通过此次修订，有差错或有争议的地方显著减少，最好是完全没有了，但我知道做到后一点几无可能。

第二，各章末尾加上了练习题。出本书第2版时，除了各章练习题外，还有“综合练习一百题”，而本书属于“新编21世纪哲学系列教材”，中国人民大学出版社对该套教材的篇幅大小有统一要求，若加上所有练习题，本书的篇幅太大了，经我同意，出本书第3版时，就不把练习题放在书内，而是放到网上供读者自由下载。不过，使用此教材的不少老师和学生向我反映，教材中不放练习题，使用起来不太方便。考虑到读者的这种感受，经与出版社商议，这次修订时我还是依循惯例，把练习题置于各章末尾，并重新设计了部分练习题，但为了压缩篇幅，去掉了“综合练习一百题”。

我要对很多人表示谢意。选修我的“逻辑导论”课程（先为通选课、后为核心通识课）的各届北大学生，累计起来达四五千人。他们中有很多人帮助我查找书中的讹误和疏漏，用电子邮件、打印稿或当面逐一告知我。山西榆次的田茂老师先后为《逻辑学导论》的多个版本制作勘误表，用电子邮件发给我。此次修订时，北大博士生郑植以认真负责的态度提供了实质性帮助，把全书通读一遍，提出修改建议，帮助设计部分练习题。

本书责任编辑吴冰华女士一如既往地高质量地编辑了此书。在此，我谨对所有提供帮助的人士表示衷心的感谢！

欢迎各位读者暨学界同人继续批评指正！

陈　波

2019年8月16日

于博雅西园寓所

第3版序言

我在北京大学开设“逻辑导论”通选课，使用《逻辑学导论》这本教材已达10年。在教学过程中，听到了来自学生和其他读者的不少反馈，在对本教材做充分肯定的同时，也指出了一些小瑕疵和待修改之处。本着对读者负责和对学术负责的精神，经与中国人民大学出版社商定，决定修订本书第2版，出版第3版。

第3版对第2版做了如下一些修改：

（1）在第一章，对“逻各斯”的古希腊词源做了更翔实的梳理；在对逻辑学三大源流的原有概述之后，加写了西方逻辑学从古罗马至当代发展的简史；把第四节标题由“逻辑学和理性精神”改为“逻辑基本规律”。

（2）在全书各章正文结束之后，分别加写了“本章概要”，后面接“思考题”。

（3）在第二章，加写了对命题逻辑形式语言的完整刻画，用“公式”的定义取代了“真值形式”的定义，然后再把公式解释成真值形式；对 P^N 推理规则做了更严格的表述，并改变了其表述次序。鉴于所谓的“分析推理”在国外GMAT、LSAT以及国内GCT、MBA等考试中占有一定比重，在第七节中，运用命题逻辑知识对两组10道分析推理题做了解析，以期读者概略地理解如何解答这类考题。

（4）此次第3版修订，由于篇幅所限，本书的练习题、练习题中的选择题答案，以及各章PPT课件均放到网上，有兴趣的读者可到下列网址下载：http://www.crup.com.cn/xs/。

（5）在第三章，改写了有关三段论的还原和公理化的部分，论证了把AAA-1式和EAE-1式作为三段论公理的说法不成立；重新改写了第四节“直言命题的存在含义问题”，把第五节“文恩图解法”改写成“三段论有效性的图解判定”，具体解说了如何使用欧拉图和文恩图去判定三段论式的有效性。

（6）在第四章，对一阶树形图的画图规则做了更精细的解释，特别说明了：在使用 $\neg\forall$ 规则和 $\exists_-$ 规则时，可以把树干上面的公式勾掉；但在使用 $\forall_-$ 规则和 $\neg\exists$ 规则时，却不能把上面的公式勾掉，由此导致一阶树形图可能无法终结。对 Q^N形式推演做了更精细的阐述，提供了更多的 Q^N 证明和推演的例证。完全改写了第六节，通过引入等词“=”扩大了一阶语言 L 的表达能力，例如，可以刻画“至少两个”、“至多两个”和“恰好两个”等量词，并能刻画具有唯一性的限定摹状词。

（7）鉴于《〈逻辑学导论（第 2 版）〉教学辅导书》并未被广泛使用，第 3 版不再配套出版教学辅导书。

（8）除上面所列修改之外，还有对第 2 版从头至尾或大或小的文字修改和符号调整，以及例题的更换等，不再一一列举。

我要感谢北京大学选修过我开设的“逻辑导论”课的各届同学们。自本教材于 2003 年出版以来，除出国一年外，我几乎每学期都开设此课程，选修人数通常在 150 人～200 人，同学们学习很认真，理解力很强，考试成绩很好，逼得我不得不一再加大讲授和考试的难度。他们在学习过程中提出了很多好问题，指出了本书第 2 版的某些错讹之处，等等。说到这里，我要特别感谢北京大学生命科学院博士生李鑫同学，她数年前作为本科生选修过我开设的“逻辑导论”，学得很认真，也学得很好。于是，我当时邀请她从头至尾审查本教材 1～4 章，找出可能的错讹之处，从学生和读者的角度提出修改建议。她认真地做了这项工作，我在此次修改过程中充分考虑了她的意见和建议，采纳了其中一部分。她还帮助校对了这个新版本的清样，再次感谢李鑫同学！此外，我还要感谢其他大学使用本教材的教师和同学们，其中有些人通过邮件与我联系过，探讨过有关问题，提出过好的意见和建议。

最后，我要感谢中国人民大学出版社出版本书第 3 版，感谢前两版编辑杨宗元女士和吴冰华女士认真负责的编辑工作，特别感谢第 3 版编辑吴冰华认真负责的编辑工作。当然，一切错讹皆由我个人负责。

欢迎读者们继续提出批评和建议！

陈　波

2013 年 12 月 15 日

于京郊博雅西园

第2版序言

本书自 2003 年 1 月出版以来，我本人把它用作北京大学全校通选课“逻辑导论”的教材，连续使用四次，使用人数约 600 人。同学们对这部教材予以充分肯定，认为它非常清楚明白，即使自学也能够看懂；文字也比较有趣；思考题和练习题比较好；等等。也有一些其他学校的教师使用此教材，他们在给我的电子邮件中对这部教材大加肯定，认为无论从研究角度还是从教学角度看，都非常有特色、有深度，在同类著作中属上乘之作。南开大学哲学系任晓明教授还发表一篇公开书评，归纳、总结出本书的六大“亮点”，认为它引领了新的潮流。① 但是，无论是学生还是教师都觉得本书的思考题和练习题偏难，因此呼吁要有一本与此教材配套的教学辅导书，特别是习题解答；在教学过程中，我也发现本书有一些值得修改之处。经与中国人民大学出版社协商，决定对本教材进行修订，出第 2 版，同时出版与第 2 版配套的教学辅导书。这也算兑现了我在第 1 版序言中所做出的承诺：“如有可能，我将根据读者反馈和新的情况，及时对本教材做出修改，并适时推出新的版本。”

第 2 版对第 1 版的修订主要包括：

（1）订正了在第 1 版中出现的一些笔误和印刷错误；

（2）对第 1 版正文中的小部分内容做了一些删减、增补；

（3）对第 1 版的某些文字做了重新处理，使其更为准确和流畅；

（4）更换了第 1 版各章后面的一小部分练习题；

（5）全书末尾新增了 100 道综合练习题；

（6）为节省篇幅，特将第 1 版“附录：形式化方法和形式系统”删去；

（7）根据学生要求，列出了“推荐阅读书目”，作为本课程的延伸读物；

（8）更重要的是，满足了学生和教师的要求，另出版一本与本教材配套的教学辅

① 任晓明. 生活世界的逻辑可能吗?：从陈波的《逻辑学导论》谈起. 社会学家茶座，2004 (1).

导书；

（9）相应地，教材各章后面的“本章提要”删去，扩充为教学辅导书中的“本章要点”。

我知道，即使我认真予以修改，本书的第2版可能仍然存在这样或那样的不如意之处甚至错误，我也将一如既往地欢迎使用本书的学生和教师指出本书的缺点和不足，如有必要，我将适时做出新的修改。

本书属于“普通高等教育‘十五’国家级规划教材”之一种，其写作曾受到北京大学教材办公室资助，特此致谢。同时，对本书责任编辑吴冰华女士高质量的编辑工作表示诚挚的谢意。

陈　波

2005年12月12日

于京郊博雅西园

第1版序言

本书是我近20年来关于逻辑教学的思考和实践的浓缩和总结。

关于逻辑教学如何改革，朝什么方向改革，我国逻辑学界的争论可谓大而久矣！学界同仁提出了各种各样的观点、建议、方案甚至具体教材，其中不乏比较纯粹或者比较极端的立场。在学术上，我是一个不那么容易随声附和的人。尽管我从来没有发表文章或讲演去实际地介入这场争论，但我一直在从理论和实践两方面积累资料，进行思考。近20年来，我一直站在逻辑课的讲台上，讲过各种各样的逻辑课程。从教学对象上说，除研究生课程外，有以大学生为对象的，也有以自学高考生为对象的，近年则有以MBA考生为对象的。从内容上说，讲过传统形式逻辑，甚至是它的简化版本；讲过偏重传统形式逻辑的逻辑导论课程，以及偏向现代数理逻辑的逻辑导论课程；还有近年以MBA考生为对象、有点模仿国外批判性思维的逻辑课程。在这些教学过程中，使用过不同类型、不同版本的逻辑教材。与此同时，我把目光投向国外，经常跑国家图书馆和北大图书馆，近20年来持续跟踪国外（这里当然是指西方，主要是指英美）的逻辑教材走向及编写方法。我发现，国外逻辑教材主要有三种类型：(1) 数理逻辑型，主要讲两个演算，即命题演算和谓词演算，这种逻辑教材在20世纪40—70年代较多，如美国著名逻辑学家兼哲学家奎因（或译蒯因，W. V. O. Quine）的《逻辑方法》(1950)、苏佩斯（Patrick Suppes）的《逻辑导论》(1957) 以及柯匹（Irving M. Copi）的《符号逻辑》(1957)，但这种教材近来并不特别行时。(2) 逻辑导论型，它注重给学生建构关于逻辑的一个整体轮廓，传达关于逻辑的某种观念，注重各种内容兼收并蓄，既有涉及符号逻辑的部分，也有非形式的部分，有时还讲一点逻辑技术背后的思想及其有关的哲学问题。这方面最成功的教材是：美国夏威夷大学哲学系教授柯匹编写的《逻辑学导论》，它自1953年出版以来，到2001年已经出了11版，被广泛使用达半个世纪之久，至今仍被列为热门首选；美国马里兰大学哲学系教授卡哈尼（Howard Kahane）编写的《逻辑与哲学》，它自1969年首版以来，迄今为止已出8版；美国圣地亚哥大学哲学系教授赫尔利（Patrick

J. Hurley）编写的《简明逻辑导论》，迄今为止已出8版，有国外教授告诉我，这是目前卖得最好的逻辑教科书。（3）批判性思维型，它从20世纪70年代开始出现，到现在为止接近占领国外逻辑教学的半壁江山（30%～40%），在内容上它有意淡化技术性过强的部分，注重日常思维的具体实践的分析，特别是对日常思维中推理和论证的分析，十分注意逻辑对日常思维的有用性，其口号是"逻辑教学应该与生活相关，与人们的日常思维相关"。我还有机会在芬兰赫尔辛基大学和美国迈阿密大学各待了一年，也听了一些逻辑课程。所有这些教学实践，对国外文献的跟踪、搜索、研读，以及在国外大学的访问研究，都对我的逻辑教学观的形成产生了不同程度的影响。

我逐渐认为，逻辑教学应该达到如下三个方面的目标：（1）在知识层面上，要讲清楚逻辑学的来龙去脉、目前状况以及与其他学科的相互关联，讲清楚最常用、最重要的一些推理、论证形式，以拓宽学生的知识视野。（2）在能力层面上，要教会学生分辨有效的推理和无效的推理，以便他们正确地推理和论证，识别和反驳错误的推理和论证。（3）在素质层面上，要培养学生的分析理性精神，使他们能够使用清楚、明晰的概念，条分缕析、按部就班、层层递进式地思考。也就是说，逻辑学课程应该是对于理性精神的培养和训练。为了达到这样的目标，首先需要有一本好的教材，而一本好的教材应该具有以下特征：（1）应通过它的体系架构和内容设置，帮助学生建构起一种正确的逻辑观念，以及逻辑学发展到目前为止的大致的整体形象。（2）应通过它的重点内容设置，使学生能够熟练掌握和运用最基本的逻辑技术和技巧。（3）应该使学生领悟到隐藏在逻辑技术背后、推动逻辑学发展与演变的那些思想和精神，防止学生把逻辑学视为一堆无关痛痒的雕虫小技的汇集。（4）要有好的思考题和练习题，它们不应该是课程或教材内容的简单重复，做作业不应该是比照前面的知识填空或照猫画虎，而应该对学生的智力构成某种挑战。（5）作为教材，内容要难易适度。如果太难，使得教师没法教、学生很难学，那并不表明编写者的水平很高，而只表明他或他们对内容、陈述方式做了不适当的选择和处理。教材当然不能太容易，太容易表示信息量不足，从而使教学成为多余。（6）教材的写作应该特别的清楚、严谨，文字应该清通可读，最好也做到有趣和美。为什么教材文字非得千人一面，而丝毫体现不出编写者的个人特点呢？在写作本书时，我把以上各项要求作为我的自觉追求，时时悬之于心，但究竟做得如何，只好交由使用本书的教师和学生去评判了。欢迎对本书的一切评论、批评和建议。如有可能，我将根据读者反馈和新的情况，及时对本教材做出修改，并适时推出新的版本。

本书的撰写受益于许多方面。首先受益于国内逻辑学界的有关讨论；其次受益于国外的有关逻辑教科书；再次受益于这些年来我在逻辑教学过程中所使用过和参考过的国内各种逻辑教科书及参考书；还受益于在教学过程中学生的反馈以及与我的讨论。从2000年起，我应全国MBA考试指导委员会邀请，撰写国内MBA逻辑考试辅导教材，使我介入到国内MBA逻辑考试之中，并由此对国外的GRE、GMAT、LSAT等逻辑考试也有所了解，这对本书的写作绝对产生了正面的影响。本书的练习题中就引入了此类考试中所用的多项选择题。撰写本书受益之处是如此之多，资料收集的时间跨度是如此之长，以致难以确定究竟在哪一点上从哪本书或哪个人那里受益，这就涉及文献出处的注释问题。例如，本书作为例证和习题会用到一些材料，但在很多时候，我难以确定它最早究竟出现在何处，谁是它的最早的收集人或首倡者，是全盘照引还是有我的修改和添加，是学术共同体集体智慧的结晶还是某个人的个人成果，于是我只好设定它们属于“公共知识”的范畴，并对所有对它们有所贡献的知名或不知名的同人表示诚挚的谢意。

本书是应邀为中国人民大学出版社的“21 世纪哲学系列教材”撰写的，但我希望它的使用者不限于哲学系，它实际上可以作为各种逻辑学课程的教材，包括文理各学科，只要根据课时需要或教学对象对本书内容稍做取舍，目录中以 * 号注明的那些节目可以略去不讲，各章最后一节“综合应用”是供读者自己阅读的，以便他们用活知识，课堂教学也可以略去。并且，那些真正想对逻辑有所了解和掌握的读者也可以从本书中获益。我个人相信，本书完全适合这些不同的需要和目的。本书约稿合同早在 2000 年初就已签署，但 2001 年初才开始动手，由于诸事缠身，断断续续写了近三分之一。2002 年初，我作为受美国学术团体理事会、国家科学院、社会科学研究理事会共同资助的 CSCC Fellow，来到美国迈阿密大学哲学系，与国际知名的逻辑学家兼哲学家苏珊·哈克（Susan Haack）合作研究一年，此行当然另有任务，我则利用这里比国内单纯和清净的环境，以及良好的办公条件（有一间自己的办公室及相应的办公设施），抽空将开了头的《逻辑学导论》一书写完。所以，我也应该对我的美国主人们表示诚挚的谢意。当然，我还要感谢中国人民大学出版社给了我这样一个机会，并且感谢本书责任编辑张利芳、杨宗元认真编辑此书，从而使它以现在的面貌问世。

本书的写作还得到“北京大学创建世界一流大学计划”资助，在此一并致谢。

陈 波

2002 年 10 月 5 日

于美国迈阿密大学

目录

第一章　逻辑是关于推理和论证的科学

第二章 命题逻辑

第三章 词项逻辑

第四章　谓词逻辑

第五章　归纳逻辑

第六章 非形式逻辑

第一章

逻辑是关于推理和论证的科学

第一节 “逻辑”的词源和词义

一、“逻辑”的古希腊词源

从词源上说，“逻辑”最早可以追溯到一个希腊词，即“逻各斯”（λόγος，英语 logos，其复数形式是 logoi）。“逻各斯”是多义的，其主要含义有：

（1）一般的规律、原理和规则。一般认为，古希腊哲学家赫拉克利特最早将这一概念引入哲学，认为“逻各斯”是一种隐秘的智慧，是世间万物变化的一种微妙尺度和准则。在斯多亚派那里，“逻各斯”是宇宙事物的理性和规则，它充塞于天地之间，弥漫无形。在新柏拉图主义那里，“逻各斯”表示展现在可感世界中的可理解的支配性力量。在这个意义上，“逻各斯”是西方哲学史上最早提出的关于规律性的哲学范畴，与中国老庄哲学的“道”庶几近似。

（2）言语、命题、说明、解释和论证等。例如，斯多亚派认为，“逻各斯”包括两个部分：内在的“逻各斯”就是理性和本质，外在的“逻各斯”是传达这种理性和本质的语言。亚里士多德根据第一原理阐述“逻各斯”。在基督教中，“逻各斯”指上帝的话语。

（3）理性、推理、推理能力、与经验相对的抽象理论以及与直觉相对的有条理的推理。例如，柏拉图在《理想国》一书中用“逻各斯”一词表示灵魂的理智部分。

（4）尺度、关系、比例和比率等。例如，亚里士多德曾谈到音律的“逻各斯”。

（5）价值、分量。例如，赫拉克利特谈到人的“逻各斯”大于其他事物的“逻各斯”。

上述说法得到了语言学研究的印证。有人指出，logos 在现代希腊语中的现代诸义，汇集了词根 leg-（说、讲）义变的三条主要线索，如图 1－1 所示：

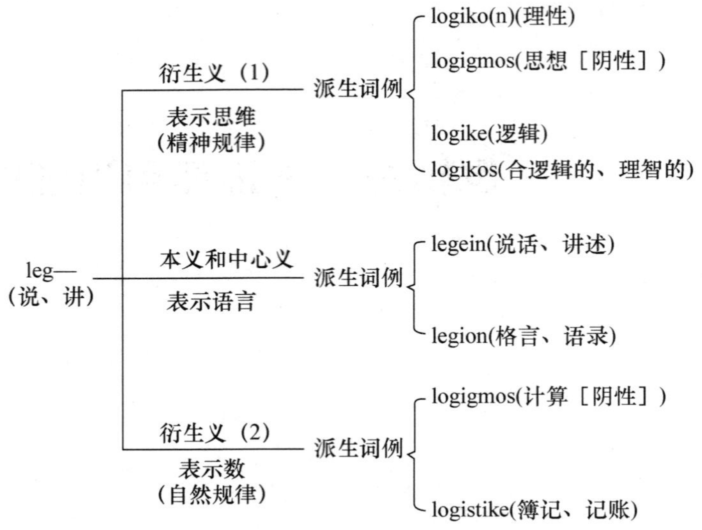

图 1-1

图中所举出的只是现代希腊语的部分词例，但这样的意义分化事实上在古希腊语中就已开始。legein 表示说话，含有"清楚明确、有条不紊地陈述"的意思。清楚明确、有条理地说话，就是合于理智、合乎逻辑地运用言语。对语言和思维的密切关系的认识，便是词根从"说话"一义衍生出"理性""逻辑"一组意义的心理基础。至于"计算"之义的出现，同样不是偶然的。人们计数时往往念念有声，数数的过程因此也是自言自语的过程。人们可以拿英语的"tell"比较，它也兼有"说、讲"和"数数"的意思。①

不管怎样，"逻各斯"的基本词义是言辞、理性、秩序、规律，故它在拉丁语中译为"ratio"，后转为法语"raison"，最后成为英语"reason"和"rationality"的字根。其中核心含义又是"秩序"和"规律"，其他含义都是由此派生出来的。例如，"有秩序的""合乎规律的"就是合乎"理性"的；"推理"就是按照"规律"进行有"秩序"的、有条理的思维。因此，西方各门科学的词尾"学"（-logy），均起源于"逻各斯"这个词，"逻辑"一词更是从它引申出来的。

尽管亚里士多德在"议论"或"论证"的意义上使用过"逻各斯"一词，但他更多地用"分析"或"分析学"去表示他关于推理的理论。据史料记载，斯多亚派使用过"逻辑"一词，认为它包括论辩术和修辞学两部分。逍遥学派和古罗马的西塞罗则比较正式地使用了"逻辑"一词，但古罗马更多地用"论辩术"（dialectica）表示包括逻辑和修辞学的科学。欧洲中世纪的逻辑学家有时用"logica"、有时用"dialectica"表示逻辑。直到近代，西方才通用"logike""logique""logic"等表示逻辑这门科学。

西方逻辑早在明代就开始传入中国。一开始，中国译者们按先秦传统来理解"logic"，先后将其译为"名学"、"辩学"、"名辩学"、"理则学"和"论理学"等等。李之藻（1565—1630）与人合作翻译了葡萄牙人所写的一部逻辑学讲义，译为《名理探》。清朝末年，逻辑方面的翻译著作有《辩学启蒙》（1896）、《穆勒名学》（严复译，1905）等。

---

① 姚小平. Logos 与"道"：中西古代语言哲学观同异谈. 外语教学与研究，1992（1）.

严复是将“logic”译为“逻辑”的第一人，但他并未加以提倡、推广，而是选用了“名学”作为他的译著的书名。直到20世纪30—40年代，“逻辑”译名才逐渐流行开来，并慢慢获得通用。不过，在中国台湾地区，直到20世纪后半期，仍有逻辑学教材被冠以“理则学”等名称。

在现代汉语中，“逻辑”一词同样也是多义的，其主要含义有：

（1）客观事物的规律，例如：“历史的逻辑决定了人类社会将一直向前发展。”“适者生存，优胜劣汰，这是自然界的逻辑，也是市场竞争的逻辑。”

（2）某种理论、观点，例如：“只许州官放火，不许百姓点灯，这是哪一家的逻辑！”“‘强权即公理’，这就是霸权主义者所奉行的逻辑。”还有人著书《大学的逻辑》，探讨大学管理之道。

（3）思维的规律、规则，例如：“某篇文章逻辑性强”，“某个说法不合逻辑”，“只有感觉的材料十分丰富和合于实际，人们才能根据这样的材料，做出合乎逻辑的结论来”。

（4）逻辑学或逻辑知识，例如：“大学生应该上逻辑课”，“在一般人的印象中，逻辑很难学”，“现代管理人员，为提高自身的综合素质，学一点逻辑很有必要”。

二、逻辑学的历史与现状

本书所要讲述的是作为一门科学的逻辑，它是既古老又年轻的。

说逻辑学古老，是说它历史悠久，源远流长。从起源上看，它有三大源泉：

1. 古希腊的形式逻辑

古希腊逻辑以亚里士多德的词项逻辑和斯多亚派的命题逻辑为代表。

亚里士多德（Aristotle，公元前384/3—前322），史称“逻辑之父”。他的逻辑著作有：《范畴篇》、《解释篇》、《前分析篇》、《后分析篇》、《论题篇》和《辩谬篇》，后人将其编辑在一起，冠以《工具论》之名。在这些著作中，亚里士多德讨论了范围广泛的逻辑问题，例如：概念范畴问题，提出了著名的“四谓词”“十范畴”学说；直言命题及其相互关系，模态命题及其相互关系；直言三段论，模态三段论；证明理论，其中提出了比较系统的公理化思想；论辩、谬误以及对谬误的反驳。此外，在《形而上学》一书中，还重点探讨了矛盾律和排中律。总起来说，亚里士多德建立了一种“大逻辑”框架，在后来十几个世纪中占据统治地位的逻辑教学体系，即“概念→判断→推理→论证→谬误及其反驳→思维基本规律”，在他那里已成雏形。但他的主要逻辑成就，还是以直言命题为对象、以三段论理论为核心的词项逻辑理论，该理论迄今为止没有实质性变化，只不过做了少许改良和添加。

斯多亚派从公元前4世纪一直延续到公元6世纪，活动时间长达千年，本身经历了早期、中期、晚期的变化，早期偏重于认识论和逻辑学，晚期偏重于社会伦理问题。它因常在画廊（stoa）聚集讲学，而被称为“画廊学派”（即stoa学派）。在历史上，它几乎与柏拉图的雅典学园和亚里士多德的逍遥学派齐名。斯多亚派的逻辑学包括论辩术和修辞学，前者是关于意义的科学，教授人们怎样用问答式正确地论述观点和探讨问题，具体包括语言理论和认识理论；后者是关于语言表达的科学，教授人们怎样连续地正确讲话。该学派在逻辑史上的贡献是：把 lekton（意义）当作逻辑学研究的主题，提出了与亚里士多德完全不同的命题分类体系，即把命题首先分为原子命题和复合命题，并着重讨论了复合命题，对多数命题联结词给予真值函项解释，并发现了联结词的可互定义性。例如，关于联结词“如果……那么……”的意义，他们就给出了四种不同的解释，分别相当于现代数理逻辑中的“实质蕴涵”、“形式蕴涵”、“严格蕴涵”和“麦柯尔蕴涵”。他们明确陈述了五个非证明推论为公理，给出了四个元逻辑规则，并在此基础上证明了“难以计数的”定理，从而构造了一个初步自足的公理化的命题逻辑推论系统。所以，有的论者说：“命题逻辑的第一个系统的建立约在亚里士多德之后的半个世纪：它是斯多亚派的逻辑。”[①]不过，由于复杂的历史原因，斯多亚派的逻辑学说在实际的历史进程中并未产生多大的影响。

2. 中国先秦时期的名辩学

中国先秦逻辑亦称为“名辩学”（或名学，辩学），以名、辞、说、辩为主要研究对象，其代表人物有邓析、孔子、惠施、公孙龙、墨翟及其后学、荀子、韩非等，其中墨翟（约公元前468—前376）及其弟子形成墨家学派，曾风靡于整个战国时期，在逻辑学上成就最高。

《墨经》是后期墨家的创作，包括《经上》、《经下》、《经说上》、《经说下》、《大取》和《小取》六篇。《墨经》讨论了“名”，其作用是“以名举实”，其种类有达名、类名、私名，形貌之名和非形貌之名，兼名和体名等。也讨论了“辞”，其作用是“以辞抒意”，其种类有“合”（直言命题）、“假”（假言命题）、“尽”（全称命题）、“或”（特称命题）、“必”（必然命题）、“且”（可能命题）等。但《墨经》论述的重点在“说”与“辩”。“以说出故”，“说，所以明也”。“说”就是提出理由、根据、论据（即所谓“故”）来论证某个论题。“辩，争彼也。辩胜，当也。”下面一段话是关于“辩”的一个总说明：

> 夫辩者，将以明是非之分，审治乱之纪，明同异之处，察名实之理，处利害，决嫌疑焉。摩略万物之然，论求群言之比。以名举实，以辞抒意，以说出故。以类取，以类予。有诸己不非诸人，无诸己不求诸人。（《小取》）

这里，前半段是说辩的目的和功用，后半段是说辩的方法和原则。《小取》谈到了七种具体论式：或、假、效、辟、侔、援、推；《经说》上下说到过“止”。“推”和“止”主要用于反驳，其他五种均同时适用于“说”和“辩”。

3. 古印度逻辑

印度逻辑主要是正理论和因明，它起源于古代印度的辩论术，在形成和发展的过程中，逻辑和认识论的内容始终结合在一起。正理论的发展包括古正理和新正理。因明是佛家逻辑的专称，其中“因”指推理的根据、理由，“明”指知识、智慧，“因明”就是关于推理、论证的学问。因明的体系是建立在古正理的基础之上的，分为古因明和新因明。古因明中有所谓的“五支作法”，由宗（论题）、因（理由）、喻（例证）、合（应用、适合）、结（结论，即论题）五个部分组成。例如：

> 宗：声是无常。

---

① 卢卡西维茨. 亚里士多德的三段论. 北京：商务印书馆，1981：61.

因：所作性故。

同喻：若是所作便是无常，犹如瓶、盆、碗、缶等。

合：声亦如是，是所作性。

结：故声无常。

异喻：若非所作便为常住，犹如空等。

合：声不如是，是所作性。

结：故声无常。

新因明将五支作法简化为三支作法。例如：

宗：此山有火。

因：此山有烟。

同喻：凡有烟处皆有火，犹如厨房。

异喻：凡无烟处皆无火，犹如江河。

五支作法和三支作法，明显都是某种推理、论证形式。除推理理论以外，印度逻辑中还有“过论”（谬误论）等内容，十分丰富。

不过，在实际的历史进程中，中国先秦逻辑和古印度逻辑都有中断，没有进入世界逻辑发展的主流。唯有肇始于古希腊逻辑的西方逻辑有相对完整的历史，它后来成为世界逻辑发展的主流，现代逻辑就是以它为基础发展而来的。

古罗马逻辑重点在翻译、解释古希腊的逻辑著作，没有多少实质性的逻辑创新。从12世纪至15世纪，欧洲中世纪逻辑开始进入鼎盛期，非常广泛的逻辑问题得到了研究，如范畴词和助范畴词、命题的语义学、命题逻辑推论系统、三段论逻辑、广义模态逻辑和不可解问题（即悖论）等，这是西方逻辑发展的第二个高峰期。从文艺复兴时期开始探讨观察实验方法，培根（Francis Bacon，1561—1626）、密尔（John S. Mill，1806—1873）创立传统归纳逻辑。随后进入西方逻辑发展的第三个高峰——数理逻辑时期，它肇始于德国人莱布尼茨（G. W. Leibniz，1646—1716）的伟大构想：把所有的推理化归为计算，使推理的错误成为计算的错误，以至哲学争论也可以通过计算来解决。他意识到，要达到此目标，必须做两件事情：一是构造“通用语言”，二是构造理性演算。英国人布尔（Gorge Boole，1815—1864）用数学方法研究思维和逻辑问题，建立了“布尔代数”，允许有类解释、命题解释、概率解释和电路开关解释。德国人弗雷格（Gottlob Frege，1848—1925）创立了一套特别的符号语言（概念文字），建立了一个包括命题逻辑、带等词的一阶谓词逻辑和高阶逻辑的现代逻辑系统，使莱布尼茨的“把推理化归为计算”的理想部分得到实现。英国人罗素（Bertrand Russell，1872—1970）与其导师怀特海（A. N. Whitehead，1861—1947）合作，完成三大卷巨著《数学原理》，独立于弗雷格的工作，创立了包括命题演算、一阶谓词演算、关系演算和摹状词理论在内的现代逻辑体系。奥地利人哥德尔（Kurt Gödel，1906—1978），于1929年证明一阶逻辑的完全性，1931年证明包括初等数论在内的形式系统的不可完全性。至此，数理逻辑才真正创立，此后朝数学方向发展，形成集合论、模型论、递归论和证明论等分支；1950年代后朝哲学方向发展，形成被称为“哲学逻辑”的新兴逻辑分支群体。近年来，逻辑学进入哲学、计算机科学、认知科学、语言学等学科领域，形成了许多新的研究热点。

说逻辑学年轻，是说它朝气蓬勃，充满活力，已经或者正在发展成为一个庞大的逻辑学科体系。可以将目前盛行的基础学科、应用学科和边缘交叉学科的划分移植到逻辑学领域，相应地把逻辑学的各个分支一次性地划分为基本逻辑、应用逻辑、广义逻辑三大类。具体分类如下：

1. 基本逻辑

（1）经典逻辑：命题逻辑，词项逻辑，（带等词的）谓词逻辑，模态逻辑。

（2）非经典逻辑：直觉主义逻辑，相干逻辑，多值逻辑，量子逻辑，模糊逻辑，偏逻辑，自由逻辑，非标准量化逻辑，非单调逻辑，条件句逻辑，次协调逻辑，一般内涵逻辑等。

（3）元逻辑：一阶元理论。

（4）归纳逻辑：传统归纳逻辑和概率归纳逻辑。

2. 应用逻辑

认知逻辑（问题逻辑、知道逻辑、相信逻辑、断定逻辑等），动态逻辑，时态逻辑，道义逻辑，命令句逻辑，优先逻辑，行动逻辑，存在逻辑，莱斯涅夫斯基本体论，部分和整体逻辑，拓扑逻辑，对话逻辑等。

3. 广义逻辑

（1）逻辑和数学的交叉：高阶逻辑，公理集合论，模型论，递归论，证明论，布尔代数，兰姆达演算，组合逻辑等。

（2）逻辑和哲学的交叉：一般方法论（演绎科学方法论、经验科学方法论），辩证逻辑，逻辑哲学，（皮亚杰意义上的）心理逻辑等。

（3）逻辑与语言学的交叉：符号学（语形学、语义学、语用学），自然语言逻辑，语言哲学等。

（4）逻辑与其他学科的交叉：伍德格尔的生物学逻辑。

三、逻辑学的对象：推理和论证

逻辑学是关于推理和论证的科学，它的主要任务是提供识别有效的推理、论证与无效的推理、论证的标准，并教会人们正确地进行推理和论证，识别、揭露和反驳错误的推理和论证。

推理是从一个或者一些已知的命题得出新命题的思维过程或思维形式，其中已知的命题是前提，得出的新命题是结论。例如，下面两段话都表达推理：

［例1］

如果谁想活得明白一点，谁就必须拥有足够的资讯。谁都想活得明白一点，所以，谁都必须拥有足够的资讯。

［例2］

我们都是瞎子。吝啬的人是瞎子，他只看见金子看不见财富。挥霍的人是瞎子，他只看见开端看不见结局。卖弄风情的女人是瞎子，她看不见自己脸上的皱纹。有学问的人是瞎子，他看不见自己的无知。诚实的人是瞎子，他看不见坏蛋。坏蛋是瞎子，他看不见上帝。上帝也是瞎子，他在创造世界的时候，没有看到魔鬼也跟着混进来了。我也是瞎子，我只知道说啊说啊，没有看到你们全都是聋子。

一般来说，推理的前提陈述在前，结论陈述在后。但也不尽然，有些推理完全可能把结论陈述在前，例 2 是一个归纳推理，它的第一句话就是该推理的结论。又如：

［例 3］

动物种属不是固定不变的，因为如果动物种属是固定不变的，进化就是一个神话，而进化并不是一个神话。

例 3 中第一句话也是它所表达的那个推理的结论。

一般而言，可以根据一些语言标记去识别推理的前提和结论。例如，跟在“因为”、“由于”、“假设”、“如果”、“鉴于”、“由……可以推出”以及“正如……所表明的”等词语之后或占据省略号位置的句子是前提，跟在“因此”、“所以”、“那么”、“于是”、“由此可见”、“由此推出”、“这表明”以及“这证明”等词语之后的是结论。由于构成推理的各句子之间存在意义关联，有时候人们可以省略这些语言标记，而专门靠句子之间的意义关联去区分前提和结论。例如，“他是一位孤寡老人，我们应该好好照顾他”，这个复句表达的并不是并列关系，而是由意义关联所体现的推理关系，其中第一句话是前提，第二句话是结论。

推理通常分为演绎推理和归纳推理。演绎推理一般被说成是从一般到个别的推理，即根据某种一般性原理和个别性例证，得出关于该个别性例证的新结论。归纳推理则被说成是从个别到一般的推理，即从一定数量的个别性事实，抽象、概括出某种一般性原理。但更精确的说法是：演绎推理是必然性推理，即前提真能够确保结论真；归纳推理是或然性推理，前提只对结论提供一定的支持关系，前提真结论不一定真。上面说到的例 1、例 3 是演绎推理，例 2 是归纳推理。以演绎推理为研究对象的逻辑理论，叫作“演绎逻辑”。以归纳推理为研究对象的逻辑理论，叫作“归纳逻辑”。

论证是用某些理由去支持或反驳某个观点的过程或语言形式，通常由论题、论点、论据和论证方式构成。论点即论证者所主张且在论证过程中要加以证明的观点。论点本身可以成为论题，但论题还可以是论辩双方所讨论的对象，例如：“是否应该用法律的形式禁止婚外恋?”论据是论证者用来支持或反驳某个论点的理由，它们可以是某种公认的一般性原理，也可以是某个事实性断言。论证要使用推理，甚至可以说就是推理：一个简单的论证就是一个推理，它的论据相当于推理的前提，论点相当于推理的结论，从论据导出论点的过程（即论证方式）相当于推理形式。一个复杂的论证则是由一连串相同或者不同的推理所构成的，只不过其中的推理过程和形式可能错综复杂。正是在这一意义上，常常把论证和推理同等看待。不过，推理和论证之间有一个重要的区别：推理并不要求前提真，假命题之间完全可以进行合乎逻辑的推理，例如：“如果所有的金子都不是闪光的，那么，所有闪光的东西都不是金子。”但论证却要求论据必须真实，以假命题做论据不能证明任何东西，故“巧克力不是可以吃的，石头是巧克力，所以，石头不是可以吃的”这个推理并不构成对“石头不是可以吃的”这个命题的一个证明，但下面的推理却构成对“中国不能再落后”的一个证明：“如果谁落后，谁就会挨打。中国不想再挨打，所以，中国不能再落后。”

第二节　命题分析和逻辑类型

推理是由命题组成的，推理的前提和结论单独看来都是一个个命题。于是，对命题的不同分析就会导致对推理结构的不同分析，并最终导致不同的逻辑类型。但是，在具体讨论推理和命题之前，我们有必要梳理一下几个重要的概念如“语句”、“命题”、“陈述”和“判断”，并由此确定它们中谁是能够为真或为假的东西。

一、语句、命题、陈述、判断与真值

关于什么是“真”，什么是“假”，我们取一种古老的说法，也是一种常识的说法：“说是者为是，非者为非，是真的；说是者为非，非者为是，是假的。”这是亚里士多德提出来的，是一种符合论的观点，我们大概也都会同意。例如，在天下雪的时候，说“天在下雪”是真的，而说“现在天气真热，大概有40℃”是假的。根据中国历史记载，说“李白是一位天才诗人”是真的，说“李白是一位伟大的政治家”则是假的。“真”和“假”在逻辑学中统称“真值”，那么要问：是“谁的”真值？也就是说，什么东西可以为真或者为假？能够为真或者为假的东西，叫作“真值承担者”。在语句、命题、陈述和判断中间，谁是真值承担者？

“语句”有广义和狭义之分。广义的语句即语言学中的语句，它是一种语言单位，由某种语言内的语词或词组按一定的语法规则组成，其特点在于：合乎语法规则，具有明确的意思。这种意义的语句包括陈述句、疑问句、祈使句、感叹句四种类型。狭义的语句除具有上述特点外，还必须能够作为真值承担者，即（1）必须或者肯定或者否定；（2）必须或者为真或者为假。这种意义的语句只包括陈述句、某些特殊的疑问句（如反诘句：“难道香山红叶不美吗?!”）以及特殊的感叹句（“祖国啊，母亲!”）。很多现代逻辑学家常在狭义上使用语句概念。

“命题”一词有两种主要用法，其中最常见的是把它理解为语句的含义，即由一语句表达的能够被各认知主体公共理解的思想内容，能够为真或为假。于是，语句和命题就是一种表达和被表达的关系。若广义地理解语句，则（1）所有命题都由语句表达，但并非所有语句都表达命题，例如疑问句、祈使句、感叹句一般不表达命题，因为它们没有真假可言；（2）不同语言的不同语句，甚至同一语言中的不同语句，可以表达同一命题；（3）由于词汇歧义、结构歧义、指示性短语以及语境等因素，同一语句可以表达不同的命题。若狭义地理解语句，则所有命题都由语句表达，且所有语句都表达命题。

“陈述”一词有时指说出或者写出某个或某些语句的动作或行为，如陈述案情，陈述自己的观点等；有时作为名词，表示说出或写出一个陈述句或似陈述句（反诘句和某些感叹句）时所述说的东西，即由这些句子所表达的思想内容。在这个意义上，“陈述”几乎与“命题”同义。

“判断”就是被实际断定为真或为假的命题。对于同一命题，人们可以采取不同的态

度，如断定、相信、猜测、反驳、询问、怀疑等，这些都是对命题的态度，简称“命题态度”（propositional attitudes）。举例来说：

李四开窗户。

李四开窗户？

李四开窗户！

这三个句子分别具有陈述、建议、命令这三种态度。顺便说一下，命题的另一种含义就是：用不同语气说出或写出几个句子时所共同表达的东西，如上面三个句子中所表达的“李四开窗户”。

判断与命题的区别在于：命题未必经过断定，被断定了的命题才是判断。例如，哥德巴赫猜想“任一大于 2 的偶数都可以表示为两个素数之和”就是一命题，本身有真假，但究竟是真是假，尚未证明，尚未被断定，所以只是命题，不是判断。因此，判断除具有命题的两个特征，即或者肯定或者否定，或者为真或者为假之外，还有第三个特征：或者被断定为真或者被断定为假。由于判断与一定的断定者相关，是因断定主体而异的，例如一位数学家的知识库与一位农民的知识库有交叉的部分，但不交叉的部分远远大于交叉的部分；还由于判断涉及断定和非断定，具有心理主义色彩，在现代逻辑中几乎弃而不用。

综上所述，语句是一种可见可闻的物质性客体，而命题、陈述、判断则是精神性的东西，它们由语句表达，但不能归结为语句，而是人们在听到或见到一个语句时所理解

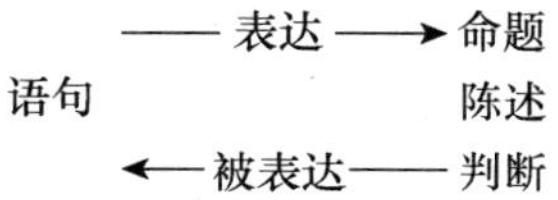

图 1－2

的东西。用下图表示：可以说，狭义语句、命题、陈述、判断都是能够为真或为假的东西，都是真值承担者。但我认为，语句所表达的意思——命题才是本来意义上的真值承担者，语句则是派生意义上的真值承担者。由于狭义语句都表达命题，且命题都被狭义语句所表达，为简单起见，我们在下面混用“语句”和“命题”这两个概念。

二、复合命题和命题逻辑

对命题的第一种分析方法是：把单个命题看作不再分析的整体，称为“简单命题”或“原子命题”，通过一些联结词把它们组合成为更复杂的命题。在日常语言中，这类联结词有：

（1）联言联结词：并且，然后，不但……而且……，虽然……但是……，既不……也不……

（2）选言联结词：或者……或者……，也许……也许……，要么……要么……

（3）条件联结词 A：如果……则……，只要……就……，一旦……就……，只有……才……，不……就不……，……除非……

（4）条件联结词 B：当且仅当，如果……那么……并且只有……才……

(5) 否定联结词：并非，并不是

为简单起见，我们用"并且"作为第一类联结词的代表，用"或者"作为第二类联结词的代表，用"如果，则"作为第三类联结词的代表，用"当且仅当"作为第四类联结词的代表，用"并非"作为第五类联结词的代表。通过这些联结词，我们可以由一个个命题，如"李冰能力很强"，"李冰品德高尚"，"樱桃红了"，"芭蕉绿了"，等等，组合成为更复杂的命题。例如：

(6) 樱桃红了并且芭蕉绿了。

(7) 李冰能力很强或者李冰品德高尚。

(8) 如果王强身高 1.8 米，则王强是高个子。

(9) 只有姚刚不畏劳苦，他才能获得成功。

(10) $x+5=10$，当且仅当，$x=5$。

(11) 并非所有的花都是有香味的。

这里，(6) 叫作"联言命题"，(7) 叫作"选言命题"，(8)—(10) 叫作"假言命题"("条件命题")，其中表示条件的命题叫作"前件"，表示结果的命题叫作"后件"；(11) 叫作"负命题"。所有这些命题统称为"复合命题"，其中的原子命题或简单命题称为"支命题"。

上面所用作例子的一些命题，实际上可以换成任一命题。为了表示这种一般性，我们引入命题变项即小写字母 p、q、r、s、t 等来表示任一命题，用符号"$\wedge$"、"$\vee$"、"$\rightarrow$"、"$\leftrightarrow$"和"$\neg$"来依次表示"并且"、"或者"、"如果，则"、"当且仅当"和"并非"这五个联结词，于是得到下述公式：

$p \wedge q$

$p \vee q$

$p \rightarrow q$

$p \leftrightarrow q$

$\neg p$

它们分别是"联言命题"、"选言命题"、"充分条件假言命题"、"充分必要条件假言命题"("等值命题")和"负命题"的一般形式。

任何一个推理都可以表示为一个"如果前提（成立)，那么结论（成立)"的条件命题，只要用"并且"把它的前提（如果有多个前提的话）连接成为一个联言命题，作为该条件命题的前件；把它的结论作为该条件命题的后件。有一类推理以复合命题做前提或结论，叫作"复合命题推理"。例如，前面谈到的例 1 就是一个这样的推理，其形式结构是：

$p \rightarrow q$

p

———————

所以，q

[例 4]

法制的健全或者执政者强有力的社会控制能力，是维持一个国家社会稳定的必不可少的条件。Y 国社会稳定但法制尚不健全。因此，Y 国的执政者具有强有力的社会控制能力。

以下哪项论证方式，与题干的最为类似？

A. 一个影视作品，要想有高的收视率或票房价值，作品本身的质量和必要的包装宣传缺一不可。电影《黑风侠》上映以来票房价值不佳，但实际上其质量堪称上乘。因此，看来它缺少必要的广告宣传和媒介炒作。

B. 必须有超常业绩或者 30 年以上服务于本公司的工龄的雇员，才有资格获得 X 公司本年度的特殊津贴。黄先生获得了本年度的特殊津贴，但他在本公司仅供职 5 年，因此他一定有超常业绩。

C. 如果既经营无方又铺张浪费，则一个企业将严重亏损。Z 公司虽经营无方但并没有严重亏损，这说明它至少没有铺张浪费。

D. 一个罪犯要实施犯罪，必须既有作案动机又有作案时间。在某案中，W 先生有作案动机但无作案时间。因此，W 先生不是该案的作案者。

E. 一个论证不能成立，当且仅当，或者它的论据虚假或者它的推理错误。在科学年会上，J 女士关于她的发现之科学价值的论证尽管逻辑严密且推理无误，但仍被认定不能成立。因此，她的论证中至少有部分论据虚假。

解析：经过整理，题干中的推理具有这样的结构：

只有 p 或者 q，才 r

r 并且非 p

———————

所以，q

而选项 A 的结构是：只有 p 且 q，才 r；非 r 且 p，所以，非 q。C 的结构是：如果 p 且 q，则 r；p 且非 r，所以非 q。D 的结构是：只有 p 且 q，才 r；p 且非 q，所以，非 r。E 的结构是：非 p 当且仅当 q 或者 r；非 r 且非 p，所以 q。若仔细比较，就会发现选项 B 与题干中的推理具有相同的结构，其他四个选项都不具有，所以答案是 B。

以复合命题为对象，研究它们各自的逻辑性质以及相互之间的逻辑关系的逻辑理论，叫作“命题逻辑”。由于联结词决定相应的复合命题的逻辑性质，因此以复合命题为对象的命题逻辑，实际上是“联结词的逻辑”。

三、直言命题和词项逻辑

对命题的另一种分析方法是：对一个简单命题做主谓式分析，即把它拆分为不同的构成要素：主项、谓项、联项和量项。如果主项是普遍词项，用大写字母 S 表示；如果主项是单称词项，用小写字母 a 表示。单称词项包括专名和摹状词，它们都指称一个特定的对象，例如“孔子”“《红楼梦》”“西安事变”“世界最高峰”“那位于 1976 年 9 月 9 日去世的著名中国领袖”。谓项始终用大写字母 P 表示。主项和谓项合称“词项”，S、P 称为“词项变元”。联项包括“是”和“不是”，量项包括“所有”和“有些”。由此得到如下形式的命题：

所有 S 都是 P；

所有 S 都不是 P；

有些S是P；

有些S不是P；

a（或某个S）是P；

a（或某个S）不是P。

这种形式的命题叫作“直言命题”，由于它们断定了某种对象（S）具有某种性质（P），因此又叫作“性质命题”。例如，“所有的花朵都是美丽可爱的”就是一个直言命题，其中“花朵”是主项，“美丽可爱的”是谓项，“是”是联项，“所有……都”是量项。以直言命题作为前提和结论的推理叫作“直言命题推理”，后者的形式结构取决于其中的直言命题的形式结构。

[例5]

黄铜不是金子，黄铜是闪光的，所以，有些闪光的东西不是金子。

以下哪个推理有与上述推理最为类似的结构？

A. 坏人都攻击我，你攻击我，所以，你是坏人。

B. 凡是你没有失去的东西你仍然具有，你没有失去角，所以，你有角。

C. 四川人爱吃麻辣烫，四川人不是好惹的，因此，有些爱吃麻辣烫的人不是好惹的。

D. 金属都是导电的，植物纤维不导电，所以，植物纤维不是金属。

E. 有些自然物品具有审美价值，所有的艺术品都有审美价值，因此，有些自然物品也是艺术品。

解析：题干中推理的结构是：

（所有）M不是P

（所有）M都是S

———————————

所以，有些S不是P

选项A的结构是：所有P都是M，（所有）S是M，所以，（所有）S是P。经整理后，B的结构是：所有M都是P，（所有）S是M，所以，（所有）S是P。D的结构是：所有P都是M，（所有）S都不是M，所以，（所有）S都不是P。调整两个前提的先后顺序后，E的结构是：所有P都是M，有些S是M，所以，有些S是P。显然，这四个选项的结构与题干的结构都不相同。若仔细比较一下，当调整选项C中大小前提的顺序后，C的结构与题干的结构完全相同。所以，正确答案是C。

四、个体词、谓词和量化逻辑

对命题的第三种分析方法是：把一个简单命题分析为个体词、谓词、量词和联结词等成分。

个体词包括个体常项和个体变项，它们究竟指称什么样的对象取决于论域，即由具有某种性质的对象所组成的类。个体常项仅限于专名，在逻辑中用小写字母a、b、c等表示，经过解释之后，它们分别指称论域中某个特定的对象，随论域的不同，这些对象可以是0、1、长江、长城、毛泽东等。个体变项x、y、z等表示论域中不确定的个体，随论域的不同它们的值也有所不同。例如，如果论域是全域，个体变项 x 就表示全域中的某个东西；如果论域是“人的集合”，则个体变项 x 就表示某个人；如果论域是“自然数的集合”，则个体变项 x 就表示某个自然数。

谓词符号包括大写字母 F、G、R、S 等，经过解释之后，它们表示论域中个体的性质和个体之间的关系。一个谓词符号后面跟有写在一对括号内的适当数目的个体词，就形成最基本的公式，叫作“原子公式”，例如 F(x)，G(a)，R(x，y)，S(x，a，y)。一个谓词符号后面跟有一个个体常项或个体变项，则它是一个一元谓词符号。一元谓词符号经过解释之后，表示论域中个体的性质。如果一个谓词符号后面跟有两个个体词，则它是一个二元谓词符号。依此类推，后面跟有 n 个个体词的谓词符号，就是 n 元谓词符号。二元以上的谓词符号，经过解释之后，表示论域中个体之间的关系。例如，若以自然数为论域，令 a 为自然数 1，R 表示“大于”，S 表示“…+…=…”，于是，R(x，y) 等于是说“x 大于 y”，S(x，a，y) 等于是说“x+1=y”。

量词包括全称量词∀和存在量词∃，它们可以加在原子公式前面。“∀xF(x)”读作“对于所有的 x，x 是 F”，“∃xR(x，y)”读作“存在 x 使得 x 与 y 有 R 关系”。前面带量词的公式叫作“量化公式”，例如∀xF(x)，∃xR(x，y)。原子公式和量化公式都可以用命题联结词连接起来，形成更复杂的公式，例如：

$\forall xF(x) \land G(a)$

$\exists x(F(x) \lor R(x,y))$

$S(x,a,y) \rightarrow \forall x(\neg F(x) \leftrightarrow S(x,a,y))$

对命题进行上述这种分析后，不仅可以表示和处理性质命题（直言命题）及其推理，而且可以表示和处理关系命题及其推理。例如，直言命题“所有 S 都是 P”可以表示为：

$\forall x(S(x) \rightarrow P(x))$

而“所有的男生都爱有的女生”可以表示为：

$\forall x(B(x) \rightarrow \exists y(G(y) \land L(x,y)))$

把一个简单命题分析为个体词、谓词、量词和联结词等成分，研究如此分析后的命题形式及其相互之间的推理关系的逻辑理论，叫作“谓词逻辑”。在谓词逻辑中，真正起关键性作用的是量词，没有量词的谓词逻辑与命题逻辑没有实质性差别，但有了量词之后，谓词逻辑的表达能力和推理能力都大大增强，具有了完全不同的境界。因此，谓词逻辑有时又被称为“量化理论”“量词逻辑”。

命题逻辑、词项逻辑和谓词逻辑是现代演绎逻辑的三种最基本的逻辑类型。其中，以形式公理化方法表述的命题逻辑和谓词逻辑合称为“一阶逻辑”；由于它在现代逻辑体系的基础地位，也常被称为“经典逻辑”。

如前所述，除了以演绎推理为对象的演绎逻辑外，还有以归纳推理为对象的归纳逻辑。把归纳推理中前提对结论的关系概率化和演算化，由此形成的逻辑理论叫作“概率归纳逻辑”，这是现代归纳逻辑的主要形态。

五、变异逻辑、扩充逻辑和元逻辑

经典逻辑至少是建立在下述原则或假定之上的：(1) 外延原则，即它在处理语词、语句时，只考虑它们的外延，并认为语词的外延是它所指称的对象，语句的外延是它所具有的真值：如果在某一复合语句中，用具有同样外延但有不同含义的语词或语句去替换另一语词或子语句，该复合语句的真值保持不变。这就是著名的“外延论题”。（2）二值原则，即在一阶逻辑中，任一命题或为真或为假，非真即假，非假即真，没有任何命题没有真假值，也没有命题既真又假。（3）存在假定，即它的个体域非空，量词毫无例外地具有存在含义，且单称词项总是指称个体域中的某个个体。（4）采用实无穷抽象法，即把无穷当作已经完成的一个整体，而不只是一个潜在的无穷延伸的过程，于是在经典逻辑中就可以研究本质上是非构造性的对象。

1. 变异逻辑

有些逻辑学家出于某些考虑，质疑上面这些原则或假定的合理性，创立了一些否定或修改其中某些原则或假定的新逻辑分支。例如，多值逻辑就放弃了二值原则，在它里面，一个命题除了取真、假二值之外，还可以取许多其他的值，甚至使得一阶逻辑的矛盾律和排中律在其中也不成立。在此之后，量子逻辑、模糊逻辑、自由逻辑、偏逻辑等也放弃了二值原则。另外，一部分逻辑学家对基于外延原则的实质蕴涵进行了激烈的抨击，认为它不符合自然语言中“如果，则”的原意，不符合日常思维中的逻辑推理关系，违反人们的常识和直觉，是不可接受的。于是，他们相继提出用严格蕴涵、相干蕴涵、衍推、直觉主义蕴涵、反事实蕴涵等来取代实质蕴涵，并相应创立了模态逻辑、相干逻辑、直觉主义逻辑、反事实条件句逻辑等新分支。自由逻辑和偏逻辑则修改或放弃了一阶逻辑的第三个假定。在自由逻辑中，允许某些单称词项在某些情况下不指称任何实存个体。而在偏逻辑中，个体域不必非空，即量词不必总是具有存在含义；单称词项不必总是有所指称，允许无所指的单称词项出现；命题不必非真即假，允许有些命题出现“真值间隙”——既不真也不假。还有一些逻辑学家修改外延原则，发展了既考虑表达式的外延，又考虑表达式内涵的内涵逻辑。如此产生的逻辑新分支还有次协调逻辑、非单调逻辑等，它们统称为“变异逻辑”（deviant logics），在形式上表现为经典逻辑的择代系统（alternative systems），其中有些经典逻辑的定理不再成立。

2. 扩充逻辑

扩充逻辑（extended logics）则是应用经典逻辑的工具，去分析某些具体学科特别是哲学中的概念或范畴而建立的逻辑学分支，因此亦称“应用逻辑”（applied logics）。哲学家在传统上感兴趣的概念包括：模态词如必然、可能、不可能、偶然；道义词如义务、允许、禁止；时态词如过去、现在、将来；认知动词如知道、相信、怀疑；等等。如果在经典逻辑的基础上，增加一些具有明显哲学意味的初始符号以及作为这些符号的隐定义的公理和变形规则，得到一些新的逻辑系统，它们就是经典逻辑的扩充系统（extended systems）。模态逻辑、道义逻辑、时态逻辑、认知逻辑、问题逻辑、命令逻辑、优先逻辑等，都是如此构造的系统，都属于“扩充逻辑”之列。但由于模态逻辑及其语义学发展得非常成熟，且成为发展新的逻辑分支的基础和工具，甚至还可以应用于经典逻辑自身，故它们已经取得了类似于经典逻辑的地位，堪称“新经典逻辑”。

变异逻辑和扩充逻辑被合称为“哲学逻辑”（philosophical logic），成为20世纪30—40年代开始兴起、50—70年代蓬勃发展的一个新兴的逻辑学科群体。

3. 元逻辑

现代逻辑都是用特制的人工语言构造的形式系统。所谓形式系统，实际上是一个形式语言加上一套演绎结构。所以，构造形式系统，就是先设计一个形式语言，然后为其配备一套演绎结构，最后推出所需的全部定理。形式系统一经构造完成之后，本身立刻就成为研究的对象，成为对象理论。以形式系统为对象的理论称为元理论。如果元理论的对象是逻辑形式系统，特别是一阶逻辑形式系统，则称这种元理论为“元逻辑”。形式系统内所使用的人工符号语言称为“对象语言”，这种语言无法刻画形式系统的性质，而且也不能说明自身的性质。为了完成这种说明和刻画，就需要一种区别于对象语言的语言，称为“元语言”。元语言往往是自然语言加上特定的符号语言，在元理论研究中就要使用这种语言。元理论从语法和语义两个角度研究形式系统的性质。总括起来，元理论要研究有关形式系统的下列问题：

（1）形式系统是否具有一致性（或相容性）？

（2）形式系统是否具有完全性？

（3）形式系统是否具有可判定性？

（4）形式系统的公理集是否具有独立性？

（5）形式系统是否具有范畴性？

在形式系统的上述元逻辑特性中，一致性是最重要的特性，它涉及一个形式系统是否成立的问题：因为不一致的形式系统包含逻辑矛盾，而按照逻辑定律，从逻辑矛盾可以推出任一命题，而这会毁掉一切科学，因此这样的系统是没有价值的。一致性之外的其他元逻辑特性是次一级的：完全性涉及一个系统的推演能力，即是否能够把某个特定范围内真的公式全部推演出来；独立性涉及一形式系统选择公理时是否经济。不过，这些特性对于形式系统来说仍然是十分重要的，特别是完全性，能够把某一范围内的真命题全部推演出来的（即完全的）系统当然是最适用和最理想的。因此，既一致又完全的系统一直是逻辑学家追求的目标。

第三节　推理形式及其有效性

一、推理的形式结构

推理的形式结构简称“推理形式”，是指在一个推理中抽掉各个命题的具体内容之后所保留下来的那个模式或框架，或者说，是多个推理中表达不同思维内容的各个命题之间所共同具有的联系方式，由逻辑常项（如命题联结词“或者”、“并且”、“如果，则”、“当且仅当”和“并非”，直言命题中的系词“是”和“不是”，量词“所有”和“有些”等）和逻辑变项（如命题变项 p、q、r、s、t，词项变元 S、P、M，个体变项 x、y、z，个体常项 a、b、c 等）构成，其中逻辑常项代表推理中的结构要素，常项的不同决定了推理形式的不同；变项代表推理中的内容要素，用不同的具体命题替换相同的变项，就得到不同的具体推理。例如，对推理形式

如果 p，那么 q

p

所以，q

中的命题变项 p、q 做不同的代入，可得到下面两个不同的推理：

［例 6］

如果小强感冒，则小强会发烧；

小强确实感冒了，

所以，小强会发烧。

［例 7］

如果冬天来了，则春天不再遥远；

冬天确实来了，

所以，春天不再遥远。

在各种能力性考试如 GRE、GMAT、LSAT、MBA 中，都要考到逻辑，其中有一类"比较型"考题，它要求比较几个不同推理在结构上的相同或者不同，这要通过抽象出（至少是识别出）它们共同的形式结构来实现，即用命题变项表示其中的单个命题，或用词项变项表示直言命题中的词项，每一个推理中相同的命题或词项用相同的变项表示，不同的命题或词项用不同的变项表示。例如：

［例 8］

网络作家蔡智恒在其成名作《第一次亲密接触》的开头写道：

如果我有一千万，我就能买一座房子。

我有一千万吗？没有。

所以我仍然没有房子。

如果我有翅膀，我就能飞。

我有翅膀吗？没有。

所以我也没办法飞。

如果把整个太平洋的水倒出，也浇不熄我对你爱情的火焰。

整个太平洋的水能够倒得出吗？不行。

所以我并不爱你。

下列哪一个选项，其句子结构与上面诗句中的类似？

A. 假如你是天边的月，我就是月边的星。假如你是山上的树，我就是树上的藤。

B. 假如只依靠我厂的力量，不能攻克这个难关；所以，我们必须加强外部协作，联合攻关。

C. 正因为已经不是计划经济而是市场经济，所以，我们要靠自己去争取订单，而不是等待政府订货。

D. 有一个法国小孩，名叫梅莱娜・若罗，写下这样的句子："假如地球是方的，孩子们就有地方藏身。但地球却是圆的，我们不得不面对世界。"

E. 如果 2 的倍数是 5，则 3 的倍数就是 8。3 的倍数不是 8，所以，2 的倍数不是 5。

解析：题干中的推理具有这样的形式结构：

如果 p，则 q

非 p

所以，非 q

可以看出，选项 A 中没有推理，只是两个假言命题的并置，形式是：如果 p 则 q，并且如果 r 则 s；选项 B 的结构是：如果 p 则 q，非 q，所以非 p；选项 C 的结构明显与题干中的不同；选项 D 的结构是：如果 p 则 q，非 p，所以，非 q，与题干中的结构相同；选项 E 的结构与选项 B 的相同。因此，答案是 D。

二、推理形式的有效性

推理形式的有效性，亦称“保真性”，指一个推理必须确保从真的前提推出真的结论。尽管从假的前提出发也能进行合乎逻辑的推理，其结论可能是真的，也可能是假的，但从真前提出发进行有效推理，却只能得到真结论，不能得到假结论。只有这样，才能保证使用这种推理工具的安全性。对于正确推理来说，这种保真性是最起码的要求。我们把具有保真性的推理叫作“有效推理”。

可以这样来考察一个直言命题推理比如说 M 的有效性。先用相应的变项来置换 M 中除逻辑常项之外的其他一切词项，由此得到一个推理形式 M′。然后对 M′中的变项做不同的解释，看能否得到 M′的一个特例有真前提和假结论。如果 M′的一个特例 N 有真前提和假结论，这就说明 M′不能保证只从真前提得到真结论，因此 M′不是一个有效的推理形式，相应地，M 也不是一个有效推理。

[例 9]

所有的天鹅都是会飞的，

所有的黑熊都不是天鹅，

所以，所有的黑熊都不是会飞的。

从中我们可以抽象出一个推理形式：

[例 9′]

所有 M 都是 P，

所有 S 都不是 M，

所以，所有 S 都不是 P。

我们仍用“天鹅”代入 M，用“会飞的”代入 P，但改用“秃鹰”代入 S，由此得到：

[例 10]

所有的天鹅都是会飞的，

所有的秃鹰都不是天鹅，

所以，所有的秃鹰都不是会飞的。

显然，这个推理有真前提和假结论，因此例 9′不是一个有效的推理形式，例 9 本身也不是一个有效推理，尽管它有真前提和真结论。

有许多推理或论证尽管不是有效的，即前提的真不能确保结论的真，但前提却对结论提供一定程度的支持，或者前提对结论构成一定程度的反驳。在前一情形下，前提真与结论真构成正相关，前提是结论的证据；在后一情形下，前提真与结论真构成负相关，前提是结论的反例或反题。可以用概率论做工具，使这种支持或反驳关系得到精确的量的刻画。证据支持度为 100%是指：如果前提真，则结论必然真；这样的推理是一个形式有效的演绎推理。证据支持度为 50%是指：如果前提真，则结论为真为假的可能性参半。依此类推。一个推理的证据支持度越高，则在前提真实的条件下，推出的结论可靠性越大。一个证据支持度小于 100%但大于 50%的推理或论证仍然是合理的，并且被广泛而经常地使用。我们把证据支持度高的推理叫作“归纳强的”，把证据支持度低的推理叫作“归纳弱的”。演绎有效的推理和归纳强的推理，都可以用于论证过程，但归纳弱的推理最好不要用于论证过程。

在作为各种能力性考试一部分的逻辑考试中，围绕前提和结论之间的支持或反驳关系，设计了多种形式的考题，主要有加强前提型和削弱结论型，具体问题则有：“以下哪项如果为真，最能支持题干中的观点?”“以下哪项如果为真，最能削弱题干中的结论?”等等。

[例 11]

在司法审判中，所谓肯定性误判是指把无罪者判为有罪，否定性误判是指把有罪者判为无罪。肯定性误判就是所谓的错判，否定性误判就是所谓的错放。而司法公正的根本原则是“不放过一个坏人，不冤枉一个好人”。

某法学家认为，目前衡量一个法院在办案中对司法公正的原则贯彻得是否足够好，就看它的肯定性误判率是否足够低。

如果以下哪项为真，最有力地支持了上述法学家的观点?

A. 错放，只是放过了坏人；错判，则是既放过了坏人，又冤枉了好人。

B. 宁可错判，不可错放，是极左思想在司法界的反映。

C. 错放造成的损失，大多是可弥补的；错判对被害人造成的伤害，是难以弥补的。

D. 各个法院的办案正确率普遍有明显的提高。

E. 各个法院的否定性误判率基本相同。

解析：根据题干，公正司法既不允许错判（肯定性误判），也不允许错放（否定性误判）。因此，要考察某个法院的司法究竟是否公正，就要同时考察该法院的错判率和错放率，二者缺一不可。如果选项 E 为真，即目前各个法院的错放率基本相同，那么，目前衡量一个法院在办案中对司法公正的原则贯彻得是否足够好，就只能看它的肯定性误判率是否足够低，于是法学家的看似片面的观点就得到了有力支持。其他各项都不足以使题干中法学家的观点成立。其中选项 D 与法学家的观点不相干；选项 B 与它有所关联，但也不构成直接的支持关系；选项 A 和 C 对法学家的观点有所支持，但它们断定的只是：就错判和错放二者对司法公正的危害而言，前者比后者更严重，但由此显然得不出法学家的结论。因此，正确答案是 E。

一个推理或论证要得出真实的结论，必须满足两个条件：

第一，前提真实；

第二，推理形式有效。

于是，要反驳或削弱某个结论，通常有这样几条途径：

（1）直接反驳结论，其途径有：举出与该结论相反的一些事实（举反例），或从真实的原理出发构造一个推理或论证，以推出该结论的否定。

（2）反驳论据，即反驳推出该结论的理由和根据，指出它们的虚假性。

（3）指出该推理或论证不合逻辑，即从前提到结论的过渡是不合法的，违反逻辑规则。

在这三种反驳方式中，直接反驳结论是最强的，而驳倒了对方的论据和论证方式，并不等于驳倒了对方的结论，因为对方完全可以更换论据或论证方式去重新论证该结论。无论如何，如果这后两种情形成立，至少证明对方结论的真是没有保证的，从而被削弱。

［例 12］

以下诸项结论都是根据 1998 年度西单飞舟商厦各个职能部门收到的雇员报销单据综合得出的。在此项综合统计做出后，有的职能部门又收到了雇员补交上来的报销单据。

以下哪项结论不可能被补交报销单据这一新的事实所推翻？

A. 超级市场部仅有 14 个雇员交了报销单据，报销了至少 8 700 元。

B. 公关部最多只有 3 个雇员交了报销单据，总额不多于 2 600 元。

C. 后勤部至少有 8 个雇员交了报销单据，报销总额为 5 234 元。

D. 会计部至少有 4 个雇员交了报销单据，报销了至少 2 500 元。

E. 总经理事务部至少有 7 个雇员交了报销单据，报销额不比后勤部多。

解析：正确的答案是 D，因为它只设定了下限（至少有 4 个雇员，报销了至少 2 500 元），而没有设定任何上限，于是它不可能被任何新的报销活动所否定。其他各个选项都至少设定了一个上限，因而可以被新的报销行为所推翻或否定。

三、日常思维中的推理和论证

在人们的日常思维和交往中，推理、论证是用来交流思想的，而交流总是在具体的个人、具体的语言环境中进行的，交际双方的大脑并不是一块白板，而是承载了大量信息，其中许多信息是交际双方所共有的，或至少是其中一方以为另一方知道的，故在交际过程中没有明确说出，推理表现为省略形式：本来是“A 和 C 一起推出 B”，由于 C 属于（或以为属于）共同的背景知识，故被省略。但这种省略也有可能造成这样的问题：一是被省略或被假定的东西本身可能不是真的；二是这种省略推理中可能暗含着推理方面的逻辑错误。因此，在评价这些推理和论证时，常常有必要把这些被省略的前提、假定、预设补充到推理过程中来，以便考察它们的真实性以及推理过程的有效性。在做这种补充时，往往存在多种不同的选择，这时应该坚持“仁慈原则”，即尽可能地把推理者设想为一个正常的、有理性的人，除非故意，他一般不会使用虚假的前提，一般不会进行无效的推理。在做了这些工作之后，再来看被省略的前提是否真实，推理过程是否正确，即对推理者的推理进行评价。

[例13]

考古学家发现的证据表明，甚至在旧石器时代，人类便存在着灵魂不死的信念。在靠近古代部落附近的墓地遗址发现像衣服、工具和武器这样的随葬品，就是有关灵魂不死信念的最早证据。

以下哪一项是上述论证所依赖的一个假设？

A. 部落附近墓地的布局表明了对死者尊敬与怀念的感情。

B. 灵魂不死的信念是大部分宗教信仰的核心。

C. 只有人们相信灵魂不死，才会随葬衣服、工具、武器这类物品，以便供死者死后的灵魂享用。

D. 如果在墓地附近没有发现随葬品，就证明那时人们还没有灵魂不死的信念。

E. 在墓地遗址所发现的衣服、工具和武器，其年代距今并不特别遥远。

解析：如果补充C作为大前提，以考古发现作为小前提，就可以通过必要条件假言推理的肯定后件式

只有p才q

q

———————

所以，p

必然得出题干中的结论："甚至在旧石器时代，人类便存在着灵魂不死的信念。"而增加其他选项都得不出这样的结论。正确答案是C。

[例14]

交通部科研所最近研制了一种自动照相机，它对速度有敏锐的反应，只要（并且只有）违规超速汽车经过镜头时，它就自动按下快门。在某条单向行驶的公路上，在一个小时内，这样一架照相机摄下了50辆超速汽车的照片。在这条公路前方，距这架照相机约1公里处，一批交通警察于隐蔽处正在进行目测超速汽车的能力测试。在这同一个小时内，某个警察测定，共有25辆汽车超速通过。由于经过那架自动照相机的汽车一定经过目测处，可以推定，该警察对超速汽车的目测准确率不高于50%。

要使题干的推断成立，以下哪项是必须假设的？

A. 在该警察测定为超速的汽车中，包括在照相机处不超速而到目测处超速的汽车。

B. 在上述一个小时中，在照相机前超速的汽车，都一定超速通过目测处。

C. 在上述一个小时中，在照相机前不超速的汽车，到目测处不会超速。

D. 在该警察测定为超速的汽车中，包括在照相机处超速而到目测处不超速的汽车。

E. 在上述一个小时中，通过目测处的非超速汽车一定超过25辆。

解析：选项B是必须假定的。只有当在照相机拍摄处和警察目测处通过的超速汽车

至少一样多（选项B），并且照相机所拍摄下来的数目是准确的（题干中所隐含）情况下，才能由“该警察所目测到的超速汽车的数目大大低于照相机所拍摄到的数目”，得出“该警察对超速汽车的目测准确率不高于50%”的结论。所以，正确答案是B。

第四节　逻辑基本规律

有些学逻辑（甚至包括教逻辑）的人常常误以为，逻辑学不过是一些无关痛痒的“雕虫小技”的汇集。这实际上是对于逻辑学的误解，是没有领悟到隐藏在逻辑“技术”背后的真精神，没有把握推动、发明这些“技术”的原动力。试设想，如果没有对于真理的真诚热爱，没有对于明晰性、精确性的执著追求，没有对于可以重复、可以检验的程序性操作的偏爱，逻辑学家会去从事那些近乎“琐碎”的工作，即考辨概念、分析命题、解剖推理各环节并对它们做重新组装吗？在遇到一个复杂、困难的问题时，逻辑学要求我们首先精确地确定问题之所在；把该复杂问题分解为多个相对简单的问题；逐个找出解决这些简单问题的可以操作的程序、模式、方法和准则；给出这些问题的解决方法；检验它们的真假对错；等等。这正是理性精神的具体运用和体现，并且是西方文化的精髓。爱因斯坦曾指出：“西方科学的发展是以两个伟大成就为基础的，那就是：希腊哲学家发明的形式逻辑体系（在欧几里得几何中）以及通过系统的实验发现有可能找出因果联系（在文艺复兴时期）。”① 正是在这个意义上，我们可以说，逻辑学是对于理性精神的培养和训练。

所谓“逻辑基本规律”，即同一律、矛盾律、排中律，以及由莱布尼茨提出的充足理由律，既是理性思维的定义条件也是其构成条件；它们构成了理性思维最基本的前提与预设，是理性的对话、交谈能够进行下去的最起码前提，分别确保理性思维具有确定性、一致性、明确性和论证性。不过，关于充足理由律是不是逻辑基本规律，存在着不同的争论意见，并且占主导地位的意见似乎认为它不是逻辑基本规律。不过，本书倾向于把它当作基本规律来对待。

一、同一律

古希腊哲学家巴门尼德（Parmenides，盛年约在公元前504—前501）可能最先模糊地表述了同一律的思想。他提出，通向真理有两条截然不同的途径：“第一条是，是者是，不可能不是，这是确信的途径，因为它通向真理；另一条则是，是者不是，不是者必然是，这一条路，我告诉你，是什么也学不到的。”② 当然，这里的同一律首先具有本体论意义，然后才具有认识论和逻辑学的意义。柏拉图在《斐多篇》中指出：思维必须

---

① 爱因斯坦文集：第一卷. 北京：商务印书馆，1977：574.

② 北京大学哲学系. 古希腊罗马哲学. 北京：商务印书馆，1982：60. 译文有改动。

与其自身一致，而我们所有的确信都必须彼此一致。[①]《墨经》中说："正名者，彼彼此此可。彼彼止于彼，此此止于此。"（《经下》）也就是说，所使用的语词、概念必须名实相符。后来，经过历代逻辑学家的整理，同一律被作为思维的规律加以表述。

同一律的内容是：在同一思维过程中，一切思想（包括概念和命题）都必须与自身保持同一。可用公式表示如下：

A 是 A

这里，"A"指在思维过程中所使用的任何一个词项或命题。更明确地说，同一律所要求的是：在同一个思维过程中，所使用的词项和命题必须保持自身的确定与同一。

所谓词项保持同一，是指词项的内涵和外延必须保持同一：一个词项具有什么意思就具有什么意思，指称什么对象就指称什么对象。例如，"人"这个词项可以表示一个动物种类，也可以表示属于这个种类的每一个个体。如果在同一个思维过程（同一思考、同一表述、同一交谈、同一论辩）中，你在第一种意义上使用"人"这个语词，你就必须始终在这个意义上使用该语词；如果你也需要在第二种意义上使用"人"这个语词，你必须特别声明，并指出它们之间的区别，强调这两个"人"字实际上表达了两个不同的概念，在它们之间不能任意转换和过渡。例如，从"人是由猿猴进化而来的，张三是人"不能推出"张三是由猿猴进化而来的"，因为前提中的两个"人"字表达不同的概念。张三作为个体，其生命历程太短，无法完成从猿到人的进化过程，完成这个过程的是人类。

所谓命题保持同一，是指命题自身的意思和真假值必须保持同一。在同一个思维过程中，如果在什么意义上使用一个命题，就必须始终在该意义上使用该命题；或者，从命题的真假角度说，一个命题的真值必须保持确定：它是真的就是真的，是假的就是假的；或者，从论辩的角度说，在一个论辩过程中，所讨论的论题也必须保持确定，不能偏题和跑题。例如，如果你断定了"$E=mc^2$"，在同一个思维过程中就必须坚持这一断定，不能随便改成"$E\geqslant mc^2$"或"$E\leqslant mc^2$"。如果你发现你先前的断定错了，你要明确指明这一点，并且最好给出证据和说明原因。

如果无意识地违反同一律在词项方面的要求，就会犯"混淆概念"的逻辑错误；如果有意识地违反同一律在词项方面的要求，则会犯"偷换概念"的逻辑错误。如果无意识地违反同一律在命题和论辩方面的要求，就会犯"转移论题"的逻辑错误；如果有意识地违反同一律在命题和论辩方面的要求，则会犯"偷换论题"的错误。

同一律的作用在于保证思维的确定性，以便人们之间的思想交流能够顺利进行。

[例 15]

有角者论证："你没有失去的东西你仍然具有，你没有失去角，所以你有角。"下述哪一段对话中犯有与题干中最类似的逻辑错误？

A. 谷堆论证：一粒谷能否构成谷堆？显然不能。再加一粒，也不能；再加一粒，仍不能……所以，无论加多少粒谷也构不成谷堆。

B. 苏格拉底只说了一句话："柏拉图说真话"；柏拉图只说了一句话："苏格拉底说假话"。

① A. Dumitriu. History of Logic：vol. 1. Roumania：Abacus Press，1977：120.

C. 认识悖论："你认识站在你面前的这个人吗?""不认识。""而这个人是你的父亲，所以你不认识你的父亲。"

D. 秃头论证：掉多少根头发才算秃头？掉一根头发算吗？不算；再掉一根呢？也不算；再掉一根呢？仍不算……因此，无论掉多少根头发，都不会造成秃头。

E. 在一家大众旅馆里，一旅客在半夜被一群打牌人的哄笑声惊醒，他善意地对那群打牌人说："都夜里 12 点多钟了，你们休息吧。""你睡你的，管我们不着。"一打牌人说。"你们这样大声吵闹，影响别人休息。""影响别人，又不影响你，关你屁事?!"

解析：答案是 E。在"有角者论证"中，犯有"偷换概念"的逻辑错误。因为大前提要成立，它实际上意味着"你原来有的并且你没有失去的东西，你仍然具有"，而角是你原来没有的东西，因此，尽管你"没有失去"它，你仍然无角。在 A、B、C、D 中都没有这种错误。但在 E 中，当那位旅客对那群打牌人说"你们这样大声吵闹，影响别人休息"时，其中的"别人"是相对于打牌人说的，指打牌人之外的其他人，当然包括那位旅客；但当打牌人说"影响别人，又不影响你，关你屁事"时，其中的"别人"是相对于那位旅客说的，指该位旅客之外的其他人，不包括该旅客本人，而包括那群打牌人。所以，打牌人犯了与题干中类似的"偷换概念"的错误。

[例 16]

根据男婴出生率，甲和乙展开了辩论：

甲：人口统计发现一条规律：在新生婴儿中，男婴的出生率总是摆动于 22/43 这个数值，而不是 1/2。

乙：不对，许多资料都表明，多数国家和地区，例如苏联、日本、美国、联邦德国，以及我国的台湾省都是女人比男人多。可见，认为男婴出生率总在 22/43 上下波动是不成立的。

试分析甲、乙的对话，指出下列哪一个选项能说明甲或乙的逻辑错误?

A. 甲所说的统计规律不存在。

B. 甲的统计调查不符合科学。

C. 乙的资料不可信。

D. 乙混淆了概念。

E. 乙犯了自相矛盾的错误。

解析：甲说的是"男婴的出生率略高于女婴"，而乙用来反驳甲的论据是"许多国家和地区都是女人比男人多"。这个反驳是不成立的。"男婴的出生率略高于女婴"并不意味着"男人一定多于女人"，因为还有男婴、女婴的存活率，男人和女人的相对寿命等众多因素。所以，乙的反驳实际上混淆了概念。没有证据断定选项 A、B、C 为真；乙的话中没有任何矛盾，故选项 E 也不成立。所以，正确答案是 D。

二、矛盾律

中外许多古代思想家都有思维不能自相矛盾的思想。在古希腊，亚里士多德对此给予了最明确的表述。他在《形而上学》一书中指出："同一事物，不可能在同一时间内既存在又不存在，也不允许有以同样方式与自身相对立的东西。""对立的陈述不能同时为真。""对于同一事物相反的主张决不能是真的。"[①]这实际上是把矛盾律同时表述为存在的规律、逻辑的规律、语义的规律等。《墨经》中也用它特有的语言表述了矛盾律："彼，不两可两不可也。"（《经上》）"或谓之牛，或谓之非牛，是争彼也。是不俱当，必或不当。不当若犬。"（《经说上》）

矛盾律应该叫作（禁止）矛盾律，或（不）矛盾律。其内容是：两个互相矛盾的命题不能同真，必有一假。可用公式表示如下：

并非（A并且非A）

这里，"A"代表一个命题，"非A"代表A的否定命题。由于两个互相反对的命题蕴涵各自的否定，故两个互相反对的命题也不能同真，必有一假。在这种派生的意义上，矛盾律中的"非A"既包括与A互相矛盾的命题，也包括与A互相反对的命题。

两个命题互相矛盾，是指它们不能同真，也不能同假。例如，

"所有S是P"与"有些S不是P"
"所有S不是P"与"有些S是P"
"a是P"与"a不是P"
"p且q"与"非p或非q"
"p或q"与"非p且非q"
"如果p则q"与"p且非q"
"只有p才q"与"非p且q"
"必然p"与"可能非p"
"必然非p"与"可能p"

都是相互矛盾的命题。

两个命题互相反对，是指它们不能同真，但可以同假。例如，

"所有S是P"与"所有S不是P"
"所有S都是P"与"（这个或那个）S不是P"
"所有S不是P"与"（这个或那个）S是P"
"必然p"与"不可能（必然非）p"

都是互相反对的命题。

矛盾律要求：在两个互相矛盾或互相反对的命题中，必须否定其中一个，不能两个都肯定。否则，就会犯"自相矛盾"的逻辑错误。

矛盾律的作用在于保证思维的一致性，即无矛盾性。

［例17］

《韩非子》中写道："楚人有鬻盾与矛者，誉之曰：'吾盾之坚，物莫之能陷也。'又誉其矛曰：'吾矛之利，于物无不陷也。'或曰：'以子之矛，陷子之盾，何如？'其人弗能应也。夫不可陷之盾与无不陷之矛，不可同世而立。"

---

① 苗力田．亚里士多德全集：第7卷．北京：中国人民大学出版社，1993：248，106，248．

以下哪些议论犯有与那位楚人的话类似的逻辑错误，除了：

A. 张三不小心谋杀了李四。

B. 他是死难者中唯一的幸存者。

C. 电站外高挂一块告示牌："严禁触摸电线！500伏高压一触即死。违者法办！"

D. 一位小伙子在给他女朋友的信中写道："爱你爱得如此之深，以至愿为你赴汤蹈火。星期六若不下雨，我一定来。"

E. 狗父论证：这是一条狗，它是一个父亲。而它是你的，所以它是你的父亲。你打它，你就是在打自己的父亲。

解析：尽管"狗父论证"是一个完全无效的论证，但其中并没有"自相矛盾"的错误，而其他各项都犯有"自相矛盾"的错误。所以，正确答案是E。

找出话语之间表面上的矛盾尽管也是必要的，但更重要的是要挖掘一个理论内部隐藏着的矛盾，而这需要洞察力、逻辑训练和相关的知识。例如，《墨经》中说："以言为尽悖，悖，说在其言。"(《经下》)"之人之言可，是不悖，则是有可也；之人之言不可，以当，必不当。"(《经说下》)这就是说，"所有的说法都是假的"这个说法必定是假的，因为假如这个说法是真的，则有说法不是假的，这与上述说法矛盾；假如上述说法确实是假的，则意味着有的说法是真的，这又与该说法矛盾；因此，该说法必然导致矛盾，不可能是真的。又如，亚里士多德的理论"物体的下落速度与物体的重量成正比"统治物理学近两千年。伽利略通过一个思想实验对它提出了质疑。他假设亚氏理论成立，并设想有这样两个物体：A重B轻，按照亚氏理论，下落时A快B慢。再设想把A、B两个物体绑在一起形成A+B，A+B显然比A重，按照亚氏理论，A+B下落比A快；A+B中原来A快B慢，在下落时慢的B拖住了快的A（即两物的合成速度小于等于其中最快的那个物的速度），因此，A+B下落比A慢。这两个结论相互矛盾，因此，亚氏理论不成立。伽利略由此提出了他自己的理论：（在真空条件下）物体的下落速度与物体的重量没有关系，据说还进行了一次著名的实验，即比萨斜塔实验来验证他的理论。

[例18]

某珠宝商店失窃，甲、乙、丙、丁四人涉嫌被拘审。四人的口供如下：

甲：案犯是丙。

乙：丁是罪犯。

丙：如果我作案，那么丁是主犯。

丁：作案的不是我。

四个口供中只有一个是假的。

如果以上断定为真，则以下哪项是真的？

A. 说假话的是甲，作案的是乙。

B. 说假话的是丁，作案的是丙和丁。

C. 说假话的是乙，作案的是丙。

D. 说假话的是丙，作案的是丙。

E. 说假话的是甲，作案的是甲。

解析：答案是B。乙和丁的口供互相矛盾，根据矛盾律，必有一假。又由"四个口供中只有一个是假的”这一条件，得知甲和丙说真话，由此又可推出“丁是主犯”。因此，丁说假话，作案的是丙和丁。

三、排中律

亚里士多德明确表述了排中律：“在对立的陈述之间不允许有任何居间者，而对于同一事物必须要么肯定要么否定其某一方面。这对于定义什么是真和假的人来说是十分清楚的。”①《墨经》中则说：“彼，不两可两不可也。”（《经上》）“谓辩无胜必不当。说在辩。”（《经下》）“所谓非同也，则异也。同则或谓之狗，或谓之犬。异则或谓之牛，其或谓之马也。俱无胜，是不辩也。辩也者，或谓之是，或谓之非，当者胜也。”（《经说下》）

排中律的内容是：两个互相矛盾的命题不能同假，必有一真。可用公式表示如下：

A或者非A

这里，“A”代表一个命题，“非A”代表A的否定命题。若就词项逻辑而言，“A”和“非A”中一个是肯定的特称命题，另一个是否定的全称命题，或者相反。若两个特称命题“有些S是P”和“有些S不是P”都为假，我们会得到两个互相反对的命题“所有S不是P”和“所有S是P”，由此可推导出一对矛盾；由于逻辑不允许矛盾，故两个具有下反对关系的命题也不能都假，其中必有一个为真，例如“有些花是红色的”与“有些花不是红色的”。在这种派生的意义上，排中律也适用于两个具有下反对关系的命题。

排中律的逻辑要求是：对两个互相矛盾的命题不能都否定，必须肯定其中一个，否则会犯“两不可”的错误。

排中律的作用在于保证思维的明确性。

[例19]

一天，小方、小林做完数学题后发现答案不一样。小方说：“如果我的不对，你的就对了。”小林说：“我看你的不对，我的也不对。”旁边的小刚看了看他们两人的答案后说：“小林的答案错了。”这时数学老师刚好走过来，听到了他们的谈话，并查看了他们的运算结果后说：“刚才你们三个人所说的话中只有一句是真的。”

请问下述说法中哪一个是正确的?

A. 小方说的是真话，小林的答案对了。

B. 小刚说的是真话，小林的答案错了。

C. 小林说对了，小方和小林的答案都不对。

D. 小林说错了，小方的答案是对的。

E. 小刚说对了，小林和小方的答案都不对。

解析：题干中小方和小林的话是相互矛盾的，因此根据排中律，其中必有一句是真的。既然老师说三句话中只有一句是真的，则小刚的话就是假的，由此可知小林的答案没有错，是对的，于是又可以知道小林的话是假的，而小方的话是真的。因此，正确答

① 苗力田．亚里士多德全集：第7卷．北京：中国人民大学出版社，1993：106.

案是 A。

矛盾律和排中律的内容一起构成所谓的“二值原则”：任一命题要么是真的要么是假的，不能既真又假，也不能既不真也不假，这就是说，非真即假，非假即真。如亚里士多德所言：“关于现在和过去所发生事情的判断，无论是肯定还是否定，必然或者是真实的，或者是虚假的。”二值原则刻画了日常所使用的“真”“假”这两个概念的特征，它们是以实在论和符合论为基础的：任一命题都是在述说关于独立于该命题的某种客观实在，这种客观实在决定着该命题的真或假：凡是所说的与客观实在相符合或一致的命题是真的，否则是假的。因此，任何一个命题一旦做出，就有一个确定的真值：真或者假，而不依赖于人们是否知道这一点，甚至不依赖于人们是否有可能知道这一点。一般使用的逻辑都是建立在二值原则之上的，因此叫作“二值逻辑”。但也有人提出质疑：既然人们不知道有些命题的真假，甚至在原则上都不可能知道它们的真假（逻辑、数学中的不可判定命题），那么，有什么根据说它们必定或者真或者假？这样说与说“上帝存在”有什么区别？于是，有人对以实在论和符合论为基础的二值原则提出异议，提出了非实在论的真理观及以此为基础的逻辑理论，例如直觉主义逻辑。

四、充足理由律

古希腊哲学家特别强调推理、论证的作用，并且构造了许多著名的推理和论证。柏拉图指出：我们的断定必须从理由中产生。仅仅当其根据是已知的时候，知识在性质上才是科学的。① 有人认为，“充足理由律是亚里士多德全部逻辑学的动力，因为亚氏把逻辑学理解为关于证明的科学，理解为根据充足理由分辨真实和虚假的科学”②。《墨经》中也说：“夫辞以故生。立辞而不明于其所生，妄也。”（《大取》）即是说，论断凭借理由而产生，提出论断而不明确它赖以产生的理由，就是虚妄的。并且，墨家还把“故”分为“大故”和“小故”：“小故”是“有之不必然，无之必不然”，相当于必要条件；“大故”是“有之必然，无之必不然”，相当于充分必要条件。不过，比较公认的说法是，最先明确表述充足理由律的是莱布尼茨。他认为，我们的推理是建立在两大原则之上的，一个是矛盾原则，即思维中不允许自相矛盾；另一个就是充足理由原则：“任何一件事如果是真实的或实在的，任何一个陈述如果是真实的，就必须有一个为什么这样而不那样的充足理由，虽然这些理由常常总是不能为我们所知道的。”③

充足理由律的内容是：在同一思维和论证过程中，一个思想被确定为真，要有充足的理由。可用公式表示如下：

A，A 逻辑推出 B ⊢ B

这里“⊢”表示“推出”，上面的公式有两种解读方式：如果要证明 B 是某系统的定理，必须先证明 A 是该系统的定理，并且证明从 A 能够逻辑地推出 B。或者，如果要证

① A. Dumitriu. History of Logic：vol. 1. Roumania：Abacus Press，1977：120.

② 阿赫曼诺夫. 亚里士多德逻辑学说. 上海：上海译文出版社，1980：168.

③ 北京大学哲学系外国哲学史教研室. 十六—十八世纪西欧各国哲学. 北京：商务印书馆，1961：488.

明B是真的，必须先证明A是真的，并且证明从A能够逻辑地推出B。

充足理由律的具体要求是：

（1）对所要论证的观点必须给出理由；

（2）给出的理由必须真实；

（3）从给出的理由必须能够推出所要论证的论点。

否则，就会犯“没有理由”、“理由虚假”和“推不出来”的错误。

充足理由律的作用在于确保思维的论证性。

论证是用某些理由支持某一结论的一种思维方式或思维过程，也就是我们通常所说的“摆事实，讲道理”。论证的作用是预测、解释、决定和说服。这里，预测是根据某些一般性原理推出某个未来事件将会以何种方式发生；解释是根据某些一般原理去说明某个个别事件为何会如此发生；决定是根据某些一般原理和当下的特殊情况做出行为上的决断：做什么和不做什么；说服显然是用论证把一些理由组织起来，以使对方和公众接受自己的观点。论证的重要性在于：对于论证方来说，论证能够使自己的思想走向深刻、全面和正确。这是因为：论证要以周密与细致的思考为前提，这往往导致思考的全面与深刻；有些想法、观点泛泛而论可能十分动听、有理，但是一旦使其严格化精确化，使其与其他观点处于有机统一之中，往往就会发现它漏洞百出，有些甚至根本不能成立，纠正错误则导致思考的正确化。对于接受方来说，论证使他能够通过客观地检验论述者的思考过程来判断他思考的好坏，从而决定是否接受他的想法、观点；如果不接受，又是基于什么样的原因、理由；当有必要时，又如何去反驳他。分析哲学就特别强调论证的重要性，甚至认为论证的过程比论证的结论更重要，因为正是论证过程使思想具有了可理解性和可批判性。为一个看似荒谬的论点做出一个好的论证，这是一种十分有益的训练，并且需要一定的才能。

在各种能力性考试中，重点考察的就是思维的论证性，即对各种已有的推理或论证做出批判性评价：对某个论点是否给出了理由？所给出的理由真实吗？与所要论证的论点相关吗？如果相关，对论点的支持度有多高？是必然性支持（若理由真，则论点或结论必真），还是或然性支持（若理由真，结论很可能真，但也有可能假）？是强支持还是弱支持？给出什么样的理由能够更好地支持该结论？给出什么样的理由能够有力地驳倒该结论，或者至少是削弱它？具体考题类型有“直接推断型”、“强化前提型”、“削弱结论型”和“说明解释型”等。

［例20］

一名粒子物理学家开玩笑说：自1950年以来，所有的费米子都是在美国发现的，所有的玻色子都是在欧洲发现的。很遗憾，希格斯粒子是玻色子，所以，它不可能在美国被发现。

必须补充下面哪一项假设，上述推理才能成立？

A. 即使某件事情过去一直怎样，它未来也有可能不再那样。

B. 如果x在过去一段时间内一直做成y，则x不可能不做成y。

C. 如果x在过去一段时间内一直未做成y，则x再不可能做成y。

D. 如果x在过去一段时间内一直未做成y，则x很可能做不成y。

E. 如果 x 在过去一段时间内一直做成 y，则 x 有做成 y 的能力。

解析：题干中论证的悖谬之处在于，它利用了一个没有明确提及且虚假的前提：如果 x 在过去一段时间内一直未做成 y，则 x 再不可能成功地做到 y。这就是选项 C。由此，完整的论证可表示如下：

如果 x 在过去一段时间内一直未做成 y，则 x 再不可能做成 y。

美国科学家在过去的 60 年都未能成功地发现玻色子，

所以，美国科学家再不可能成功地发现包括希格斯粒子在内的任何玻色子。

虽然上述推理是有效的，但其大前提即那个预设是不成立的，故那位物理学家原来的那个论证也不能成立：仅仅从其明示的前提出发不能得出他的结论，而未明示的那个前提却是错误的。加入其他选项如 A、B、D、E，都不能使物理学家的论证变成有效的，故正确选项是 C。

［例 21］

去年，有 6 000 人死于醉酒，有 4 000 人死于开车，但只有 500 人死于醉酒开车。因此，醉酒开车比单纯的醉酒或者单纯的开车更安全。

如果以下哪项陈述为真，将最有力地削弱上述论证？

A. 不能仅从死人绝对数量的多少判断某种行为方式的安全性。

B. 醉酒导致意识模糊，醉酒开车大大增加了酿成交通事故的危险性。

C. 醉酒开车死人的数目已分别包含在醉酒死人的数目和开车死人的数目之中。

D. 醉酒死人的概率不到 0.01%，开车死人的概率是 0.02%，醉酒开车死人的概率是 33%。

E. 醉酒开车枉顾性命，既害人又害己，应该严惩。

解析：题干中论证的悖谬之处在于，它用造成死亡的绝对量而不是相对比率来比较一些行为方式的安全性。选项 B 和 E 只涉及醉酒开车，没有涉及几种行为方式的安全性比较，不构成对题干论证的削弱。选项 C 意义不甚明了，不构成削弱。选项 A 和 D 都构成削弱，但 A 的说法过于一般和笼统；如果 D 项为真，那就说明醉酒开车比另两种方式造成死人的概率高得多，显然它比另两种方式更危险。顺便说一下，按照题干论证的逻辑，我们甚至可以得出吃饭比核事故更危险的结论，因为在中国，每年吃饭时被噎死的人数（包括老人和小孩）肯定比死于核事故的人数多。

本章概要

逻辑学是关于推理和论证的科学，其主要任务是提供识别有效的推理、论证与无效的推理、论证的标准，并教会人们正确地进行推理和论证，识别、揭露和反驳错误的推理和论证。本书所说的“逻辑学”是指形式逻辑，也即从逻辑形式的角度研究推理、论证的有效性的一门学科。

推理是从一个或者一些已知的命题得出新命题的思维过程或思维形式，其中已知的命题是前提，得出的新命题是结论。根据前提和结论间是否具有形式上的必然联系，可以将推理分为演绎推理和归纳推理。论证常常是多种推理形式的综合运用。不过，推理可以从假前提开始，而论证则要求从真的或至少是共同接受的前提开始。

推理由命题组成，对命题的不同分析就导致对推理和论证的不同分析，并最终导致不同的逻辑理论。有三种不同的命题分析方法：第一种方法是把命题分析到不再包含其他命题的命题（简单命题）为止，不对简单命题做进一步的分析，原来的命题就是由这些简单命题作为“材料”，通过联结词构造出来的；第二种方法则对简单命题做主谓式分析：把它分析为主项、谓项、量项和联项四个组成部分；第三种方法则把简单命题拆分为个体词、谓词、量词和联结词等成分。与上述三种分析方法相对应，有三种基本的逻辑类型：命题逻辑、词项逻辑和谓词逻辑，在此基础上可以构造变异逻辑、应用逻辑和元逻辑，再加上归纳逻辑，由此形成现代逻辑的学科体系。

推理形式，是指在一个推理中抽掉各个命题的具体内容之后所保留下来的那个模式或框架，或者说，是多个推理中表达不同思维内容的各个命题之间所共同具有的联系方式，由逻辑常项和逻辑变项构成，其中逻辑常项代表推理中的结构要素，常项的不同决定了推理形式的不同；变项代表推理中的内容要素，用不同的具体命题替换相同的变项，就得到不同的具体推理。由于存在多个逻辑类型，不同逻辑类型对逻辑常项有不同的认知，因而在不同的逻辑类型层面上，同一个推理会具有不同的推理形式。日常思维中的推理和论证常常采取省略形式。

推理分为形式有效的、非形式有效的，归纳强的、归纳弱的。形式有效性，亦称“保真性”，是指该推理的形式结构确保了从真前提只能得到真结论，不能得到假结论。凡前提对结论的支持度大于50%、小于100%的推理，可以成为“归纳强的”，否则称为“归纳弱的”。

逻辑学是对于理性精神的培养和训练。而通常所谓的“逻辑基本规律”，即同一律、矛盾律、排中律和充足理由律，构成理性思维最基本的前提与预设，它们分别确保理性思维具有确定性、一致性、明确性和论证性。

思考题

1. 详细阐明推理和论证的联系与区别，并举例说明。
2. 能否区分推理的形式有效性与内容有效性？如何区分？
3. 演绎推理和归纳推理究竟如何定义？请说明你所选择的定义的优点与缺点。
4. 能否把同一律、矛盾律、排中律和充足理由律当作逻辑基本规律？为什么？
5. 为什么中国没有发展出系统、成熟的逻辑理论？它对中华文化的发展产生了什么样的影响？

练习题

1. 古希腊有一位智者叫普罗泰哥拉，他靠收徒讲学、传授论辩技巧、教人打官司为生。一天，他收了一个学生叫欧提勒士，与他签订了一个合同：入学时交一半学费，毕业后帮人打官司赢了之后再交另一半学费。但欧提勒士毕业后总不帮人打官司，于是普老先生也就老得不到那另一半学费。而他需要那另一半学费，于是他去与欧提勒士打官司要钱，并打着这样的如意算盘：如果欧提勒士打赢了这场官司，按照合同，他应该给我另一半学费；如果他打输了这场官司，按照法庭的裁决，他应该给我另一半学费；他或者打赢这场官司或者打输这场官司；所以，我总能够得到另一半学费。

（1）下述哪些推理的形式结构与上面推理的形式结构不同？

Ⅰ．欧洲中世纪有人问神学家们："您说上帝万能，那么我请问您：上帝能不能创造一块他自己举不起来的石头？"并进行了这样的推理：如果上帝能够创造这样一块石头，那么他不是万能的，因为有一块石头他举不起来；如果上帝不能创造这样一块石头，那么他不是万能的，因为有一块石头他不能创造；上帝或者能创造这样一块石头或者不能，所以上帝不是万能的。

Ⅱ．当普罗泰哥拉准备告欧提勒士时，欧提勒士对他说，我是您的学生，您的那一套咱也会：如果这场官司我打赢了，根据法庭的裁决，我不应该给您另一半学费；如果这场官司我打输了，根据合同，我不应该给您另一半学费；这场官司我或者打赢了或者打输了；总之，我不应该给您另一半学费。

Ⅲ．如果 x 是偶数，则 x 能被 2 整除；如果 x 不是偶数，则 x 不能被 2 整除；137 不能被 2 整除，所以，137 不是偶数。

Ⅳ．如果不实行科学管理，就不能提高劳动生产率；宝山钢铁厂提高了劳动生产率，所以，宝山钢铁厂实行了科学管理。

（2）如果你是法官，你会如何裁决此案？说出你的理由。

2. 只要待在学术界，小说家就不能变伟大。学院生活的磨炼所积累起来的观察和分析能力，对小说家非常有用。但是，只有沉浸在日常生活中，才能靠直觉把握生活的种种情感，而学院生活显然与之不相容。

以下哪项陈述是上述论证所依赖的假设？

A. 伟大的小说家都有观察和分析能力。

B. 对日常生活中情感的把握不可能只通过观察和分析来获得。

C. 没有对日常生活中情感的直觉把握，小说家就不能成就其伟大。

D. 伴随着对生活的投入和理智的观察，会使小说家变得伟大。

E. 长期浸淫于学院生活，能够使小说家成为优秀的学者。

3. 在反映战国到秦朝这一时期的电影《英雄》和《刺秦》中，许多骑马打仗的镜头不符合历史的真实情况。今天看到的秦兵马俑，绝大多数战马是没有马鞍的，有马鞍的战马一律没有马镫。没有马镫，士兵在马背上就待不住，也使不上劲，所以当时的骑兵没法在马上打仗。

以下哪一个选项是上述论证所依赖的假设？

A. 秦时的陪葬品能够反映当时社会的真实情况。

B. 秦时的骑兵骑着马冲到敌人跟前，然后翻身下马与敌人打仗。

C. 在唐代雕刻的《昭陵六骏》浮雕上，每匹骏马的身上都有马鞍和马镫。

D. 在历史上，马镫是一件可以彻底释放士兵战斗力的重要军事装备。

E. 汉代的马镫在目前的拍卖市场上是很值钱的文物。

4. 新近被介绍的DNA酶解图谱是一种生化程序，每个单独的DNA图谱都能够表现各自独立的、不同的遗传特性。根据在犯罪现场发现的罪犯留下的遗传性物质，如毛发等，可以确定谁是罪犯。这种观点基于这样一种前提：用这种方式得到不相同的DNA图谱的可能性接近于100%，在人类的生活方式中，两个人具有相同的DNA图谱几乎是不可能的。

以下哪一项如果为真，对上述议论中的观点构成最严重的质疑？

A. 人和其他动物共同分享的大量遗传物质没有包括在DNA的生化程序中。

B. 依据从生化程序中得到的DNA图谱的解释而在总体上接受这一纯理论。

C. 在人类总的人口数量中，有各种不同的亚族群体，其各自的遗传特性为这一群体的人所共有。

D. 完成这种DNA酶解图谱的实验技术要求不是非凡的。

E. 利用DNA酶解图谱技术能查出生活在一个大家庭的成员的遗传性疾病。

5. 家用电炉有三个部件：加热器、恒温器和安全器。加热器只有两个设置：开和关。在正常工作的情况下，如果将加热器设置为开，则电炉运作加热功能；设置为关，则停止这一功能。当温度达到恒温器的温度旋钮所设定的读数时，加热器自动关闭。电炉中只有恒温器具有这一功能。只要温度一超出温度旋钮的最高读数，安全器自动关闭加热器。同样，电炉中只有安全器具有这一功能。当电炉启动时，三个部件同时工作，除非发生故障。

以上断定最能支持以下哪项结论？

A. 一个电炉，如果它的恒温器和安全器都出现了故障，则它的温度一定会超出温度旋钮的最高读数。

B. 一个电炉，如果其加热的温度超出了温度旋钮的设定读数，但加热器并没有关闭，则安全器出现了故障。

C. 一个电炉，如果加热器自动关闭，则恒温器一定工作正常。

D. 一个电炉，如果其加热的温度超出了温度旋钮的最高读数，则它的恒温器和安全器一定都出现了故障。

E. 一个电炉，如果其加热的温度超出了温度旋钮的最高读数，则它的恒温器和安全器不一定都出现了故障，但至少其中某一个出现了故障。

6. 中世纪阿拉伯人有许多古希腊文手稿。当需要的时候，他们就把它们译成阿拉伯语。中世纪阿拉伯哲学家对亚里士多德的《诗论》非常感兴趣，这种兴趣很明显不被阿拉伯诗人所分享，因为一个对《诗论》感兴趣的诗人一定想读荷马的诗，亚里士多德本人就经常引用荷马的诗。但是，荷马的诗一直到当代才被译成阿拉伯语。

如果以下陈述为真，哪一项最强地支持上面的论证？

A. 有一些中世纪阿拉伯翻译家拥有古希腊文的荷马的诗手稿。

B. 亚里士多德的《诗论》经常被现代阿拉伯诗人引用和评论。

C. 亚里士多德的《诗论》的大部分内容与戏剧有关，中世纪阿拉伯人也写戏剧作品，并表演这些作品。

D. 中世纪阿拉伯的系列故事，如《阿拉伯人之夜》，与荷马的诗的某些部分很相似。

E. 巴格达一度是世界文明的中心之一，保存了很多古希腊文献。

7. 地球上之所以有生命存在，至少是因为具备了以下两个条件：(1) 因与热源保持一定距离而产生出适当的温差范围；(2) 这种温差范围恒定保持了最少 37 亿年以上。在宇宙的其他地方，这两个条件的同时出现几乎是不可能的。因此，其他星球不可能存在与地球上一样的生命。

该论证以下面哪一项为前提？

A. 一个确定的温差范围是生命在星球上存在的唯一条件。

B. 生命除了在地球上存在外不能在其他星球存在。

C. 在其他星球上的生命形式需要像在地球上的生命形式一样的生存条件。

D. 对于为什么生命只在地球上出现而不在其他星球上出现尚无满意解释。

E. 地球上已绝种的某些生命形式很可能在许多有极端温度的星球上被发现。

8. 对于绝大多数人来说，大学乃是浪费时间和金钱的渊薮。人们根本无须到学校里进行学习。若你钻进大学，不过是想多挣钱，你真是找错了门。在一年挣 10 万元的人中，有一半以上没有大学文凭。你在大学里学到的一切，在工作中只不过是一张废纸。最好不要浪费你们或你们父母挣的钱去读什么大学，尽管你的好朋友们都想这样做。

说这段话的人心中至少拥有下面哪些信念？

Ⅰ. 物质方面的成就比学识更重要。

Ⅱ. 大学有助于拓宽人的知识视野，增加人的思想深度，提升人的精神境界。

Ⅲ. 衡量读大学有无价值的唯一标准，就是看它能不能教会人们多挣钱。

Ⅳ. 当官要比读书好，因为能得到更多的钱。

A. 仅Ⅰ、Ⅱ。

B. 仅Ⅱ、Ⅲ。

C. 仅Ⅲ、Ⅳ。

D. 仅Ⅰ、Ⅲ、Ⅳ。

E. 仅Ⅰ、Ⅲ。

9. 目前全球的粮食年产量比满足全球人口的最低粮食需求略高。因此，那种认为将来会因粮食短缺而引发饥饿危机的预言，是危言耸听。饥饿危机总是源于分配而不是生产。

以下各项关于全球粮食需求的断定，哪项最符合题干？

A. 将来不会有粮食短缺。

B. 将来不会有饥饿危机。

C. 将来不会有粮食分配不公。

D. 将来粮食年产不低于目前。

E. 全球人口的最低粮食需求将基本保持不变。

10. 要想保持精神健康，人们必须自尊。人们要保持自尊，唯有通过不断赢得他们所尊重的人的尊重；而他们只有通过正直地对待别人，才能赢得这种尊敬。

下面哪一个结论可以从上面得出？

A. 精神健康的人将被别人正直地对待。

B. 精神健康的人将正直地对待他们尊重的人。

C. 精神健康的人唯有自尊，才能被别人正直地对待。

D. 人们能够期望被别人正直地对待，只有看他们是否尊重别人。

E. 自尊的人很少正直地对待那些他们所尊重的人。

11. 地方政府在拍卖土地时，有一个基本的价格，叫作“土地基价”；拍卖所得超出土地基价的金额与土地基价之比，叫作“溢价率”。溢价率的高低标志着土地市场和楼市的热度。B市有一块地，今年第一次上市过程中，因溢价率将创新高而被临时叫停。第二次上市最终以低于第一次上市的溢价率成交，但成交的总金额却超出了第一次可能达到的数额。

如果以下陈述为真，哪一项最好地解释了上述看似不一致的现象？

A. B市的这块地在第二次上市时，政府上调了它的土地基价。

B. 今年B市实行了全国最严格的房地产调控政策。

C. 目前拍卖土地所得是地方政府的重要财政收入来源。

D. B市的这块地在第二次上市时，开发商的竞争程度远比第一次激烈。

E. 房价居高不下，甚至不断上涨，主要原因是：地价是各级地方政府的主要财政收入来源。

第二章

命题逻辑

第一节　日常联结词和复合命题

一、简单命题和复合命题

简单命题就是只能分析为不同的词项、不能分析为其他命题的命题，因此又叫作“原子命题”。例如：

（1）香山枫叶正红。

（2）诸葛亮舌战群儒。

（3）掷骰子 4 点朝上的概率是 1/6。

都是简单命题。

复合命题则是包含其他命题的命题，它是用一定的联结词连接其他命题而形成的。例如：

（4）北京是中国的政治中心，并且是文化中心。

（5）胜者或因其强，或因其指挥无误。

（6）如果一个推理的前提真实，并且推理形式有效，则结论必真。

组成复合命题的其他命题叫作该复合命题的支命题。支命题可以是一个简单命题，例如（4）中的“北京是中国的政治中心”和“北京是中国的文化中心”；也可以是一个复合命题，例如（6）中“如果”后面的语句“一个推理的前提真实，并且推理形式有效”。支命题通过一定的联结词形成复合命题，联结词体现了支命题相互之间以及支命题与复合命题之间的逻辑关系。根据其中所含联结词的不同，复合命题可以分为联言命题、选言命题、假言命题和负命题四类。

二、联言命题

联言命题是由“并且”这类联结词连接两个或多个支命题形成的复合命题，它们是断定几种事物情况同时存在的命题。例如：

(1) 3是素数，并且117也是素数。

(2) 鲁迅是思想家，并且鲁迅是文学家。

联言命题中的支命题叫作“联言支”。联言支的主项或者谓项在很多时候相同，这时我们可以省略一个主项或谓项。例如，(1) 和 (2) 可以分别变成：

(1′) 3和117都是素数。

(2′) 鲁迅既是思想家，又是文学家。

在自然语言中，联言命题的语言表达形式是多种多样的，例如：

(3) 天下雨，路又滑。

(4) 王刚大发一通脾气，然后气冲冲地走了。

(5) 林纾是著名翻译家，但他不懂外语。

(6) 李逵不但没有跪下，反而把腰杆挺得更直。

(7) 尽管那是一个穷国、一片没有什么资源的土地，但那还是很多有尊严的人们的家园。——英国牛津大学人类学教授穆萨维在谈到他的故乡阿富汗时如是说。

这些分别表示并列、承接、转折、递进关系的复合命题，都是联言命题。并且，在自然语言中，表示对偶、对比、排比关系的句子常常省略掉联结词。例如：

(8) 红了樱桃，绿了芭蕉。

(9) 鸟宿池边树，僧敲月下门。

(10) 富贵不能淫，贫贱不能移，威武不能屈。

从以上各例可以看出，在自然语言中，联言命题的表达形式是多种多样的，我们把“p并且q”看作它的标准表达形式，其中p、q称为联言支。并且，在自然语言中，联言命题表达了支命题之间在内容、意义甚至语气上的相互关联。逻辑显然不能处理这些相互关联，它只研究支命题与复合命题在真假方面的相互关系。就联言命题而言，只有它的各个支命题都是真的，它本身才是真的；如果有一个支命题为假，则联言命题为假。例如，联言命题“小张既高又胖”，只有在“小张高”和“小张胖”都真的情况下才是真的，在其余情况下则是假的。

根据联言命题的上述性质，联言推理有如下有效式：

Ⅰ. 合成式：如果分别肯定两个联言支，则可以肯定由这两个联言支组成的联言命题。其形式是：

p

q

———————

所以，p并且q

例如：“哥德尔是一位伟大的逻辑学家，哥德尔是一位重要的哲学家，所以，哥德尔既是一位伟大的逻辑学家，又是一位重要的哲学家。”

Ⅱ. 分解式：如果肯定一个联言命题，则可以分别肯定其中的每一个联言支。其形式是：

p 并且 q
————
所以，p

或者

p 并且 q
————
所以，q

例如："胡适是五四新文化运动主将，并且曾任北京大学校长；所以，胡适曾任北京大学校长。"

Ⅲ. 否定式：如果否定一个联言支，则可以否定包含这个联言支的联言命题。其形式是：

并非 p
————
所以，并非（p 且 q）

例如：从"并非李白是一位著名的小说家"，可以推出："并非李白既是伟大的诗人又是著名的小说家。"

三、选言命题

选言命题分为相容选言命题和不相容选言命题两类，其中的支命题都叫作"选言支"。

相容选言命题是借助"或者"这类联结词连接两个支命题形成的复合命题，它们断定几种事物情况至少有一种存在。例如：

（1）病人或失业者可以停付保险费。

（2）小强发烧或者是由于感冒，或者是由于肺炎。

（3）根据我的经验，明天不是刮风就是下雨。

（4）这份民调结果，要么是原始数据有错误，要么是计算过程有错误。

在日常语言中，相容选言命题当然也有多种表达方式，我们把"p 或者 q"视为它的标准形式。相容选言命题的特点是：各个选言支并不相互排斥，而是可以同时为真。换句话说，只要有一个选言支为真，相容选言命题为真；如果所有选言支都假，则相容选言命题为假。这就是相容选言命题的逻辑性质。

根据相容选言命题的上述性质，相容选言推理有如下有效式：

Ⅰ. 否定肯定式：如果肯定一个相容选言命题并且否定其中的一个选言支，则必须肯定其中的另一个选言支。其形式是：

p 或者 q
非 p
————
所以，q

或者

p 或者 q

非 q
所以，p

例如："江艳或者是三好学生或者是优秀学生干部，江艳不是三好学生，所以，她是优秀学生干部。"

Ⅱ．肯定肯定式：如果肯定一个选言支，则必须肯定包含这个选言支的任一选言命题。其形式是：

p
所以，p 或者 q

例如，从"克林顿是美国总统"出发，既可以推出"克林顿是美国总统或者卷心菜是蔬菜"，也可以推出"克林顿是美国总统或者卷心菜不是蔬菜"。

但是，由于相容选言命题的各个选言支可以同时成立，所以相容选言推理的肯定否定式是错误的：

p 或者 q
p
所以，非 q

或者

p 或者 q
q
所以，非 p

例如："凌丽或者是作家或者是教授，凌丽是作家，所以，她不是教授。"这个推理是不成立的，因为凌丽可以兼有"作家"和"教授"这两个身份，此推理的第一个前提是相容选言命题，不能由肯定它的一个选言支去否定它的另一个选言支。

不相容选言命题是由"要么……要么……"这类联结词连接两个支命题所形成的复合命题。在日常语言中，它有很多表述方式，例如：

(5) 不自由，毋宁死！

(6) 或为玉碎，或为瓦全。

(7) 物质形态要么是气体，要么是固体，要么是液体，要么是等离子体，要么是玻色一爱因斯坦冷凝体，要么是费密冷凝体。

(8) 要么与我们站在一起去反对恐怖主义，那么你是我们的朋友；要么不与我们站在一起，那么你是我们的敌人。——美国在遭受"9·11"恐怖袭击后采取了这样的政策。

我们权且把"要么 p，要么 q，二者必居其一"当作不相容选言命题的标准形式，其特点是：各个选言支互相排斥，不能同时为真。因此，对于不相容选言命题来说，必有且只有一个选言支为真；若有多个选言支同时为真，或同时为假，则不相容选言命题亦为假。这就是不相容选言命题的逻辑性质。

根据不相容选言命题的上述性质，不相容选言推理有如下有效式：

Ⅰ．否定肯定式：如果否定一个不相容选言命题的一个选言支，则必须肯定它的另一个选言支。其形式是：

要么 p，要么 q
非 p
————————
所以，q

或者

要么 p，要么 q
非 q
————————
所以，p

例如："对于前进道路上的困难，或者战而胜之，或者被困难所吓倒。我们不能被前进道路上的困难所吓倒，所以，我们要战而胜之。"

Ⅱ. 肯定否定式：如果肯定一个不相容选言命题的一个选言支，则必须否定它的另一个选言支。其形式是：

要么 p，要么 q
p
————————
所以，非 q

或者

要么 p，要么 q
q
————————
所以，非 p

例如："要么为玉碎，要么为瓦全。宁为玉碎，所以，不为瓦全。"再如："要么继续闭关锁国而落后挨打，要么实行改革开放而走向富强；我们必须实行改革开放而走向富强，所以，我们不能再继续闭关锁国而落后挨打。"

关于选言命题，应该注意以下两点：

首先，一个选言命题究竟是相容的还是不相容的，没有专用的形式识别标记，只能看其中的各个选言支是否能够同时为真：能够同时为真的，是相容选言命题；不能同时为真的，是不相容选言命题。这是因为：联结词"或者，或者"既可在相容意义上使用，如上面的例（1）；也可在不相容意义上使用，如上面的例（6）。"要么，要么"同样既可在相容意义上使用，如"明天要么刮风，要么下雨"；也可在不相容意义上使用，如上面的例（7）和例（8）。因此，区分相容选言命题和不相容选言命题，不能只看联结词，而应重点看它们的真值情况。

其次，如果一个选言命题穷尽了所有的选言支，则该选言命题必真；假若选言支不穷尽，则选言命题有可能为假。例如，刑侦人员根据某一犯罪现场的证据，做出推测："罪犯或者是甲或者是乙"。但后来的侦查证实这一推测是假的，真正的罪犯是丙，他伪造了现场证据。这里，刑侦人员开始的推测就过于武断，没有考虑到其他可能情况。不过，当遇到复杂情形时，穷尽所有的选言支既无必要也不可能，只能是依靠证据做出最有可能成立的推测。并且，一个真的选言命题不一定穷尽了所有的选言支，例如，根据小张的长相和口音，可以做出正确的推测："小张或者是广东人，或者是广西人。"

四、假言命题

假言命题亦称“条件命题”，其中表示条件的支命题叫作“前件”，表示结果的支命题叫作“后件”。假言命题断定了前件和后件之间的某种条件关系。而条件关系一般来说分为三种：充分条件、必要条件和充分必要条件，相应地，假言命题也分为三种：充分条件假言命题、必要条件假言命题、充分必要条件假言命题。

1. 充分条件假言命题及其推理

充分条件假言命题是由“如果，则”这类联结词连接两个支命题而形成的命题，它在自然语言中有多种表述方式，例如：

（1）如果物体摩擦，则物体生热。

（2）只要你勤奋耕耘，总会有所收获。

（3）假如这个玻璃杯从我手中滑落，则它会摔得粉碎。

（4）一见到警察，李小二就心里发慌。

（5）当刮大风的时候，你要关上窗户。

（6）要是你能解决这道难题，那我就能拔着自己的头发上天。

（7）如果你是个傻瓜，那么一言不发是最聪明的；如果你是个聪明人，那么一言不发是最愚蠢的。——一位哲学家在回答“在交际场合一言不发好不好”的问题时如是说。

有时，表达充分条件关系的联结词还可以省略，例如：

（8）锲而不舍，金石可镂。

（9）人心齐，泰山移。

（10）招手即停。

我们把“如果 p，则 q”当作充分条件假言命题的标准形式，其中 p 为前件，q 为后件。一个充分条件假言命题，只有在前件真后件假的情况下才是假的，在前件真后件真、前件假后件真、前件假后件假的情况下都是真的。例如，充分条件假言命题“如果天下雨，那么会议延期”，只有在天下雨但会议未延期的情况下才是假的，在其他情况下都是真的。这就是充分条件假言命题的逻辑性质。

根据充分条件假言命题的上述性质，充分条件假言推理有如下有效式：

Ⅰ. 肯定前件式：

如果 p，那么 q

p
____

所以，q

例如：“如果官员甲拥有不受监控的权力，官员甲很容易导致腐败；官员甲确实拥有不受监控的权力，所以，官员甲很容易导致腐败。”

Ⅱ. 否定后件式：

如果 p，那么 q

非 q

所以，非 p

例如："如果小王患肺炎的话，则他的体温会不正常升高；但经检查，小王现在体温正常，所以，小王目前没有患肺炎。"

充分条件假言推理的无效式有否定前件式：

如果 p，那么 q

非 p

所以，非 q

和肯定后件式：

如果 p，那么 q

q

所以，p

例如："如果我想当外语翻译，我就必须学好外语；我不想当外语翻译，所以我不必学好外语。"这是充分条件假言推理的否定前件式，是无效的。再如："如果小张患肺炎，则他会发烧；小张发烧了，所以他一定患了肺炎。"这是充分条件假言推理的肯定后件式，也是无效的。

2. 必要条件假言命题及其推理

必要条件假言命题是由"只有，才"这类联结词连接两个支命题形成的复合命题，它在自然语言中的表述方式是多种多样的。例如：

(1) 只有不畏劳苦，才能攀上科学高峰。

(2) 除非你把那本书还给我，我才会把这本书借给你。

(3) 不入虎穴，焉得虎子。

(4) 除非通过考试，否则不予录取。

(5) 仅当明天天晴，我们才去郊游。

必要条件假言命题的标准形式是"只有 p，才 q"，其中 p 为前件，q 为后件。只有在前件假后件真的情况下，一个必要条件假言命题才是假的，在前件真后件真、前件真后件假、前件假后件假的情况下，它都是真的。这就是必要条件假言命题的逻辑性质。例如，如果有人坚持说："只有乡下人才长寿"，但经调查发现，城市里有不少人是百岁寿星，这一事实就证明那个人所说的话是假的。但如果发现有的乡下人不长寿，却不能证明该人的话为假。

根据必要条件假言命题的上述性质，必要条件假言推理有如下有效式：

Ⅰ. 否定前件式：

只有 p，才 q

非 p

所以，非 q

例如："只有陈梦溪年满 18 岁，他才有选举权和被选举权；陈梦溪年仅 16 岁，所以他没有选举权和被选举权。"

Ⅱ. 肯定后件式：

只有 p，才 q

q

所以，p

例如："只有小张学习成绩好，他才能当三好学生；小张已当选为三好学生，所以，他一定学习成绩好。"

必要条件假言推理的无效式有肯定前件式：

只有 p，才 q

p

所以，q

和否定后件式：

只有 p，才 q

非 q

所以，非 p

例如："只有夏闯不循规蹈矩，他才能大有作为；夏闯不循规蹈矩，所以，夏闯一定大有作为。"这个推理是必要条件假言推理的肯定前件式，明显是无效的。再如："只有老王不畏劳苦，他才能有所成就；老王一生谈不上有什么成就，因此，老王必定是怕苦怕累之人。"这个推理是必要条件假言推理的否定后件式，也是无效的。

3. 充分必要条件假言命题及其推理

充分必要条件假言命题，是由"当且仅当"这类联结词连接两个支命题形成的命题。例如：

(1) 一个三角形的三边相等，当且仅当，它的三内角都是 60°。

(2) A⊆B，当且仅当，对任意 x，如果 x∈A，则 x∈B。

(3) 张猛是单身汉，当且仅当，他是未婚男子。

"当且仅当"这一联结词通常只在数学、逻辑及其他精确科学中出现，在社会科学和人们的日常交谈中很少使用。在日常语言中，人们要表述充分必要条件假言命题时，常常分成两句话，一句话说前件是后件的充分条件，另一句说前件是后件的必要条件。例如：

(4) 人不犯我，我不犯人；人若犯我，我必犯人。

(5) 如果公民年满 18 岁，则他有选举权；并且，只有公民年满 18 岁，他才有选举权。

显然，当前件和后件同真或同假时，一个充分必要条件假言命题为真；在前后件不同真或者不同假的情况下，它都是假的。因此，充分必要条件假言推理有如下四个有效式：

p 当且仅当 q

p

所以，q

p 当且仅当 q

非 p

所以，非 q

p 当且仅当 q
q
———————
所以，p

p 当且仅当 q
非 q
———————
所以，非 p

请读者自己举例。

五、负命题

负命题是由否定一个命题而得到的命题，它是通过把“并非”这类否定词置于一个命题之前或之后而形成的，其标准形式是“并非 p”和“并不是 p”。例如：

（1）并非所有天鹅都是白色的。

（2）并非一刮风就下雨。

在自然语言中，负命题的表达形式是多种多样的，例如为了表达“并非所有闪光的东西都是金子”，我们也可以说：

（3）不是所有闪光的东西都是金子。

（4）说“所有闪光的东西都是金子”是假的。

（5）“所有闪光的东西都是金子”，这一说法不成立。

（6）说“所有闪光的东西都是金子”不符合事实。

负命题所否定的可以是一简单命题，如例（1）；也可以是一复合命题，如例（2）。被否定的命题称为原命题。值得注意的是，负命题所否定的是整个原命题，而不是原命题的一部分。因此，负命题的真值与原命题恰恰相反：若原命题为真，则负命题为假；若原命题为假，则负命题为真。这就是负命题的逻辑性质。也正因为如此，“并非”是由一个命题形成一个新命题的联结词。

第二节　真值联结词　真值形式

一、从日常联结词到真值联结词

在命题逻辑中，简单命题究竟是一个什么样的命题，究竟是真是假，实际上是无关紧要的；真正重要的是复合命题的逻辑性质，以及由这种性质所决定的复合命题与其支命题之间以及复合命题相互之间的逻辑关系。而这是由命题联结词决定的。因此，如果我们在一个具体命题中，用命题变项 p、q、r……（小写字母）去代替其中的简单命题，命题联结词保持不变，我们就得到该命题的逻辑形式，简称“命题形式”。显然，单独一个命题变项也是一个命题形式。形象地说，命题形式就是一个具体命题抽出具体内容之后只保留其位置的框架，或者说是由这些位置和连接它们的命题成分所形成的一个结构。所以，命题形式有两种成分：代表具体内容的位置，由命题变项表示；连接或组合这些位置的结构成分，即命题联结词，亦称“逻辑常项”。

在上一节的讨论中，我们实际上得到了 7 个不同的联结词：“并非”，“并且”，“或者”，“要么，要么”，“如果，则”，“只有，才”，“当且仅当”，它们每一个都是一组相应联结词的概括和抽象：

并非：并不是；……不成立；……是假的；……不符合事实；等等。

并且：和；然后；不但，而且；虽然，但是；不仅，还；等等。

或者：或者；要么，要么；也许，也许；可能，也可能；等等。

要么：或者；要么，要么；二者必居其一；等等。

如果，则：假如，就；倘若，便；只要，就；哪怕，也；就算，也；等等。

只有，才：除非，才；除非，不；不，就不；仅当，才；等等。

当且仅当：如果……则……并且只有……才……；如果……则……并且如果非……则非……；等等。

从逻辑角度看，这些日常语言联结词存在两个主要问题：

一是不精确，以“或者”和“要么”为例，它们既可以在相容意义上使用，也可以在不相容意义上使用。例如，可以说“明天或者刮风或者下雨”，也可以说“明天要么刮风要么下雨”；可以说“掷硬币要么正面朝上要么反面朝上”，也可以说“掷硬币或者正面朝上或者反面朝上”。这就使得当识别一个选言命题究竟是相容还是不相容时，要依靠相关背景知识去鉴别各个支命题能否同时成立，这显然超出了逻辑学的范围。

二是负载了许多非逻辑的内容。以各种联言命题为例，它们除表示各个支命题同时为真外，还表示并列关系、承接关系、递进关系、转折关系、对比关系等等。承接关系涉及时间和空间的顺序，例如“他死了，后来被尊为山神”，“吃罢早饭，她便上图书馆了”。递进关系旨在补充和强调，例如“他会演戏，而且会写剧本”，“张伟数学很差，甚至连微积分也不懂”。转折关系也有强调的作用，例如“人还是老样子，只是瘦了些”，“事情干成了，不过身体也弄坏了”。这些不同的表达手段在所表达的内容、意义上会造成一些微妙的差别，并在接受者的心理上产生不同的影响或效果，它们显然属于与修辞学、言语交际、信息传输相关的领域，至少首先不属于逻辑学的范围。

正像其他任何科学对其研究对象都要进行抽象、有所舍弃一样，逻辑学也不能刻画命题联结词如此众多并且差异悬殊的含义和用法，而要把某些个别的、特殊的东西作为不相干因素舍弃掉，抽象出其中共同的特性。问题在于什么是相干的因素，什么是不相干的因素？前已指出，逻辑学是关于推理和论证的科学，即使它研究命题，归根结底也是为了研究推理。在逻辑学看来，推理的最重要特性就是它的保真性或有效性，即从真实的前提出发，进行合乎逻辑的推理，应该只能得到真结论，不能得到假结论。也就是说，逻辑认为，推理中最重要的关系就是前提和结论之间的真假关系，相应地，简单命题最重要的逻辑特性就是它的真与假，复合命题最重要的逻辑特性就是它的支命题的真假与该复合命题本身的真假之间的关系，而这种关系是由命题联结词来承担的。当我们撇开联结词所表达的各支命题在内容、意义上的联系，而只考虑各支命题之间以及支命题与该复合命题本身之间的真假关系时，这样的联结词就成为真值联结词。

为了与日常联结词相区别，同时也为了书写的方便，逻辑学家们特制了一些专门的符号去表示真值联结词：

（1）$\wedge$：读作“合取”（conjunction），相当于日常语言中的“并且”。

(2) $\vee$：读作“析取”(disjunction)，相当于日常语言中的“或者”。

(3) $\rightarrow$：读作“蕴涵”(implication)，相当于日常语言中的“如果，则”。

(4) $\leftrightarrow$：读作“等值”(equivalence)，相当于日常语言中的“当且仅当”。

(5) $\neg$：读作“否定”(negation)，相当于日常语言中的“并非”。

这里，$\neg$是一元联结词，后面只跟一个完整的命题形式；$\wedge$、$\vee$、$\rightarrow$、$\leftrightarrow$是二元联结词，由两个已有的命题形式形成一个新的命题形式。由此类推，由 n 个已有命题形式形成一新的命题形式的联结词，叫作 n 元联结词。此外，为了表示符号间的结构关系，还需要一些辅助符号，如左括号“(”和右括号“)”。

至此，我们可以完整地给出命题逻辑的语言：

Ⅰ. 初始符号

(i) 命题变项：p，q，r，s……

(ii) 命题联结词：$\neg$，$\wedge$，$\vee$，$\rightarrow$，$\leftrightarrow$

(iii) 辅助性符号：左括号“(”，右括号“)”

Ⅱ. 形成规则

(i) 任意的 p，q，r，s 是公式；

(ii) 若 A 是公式，则$\neg$A 是公式；

(iii) 若 A 和 B 分别是公式，则 $(A\wedge B)$、$(A\vee B)$、$(A\rightarrow B)$、$(A\leftrightarrow B)$ 是公式；

(iv) 只有按以上方式形成的符号串是公式。

二、真值形式 指派与赋值

在上一小节所定义的“公式”中，作为其构成成分出现且符合形成规则的部分，叫作该公式的“子公式”。在形成规则中，p、q、r、s、$\neg$、$\wedge$、$\vee$、$\rightarrow$、$\leftrightarrow$是对象语言符号，而 A、B、C 是元语言符号，它们代表用对象语言表述的任一公式。例如，A 可以是下面的任一公式：

$$p,q,r,\neg p,(q\wedge s),(r\vee s),(p\rightarrow q),(q\leftrightarrow s),((((\neg p)\wedge q)\rightarrow r)\leftrightarrow(s\vee q))$$

其中，$\neg p$、$(q\wedge s)$、$(r\vee s)$、$(p\rightarrow q)$、$(q\leftrightarrow s)$ 是五种最基本的公式，分别叫作“否定式”、“合取式”、“析取式”、“蕴涵式”和“等值式”。

根据前面的公式定义，我们可以判定任一符号串是不是公式，例如：

$$((\neg((p\wedge q)\leftrightarrow(r\vee s))\wedge p)\rightarrow(q\vee(r\leftrightarrow q)))$$

由于 p 和 q 都是公式，则 $(p\wedge q)$ 是公式；由于 r 和 s 都是公式，则 $(r\vee s)$ 是公式；因此，$((p\wedge q)\leftrightarrow(r\vee s))$ 是公式；因此，$\neg((p\wedge q)\leftrightarrow(r\vee s))$ 是公式；因此，$(\neg((p\wedge q)\leftrightarrow(r\vee s))\wedge p)$是公式。由于 q 和 r 都是公式，则 $(r\leftrightarrow q)$ 是公式；因此，$(q\vee(r\leftrightarrow q))$ 是公式；因此，$((\neg((p\wedge q)\leftrightarrow(r\vee s))\wedge p)\rightarrow(q\vee(r\leftrightarrow q)))$ 是公式。

不过，尽管 p、q、r、s、$(p\wedge q)$、$(r\vee s)$、$((r\vee s)\wedge p)$ 都是公式，但 $(p\wedge q)\neg$不是公式，所以 $(((p\wedge q)\neg)\leftrightarrow((r\vee s)\wedge p))$ 也不是公式。

根据形成规则，从已有的公式可以生成任意有穷长度的公式，因此公式的数目是无穷的。在生成过程的最后一步所使用的联结词叫作“主联结词”。例如，

$((((p\rightarrow q)\wedge p)\rightarrow\neg q)\leftrightarrow(r\wedge(\neg r)))$

中，↔是主联结词，相应地，此公式叫作“等值式”。

为了避免结构歧义，二元联结词为主联结词的公式外侧总有括号。但层层叠叠的括号有时令人困扰，所以这里约定三条省略括号的规则。

（1）公式最外层的括号总是可以省略。例如：$(p\wedge q)$ 可写作 $p\wedge q$，$(\neg((p\wedge q)\leftrightarrow(r\vee s))\wedge p)$ 可写作 $\neg((p\wedge q)\leftrightarrow(r\vee s))\wedge p$。

（2）像算术中在没有括号的情况下规定先乘除后加减一样，我们现在也规定：联结词的结合力按下述秩序而递减：¬，∧，∨，→，↔

这就是说，在没有括号的情况下，我们先看¬，再看∧，再看∨，再看→，最后看↔。据此可以省略一些括号。例如：$\neg((p\wedge q)\leftrightarrow(r\vee s))\wedge p$ 可写作 $\neg(p\wedge q\leftrightarrow r\vee s)\wedge p$。

（3）形如 $(A\wedge B)\wedge C$ 的公式可写作 $A\wedge B\wedge C$；形如 $(A\vee B)\vee C$ 的公式可写作 $A\vee B\vee C$；形如 $A\rightarrow(B\rightarrow C)$ 的公式可写作 $A\rightarrow B\rightarrow C$。其中的 A、B、C 表示任意的公式。例如：$p\rightarrow(q\rightarrow(r\rightarrow s))$ 可写作 $p\rightarrow q\rightarrow r\rightarrow s$。

按上述规则省略括号的符号串在严格意义上并不符合命题逻辑语言对公式的定义，因此不是公式。但我们可以将其看作对应公式的简写并在之后广泛地使用。

公式不是一个有具体内容的命题，而是一个命题模式或命题框架，它们是没有真值的。当我们在一个公式中，用具体命题替换其中的命题变项，则得到该公式的一个实例，或者说代入实例。例如，下面 4 个命题都是公式 $p\rightarrow q$ 的代入实例：

（1）冬天来了→春天不会遥远。

（2）你热爱生命→你别浪费时间。

（3）$2+2=4\rightarrow 2+2=4$。

（4）$(x>y)\wedge(y>z)\rightarrow(x>z)$

一旦给定了真值联结词的意义，它们就是有确定的真假值的命题。由于公式的代入实例具有真值，在这种派生的意义上，我们也说公式具有真值，有些公式常真，有些公式常假，有些公式可真可假。

从公式的形成过程来看，公式是由命题变项使用真值联结词逐步生成的。因此，公式的真值取决于两个要素：一是命题变项的真值，这来自真值指派；二是真值联结词的意义，这来自解释。一组真值指派和一个解释构成一个真值赋值。

如上所述，命题变项本身没有真值，但它的代入实例有真值，其代入实例的真值无非是真或者假，据此可以把命题变项的所有代入实例分为两类：{真命题} 和 {假命题}。在这个意义上，命题变项也获得两个派生的真值：真和假。显然，这两个真值不是来自于与现实的比较和对照，而是由我们直接给予或任意指定的，所以，叫作“真值指派”。

有了命题变项的真值后，公式的真值就取决于真值联结词的意义。真值联结词实际上是类似于＋、－、×、÷的数学运算，只不过＋、－、×、÷是在数字上进行的运算，而真值联结词是在真值上进行的运算：由某些简单的公式的真值得出更复杂的公式的真值。正因为如此，我们又把“公式”叫作“真值形式”，以后将混用这两个概念。

下面，我们通过 5 个真值表规定 5 种基本的真值运算。

三、否定

真值形式¬p 称为“否定式”，读作“非 p”、“并非 p”，其中命题变项 p 代表任一命题，对其可以指派两个真值：真（以后用“1”表示）和假（以后用“0”表示）。否定词的意义在于：如果原命题为真，则它的否定式为假；如果原命题为假，则它的否定式为真。于是，我们有如下的真值表：

表 2-1

p	¬p
1	0
0	1

从上面的真值表确定的¬p 的意义可以看出，真值联结词¬与日常联结词“并非”没有原则性区别，前者是后者的逻辑抽象。

四、合取

真值形式 p∧q 称为“合取式”，读作“p 合取 q”或“p 并且 q”，p、q 都是 p∧q 的合取支。其中合取词∧的意义是：当合取式的各个合取支都真时，该合取式为真；只要有一个合取支为假，该合取式为假。于是，我们有如下的真值表：

表 2-2

p	q	p∧q
1	1	1
1	0	0
0	1	0
0	0	0

这个表的左半部列出了 p 和 q 的全部可能的真值组合：p 可以取 1、0 两个真值。当 p 取值 1 时，q 可以取 1、0 两个值；当 p 取值 0 时，q 可以取 1、0 两个值。于是，全部可能的真值组合有 4 种：11，10，01，00。p∧q 只在 11 的组合下才取值 1，在其他组合下都取值 0。

上述真值表所刻画的合取词∧，只保留了各种联言联结词所表示的联言命题与其支命题之间的真假关系，而舍去了它们可能表示的并列、承接、递进、转折、对比等意义，以及由这种意义赋予各个支命题的某种顺序关系，例如：“孙佳结了婚，并且生了孩子”，“吴为学问好，人缘也好”。由此造成下述两个结果：

（1）合取交换律成立，p∧q 与 q∧p 总是取同样的真值。一个合取命题成立与否，与其中合取支的顺序无关。

（2）只要两个合取支都是真的，相应的合取命题总是真的，不管其合取支之间是否有内容、意义上的关联。例如，“2＋2＝4 并且北大未名湖很美丽”就是一个真的合取命题。

这些体现了合取词∧与日常语言中的联言联结词的最大不同之处。

五、析取

真值形式 p∨q 称为“析取式”，读作“p 析取 q”或“p 或者 q”，p、q 都是 p∨q 的析取支。其中析取词∨的意义在于：如果 p 和 q 中至少有一个为真，则 p∨q 为真；如果 p 和 q 全都为假，则 p∨q 为假。于是，我们有如下的真值表：

表 2-3

p	q	p∨q
1	1	1
1	0	1
0	1	1
0	0	0

上述真值表所刻画的析取是相容意义上的析取，各个析取支可以同时为真。析取词∨也舍去了各个析取支之间在内容、意义上的一切联系，只保留了真假联系。于是，若一个命题为真，则包含这个命题为支命题的任何析取命题为真，像“金岳霖是一位逻辑学家或者雪是黑的”这样的命题，由于第一个支命题是真的，该析取命题也是真的，而在日常语言中一般不会说出或写出这样的句子。这是析取词∨与各种选言联结词的最大不同之处。

基本真值联结词中没有不相容析取，至少有以下两个原因：

（1）可用¬、∧、∨去定义二元的不相容析取，后者权且用“⊙”表示，其真值表如下：

表 2-4

p	q	p⊙q
1	1	0
1	0	1
0	1	1
0	0	0

用公式表示，其定义如下：

$$p \odot q =_{df} (p \lor q) \land \neg(p \land q)$$

我们后面将用真值表方法证明，p⊙q 与（p∨q）∧¬(p∧q）恒取同样的真值。因此，从理论上讲，不相容析取词⊙是多余的，去掉它不会造成什么损失。

（2）与相容析取词$\vee$相比，不相容析取词$\odot$是更特殊的，它是通过在前者上施加一个限制得到的：不仅各个析取支不能同假，而且不能同真。于是，就普遍性而言，不相容析取不如相容析取，前者可由后者表示，但后者不能由前者表示。因此，若引入前者而不引入后者，就会在使用上带来不必要的麻烦。但引入后者而不引入前者，却不会造成任何损失。

析取命题都可以有多于两个的析取支，不相容析取也不例外，如“物质形态要么是气体，要么是固体，要么是液体，要么是等离子体，要么是玻色一爱因斯坦冷凝体，要么是费密冷凝体”。应该指出的是，多项的不相容析取不能归结为二项的不相容析取，应该分别重新定义。这里以三项的不相容析取为例，记为$\odot(p, q, r)$，定义如下：

$$\odot(p,q,r)=df(p\vee q\vee r)\wedge\neg(p\wedge q)\wedge\neg(p\wedge r)\wedge\neg(q\wedge r)$$

而四项的不相容析取$\odot(p, q, r, s)$的定义则复杂得多，不仅要表明四个析取支中至少有一个真，而且要表明只有一个真，这等于说：任何两个支的合取不真，任何三个支的合取也不真，任何四个支的合取也不真，写出来相当复杂。

这表明：二项、三项、四项以及任一n项的不相容析取不能相互还原和归约，它们实际上是一组近似的不同联结词，而不是一个联结词的多次重复应用。

六、蕴涵

真值形式$p\rightarrow q$称为“蕴涵式”，读作“p蕴涵q”、“如果p则q”，其中p、q分别是蕴涵式的前件和后件。蕴涵词$\rightarrow$的意义在于：$p\rightarrow q$只有在p真q假的情况下才是假的，在p真q真、p假q真、p假q假的情况下，$p\rightarrow q$都是真的。于是，我们有如下的真值表：

表2－5

p	q	p→q
1	1	1
1	0	0
0	1	1
0	0	1

从上表可以看出，当p假或q真时，$p\rightarrow q$是真的。对于蕴涵词的这样一种解释，被称为“实质蕴涵”，因为它能够导出如下一些常真的真值形式而备受非议：

（1）$p\rightarrow(q\rightarrow p)$

（2）$\neg p\rightarrow(p\rightarrow q)$

（3）$(p\rightarrow q)\vee(q\rightarrow p)$

（4）$(p\rightarrow q)\vee(p\rightarrow\neg q)$

其中（1）说，真命题被任何命题所蕴涵；（2）说，假命题蕴涵任何命题；（3）说，任一两个命题之间都有蕴涵关系；（4）说，任一命题p不是蕴涵另外任一的命题q，就是蕴涵q的否定。一部分逻辑学家认为，如果把上述真值形式中的“→”读成“如果，则”，则它们严重违背了自然语言中“如果，则”的原意，不符合日常思维中的逻辑推理关系，与人们的直觉和常识相矛盾，是不可接受的，因而把它们叫作“实质蕴涵怪论”，并坚持要用更符合自然语言中“如果，则”原意的蕴涵代替实质蕴涵。

下面我要为实质蕴涵，实际上是更一般地为从真值角度研究复合命题的性质及其推理关系的做法，做一些简短的辩护。

第一，实质蕴涵抽象、概括出了自然语言中“如果，则”这类联结词的共性，在对“如果，则”的各种解释中是最弱的，因而具有普适性和简单性，而这种普适性和简单性是逻辑的本质要求。

自然语言中用“如果，则”表示的条件句，有很多含义，其中主要有：

(1) 条件关系：“如果天下雨，那么地湿。”这里，前件是后件的充分条件。

(2) 因果关系：“如果某人感冒，则某人发烧。”这里，前件是后件的原因。

(3) 推理关系：“如果所有金子都是闪光的，则有些闪光的东西是金子。”这里，后件是从前件逻辑地推出的结论。

(4) 词义关系：“如果张三比李四胖，则李四比张三瘦。”这里，后件是根据“胖”、“瘦”的词义从前件推出来的。

(5) 假设关系：“假如中国不发生‘文化大革命’，中国也许已经成为中等发达程度的国家了。”这里，前件是一种反事实假设，后件则是由此生发出的猜想。

(6) 时序关系：“如果冬天来了，则春天不会遥远。”就字面含义而言，这里前件是时间上的先行事件，后件是它的后续事件。

(7) 允诺、威胁甚至是打赌：“如果你好好完成作业，我就给你买一块大蛋糕。”“如果你们不按我的要求办，我就每天杀掉一名人质！”“如果你能跳过这道深沟，我把我的小汽车输给你。”

显然，正像任何其他科学都要对其研究对象进行抽象一样，逻辑也不能反映“如果，则”如此众多且差异悬殊的含义和用法，而要抽象出其中共同的特性，把一切个别的、特殊的东西作为不相干因素舍弃掉。经仔细分析就会发现：各种“如果 p，则 q”形式的命题的共同性质是：当 p 真时 q 必定为真；如果 p 真而 q 假，则此类命题为假。实质蕴涵正是反映了这种共同特性，它在考虑 $p\rightarrow q$ 是否成立时，只考虑 p、q 的真值，不考虑 p 和 q 在内容、意义方面的一切联系，因而实质蕴涵适用范围最广，使用起来也最方便。这几乎是逻辑学家和数学家们的共识，也是对实质蕴涵最好的辩护。

第二，实质蕴涵也有关于“如果，则”的日常用法的经验根据或基础。

人们对“当 p 真 q 假时，$p\rightarrow q$ 为假”一般不持异议，但对于承认“当 p 假或 q 真时，$p\rightarrow q$ 为真”却有很大保留。例如，人们通常会对下列命题皱眉头：

(1) 如果克林顿是美国总统，则卷心菜是蔬菜。

(2) 如果 2+2=5，则雪是白的。

(3) 如果 2+2=5，则雪是黑的。

而按实质蕴涵的真值表，这些命题都是真的，这似乎有些反直观、不自然。但当我们在 (1) 之外再补充一个命题：

(4) 如果克林顿不是美国总统，卷心菜也是蔬菜。

(1) 的奇特性就消失了。(1) 和 (4) 加在一起的意思是：不管克林顿是不是美国总统，卷心菜都是蔬菜，也就是说，后者与前者没有关系。从真值角度说，当后件已经为真时，无论前件是真是假，都不会出现前件真而后件假的情况，因此相应的蕴涵式总为真。同样的道理，当前件确实为假时，无论后件是真是假，都不会出现前件真后件假的组合，相应的蕴涵式也总为真。例如，一个穷光蛋可以任意开空头支票：

(5) 如果我有一亿美元，我将分一半给你。

(6) 如果我有一亿美元，我连一美分也不给你。

由于他身无分文，前件总不满足，他的话永远没有机会被证伪，总是成立的。我们只能说他许下了两个无法兑现的诺言，而不能说他故意撒谎，说了两句假话。

因此，当 p 假或 q 真时，不管 p 和 q 是否有内容、意义上的关联，相应的蕴涵式总为真。并且，这些蕴涵式有时还有语法上的修饰作用：当 p 假 q 也假时，相应的蕴涵式 $p\rightarrow q$ 只不过是 p 假的强调说法。以 (3) 为例，它只不过是强调“$2+2=5$”与“雪是黑的”一样荒谬。当 q 真时，无论 p 真还是 p 假，相应的蕴涵式 $p\rightarrow q$ 只不过是 q 真的强调说法。以 (1) 和 (4) 为例，它们只不过是在强调“卷心菜是蔬菜”为真，这一点与克林顿是不是美国总统无关。假设把 (2) 中的“如果，则”改成“即使，也”，(2) 就变成了：

(7) 即使 $2+2=5$，雪也是白的。

(2) 的奇特性就消失了，它只不过是“雪是白的”的强调说法。

第三，从前后一致的角度看，如果承认$\neg$(否定)、$\vee$(析取) 分别是“并非”和“或者”的合理抽象，那么也应该承认$\rightarrow$ (蕴涵) 是“如果，则”的合理抽象。

在日常语言中，“不是 p 就是 q”既可以理解为“p 或者 q”，也可以等义地理解为“如果非 p 则 q”。这就是说，“$p\vee q$”与“$\neg p\rightarrow q$”是等值的。于是，“$\neg p\vee q$”与“$\neg\neg p\rightarrow q$”也是等值的。很容易证明，p 与$\neg\neg p$是等值的，因此“$\neg p\vee q$”与“$p\rightarrow q$”也是等值的。而“$\neg p\vee q$”只在 p 真 q 假时为假，在其他三种情形即 p 真 q 真、p 假 q 真、p 假 q 假时都是真的。因而“$p\rightarrow q$”也只在 p 真 q 假的情形下为假，在其他三种情形下，概而言之即在 p 假或 q 真的情形下为真。这说明，当指责实质蕴涵时，也会逻辑地导致指责对“$\neg$”、“$\wedge$”、“$\vee$”做真值联结词的理解。如果说“$\rightarrow$”与自然语言中的“如果，则”有差异的话，这种差异在“$\neg$”与“并非”、“$\wedge$”与“并且”、“$\vee$”与“或者”之间也存在。因此，我们不能单单保留对$\neg$、$\wedge$、$\vee$的真值函项解释，而独独修改实质蕴涵$\rightarrow$，这在理论上和实践上都行不通。①

七、等值

真值形式 $p\leftrightarrow q$ 称为“等值式”，读作“p 等值 (于) q”，或“p 当且仅当 q”，p、q 分别是 $p\leftrightarrow q$ 的前件和后件。等值词$\leftrightarrow$的意义在于：只有当 p 和 q 同真或同假时，$p\leftrightarrow q$ 才是真的；如果 p 和 q 不同真或不同假，则 $p\leftrightarrow q$ 是假的。我们有如下的真值表：

---

① 宋文淦．符号逻辑基础．北京：北京师范大学出版社，1993：46-47．

表 2-6

p	q	p↔q
1	1	1
1	0	0
0	1	0
0	0	1

八、自然语言中复合命题的符号化

我们之所以说¬、∧、∨、→、↔这5个联结词是基本的，一是因为它们的对应者在自然语言中最常用；二是因为其他的（真值）联结词都可以由它们定义或构造出来。因此，它们可以表示自然语言中的绝大多数复合命题。

例如，自然语言中的必要条件假言命题"只有p才q"，如果只从真假关系的角度看，它等值于"如果q则p"，或"如果非p则非q"，因此就可以用真值联结词→和¬来表示，即"q→p"和"¬p→¬q"。例如，"只有保护环境，才能保持经济的持续健康发展"，这是一个典型的必要条件假言命题，如果用p表示"保护环境"，用q表示"保持经济的持续健康发展"，则可以用两种方式将其符号化为"q→p"（如果要保持经济的持续健康发展，就要保护环境），"¬p→¬q"（如果不保护环境，就不能保持经济的持续健康发展）。于是，我们有下述三个等值式：

"只有p才q"等值于"如果q则p"。

"只有p才q"等值于"如果非p则非q"。

"如果p则q"等值于"只有q才p"。

这就是一般的说法：如果p是q的充分条件，则q是p的必要条件；如果p是q的必要条件，则q是p的充分条件。

［例1］

一位医生对病人甲说："除非做手术，否则，你的病好不了。"

从这句话可以知道：

A. 医生给病人做了手术。

B. 病人的病被治好了。

C. 病人的病没被治好。

D. 该医生认为，甲若想治好自己的病，就必须准备做手术。

E. 病人甲交不起治疗费。

解析：医生所说的是一个必要条件假言命题，根据上面给出的等值关系，它等值于一个充分条件假言命题。所以，正确答案是D。

不过，由于自然语言有其特有的语言习惯，例如假言命题有时表达因果关系，而因果关系是一种时间上的先后关系，原因总是陈述在前，结果总是陈述在后。当对此类命题进行如上所述的转换之后，原因和结果的位置互易，会出现一些不太自然甚至有些怪异的命题。例如，从“如果天下雨则地湿”，经如上所述的转换，得到一必要条件假言命题：“只有地湿才天下雨”。不过，也可以为此类转换辩护：当我们从逻辑上考虑假言命题时，我们主要是从真假角度处理前后件之间的关系，而忽略或撇掉了它们在意义、内容等方面的一切联系，其中包括因果联系。而从真假关系的角度看，“只有 q 才 p”和“如果 p 则 q”是等值的。

日常语言中有这样一种句式：“如果 p 则 q，否则 r”，例如“如果主动坦白交代，则既往不咎。否则，将严惩不贷”。这实际上是说：“如果主动坦白交代，则既往不咎。如果不主动坦白交代，则将严惩不贷。”可以用符号表示为：“$(p\rightarrow q)\wedge(\neg p\rightarrow r)$”。

［例 2］

人类假如想要知道自己的渺小，无须仰视繁星密布的苍穹，只要看一看在我们之前就存在过、繁荣过而且已经消逝了的古代文化就足够了。

解析：用 p 表示“人类想要知道自己的渺小”，用 q 表示“仰视繁星密布的苍穹”，用 r 表示“看一看在我们之前就存在过、繁荣过而且已经消逝了的古代文化”，则上述命题可以符号化为“$\neg q\wedge r\rightarrow p$”。

［例 3］

在吃上花的时间越多，得的病越多；在唱上花的钱越多，人的寿命就越短；在抽烟上花的工夫越勤，死得就越惨；在权力上花的代价越大，受到的指责就越厉害；在女人身上花的精力越多，被女人骗去的东西就越丰厚；在孩子身上投入的溺爱越多，得到的孝顺就越少。——一位挥霍青春的男人在而立之年的感悟。

解析：这位挥霍青春的男人在而立之年的感悟，实际上是 6 个充分条件假言命题的合取，可以用符号表示为：$(p\rightarrow q)\wedge(r\rightarrow s)\wedge(t\rightarrow u)\wedge(x\rightarrow y)\wedge(z\rightarrow v)\wedge(w\rightarrow h)$。

第三节　重言式及其判定方法

一、重言式

真值形式虽然在数量上是无限的，但可以分为三种类型：重言式、矛盾式和偶真式。严格定义如下：

D1　一真值形式 A 是重言式，当且仅当，对于任一真值赋值（真值指派＋真值计算），A 恒取值为真。

D2　一真值形式 A 是矛盾式，当且仅当，对于任一真值赋值，A 恒取值为假。

D3　一真值形式 A 是偶真式，当且仅当，对于某些真值赋值 A 取值为真，对于另一些真值赋值 A 取值为假。

例如，$p\rightarrow p$、$\neg(p\wedge\neg p)$、$p\vee\neg p$ 是重言式，不论其中的命题变项 p 是真还是假，经过真值计算，这些真值形式恒真；而 $p\wedge\neg p$、$(p\rightarrow q)\wedge(p\wedge\neg q)$ 是矛盾式，不论其中的

命题变项p、q取什么真值，经过真值计算，这些真值形式恒假。而 $q \leftrightarrow \neg(s \land t)$ 是偶真式，例如q代表命题“太阳每天从东方升起”，s代表命题“一年有春夏秋冬四季”，t代表命题“地球在2001年12月1日毁灭”，则该真值形式取值为真；若q表示“玫瑰花是漂亮的”，s表示“雪是白的”，t表示“人是有理性的”，经过真值计算，该真值形式取值为假。

关于重言式、矛盾式和偶真式，下面的一些结论是显然的：

(1) 一个真值形式是重言式，当且仅当，它的否定式是矛盾式。

(2) 一个真值形式不是重言式，当且仅当，在其中命题变项的至少一组真值指派下，它取值为假。

(3) 一个真值形式不是矛盾式，当且仅当，在其中命题变项的至少一组真值指派下，它取值为真。

(4) 一个真值形式是偶真式，当且仅当，它既不是重言式也不是矛盾式。

命题逻辑要找出所有重言式的集合。如果对于任一给定的公式，我们都有一套机械的办法，能够在有穷步内确定它是不是重言式，那么，关于重言式我们就有一套判定程序。判定程序要满足以下三个要求：(i) 程序的每一步都是由一套事先给定的规则明确规定好了的，该规则规定了第一步如何做，以及在某一步完成之后下一步又如何做；(ii) 该程序能够在有穷步内结束；(iii) 对于所判定的对象是否具有某性质，该程序给出了唯一确定的结果。我们下面要讨论三种重言式的判定程序：真值表方法、归谬赋值法和树形图方法。

二、真值表方法

用真值表法判定一个公式的步骤是：

(1) 找出该公式中所有不同的命题变项，并竖行列出它们之间所有可能的真值组合。

例如，$((p \rightarrow q) \land p) \rightarrow q$ 中有两个不同的命题变项p、q，每个命题变项有两个可能的真值：真和假；当其中一个变项取值为真时，另一个变项可能取值为真，也可能取值为假，于是两个命题变项就有 $2^2=4$ 种可能的真值组合：

p	q
1	1
1	0
0	1
0	0

当含有三个不同的命题变项p、q、r时，p和q有4种真值组合：真真，真假，假真，假假。在这每一种组合之下，r既可以为真，也可以为假。于是，p、q、r共有8种可能的真值组合：

p	q	r
1	1	1

1	1	0
1	0	1
1	0	0
0	1	1
0	1	0
0	0	1
0	0	0

这就是说，三个命题变项的可能真值组合为 $2\times2\times2=8$。

一般地说，当一个公式含有 n 个不同的命题变项时，由于每一个命题变项都有 2 个可能的真值，全部可能的真值组合就有

$$\underbrace{2\times2\times2\times\cdots\times2}_{n\text{ 个 }2}=2^n$$

即是说，它有 2^n 种可能的真值组合。

(2) 按照该公式的生成次序，由简单到复杂横行列出该公式的所有子公式，直至该公式本身。

例如，$(p\to q)\wedge p\to q$ 中的全部子公式有：p，q，$p\to q$，$(p\to q)\wedge p$，$((p\to q)\wedge p)\to q$。于是，我们有：

p	q	$p\to q$	$(p\to q)\wedge p$	$((p\to q)\wedge p)\to q$
1	1			
1	0			
0	1			
0	0			

而公式 $((p\wedge q)\to r)\to((p\wedge\neg r)\to\neg q)$ 的全部子公式有：p，q，r，$\neg q$，$\neg r$，$p\wedge q$，$p\wedge\neg r$，$(p\wedge q)\to r$，$(p\wedge\neg r)\to\neg q$，$((p\wedge q)\to r)\to((p\wedge\neg r)\to\neg q)$。于是，我们有：

p	q	r	$\neg q$	$\neg r$	$p\wedge q$	$p\wedge\neg r$	$(p\wedge q)\to r$	$(p\wedge\neg r)\to\neg q$	$((p\wedge q)\to r)\to((p\wedge\neg r)\to\neg q)$
1	1	1							
1	1	0							
1	0	1							
1	0	0							
0	1	1							
0	1	0							
0	0	1							
0	0	0							

(3) 按照上面给定的真值联结词的真值表，由命题变项的真值逐步计算出各个子公式的真值，直至该公式本身的真值。若该公式恒取值为真，则它为重言式；若它恒取值为假，则它为矛盾式；若它有时取值为真，有时取值为假，则它为偶真式：

表 2-7

p	q	p→q	(p→q)∧p	(p→q)∧p→q
1	1	1	1	1
1	0	0	0	1
0	1	1	0	1
0	0	1	0	1

该真值表的最后一栏恒取真值真，则（p→q）∧p→q 是一个重言式。

下面，我们给出公式（(p∧q)→r)→((p∧¬r)→¬q）的真值表：

表 2-8

p	q	r	¬q	¬r	p∧q	p∧¬r	(p∧q)→r	(p∧¬r)→¬q	((p∧q)→r)→((p∧¬r)→¬q)
1	1	1	0	0	1	0	1	1	1
1	1	0	0	1	1	1	0	0	1
1	0	1	1	0	0	0	1	1	1
1	0	0	1	1	0	1	1	1	1
0	1	1	0	0	0	0	1	1	1
0	1	0	0	1	0	0	1	1	1
0	0	1	1	0	0	0	1	1	1
0	0	0	1	1	0	0	1	1	1

从这个真值表可以看出，((p∧q)→r)→((p∧¬r)→¬q）恒为真，是一个重言式。

当一个公式的构造很复杂，包含的子公式很多时，要由简至繁地列出所有子公式直至该公式本身，就有可能遇到纸张宽度不够、排印不完的情况。为了克服此类困难，我们可以省略掉上面所说的第二步，而代之以把相应子公式的值写在其主联结词之下。以公式

(p∨((q∧r)↔s))→(¬p→(¬q→(¬(q∧r)↔s)))

为例：这个公式有 14 个不同的子公式，完整的真值表将有 14 列，很宽。但我们可以用下列方式简化：

表 2-9

p	q	r	s	(p∨((q∧r)↔s))→(¬p→(¬q→(¬(q∧r)↔s)))
1	1	1	1	1　1　1　1　0　1　0　1　0　0
1	1	1	0	1　1　0　1　0　1　0　1　0　1
1	1	0	1	1　0　0　1　0　1　0　1　1　1
1	1	0	0	1　0　1　1　0　1　0　1　1　0
1	0	1	1	1　0　0　1　0　1　1　1　1　1
1	0	1	0	1　0　1　1　0　1　1　0　1　0
1	0	0	1	1　0　0　1　0　1　1　1　1　1

续表

p	q	r	s	$(p \vee ((q \wedge r) \leftrightarrow s)) \rightarrow (\neg p \rightarrow (\neg q \rightarrow (\neg(q \wedge r) \leftrightarrow s)))$
1	0	0	0	1　0　1　1　0　1　1　0　1　　0
0	1	1	1	1　1　1　1　1　1　0　1　0　　0
0	1	1	0	0　1　0　1　1　1　0　1　0　　1
0	1	0	1	0　0　0　1　1　1　0　1　1　　1
0	1	0	0	1　0　1　1　1　1　0　1　1　　0
0	0	1	1	0　0　0　1　1　1　1　1　1　　1
0	0	1	0	1　0　1　0　1　0　1　0　1　　0
0	0	0	1	0　0　0　1　1　1　1　1　1　　1
0	0	0	0	1　0　1　0　1　0　1　0　1　　0

从上表可以看出，该公式的主联结词→在第 14 行和第 16 行取值为 0，所以，该公式不是重言式。

真值表方法可以用来判定任一给定的公式是不是重言式。因为任一给定的公式必定只包含有穷多个命题变项，因而只涉及有穷多种真假组合；并且根据公式的形成过程，该公式必定由有穷多次地使用真值联结词去连接这些变项构成。所以，从这些变项的有穷多种真假组合出发，根据相应的真值联结词的真值表，经过有穷多次计算，最终必定得出该公式的真值，从而确定该公式是不是重言式。所以说，真值表方法提供了关于重言式的判定程序。

我们还可以证明下述重要定理：

> 重言式代入定理　如果 A 是一个重言式，其中含有 n 个不同的命题变项 p_1，p_2，p_3，…，p_n，B 是用 n 个任一公式 C_1，C_2，C_3，…，C_n（不必各不相同）分别代换 A 中那 n 个命题变项的每一次出现所得到的公式，那么 B 也是重言式。

上述定理所说的“代入”，是指用一个命题公式去代换某一特定公式中的命题变项。命题逻辑中的代入要满足三个条件：

（1）只有命题变项才能被代入，其他复合公式，例如¬p、q∨s 等，不能被代入；不过，用来代入的公式却是任意的。

（2）必须处处代入：在被代入变项出现的每一个位置上，用同一个公式去代入该变项。

（3）必须同时代入：当对一个公式中 n 个变项做代入时，不能先对某个变项做代入，再对该次代入的结果做新的代入，而要用相同的公式对这 n 个变项中的每一个同时做代入。

若给定公式：

$$* (p \rightarrow q) \wedge p \rightarrow q$$

下面是合适的代入：

（1）$(p \rightarrow (r \wedge s)) \wedge p \rightarrow (r \wedge s)$

(2) $((p\vee r)\rightarrow(q\wedge s))\wedge(p\vee r)\rightarrow(q\wedge s)$

在（1）中，用 $r\wedge s$ 替换了 * 中 q 的两次出现；在（2）中，用 $p\vee r$ 替换了 * 中 p 的两次出现，用 $q\wedge s$ 替换了 * 中 q 的两次出现，是合法的。但下面的两次代入是不合适的：

(3) $(p\rightarrow q)\wedge(r\wedge s)\rightarrow q$

(4) $r\wedge p\rightarrow q$

在（3）中，只用 $r\wedge s$ 替换了 * 中 p 的一次出现，另一次出现没有替换，从而改变了原公式的结构；在（4）中，用 r 替换了一个复合公式 $p\rightarrow q$。这都违反了关于代入的要求。

我们应把经代入得到的公式与原公式的一个实例区别开来。代入是用一个公式去代换一特定公式中的命题变项，所得到的仍是一个公式，严格说来没有确定的真假可言。而公式的一个实例则是用一个个具体命题去替换原公式中的每一个命题变项，得到的则是一个有具体内容因而有真假可言的复合命题。例如，假设原公式为：

$p\wedge q\rightarrow r$

则下面的公式

$p\wedge(r\wedge s)\rightarrow(r\wedge s)$

是在原公式中，用 $r\wedge s$ 替换 q 的一次出现，同样用 $r\wedge s$ 替换 r 的一次出现的结果，它仍是一个没有具体真假而言的公式。而

天鹅是鸟∧鸵鸟是鸟→鸵鸟会飞

却是原公式的一个实例，是一个有确定真假的命题，并且其值为假。

我们下面来证明重言式代入定理。

证：假定 A 是重言式，对于 A 中命题变项 p_1，p_2，p_3，…，p_n 的一组真值指派，公式 C_1，C_2，C_3，…，C_n 有真值 t_1，t_2，t_3，…，t_n，这里每一个 t_i 为真或为假。如果让 p_1，p_2，p_3，…，p_n 分别取值 t_1，t_2，t_3，…，t_n，那么，A 的值也是当 C_1，C_2，C_3，…，C_n 为 t_1，t_2，t_3，…，t_n 时所取的值，因为 B 与 A 仅有的不同之处在于：在 A 有命题变项 p_1，p_2，p_3，…，p_n 处，B 分别有公式 C_1，C_2，C_3，…，C_n，由于 A 是重言式，它的值常为真；因此，B 也是重言式，它的值也常为真。

根据重言式代入定理，用任一公式对重言式中的命题变项做合法的代入，所得到的仍是一个重言式。例如，用公式 A 对重言式 $p\vee\neg p$ 做代入，其结果 $A\vee\neg A$ 也是重言式；用任一公式 A、B 分别对重言式

$(p\vee q)\wedge\neg p\rightarrow q$

中的 p、q 做代入，所得到的结果

$(A\vee B)\wedge\neg A\rightarrow B$

也是重言式。我们以后将用后一种形式陈述重言式。

利用真值表方法，我们可以确证下述公式都是重言式（括号内是该重言式的名称）：

常用重言式

[1] $A\rightarrow A$　　　　（同一律）

[2] $A \lor \neg A$ （排中律）

[3] $\neg(A \land \neg A)$ （矛盾律）

[4] $(A \to \neg A) \to \neg A$

[5] $(\neg A \to A) \to A$

[6] $A \to (B \to A)$

[7] $\neg A \to (A \to B)$

[8] $A \land \neg A \to B$

[9] $(A \to (B \to C)) \to ((A \to B) \to (A \to C))$

[10] $(A \to B) \to ((B \to C) \to (A \to C))$ （条件传递律）

[11] $(A \to (B \to C)) \to (B \to (A \to C))$ （条件互易律）

[12] $A \to ((A \to B) \to B)$ （条件分离律）

[13] $(A \to (A \to C)) \to (A \to C)$ （条件重复律）

[14] $((A \to B) \to C) \to (B \to C)$ （条件简化律）

[15] $((A \to B) \to A) \to A$ （皮尔斯律）

[16] $(A \to B) \to (A \land C \to B)$ （加强前件律）

[17] $(A \to B) \to (A \lor C \to B \lor C)$ （析取附加律）

[18] $(A \to B) \to (A \land C \to B \land C)$ （合取附加律）

[19] $(A \to (B \to C)) \to (A \land B \to C)$ （条件合取律）

[20] $(A \land B \to C) \to (A \to (B \to C))$ （条件输出律）

[21] $(A \to B) \to ((C \to D) \to (A \land C \to B \land D))$ （条件合并律）

[22] $A \leftrightarrow A$ （等值自反律）

[23] $(A \leftrightarrow B) \to (B \leftrightarrow A)$ （等值对称律）

[24] $(A \leftrightarrow B) \to ((B \leftrightarrow C) \to (A \leftrightarrow C))$ （等值传递律）

[25] $(A \leftrightarrow B) \to ((C \leftrightarrow D) \to ((A \leftrightarrow C) \to (B \leftrightarrow D)))$

这里，常用重言式 [1]～[3] 是传统逻辑中所谓的“思维基本规律”在命题逻辑中的表现形式。[1] 是同一律，如果 A 则 A；[2] 是排中律，或者 A 或者¬A，即是说，A 和¬A 必有一真；[3] 是矛盾律，并非 A 且¬A，即是说，A 和¬A 不能同真。

[6]～[8] 是所谓“实质蕴涵怪论”，其中 [8] 说，矛盾蕴涵一切，或者说，从矛盾可以推出任一命题，因此又被叫作“由假得全原则”，或者叫作“爆炸原理”：一个理论系统遇到矛盾就爆炸，坍塌掉。但这样理解 [8] 似乎有些问题。当人们在一个理论中推出逻辑矛盾时，他通常会就此打住，不再继续推理下去，不会再从逻辑矛盾推出任一命题，而是回过头去考察他的推理过程是否出了什么差错，或者推理的前提是否暗含着什么错误。这是因为，他知道有一条逻辑规律即矛盾律：思维中不允许逻辑矛盾，或者说，逻辑矛盾恒假。可以这样来理解 [8]：如果逻辑矛盾可以成立的话，则任何命题都可以成立。这实际上是以一种强调的形式述说矛盾律的内容，很显然，在一个理论系统中任何命题都成立是不可能的，因为这会使该理论坍塌，变得没有边界，不能区分它所接受的命题与它不接受的命题，因此逻辑矛盾成立也是同样不可能的：逻辑矛盾恒假。于是，

[8] 就成为逻辑矛盾恒假的一种强调说法，正像“如果 2＋2＝5，则雪是黑的”可以看作“‘2＋2＝5’为假”的强调说法一样。

[4]～[5]、[9]～[21] 是在形式推导过程中，由一些公式变换出另一些公式时有用的重言式，常用作推理的向导和依据。例如，条件传递律 [10] 亦称“假言三段论”：从 A 蕴涵 B，B 蕴涵 C，推出 A 蕴涵 C。

[22]～[24] 集中刻画了等值词“↔”的一些性质，例如自反性、对称性、传递性等。

我们把用真值表方法去验证上述重言式的工作留给读者。

三、归谬赋值法

真值表方法最适用于比较简单的公式。当遇到一个比较复杂的公式时，它就不太适用，甚至在纸张或黑板的有限空间内都画不出相应的真值表。前面，我们通过把相关公式的真值写在其主联结词的下面，不必再由简至繁地列出一公式的所有子公式，从而压缩了真值表的宽度，但对真值表的长度并没有影响。假如一公式含有多个不同的变项，比如说 5 个，该公式的真值表将不得不包括 $2^5+1=33$ 行。这用手工操作起来十分不方便，容易在某个地方出错，出错后检查起来也很不容易。因此，真值表方法必须简化。

归谬赋值法就是真值表方法的一种简化，其基本思路是：如果公式 A 是一个重言式，那么，无论给 A 中的变项指派什么样的真值，根据 A 的形式结构以及其中联结词所表示的真值运算，A 必定且只能取值为真。因此，若假设 A 不是重言式，即可以为假，然后按照联结词的真值表，逐步逆推出其中各个子公式应该取的真值，直至逆推出其中所含的命题变项的真值，看能否在子公式或命题变项上导致矛盾的赋值，即必须对同一个子公式或命题变项既指派真又指派假。根据归谬法，从一个假设导致矛盾，而矛盾肯定不成立，因此原假设不成立，该公式不可能为假，恒为真，是重言式。

归谬赋值法的具体做法是：

（1）写出所要判定的公式 A。

（2）在 A 的主联结词下写 0。

（3）按照联结词的真值表，由主联结词的真值逐步逆推出其中子公式的真值，在相应子公式下写 1 或者 0，并按此办法依次进行下去。在一子公式下写 1 或者 0，也就是在它的主联结词下写 1 或者 0；如果这个公式是命题变项，则在该变项下写 1 或者 0。

（4）检查赋值中是否出现矛盾。尽管赋值过程尚未最后完成，但已经出现矛盾，则就此打住。否则，赋值过程一直进行下去，直至给出命题变项的真值。若出现矛盾，为醒目起见，在互相矛盾的赋值下面置一短横线。这表明该公式不可能为假，必定是重言式。若未出现矛盾，则表明该公式可以为假，不是重言式。

在使用归谬赋值法时，赋值过程可以分行列出。

[例 4]

$$(A\rightarrow B)\rightarrow((C\rightarrow D)\rightarrow(A\wedge C\rightarrow B\wedge D))$$

(1)　　　0

(2)　1　　　　0

(3)　　　　　1　　　　0

(4)　　　　　　　　　1　　$\underline{0}$

(5)　　　　　　　　1　1

(6)　1　1　　1　1　　　　　$\underline{1}$　$\underline{1}$

这里，左边的数码分别表明是第几步。(1) 假定待判定公式取值 0。(2) 根据→的真值表，得出该蕴涵式的前件为 1，后件为 0。(3) 由于其后件 $(C\rightarrow D)\rightarrow(A\wedge C\rightarrow B\wedge D)$ 也是一蕴涵式，既然它为 0，故它的前件 $(C\rightarrow D)$ 为 1，后件 $(A\wedge C\rightarrow B\wedge D)$ 为 0。(4) 由 $(A\wedge C\rightarrow B\wedge D)$ 为 0，得出 $A\wedge C$ 为 1，$B\wedge D$ 为 0。(5) $A\wedge C$ 为 1，得出 A 为 1，C 也为 1。(6) 既然 A 为 1，$A\rightarrow B$ 也为 1，得出 B 只能为 1；既然 C 为 1，$C\rightarrow D$ 也为 1，得出 D 只能为 1。而当 B 为 1、D 为 1 时，$B\wedge D$ 不可能为 0，矛盾。所以，该式不可能为假，必定是重言式。

归谬赋值法也可以压缩为一行，如果出现相互矛盾的赋值，则在相应的赋值底下标上短横线，例如：

[例 5]

$$((p\wedge q\wedge r)\rightarrow s)\rightarrow(\neg s\rightarrow(p\rightarrow(q\rightarrow\neg r)))$$

1 $\underline{1}$ 1 $\underline{1}$1　$\underline{1}$ $\underline{0}$　0　1 0 0　10　10　0 1

这就是说，若设 $((p\wedge q\wedge r)\rightarrow s)\rightarrow(\neg s\rightarrow(p\rightarrow(q\rightarrow\neg r)))$ 为 0，由于此公式是一个蕴涵式，按照→的真值表，则 $(p\wedge q\wedge r)\rightarrow s$ 为 1，$\neg s\rightarrow(p\rightarrow(q\rightarrow\neg r))$ 为 0。由 $\neg s\rightarrow(p\rightarrow(q\rightarrow\neg r))$ 为 0，可知 $\neg s$ 为 1，根据¬的真值表，可知 s 为 0。由 $p\rightarrow(q\rightarrow\neg r)$ 为 0，根据→的真值表，可知 p 为 1 而 $q\rightarrow\neg r$ 为 0，可知 q 为 1 且 $\neg r$ 为 0，可知 r 为 1。把 p 为 1、q 为 1、r 为 1、s 为 0 的结果代入前件 $(p\wedge q\wedge r)\rightarrow s$ 中，则会得到此蕴涵式为 0，矛盾。所以，该公式是重言式。

在实际运用中，归谬赋值法有时会遇到一些复杂的情形，例如：

(1) $\cdots A\wedge B\cdots$

0

(2) $\cdots A\vee B\cdots$

1

(3) $\cdots A\rightarrow B\cdots$

1

(4) $\cdots A\leftrightarrow B\cdots$

1

(5) $\cdots A\leftrightarrow B\cdots$

0

当不能根据待判定公式中的其他赋值确定 A 的赋值或 B 的赋值时，就需要考虑各种可能的选择，例如 $A\vee B$ 就有两种选择：

(2.1) $\cdots A\vee B\cdots$

11

(2.2) $\cdots A\vee B\cdots$

11

只有在这每一种选择之下都导致赋值矛盾，(2) 才是重言式；如果在其中一种选择之下不导致赋值矛盾，则 (2) 可以为0，不是重言式。

[例6]

$(\neg p\wedge\neg q\rightarrow r)\leftrightarrow(\neg r\rightarrow p\vee q)$

0

这时我们有两种可供考虑的选择：前件为1，后件为0；前件为0，后件为1。即：

(i) $(\neg p\wedge\neg q\rightarrow r)\leftrightarrow(\neg r\rightarrow p\vee q)$

10 $\underline{1}$ 10 $\underline{1}$ $\underline{0}$ 0 100000

(ii) $(\neg p\wedge\neg q\rightarrow r)\leftrightarrow(\neg r\rightarrow p\vee q)$

1 0 1 1 0 00 0 $\underline{1}$ 0 $\underline{1}$ 0 $\underline{0}$ 0

在每一种选择之下都导致赋值矛盾，所以待判定公式是重言式。

我们再看一个更复杂的例子：

[例7]

$(p\leftrightarrow q)\wedge(p\leftrightarrow r)\rightarrow(p\leftrightarrow q\wedge r)$

1 1 1 0 0

当给整个公式赋值为0时，我们得出了蕴涵式前件和后件的真值，但不能直接得出p、q、r的真值，从而也就不能直接得知是否导致赋值矛盾。这时我们看起来需要考虑六种不同的选择，但由于赋值具有派生关系，我们实际上仍只需要考虑两种选择：

(i) $\cdots(p\leftrightarrow q)\cdots$

1 1 1

(ii) $\cdots(p\leftrightarrow q)\cdots$

0 1 0

于是，我们有：

(i) $(p\leftrightarrow q)\wedge(p\leftrightarrow r)\rightarrow(p\leftrightarrow q\wedge r)$

1 1 1 1 1 1 1 0 $\underline{1}$ $\underline{0}$ 1 $\underline{1}$ 1

(ii) $(p\leftrightarrow q)\wedge(p\leftrightarrow r)\rightarrow(p\leftrightarrow q\wedge r)$

0 1 0 1 0 1 0 0 $\underline{0}$ $\underline{0}$ 0 $\underline{0}$ 0

再强调一遍：当遇到复杂情形时，只有确证在每一种选择之下都导致赋值矛盾，我们才能说所判定的公式是重言式；反之，只要在某一种选择之下没有出现赋值矛盾，这就足以证明该公式不是重言式，我们不必再做进一步的考察。

归谬赋值法实际上是一种成假赋值法，看某一个公式能否为假。也可以用它来验证一个推理是否有效。如第一章所述，一个推理是有效的，当且仅当，它不可能前提真而结论假。我们看能否找到使前提真结论假的赋值。如果能找到，说明它不有效；若不可能找到，则说明它有效。我们可以采取这样的写法：只写出该推理所含的所有命题变项，然后在大脑中进行赋值计算：为了使该推理无效，这些命题变项应该赋什么样的真值，并一步步将计算结果写出来。例如，有这样一个推理：

［例 8］

$$\begin{array}{l} p\wedge(q\vee r) \\ r\rightarrow s \\ p\rightarrow t \\ \hline s\wedge t \end{array}$$

为了使该推理无效，则三个前提真而结论 s∧t 假，s∧t 假有三种可能：s 假而 t 真；s 真而 t 假，s 和 t 都假。我们先看第一种：为了使前提都真，s 为 0 则 r 必须为 0；既然 r 必须为 0，要使第一个前提 p∧（q∨r）为 1，则 p 和 q 必须都为 1，这时 p→t 也为 1，如下所示：

p	q	r	s	t
1	1	0	0	1

这一组赋值能够使前提真而结论假，因此，该推理不是有效的。如果结论为假的第一种情况不可能使前提为真，则依次看第二种、第三种，只要能找到一组这样的赋值，就证明该推理非有效；若不可能找到，则说明该推理有效。

四、树形图方法

树形图方法是归谬赋值法的变形。设待判定公式 A 为假，则¬A 为真，然后按下述画图规则往下画：

当对 A 中所有子公式都使用过上述规则之后，我们将得到一个倒置的树形图。位于直线一端或直线之间的公式集称为“节点”。图中开端的节点称为“树根”。除树根外，每一节点都是从一个已有节点延伸出来的，并且以唯一的途径通向树根。在画图过程中，从树根到一个不再延伸的节点的通道，构成一个终止于该节点的“树枝”。一树枝上各个节点上的公式称为该树枝上的公式。如果某个节点上的某个公式已经应用了一次画图规则，则称该公式“被用过了”，在该公式的末尾画一钩（√），下面画图时不必再考虑该公式。这是因为，每一个画图规则都是等值变换，当对某公式使用过一次画图规则后，它已经等值变换为下一个节点上的公式，故只需考虑由它变换出来的那个或那些公式。如果一个树枝上同时含有一个公式和它的否定公式，则称该树枝是“封闭的”，并在其枝梢处画一个叉号。对已封闭的树枝不再应用画图规则。如果每个树枝的末端已经是命题变项或命题变项的否定，不能再对该树枝上的任何公式使用任何画图规则，则称该树形图已经“终结”。A 是重言式，当且仅当，¬A 的树形图中每一个树枝都是封闭的。

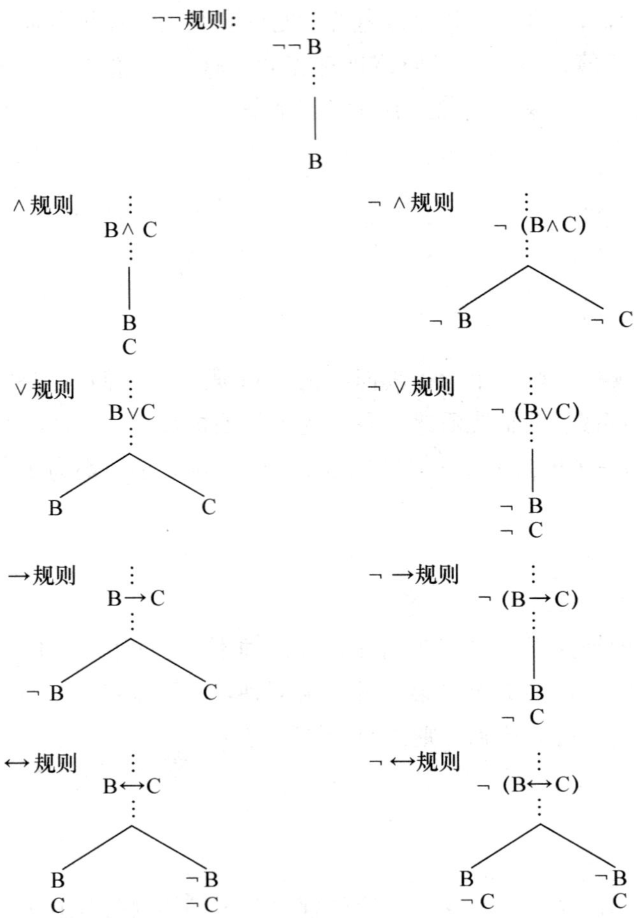

下面举例说明这一方法的应用。

[例 9]

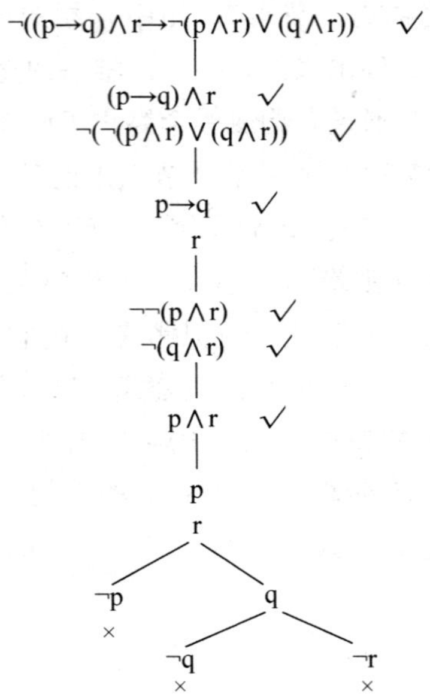

此树形图是一个终结了的树形图，并且每一个树枝都是封闭的，所以

$$(p\to q)\land r\to\neg(p\land r)\lor(q\land r)$$

是一个重言式。

［例 10］

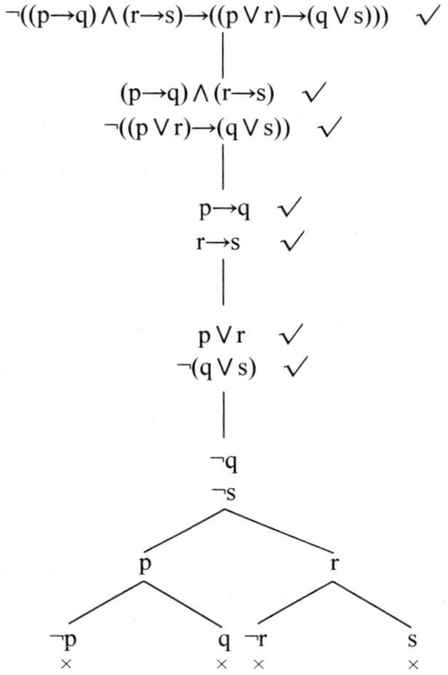

该树形图已经终结，并且各个枝都是闭枝，所以

$$(p\to q)\land(r\to s)\to((p\lor r)\to(q\lor s))$$

是一个重言式。

树形图方法可以作为命题逻辑重言式的判定程序，也可以用来判别某个公式集是否可满足。只要一公式集的树形图上至少有一个枝不是闭枝，则该公式集就是可满足的。

［例 11］

证明公式集 $\{p\to q,\ p\to(r\to s),\ \neg s\land r,\ q\lor s\}$ 是可满足的。

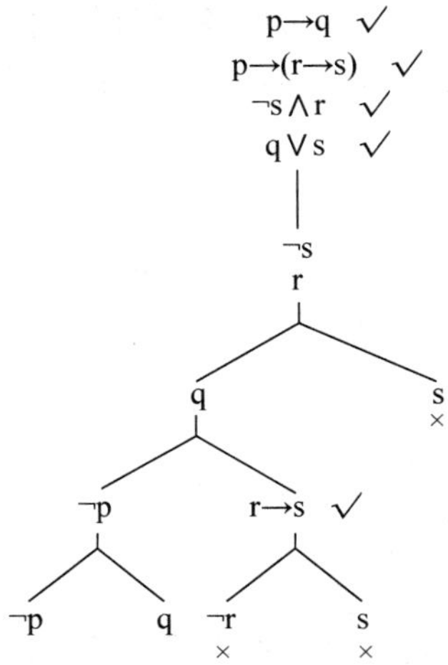

这个树形图中有两个枝不是闭枝，这表明有两组赋值使得该公式集为真：如果一个

命题变项在某个枝上出现，则令它为真；如果某个命题变项的否定在某个枝上出现，则令该命题变项为假。于是，使得该公式集为真的这两组赋值实际上是相同的：p假，q真，r真，s假。读者可以将这些真值代入上述公式集中加以验证。

在画树形图时，再强调以下两点：

(1) 在遇到分叉的规则（即¬∧规则、∨规则、→规则、↔规则和¬↔规则）与不分叉规则（即¬¬规则、∧规则、¬∨规则和¬→规则）时，先使用不分叉的规则，让各个枝共有的东西长在树干上，使树形图简洁明了。否则，树形图过早分叉，有些公式属于每一个枝，将导致各个枝上有很多重复的东西，树形图很累赘，且容易出错。

(2) 一个公式是重言式，当且仅当，带否定号公式的树形图的每一个枝都是闭枝。因此，如果在画图过程中，有一个枝已经终结，但该枝上没有出现一个公式和它的否定公式，这说明该枝没有封闭，带否定号的公式不是逻辑矛盾，可以为真，只要把该枝上取1的命题变项和取0的命题的值按该公式的结构组合起来，进行计算，该公式就为真。此时，尽管其他的枝还未终结，整个树形图尚未画完，也可以不必继续画了，直接做出结论：待判定公式（即不带否定号的公式）不是重言式。

第四节 重言蕴涵式 重言等值式

一、推理的形式结构 重言蕴涵式

一个推理由前提和结论两部分组成。如果一个推理形式是有效的，那么由真前提必定得到真结论。因此，前提和结论之间是蕴涵关系。我们可以用一个蕴涵式来表示推理形式，蕴涵式的前件是推理的各个前提的合取，后件是推理的结论。如果一个推理形式只与联结词和复合命题相关，而不涉及各种非命题成分，如主词、谓词、系词、量词，或个体词、谓词等，那么，该推理形式是有效的当且仅当相应的蕴涵式是重言式。这是因为，有效的推理形式是不依赖前提和结论的具体内容的，所以，相应的蕴涵式必定对于所含命题变项的任意一组真值指派都真，所以必定是重言式。

先看一个简单的例子：

[例 12]

如果某甲是罪犯，则他有作案时间；他没有作案时间，所以他不是罪犯。

解析：与例12相应的蕴涵式是：

$$(p\rightarrow q)\wedge\neg q\rightarrow\neg p$$

用归谬赋值法来检验它的有效性：

$$(p\rightarrow q)\wedge\neg q\rightarrow\neg p$$

$$\underline{1}\ \underline{1}\ \underline{0}\ \ 1\ 1\,0\,0\ 0\,1$$

出现矛盾的赋值，所以该蕴涵式是一个重言式，从而该推理是一个有效的推理。

再看一个稍微复杂一些的例子：

[例 13]

或者逻辑学难学，或者没有多少学生喜欢它。如果数学容易学，那么逻辑学不难学。因此，如果许多学生喜欢逻辑学，那么，数学并不容易学。

解析：与例 13 相应的蕴涵式是：

$(p \lor q) \land (r \to \neg p) \to (\neg q \to \neg r)$

用归谬赋值法来验证它的有效性：

$(p \lor q) \land (r \to \neg p) \to (\neg q \to \neg r)$

$\underline{0}\ \underline{1}\ \underline{0}$ 1 1110 0 10001

矛盾，所以该蕴涵式是一个有效式，该推理是一个有效的推理。

与下面一些重言蕴涵式相应的日常推理都是有效的：

重言蕴涵式

[1] $A \to (A \lor B)$ （∨引入律）

[2] $B \to (A \lor B)$ （∨引入律）

[3] $(A \lor B) \land \neg B \to A$ （∨消去律）

[4] $(A \lor B) \land \neg A \to B$ （∨消去律）

[5] $(A \land B) \to A$ （∧消去律）

[6] $(A \land B) \to B$ （∧消去律）

[7] $A \to (B \to (A \land B))$ （∧引入律）

[8] $(A \to B) \to ((A \to C) \to (A \to B \land C))$ （∧引入律）

[9] $(A \to B) \land A \to B$ （肯定前件式）

[10] $(A \to B) \land \neg B \to \neg A$ （否定后件式）

[11] $(A \leftrightarrow B) \to (A \to B)$ （↔消去律）

[12] $(A \leftrightarrow B) \to (B \to A)$ （↔消去律）

[13] $(A \to B) \land (B \to A) \to (A \leftrightarrow B)$ （↔引入律）

[14] $(A \to B) \to (\neg B \to \neg A)$ （假言易位律）

[15] $(\neg B \to \neg A) \to (A \to B)$

[16] $(A \to B) \land (B \to C) \to (A \to C)$ （假言三段论）

[17] $(A \to B) \land (B \to C) \to (\neg C \to \neg A)$

[18] $(A \to B) \land (A \to \neg B) \to \neg A$ （归谬律）

[19] $(\neg A \to B) \land (\neg A \to \neg B) \to A$ （反证律）

[20] $(A \to B) \land (\neg A \to B) \to B$

[21] $(A \to C) \land (B \to C) \land (A \lor B) \to C$ （二难推理简单构成式）

[22] $(A \to B) \land (A \to C) \land (\neg B \lor \neg C) \to \neg A$ （二难推理简单破斥式）

[23] $(A \to B) \land (C \to D) \land (A \lor C) \to (B \lor D)$ （二难推理复杂构成式）

[24] $(A \to B) \land (C \to D) \land (\neg B \lor \neg D) \to (\neg A \lor \neg C)$ （二难推理复杂破斥式）

[25] $(A \land B \to C) \to (A \to (B \to C))$ （条件输出律）

[26] $(A \to (B \to C)) \to (A \land B \to C)$ （条件输入律）

[27] $(A \land B \to C) \to ((\neg C \land A) \to \neg B)$ （反三段论）

[28] $(A \wedge B \to C) \to ((\neg C \wedge B) \to \neg A)$ （反三段论）

举几个日常思维中的例子。

[例14]

欧洲中世纪曾被称为“黑暗的世纪”。当时，基督教神学占据绝对统治地位，它宣扬上帝创世说，认为上帝在七天之内创造了这个世界。第一天，创造了天和地，并创造了光，把时间分为昼与夜。第二天，创造了空气和水。第三天，用水区分了陆地和海洋，并让地上生长果木菜蔬。第四天，创造了太阳、月亮和星星，并由此区分昼、夜和时间节气。第五天，创造了水中的鱼和空中的鸟。第六天，上帝创造了各种动物，并用泥土按自己的样子造出了人类始祖——亚当，并让他去管理地上的各种动植物。（后来，见亚当孤单，取他身上的一根肋骨造出了夏娃。）第七天，上帝歇息了，于是这一天成为万民的休息日。基督教认为，这位创世的上帝是圣父、圣灵、圣子三位一体，是全知、全善、全能的。但中世纪有人给神学家提出了这样一个问题：“您说上帝万能，那么我请问您：上帝能不能创造一块他自己举不起来的石头？”并进行了这样的推理：

如果上帝能够创造这样一块石头，则他不是万能的，因为有一块石头他举不起来；

如果上帝不能创造这样一块石头，则他不是万能的，因为有一块石头他不能创造；

上帝或者能够创造这样一块石头，或者不能创造这样一块石头，

所以，上帝不是万能的。

这是一个典型的简单构成式的二难推理，是重言蕴涵式[21]的一次应用。

[例15]

据说古希腊哲学家苏格拉底曾劝男人们都要结婚，他的规劝是这样进行的：

如果你娶到一个好老婆，你会获得人生的幸福；

如果你娶到一个坏老婆，你会成为一位哲学家；

你或者娶到好老婆，或者娶到坏老婆，

所以，你或者会获得人生的幸福，或者会成为一位哲学家。

苏格拉底在规劝时所使用的就是二难推理的复杂构成式，即重言蕴涵式[23]。在苏格拉底看来，即使成为一位哲学家，也不是一件太坏的事情。他本人就是一位哲学家。尽管不能由此推出他的老婆就一定坏，但据说他的老婆确实也不太好，经常对他做河东狮吼。恐怕也难怪他的妻子，因为苏格拉底作为一位哲学家是杰出的，但他作为一名丈夫甚至可能是不合格的。据说他长相丑陋，没有什么财产，整天又热衷于与人辩论，由此证明别人的无知，并证明他自己除了知道自己无知外其实也一无所知。当这样的丈夫的妻子也实在是不容易。

古希腊的斯多亚派却构造了另一个推理，其形式与苏格拉底的完全相同，其结论却与其相反，旨在劝男人们不要结婚：

如果你与一位美人结婚，你将要与他人分享她；

如果你与一位丑人结婚，她对你就是一个惩罚；

你或者与一位美人结婚，或者与一位丑人结婚，

所以，你或者将与人分享她，或者将面对一个惩罚。

所以，你不要结婚。

请读者朋友自己去分析苏格拉底和斯多亚派推理的可靠性，即其前提是否真实，推理形式是否有效。

如果 A 是一有效推理形式的前提，B 是结论，我们就说 B 是 A 的重言后承，或者说 A 重言蕴涵 B，用 $A \models B$ 表示。若用 $\models A \rightarrow B$ 表示 $A \rightarrow B$ 是重言式，那么有下述结果：

$A \models B$ 当且仅当 $\models A \rightarrow B$

并且，我们还可以证明关于重言蕴涵的下述重要定理：

重言式分离定理　如果 A 和 $A \rightarrow B$ 是重言式，则 B 是重言式。

证明：假设 A 和 $A \rightarrow B$ 是重言式，并假设 B 不是重言式，即对于在 A 和 B 中出现的命题变项的某一组真值指派，B 的值为 0。因为 A 是重言式，它对于任何真值指派恒为 1，那么，对于命题变项的这一组真值指派，$A \rightarrow B$ 的值为 0，而这与 $A \rightarrow B$ 是重言式的假定矛盾。因此，B 不可能为 0，必为重言式。

二、重言等值式　置换规则

用如前所述的重言式判定方法，即真值表方法、归谬赋值法或树形图方法，可以判定下述等值式都是重言式：

重言等值式

[1] $(A \wedge B) \leftrightarrow (B \wedge A)$　（∧交换律）

[2] $(A \vee B) \leftrightarrow (B \vee A)$　（∨交换律）

[3] $((A \wedge B) \wedge C) \leftrightarrow (A \wedge (B \wedge C))$　（∧结合律）

[4] $((A \vee B) \vee C) \leftrightarrow (A \vee (B \vee C))$　（∨结合律）

[5] $(A \wedge (B \vee C)) \leftrightarrow ((A \wedge B) \vee (A \wedge C))$　（∧对∨的分配律）

[6] $(A \vee (B \wedge C)) \leftrightarrow ((A \vee B) \wedge (A \vee C))$　（∨对∧的分配律）

[7] $(A \wedge A) \leftrightarrow A$　（∧幂等律）

[8] $(A \vee A) \leftrightarrow A$　（∨幂等律）

[9] $(A \wedge (A \vee B)) \leftrightarrow A$　（∧吸收律）

[10] $(A \vee (A \wedge B)) \leftrightarrow A$　（∨吸收律）

[11] $(A \wedge (B \vee \neg B)) \leftrightarrow A$

[12] $(A \vee (B \wedge \neg B)) \leftrightarrow A$

[13] $(A \wedge (B \wedge \neg B)) \leftrightarrow (B \wedge \neg B)$

[14] $(A \vee (B \vee \neg B)) \leftrightarrow (B \vee \neg B)$

[15] $(A \vee (\neg A \wedge B)) \leftrightarrow (A \vee B)$

[16] $(A \wedge (\neg A \vee B)) \leftrightarrow (A \wedge B)$

[17] $(\neg\neg A) \leftrightarrow A$　（双重否定律）

[18] $\neg(A \wedge B) \leftrightarrow (\neg A \vee \neg B)$　（德·摩根律）

[19] ¬(A∨B)↔(¬A∧¬B)　　　　（德·摩根律）

[20] ¬(A→B)↔(A∧¬B)

[21] ¬(A↔B)↔((A∧¬B)∨(¬A∧B))

[22] (A∨B)↔¬(¬A∧¬B)

[23] (A∨B)↔(¬A→B)

[24] (A∧B)↔¬(¬A∨¬B)

[25] (A∧B)↔¬(A→¬B)

[26] (A→B)↔¬(A∧¬B)

[27] (A→B)↔(¬A∨B)

[28] (A↔B)↔(¬(A∧¬B)∧¬(¬A∧B))

[29] (A↔B)↔¬(¬(¬A∨B)∨¬(A∨¬B))

[30] (A↔B)↔¬((A→B)→¬(B→A))

[31] (A↔B)↔((A∨¬B)∧(¬A∨B))

[32] (A↔B)↔((A∧B)∨(¬A∧¬B))

[33] (A↔B)↔((A→B)∧(B→A))

[34] (A↔B)↔((A→B)∧(¬A→¬B))

重言等值式 [1]～[16] 刻画了∧、∨的重要性质。[17]～[21] 是关于否定词的规律，它们分别表明了否定一个复合命题将意味着什么。根据 [18]，否定一个合取命题等值于各个合取支否定的析取，例如，“并非价廉物美”等值于“或者价不廉或者物不美”。[22] ～ [34] 则表明了真值联结词的可互定义性。[22]、[26]、[28] 表明，可以用¬、∧去定义另外三个联结词∨、→、↔；[24]、[27]、[29] 表明，可以用¬、∨去定义另外三个联结词∧、→、↔；[23]、[25]、[30] 表明，可以用¬、→去定义另外三个联结词∧、∨、↔。因此，从理论上说，我们有三组不同的联结词｛¬，∧｝、｛¬，∨｝、｛¬，→｝，它们分别足以表达一切真值形式。

我们可以证明下述关于重言等值式的定理：

等值置换定理　令 C_A 表示 A 是 C 的子公式，C_B 是用 B 置换 A 在 C 中的一处或多处出现的结果，则：

（Ⅰ）(A↔B)→(C_A↔C_B) 是重言式；

（Ⅱ）如果 (A↔B) 是重言式，则 (C_A↔C_B) 是重言式。

我们先说明置换与代入的不同：

(1) 代入的对象是命题变项，置换的对象可以是命题变项，也可以是比变项更复杂的公式。

(2) 当用一个公式代入某一特定公式中的命题变项时，要求用该公式对该变项的每一处出现做代入，简称处处代入。置换则不同，以某一公式 B 置换 C 中的子公式 A 时，不必把 A 的每一处出现都换成 B，可以只在需要的地方置换。

(3) 之所以如此，是因为代入公式与被代入公式不是等值的；而用来置换的公式与被置换公式是等值的，即 (A↔B) 是重言式。

现在我们来证明上述定理。(Ⅱ) 是 (Ⅰ) 的明显后承，所以我们只证明 (Ⅰ) 如下：

令 C_A 和 C_B 是满足定理要求的两个公式。考虑在 C_A 和 C_B 中出现的所有命题变项的任一组真值指派，如果对命题变项的某一组真值指派，A 和 B 的值不同，则 $A \leftrightarrow B$ 的值是 0，根据→真值表，则 $(A \leftrightarrow B) \rightarrow (C_A \leftrightarrow C_B)$ 的值是 1。如果 A 和 B 的值相同，则 C_A 和 C_B 的值也相同，因为 C_A 和 C_B 的唯一差别在于在 C 中把 A 的一次或多次出现换成了 B，而 A 和 B 的值相同，把 A 换成 B 不会影响 C 的值。因此，$(C_A \leftrightarrow C_B)$ 是 1，故 $(A \leftrightarrow B) \rightarrow (C_A \leftrightarrow C_B)$ 也是 1。所以，不论是何种情形，$(A \leftrightarrow B) \rightarrow (C_A \leftrightarrow C_B)$ 的值总是 1，是重言式。

由等值置换定理，可以得到下述规则：

等值置换规则　如果 C_A 和 $A \leftrightarrow B$ 是重言式，则 C_B 也是重言式。

在以后的表述中，我们把等值置换规则记为 RP。

第五节　命题逻辑的自然推理

在命题逻辑中，形式推演是从给定的前提（可以没有）利用给定的推理规则，得出给定结论的过程。严格定义如下：

D1　命题逻辑中的形式推演是一个有穷长的公式序列，序列中的每一项或者是给定的前提，或者是从序列中前面的公式根据给定的规则得到的公式，序列的末尾是该推演的结论。如果序列末尾的公式是从空前提得到的，则称该公式是命题逻辑的定理，此推演是关于该定理的一个证明。

我们下面给出的推演规则系统记为 P^N。从一组前提或假设 A_1，A_2，A_3，…，A_n 出发，利用 P^N 的推演规则，可以推出公式 A，记作 $A_1, A_2, A_3, \cdots, A_n \vdash A$，表示 A 是有穷公式序列 A_1，A_2，A_3，…，A_n 的语法后承，而 A_1，A_2，A_3，…，A_n 则是 A 的前提或假设。当 $A_1, A_2, A_3, \cdots, A_n \vdash A$ 时，我们就说从 A_1，A_2，A_3，…，A_n 到 A 的公式序列构成了 P^N 中的一个推演 D，从 A_1，A_2，A_3，…，A_n 到 A 的公式序列中的各个公式，都是推演 D 中的项。当不需要特别强调前提或假设是一些什么样的公式时，常用希腊字母 Γ 表示由所有的前提或假设组成的公式集，于是 $A_1, A_2, A_3, \cdots, A_n \vdash A$ 可简写为 $\Gamma \vdash A$。如果 $\Gamma \vdash A$ 并且 $\Gamma = \varphi$（空集）时，则称 A 是 P^N 的一个可证公式，简称"定理"。定理是不需要任何前提或假设利用 P^N 推演规则推出的公式。

一、P^N 推演规则

1. 合取消去规则 $\wedge_-$：从 $A \wedge B$ 可推出 A；从 $A \wedge B$ 可推出 B。也可以写成：$A \wedge B \vdash A$；$A \wedge B \vdash B$。图示如下：

⋮		⋮
$A \wedge B$		$A \wedge B$
⋮	或者	⋮
A		B
⋮		⋮

2. 合取引入规则$\wedge_+$：从A，B可推出$A\wedge B$。也可以写成：A，$B\vdash A\wedge B$。图示如下：

$$\begin{array}{|c}\vdots\\ A\\ \vdots\\ B\\ \vdots\\ A\wedge B\\ \vdots\end{array}$$

3. 析取消去规则$\vee_-$：从$A\vee B$，$A\to C$，$B\to C$，可以推出C。也可以写成：$A\vee B$，$A\to C$，$B\to C\vdash C$。图示如下：

$$\begin{array}{|c}\vdots\\ A\vee B\\ \vdots\\ A\to C\\ \vdots\\ B\to C\\ \vdots\\ C\\ \vdots\end{array}$$

$\vee_-$规则就是演绎推理中二难推理的简单构成式。

4. 析取引入规则$\vee_+$：从A可推出$A\vee B$；从B可推出$A\vee B$。也可以写成：$A\vdash A\vee B$；$B\vdash A\vee B$。图示如下：

$$\begin{array}{|c}\vdots\\ A\\ \vdots\\ A\vee B\\ \vdots\end{array}\qquad\text{或者}\qquad\begin{array}{|c}\vdots\\ B\\ \vdots\\ A\vee B\\ \vdots\end{array}$$

5. 蕴涵消去规则$\to_-$：从公式$A\to B$和A可以推出B。也可以写成：$A\to B$，$A\vdash B$。图示如下：

$$\begin{array}{|c}\vdots\\ A\to B\\ \vdots\\ A\\ \vdots\\ B\\ \vdots\end{array}$$

$\to_-$规则就是充分条件假言推理中的肯定前件式，也相当于命题演算中的分离规则。

6. 蕴涵引入规则$\rightarrow_{+}$：如果在公式集Γ下引入假设A可以推出B，则在Γ本身之下可以推出A→B。也可以写成：若Γ，A⊢B，则Γ⊢A→B。图示如下：

```
| Γ
| | ○A
| | | ⋮
| | | B
| | A→B
| | ⋮
```

根据$\rightarrow_{+}$规则，如果想在公式集Γ下推出A→B，则我们可以在Γ下再引入假设A，看能否推出B。如果能推出，则在Γ本身之下就可以推出A→B。显然，推演过程中可以利用的前提越多，推演过程本身就越容易，所以，$\rightarrow_{+}$规则有简化推演、使推演更容易进行的作用。$\rightarrow_{+}$规则是明显成立的，为证明这一点，我们也可以使用反证法：假设它不成立，即Γ，A⊢B真，而Γ⊢A→B假。后者意味着Γ真而A→B假。后者又意味着A真B假。但根据前提Γ，A⊢B成立，当Γ真，A真时B必定为真。矛盾。所以，$\rightarrow_{+}$规则必定成立。

7. 等值消去规则$\leftrightarrow_{-}$：从A↔B可推出A→B；从A↔B可推出B→A。也可以写成：A↔B⊢A→B；A↔B⊢B→A。图示如下：

```
|  ⋮                 |  ⋮
| A↔B                | A↔B
|  ⋮        或者     |  ⋮
| A→B                | B→A
|  ⋮                 |  ⋮
```

8. 等值引入规则$\leftrightarrow_{+}$：从A→B和B→A可推出A↔B。也可以写成：A→B，B→A⊢A↔B。图示如下：

```
|  ⋮
| A→B
|  ⋮
| B→A
|  ⋮
| A↔B
|  ⋮
```

9. 否定消去规则$\neg_{-}$：如果在公式集Γ下引入假设¬A可推出B和¬B，则在Γ下可推出A。也可以写成：若Γ，¬A⊢B，¬B，则Γ⊢A。图示如下：

```
| Γ
| | ○¬A
| | | ⋮
| | | B
| | | ¬B
| | A
| | ⋮
```

$\neg_{-}$规则就是演绎推理中的反证法：当要在给定前提下证明A真时，我们可以在原有前提下假设$\neg$A真，若由此推出一对矛盾B且$\neg$B，则说明假设$\neg$A必假，A必真。

10. 否定引入规则$\neg_{+}$：如果在公式集Γ下引入假设A可推出B和$\neg$B，则在Γ下可推出$\neg$A。也可以写成：若Γ，A$\vdash$B，$\neg$B，则$\Gamma\vdash\neg$A。图示如下：

Γ

○A

⋮

B

$\neg$B

$\neg$A

⋮

$\neg_{+}$规则就是演绎推理中的归谬法：当要在给定前提下证明A假时，我们可以在原有前提下假设A真，若由此推出一对矛盾B且$\neg$B，由于逻辑中绝对不允许矛盾，因此得知假设A真是不成立的，A必定为假，即$\neg$A必真。

如果公式集Γ中包含一组给定的前提A_1，A_2，A_3，…，A_n，则靠近最左边直线分行写A_1，A_2，A_3，…，A_n，在这组前提下的省略号表示推理步骤。如果在给定的前提之外还引入了新假设A_{n+1}，则另画一直线，靠近新画直线写A_{n+1}，新假设下面的推演是在原有推演之下的一个从属推演（子推演）。例如，在$\neg_{+}$规则的图示中，就有两个推演：从Γ到$\neg$A的推演，这是主推演；从Γ加上假设A之后推出B且$\neg$B的推演，这是主推演之下的从属推演。要特别注意的是：$\neg$A的推出是不依赖假设A的，而是从Γ本身推出来的。通常称A为“被解除了的假设”，称A下面的那个从属推演中的公式为“被解除了的公式”。在以后的从属推演中，不能重新使用已经被解除了的假设和公式。

11. 自推规则$\in$：从一组前提或假设A_1，A_2，A_3，…，A_n出发，可推出该组中的任一公式A_i，记作A_1，A_2，A_3，…，$A_n\vdash A_i$（$1\leqslant i\leqslant n$）。也可以写成：若$A_i\in\Gamma$，则$\Gamma\vdash A_i$。图示如下：

⋮

A_1

A_2

A_3

⋮

A_n

A_i

⋮

或者

⋮

A_1

⋮

A_n

○A_{n+1}

⋮

A_i

⋮

自推规则$\in$陈述了这样一个简单的事实：给定若干前提A_1，A_2，A_3，…，A_n，其中每一个都可以从这些前提中推出。当n=1时，前提就是一个公式即A本身，显然A可以从A推出。所以，这一规则是明显成立的。

以上11个规则可以分为两组：$\wedge_{+}$、$\wedge_{-}$、$\vee_{+}$、$\vee_{-}$、$\rightarrow_{-}$、$\leftrightarrow_{+}$、$\leftrightarrow_{-}$和$\in$为一组，它们都是在原有前提之下进行的推演；$\rightarrow_{+}$、$\neg_{+}$、$\neg_{-}$为另一组，它们先在原有前提下引入某个假设，最后推出了不依赖于该假设、只依赖于原有前提的结论。所以，后三

个规则既是引入假设的规则，也是最后解除假设的规则。

二、P^N定理及其证明

为了正确地给出一个 P^N推演，并便于检验它的有效性，我们引入下面的书写约定：

(1) 一开始就分行列出所有给定的前提，并在每个前提公式的右边标明它们是前提。

(2) 如果要引入假设，最好一开始就引入所有假设，并在每个假设的右边标明它们是假设。

(3) 每列出一个假设，就把它向上一个公式的右边推移一个空格。

(4) 以后每列出一个公式，就在该公式右边注明它是从上面哪个或哪些公式使用什么推理规则得到的。

(5) 在一假设下根据 $\wedge_+$、$\wedge_-$、$\vee_+$、$\vee_-$、$\rightarrow_-$、$\leftrightarrow_+$、$\leftrightarrow_-$和 $\in$ 得到的公式，都与该假设对齐，表示它们全都依赖于该假设和它前面的假设。

(6) 如果一个公式是通过使用$\rightarrow_+$、$\neg_+$、$\neg_-$得到的，则让它“进位”，即与它上面的倒数第二个假设对齐，表示它不依赖于它上面的倒数第一个假设，该假设及其下面的公式都被解除了；但它仍依赖于倒数第二个假设及以前的假设。

(7) 我们在一推演的右边画一垂直线，表示该推演的起讫；如果右边的公式是假设，则在该垂直线的顶端置一小圆圈。

根据 P^N推演规则建构出来的并按上述写法表述的一个有穷长的公式序列，叫作一个 P^N推演。如果该推演的最末一个公式 B 是从某个假设 A 推出的，则称该推演是从假设 A 到结论 B 的一个推演。如果该推演的最末一个公式 B 不依赖于任何假设，则称 B 为 P^N的定理，该推演是关于公式 B 的一个证明。

下面，我们先举例证明几个 P^N定理。

[1] $A\rightarrow(B\rightarrow A)$

[2] $(A\rightarrow(B\rightarrow C))\rightarrow((A\rightarrow B)\rightarrow(A\rightarrow C))$

[3] $(\neg A\rightarrow B)\rightarrow((\neg A\rightarrow\neg B)\rightarrow A)$

[4] $(A\rightarrow B)\rightarrow(\neg B\rightarrow\neg A)$

[5] $(A\rightarrow B)\rightarrow((B\rightarrow C)\rightarrow(A\rightarrow C))$

[6] $(A\rightarrow B)\rightarrow((C\rightarrow D)\rightarrow(A\vee C\rightarrow B\vee D))$

在具体证明以上定理之前，我们先讲一下关于蕴涵式的证明思路。根据蕴涵引入规则$\rightarrow_+$：若 Γ，$A\vdash B$，则 $\Gamma\vdash A\rightarrow B$。这就是说，如果我们想在公式集 Γ 下推出 $A\rightarrow B$，我们可以先在 Γ 下假设 A，看能否推出 B；如果能够推出，则我们在 Γ 下就能推出 $A\rightarrow B$。这里必须记住，Γ 是任一公式集，因此可以是空集。以［2］为例，它就是要在空集 Γ 下推出蕴涵式 $(A\rightarrow(B\rightarrow C))\rightarrow((A\rightarrow B)\rightarrow(A\rightarrow C))$。于是，根据$\rightarrow_+$规则，我们可以先假设蕴涵式的前件 $A\rightarrow(B\rightarrow C)$，再在此假设上推出另一个蕴涵式 $((A\rightarrow B)\rightarrow(A\rightarrow C))$。这时 Γ 不再是空集，而是有一个元素的集合，即 $A\rightarrow(B\rightarrow C)$，我们要在此 Γ 下推出 $(A\rightarrow B)\rightarrow(A\rightarrow C)$，又根据$\rightarrow_+$规则，我们可以再假设 $A\rightarrow B$，看能否推出蕴涵式 $A\rightarrow C$。此时的 Γ 变得包含着两个元素：$A\rightarrow(B\rightarrow C)$ 和 $A\rightarrow B$，要在此 Γ 下推出 $A\rightarrow C$。于是，再根据$\rightarrow_+$规则，我们还可以假设 A，看能否推出 C。于是，原来从空前提下证明

$(A\to(B\to C))\to((A\to B)\to(A\to C))$，就变成了从 $A\to(B\to C)$，$A\to B$，A 三个假设之下推出 C。这当然使证明大大简化了。如果我们能够成功，根据$\to_+$规则，我们也就从空前提下证明了 $(A\to(B\to C))\to((A\to B)\to(A\to C))$。下面写出［2］的完整证明。

证明［2］：

(1)	○$A\to(B\to C)$	假设
(2)	○$A\to B$	假设
(3)	○A	假设
(4)	$B\to C$	(1)(3) $\to_-$
(5)	B	(2)(3) $\to_-$
(6)	C	(4)(5) $\to_-$
(7)	$A\to C$	(3)(6) $\to_+$
(8)	$(A\to B)\to(A\to C)$	(2)(7) $\to_+$
(9)	$(A\to(B\to C))\to((A\to B)\to(A\to C))$	(1)(8) $\to_+$

这是关于［2］的一个完整、严格的证明。左边是推演或证明的步骤序号，中间是公式，右边是该公式的来源或根据，或者说是该公式的合法性身份证明。

我们再来证［3］。根据$\neg_+$规则，我们可以先假设两个公式：$\neg A\to B$，$\neg A\to\neg B$，这时看能否推出 A，但很难直接推出 A。怎么办？我们前面陈述了$\neg_-$规则：若Γ，$\neg A\vdash B$，$\neg B$，则 $\Gamma\vdash A$。这时，我们把先前假设的两个公式组成的集合看成 Γ，要在它下面推出 A，根据$\neg_-$规则，我们可以先在 Γ 下假设$\neg A$，看能否推出矛盾 B 且$\neg B$，而这是显然的。根据$\neg_-$规则，这实际上就证明了从 Γ 本身推出 A。因此，我们有下述证明。

证明［3］：

(1)	○$\neg A\to B$	假设
(2)	○$\neg A\to\neg B$	假设
(3)	○$\neg A$	假设
(4)	B	(1)(3)$\to_-$
(5)	$\neg B$	(2)(3)$\to_-$
(6)	A	(3)(4)(5)$\neg_-$
(7)	$(\neg A\to\neg B)\to A$	(2)(6)$\to_+$
(8)	$(\neg A\to B)\to((\neg A\to\neg B)\to A)$	(1)(7)$\to_+$

下面我们直接写出［4］和［6］的证明，请读者自己去体会其证明思路。

证明［4］：

(1)	○$A\to B$	假设
(2)	○$\neg B$	假设
(3)	○A	假设
(4)	B	(1)(3)$\to_-$
(5)	$\neg B$	(2)$\in$
(6)	$\neg A$	(3)(4)(5)$\neg_+$
(7)	$\neg B\to\neg A$	(2)(6)$\to_+$
(8)	$(A\to B)\to(\neg B\to\neg A)$	(1)(7)$\to_+$

证明［6］：

(1)	○A→B	假设
(2)	○C→D	假设
(3)	○A∨C	假设
(4)	○A	假设
(5)	B	(1)(4)$\rightarrow_{-}$
(6)	B∨D	(5)$\vee_{+}$
(7)	A→B∨D	(4)(6)$\rightarrow_{+}$
(8)	○C	假设
(9)	D	(2)(8)$\rightarrow_{-}$
(10)	B∨D	(9)$\vee_{+}$
(11)	C→B∨D	(8)(10)$\rightarrow_{+}$
(12)	B∨D	(3)(7)(11)$\vee_{-}$
(13)	A∨C→B∨D	(3)(12)$\rightarrow_{+}$
(14)	(C→D)→(A∨C→B∨D)	(2)(13)$\rightarrow_{+}$
(15)	(A→B)→((C→D)→(A∨C→B∨D))	(1)(14)$\rightarrow_{+}$

我们把［1］和［5］的证明留给读者。

为简略起见，我们规定，构成推演的公式序列前面的某一公式 A_i，推演的较后步骤需要使用时，不必根据∈规则一再重复地列出，而可以通过在相关公式后面注明该公式的序号，表明在根据 P^N 推演规则推出某公式的过程中，该公式被使用了。这样，∈规则除了在使用$\rightarrow_{+}$、$\neg_{+}$、$\neg_{-}$规则时可能要用到外，在其他情况下的使用大都可以省略。

P^N定理是一个 P^N证明的结尾公式，当在一个证明中要用到一个已经证明的 P^N定理时，原则上我们可以把此定理的证明重写一遍，但从节省时间和篇幅的角度看，显然没有必要这样做。因此，我们规定：在推演的任何地方可直接引入一个已经证明了的 P^N定理，只需在该定理的右边注明“P^N定理”的字样就行了。

为了简化推演，我们在 P^N中可以证明一些导出规则，它们所依据的都是相应的 P^N定理。例如：

导出规则

DR1　A→B，¬B ⊢ ¬A

DR2　A→B，B→C ⊢ A→C

DR3　A→B，C→D，A∨C ⊢ B∨D

这里选证 DR3：

(1)	A→B	前提
(2)	C→D	前提
(3)	A∨C	前提
(4)	(A→B)→((C→D)→(A∨C→B∨D))	P^N定理
(5)	(C→D)→(A∨C→B∨D)	(1)(4)$\rightarrow_{-}$
(6)	A∨C→B∨D	(2)(5)$\rightarrow_{-}$
(7)	B∨D	(3)(6)$\rightarrow_{-}$

有了 DR3 之后，我们就可以直接从（1）、（2）、（3）推出（7），而不必经过中间的（4）～（6），从而达到简化推演的目的。

我们再选证下面一些命题逻辑重言式为 P^N 定理。

[1]	$A\rightarrow A$	（同一律）
[2]	$A\vee\neg A$	（排中律）
[3]	$\neg(A\wedge\neg A)$	（矛盾律）
[4]	$\neg\neg A\leftrightarrow A$	（双重否定律）
[5]	$(A\wedge\neg A)\rightarrow B$	
[6]	$((A\vee B)\wedge\neg A)\rightarrow B$	（∨消去律）
[7]	$\neg(A\wedge B)\leftrightarrow(\neg A\vee\neg B)$	（德・摩根律）
[8]	$\neg(A\vee B)\leftrightarrow(\neg A\wedge\neg B)$	（德・摩根律）
[9]	$A\wedge(B\vee C)\leftrightarrow(A\wedge B)\vee(A\wedge C)$	（∧对∨的分配律）
[10]	$A\vee(B\wedge C)\leftrightarrow(A\vee B)\wedge(A\vee C)$	（∨对∧的分配律）
[11]	$(A\wedge B\rightarrow C)\rightarrow((\neg C\wedge A)\rightarrow\neg B)$	（反三段论）
[12]	$(A\wedge B\rightarrow C)\rightarrow((\neg C\wedge B)\rightarrow\neg A)$	（反三段论）

证明 [2]：

(1)	○$\neg(A\vee\neg A)$	假设
(2)	○A	假设
(3)	$A\vee\neg A$	(2)$\vee_+$
(4)	$\neg(A\vee\neg A)$	(1)$\in$
(5)	$\neg A$	(2)(3)(4)$\neg_+$
(6)	$A\vee\neg A$	(5)$\vee_+$
(7)	$\neg(A\vee\neg A)$	(1)$\in$
(8)	$A\vee\neg A$	(1)(6)(7)$\neg_+$

证明 [6]：

(1)	○$(A\vee B)\wedge\neg A$	假设
(2)	○$\neg B$	假设
(3)	$A\vee B$	(1)$\wedge_-$
(4)	○A	假设
(5)	○$A\vee B$	假设
(6)	A	(4)$\in$
(7)	$\neg A$	(1)$\wedge_-$
(8)	$\neg(A\vee B)$	(5)(6)(7)$\neg_+$
(9)	$A\rightarrow\neg(A\vee B)$	(4)(8)$\rightarrow_+$
(10)	○B	假设
(11)	○$A\vee B$	假设
(12)	B	(10)$\in$

(13)	$\neg B$	(2)$\in$
(14)	$\neg(A \vee B)$	(5)(6)(7)$\neg_{+}$
(15)	$B \rightarrow \neg(A \vee B)$	(10)(14)$\rightarrow_{+}$
(16)	$\neg(A \vee B)$	(3)(9)(15)$\vee_{-}$
(17)	B	(2)(3)(16)$\neg_{-}$
(18)	$(A \vee B) \wedge \neg A \rightarrow B$	(1)(17)$\rightarrow_{+}$

[6] 是另一种形式的析取消去律。根据 [6]，我们可以得到：

DR4 $A \vee B, \neg A \vdash B$

证明 [7]：

(1)	○$\neg(A \wedge B)$	假设
(2)	○$\neg(\neg A \vee \neg B)$	假设
(3)	○A	假设
(4)	○B	假设
(5)	$A \wedge B$	(3)(4)$\wedge_{+}$
(6)	$\neg(A \wedge B)$	(1)$\in$
(7)	$\neg B$	(4)(5)(6)$\neg_{+}$
(8)	$\neg A \vee \neg B$	(7)$\vee_{+}$
(9)	$\neg(\neg A \vee \neg B)$	(2)$\in$
(10)	$\neg A$	(3)(8)(9)$\neg_{+}$
(11)	$\neg A \vee \neg B$	(10)$\vee_{+}$
(12)	$\neg(\neg A \vee \neg B)$	(2)$\in$
(13)	$\neg A \vee \neg B$	(2)(11)(12)$\neg_{-}$
(14)	$\neg(A \wedge B) \rightarrow (\neg A \vee \neg B)$	(1)(13)$\rightarrow_{+}$
(15)	○$\neg A \vee \neg B$	假设
(16)	○$\neg A$	假设
(17)	○$A \wedge B$	假设
(18)	A	(17)$\wedge_{-}$
(19)	$\neg A$	(16)$\in$
(20)	$\neg(A \wedge B)$	(17)(18)(19)$\neg_{+}$
(21)	$\neg A \rightarrow \neg(A \wedge B)$	(16)(20)$\rightarrow_{+}$
(22)	$\neg B \rightarrow \neg(A \wedge B)$	同理可证
(23)	$\neg(A \wedge B)$	(15)(21)(22)$\vee_{-}$
(24)	$(\neg A \vee \neg B) \rightarrow \neg(A \wedge B)$	(15)(23)$\rightarrow_{+}$
(25)	$\neg(A \wedge B) \leftrightarrow (\neg A \vee \neg B)$	(14)(24)$\leftrightarrow_{+}$

证明 [9]：

(1)	○$A\wedge(B\vee C)$	假设
(2)	A	(1) $\wedge_-$
(3)	$B\vee C$	(1) $\wedge_-$
(4)	○B	假设
(5)	$A\wedge B$	(2)(4) $\wedge_+$
(6)	$(A\wedge B)\vee(A\wedge C)$	(5) $\vee_+$
(7)	$B\rightarrow(A\wedge B)\vee(A\wedge C)$	(4)(6) $\rightarrow_+$
(8)	$C\rightarrow(A\wedge B)\vee(A\wedge C)$	与 (7)同理
(9)	$(A\wedge B)\vee(A\wedge C)$	(3)(7)(8) $\vee_-$
(10)	$A\wedge(B\vee C)\rightarrow(A\wedge B)\vee(A\wedge C)$	(1)(9) $\rightarrow_+$
(11)	○$(A\wedge B)\vee(A\wedge C)$	假设
(12)	○$A\wedge B$	假设
(13)	A	(12) $\wedge_-$
(14)	B	(12) $\wedge_-$
(15)	$B\vee C$	(14) $\vee_+$
(16)	$A\wedge(B\vee C)$	(13)(15) $\wedge_+$
(17)	$(A\wedge B)\rightarrow A\wedge(B\vee C)$	(12)(16) $\rightarrow_+$
(18)	$(A\wedge C)\rightarrow A\wedge(B\vee C)$	与 (17)同理
(19)	$A\wedge(B\vee C)$	(11)(17)(18) $\vee_-$
(20)	$(A\wedge B)\vee(A\wedge C)\rightarrow A\wedge(B\vee C)$	(11)(19) $\rightarrow_+$
(21)	$A\wedge(B\vee C)\leftrightarrow(A\wedge B)\vee(A\wedge C)$	(10)(20) $\leftrightarrow_+$

我们把其他定理的证明留给读者。

[例 16]

如果所有的猴子都是香蕉，海豚是猴子，那么，海豚是香蕉。

如果题干为真，下面哪个选项一定是真的？

A. 如果海豚是猴子，海豚爱香蕉，那么，所有的猴子都爱香蕉。

B. 如果海豚不是香蕉，海豚是猴子，那么，“所有的猴子都是香蕉，并且天上白云飘”这句话是假的。

C. 如果老虎吃海豚，海豚吃香蕉，那么，老虎吃海豚和香蕉。

D. 如果香蕉长在白云上，海豚吃香蕉，那么，海豚跟着白云飘。

E. 如果香蕉吃海豚，海豚长在白云上，那么，香蕉追着白云跑。

解析：正确答案是 B。因为根据前面给出的 P^N定理 $(A\wedge B\rightarrow C)\rightarrow((\neg C\wedge A)\rightarrow\neg B)$，如果从两个前提推出一个结论，那么，如果结论不成立但其中的一个前提成立，则可以逻辑地推出另一个前提不成立。选项 B 否定了题干的结论且肯定了另一个前提，由此可以逻辑地否定另一个前提“所有的猴子都是香蕉”，也就是逻辑地推出这个句子为假，于是“所有的猴子都是香蕉并且天上白云飘”这句话也为假，因为其中包含一个假句子。

这就证明了：如果题干是真的，则选项 B 是真的。而选项 A、C、D、E 与题干之间都没有这种关系。

例 16 也说明，在假句子之间也可以进行合乎逻辑的推理。一个推理中前提和结论的关系，实际上是一种假设—推理关系：如果……是真的，那么……究竟是真的还是假的？在这里，前提和结论本身的真假其实是很不重要的，重要的是它们之间的推出、支持、反驳、削弱等逻辑关系，这种关系是由前提和结论之间的某种形式结构决定的。

可以证明，所有命题逻辑的重言式都是 P^N 的定理，并且等值置换规则（RP）在 P^N 中成立。这样的证明在这本导论性质的教材中省略。于是，在本章的以下部分，所有命题逻辑重言式都可以在推演中使用，等值置换规则 RP 也可以直接使用。

三、P^N 有前提推演

P^N 的定理是无前提的推演，即前提或假设公式集 Γ 是空集。在日常思维中，我们常常是从一些前提出发，推出了某个或某些结论，而我们想知道从这样的前提是否能逻辑地推出该结论，或者说已经进行的某个推理是不是正确而有效的。我们当然有很多办法做这件事情，例如先把该推理表示为符号公式，再用前面所讲的判定方法去判定它是不是重言式。我们也可以用推理的方法，看一看使用 P^N 规则，能不能从那些前提推出该结论。在做这样的推演时，所有命题逻辑的定理在原则上都可以使用，因为我们是在利用命题逻辑去处理日常思维中的具体推理问题。更明确地说，我们是在应用逻辑，而不是在构造逻辑本身。

［例 17］

$A\wedge B\to C$

$(A\to C)\to D$

$\neg B\vee E\ /\therefore\ B\to D\wedge E$

此推理的结论是一蕴涵式，根据 $\to_+$ 规则，我们可以把此蕴涵式的前件作为假设加入前提，看能否推出 $D\wedge E$。于是，有下述有前提的推演。

证明：

(1)	$A\wedge B\to C$	前提
(2)	$(A\to C)\to D$	前提
(3)	$\neg B\vee E$	前提
(4)	B	假设
(5)	$(\neg B\vee E)\to(B\to E)$	P^N 定理
(6)	$B\to E$	(3)(5) $\to_-$
(7)	E	(4)(6) $\to_-$
(8)	$(A\wedge B\to C)\to(A\to(B\to C))$	P^N 定理
(9)	$(A\to(B\to C))\to(B\to(A\to C))$	P^N 定理
(10)	$A\to(B\to C)$	(1)(8) $\to_-$
(11)	$B\to(A\to C)$	(9)(10) $\to_-$

(12)	$A \to C$	(4)(11)$\to_-$
(13)	D	(2)(12)$\to_-$
(14)	$D \wedge E$	(7)(13)$\wedge_+$
(15)	$B \to D \wedge E$	(4)(14)$\to_+$

已经证明，从给定的前提能够合逻辑地推出给定的结论，该推理是一个有效的推理。

[例 18]

如果在有限长的线段 L 上有无穷多个点的话，那么，如果这些点都有长度，则 L 将无限长；如果这些点都没有长度，则 L 将没有长度。而一个有限长的线段不可能无限长，也不可能没有长度。因此，在有限长的线段上不可能有无穷多个点。

这个推理的符号公式是：$A \to (B \to C) \wedge (\neg B \to D)$，$\neg C \wedge \neg D / \therefore \neg A$

证明：

(1)	$A \to (B \to C) \wedge (\neg B \to D)$	前提
(2)	$\neg C \wedge \neg D$	前提
(3)	$\bigcirc A$	假设
(4)	$(B \to C) \wedge (\neg B \to D)$	(1)(3)$\to_-$
(5)	$B \to C$	(4)$\wedge_-$
(6)	$\neg B \to D$	(4)$\wedge_-$
(7)	$\neg C$	(2)$\wedge_-$
(8)	$\neg D$	(2)$\wedge_-$
(9)	$\neg B$	(5)(7)DR1
(10)	D	(6)(9)$\to_-$
(11)	$\neg A$	(3)(8)(10)$\neg_+$

该推理是一个有效的推理，但该推理的结论明显为假，因此，其中至少有一个前提为假，请读者根据有关的数学知识去判断哪一个前提为假，或与周围的人讨论。

[例 19]

如果安娜出席，则彼得出席。如果安娜和彼得都出席，则查理或戴维将被选上。如果查理或戴维被选上的话，那么，艾尔就不能控制理事会。如果安娜出席蕴涵着艾尔不能控制理事会的话，则弗罗伦就会是理事会的新主席。所以，弗罗伦将会是理事会的新主席。

证明：

(1)	$A \to B$	前提
(2)	$A \wedge B \to C \vee D$	前提
(3)	$C \vee D \to \neg I$	前提
(4)	$(A \to \neg I) \to F$	前提
(5)	$\bigcirc \neg F$	假设
(6)	$\neg (A \to \neg I)$	(4)(5)DR1
(7)	$A \wedge \neg\neg I$	(6)RP

(8)	$\mid\mid$ A	$(7)\wedge_{-}$
(9)	$\mid\mid$ $\neg\neg I$	$(7)\wedge_{-}$
(10)	$\mid\mid$ B	$(1)(8)\rightarrow_{-}$
(11)	$\mid\mid$ $A\wedge B$	$(8)(10)\wedge_{+}$
(12)	$\mid\mid$ $C\vee D$	$(2)(11)\rightarrow_{-}$
(13)	$\mid\mid$ $\neg I$	$(3)(12)\rightarrow_{-}$
(14)	$\mid$ F	$(5)(9)(13)\neg_{-}$

该推理是一个有效的推理。

第六节 命题逻辑的扩充系统——广义模态逻辑

在命题逻辑的基础上，考虑模态词和含模态词的命题，并加进一些与模态命题相关的特殊推理规则，由此得到各种模态逻辑，它们都是命题逻辑的扩充系统。这种意义上的模态逻辑是 20 世纪的产物，但对模态逻辑的研究早在亚里士多德那里就开始了。

一、模态词的种类

“模态”源于拉丁词 modalis，含“形态”“样式”等意思，就是反映事物或人的认识存在、发展的样式、情状、趋势等等的词语。根据不同的标准，模态词可以分为不同的种类。

1. 逻辑模态和非逻辑模态

逻辑模态指逻辑上的必然性和可能性，逻辑、数学的一切规律和规则都被认为是必然的，凡不与这些规律和规则相矛盾的一切东西都被认为是可能的。例如，“一个推理，若前提真，推理形式正确，则结论必真”，“一个人**不可能**既比另一个人高又不比他高”，“太阳**有可能**明天从西方升起”，这些命题所表达的都是逻辑模态。

非逻辑模态有时又称“物理模态”，人们把所有自然科学的规律看作物理上必然的，凡不与这些规律相矛盾的一切都是物理上可能的。例如，“一个人**不可能**揪着自己的头发上天”，“生物体**必然**要进行新陈代谢”，“人类的某些体育技能如田径**可能**存在极限”，所有这些命题都表达着物理模态。

逻辑模态和非逻辑模态的相互关系是：逻辑上不可能的东西一定是物理上不可能的，物理上可能的东西一定是逻辑上可能的。但是，物理上必然的不一定是逻辑上必然的，物理上不可能的不一定是逻辑上不可能的。牛顿力学的三大定律、巴甫洛夫的条件反射定律都不是逻辑上必然的；而太阳围绕地球转、孙悟空七十二变之类的事情都是逻辑上可能的。

2. 从言模态和从物模态

在逻辑史上，欧洲中世纪逻辑学家把模态分为 de dicto 与 de re，这一区分涉及模态词的辖域。de dicto 是指“关于语句的”，即模态词所修饰的是意义完整的句子或命题。例如，“‘苏格拉底有死’是必然的”，“‘明天发生海战’是可能的”。这类模态命题的一般结构是：p 是必然的，p 是可能的，指命题 p 为真具有必然性或可能性。de re 是指“关于事物的”，“从属于事物的”，即把模态词插入句子中间，置于句子的系词或动词之前。例如，“苏格拉底**可能**跑步”，“行星的数目**必然**大于 7”。de re 模态命题的一般结构是：“S 必然是 P”，“S 可能是 P”，它们指事物必然或可能具有某种属性。de re 模态涉及事物是否具有本质属性或必然属性的问题，与哲学上关于本质主义的争论有关。但是，de re 模态在模态命题逻辑中表示不出来，只有在模态谓词逻辑中才能加以表示。

3. 狭义模态和广义模态

狭义模态是指事物或人的认识的必然性或可能性，在现代逻辑文献中常把它们叫作“alethic 模态”，这类模态涉及一命题真还是不真，更确切地说，涉及一命题的真假强度(必然真抑或可能真)，于是人们常将其译做“真势模态”，分别用符号□、◇表示“必然”和“可能”。

后来人们发现，在真势模态之间成立的关系，在其他许多概念之间也成立。例如，道义概念“应当（义务）”和“允许”的关系与“必然”和“可能”之间的关系就是类似的，例如：一命题 p 是必然的，当且仅当它的否定是不可能的；同样，一行为是义务的，当且仅当不做该行为是不允许的。并且，从“必然 p”推出“可能 p”，从“不可能 p”推出“必然非 p”；同样，从“应该 p”推出“允许 p”，从“不允许 p”推出“应该非 p”。但是，这种类似并不是完全的、绝对的，两者之间存在差异。例如，在真势模态那里，从“必然 p”可以推出“p”，从“p”可以推出“可能 p”；但在道义概念那里，若从“应该 p”推出“p”，从“p”推出“允许 p”，却是违反人们的道德直觉的。于是，人们把必然性、可能性、偶然性等叫作“狭义模态”，而把与它们既有类似又有差异的其他各组概念叫作“广义模态”，但下面表中的实体论概念“所有”“有些”除外。

表 2-10

模态词的解释 / 模态词的种类	□	◇
真理论的	必然	可能
道义论的	应该	允许
时间论的	将要永远	将要
	过去一直	过去
认识论的	知道	不知道其否定
实体论的	所有	有些

与狭义模态与广义模态的区分相关联，模态逻辑分为狭义模态逻辑和广义模态逻辑。狭义模态逻辑就是指真势模态逻辑，即关于含模态词“必然”“可能”的命题的逻辑特性及其推理关系的逻辑，包括两部分：模态命题逻辑和模态谓词逻辑。这种意义的模态逻辑在 20 世纪 30—70 年代得到了充分发展，已经成为许多另外的逻辑的基础，具有了类似于一般意义的命题逻辑和谓词逻辑的“经典地位”。广义模态逻辑是关于各种广义模态词的逻辑，包括道义逻辑、时态逻辑、认知逻辑等，它们大都是 20 世纪 50 年代前后

的产物。

二、模态命题的真值条件

在广义模态逻辑中，各种模态词与命题联结词¬、∧、∨、→、↔一样，也是由命题形成新的命题的算子。但是，这两者之间有一个重要的区别：后者是真值函项性，而前者不是。这就是说，由命题联结词连接原子命题所形成的复合命题的真值，是由其中的支命题的真值所唯一决定的，例如，A∧B 的真值取决于且只取决于 A 和 B 的真值。但是，含模态词的命题的真值并不由其中的非模态命题所完全决定。例如，从“地球是圆的”这个命题的真假，我们并不能确定地推知“地球必然是圆的”、“地球应该是圆的”、“地球将永远是圆的”和“哥白尼知道地球是圆的”这些命题的真假。后面这些命题的真假与前面命题的真假有关，但又不为前者所完全决定。模态命题的这一性质叫作“非真值函项性”，也叫作“内涵性”，因此广义模态逻辑也属于“内涵逻辑”。

那么，广义模态命题的真值究竟如何确定呢？这就要用到莱布尼茨最先提出来的“可能世界”概念。

莱布尼茨认为，一个事态 A 是可能的，当且仅当 A 不包含逻辑矛盾。一个由事态 A_1，A_2，A_3，…，A_n形成的组合是可能的，当且仅当 A_1，A_2，A_3，…，A_n推不出逻辑矛盾。由无穷多的具有各种性质的事物所形成的可能的事物的组合，就是一个可能世界。有许许多多的可能世界，例如现实世界就是一个可能世界，它是由上帝选择的一个最丰富、最完美的可能世界。他进而利用可能世界去讨论必然性、可能性、偶然性等问题，例如他认为：

L_1　一命题是必然的，当且仅当，它在所有可能世界中都是真的；

L_2　一命题是可能的，当且仅当，它在某些可能世界中是真的。

20 世纪 50—60 年代，鉴于模态逻辑发展的迫切需要，一批逻辑学家如克里普克（Saul Kripke）等人从莱布尼茨的上述思想出发，发展了一种模态语义理论即可能世界语义学。相对于经典语义学和莱布尼茨的思想而言，它有几个重大的改进，具体来说：

第一，它使命题的真假相对化，即相对于各种不同的可能世界而言。由于有多个可能世界，它们之间有某些差异，一个体可以在一可能世界中存在，但并不在另一可能世界中存在；一事件可以在一可能世界中发生，但不在另一可能世界中发生。于是，描述或反映该个体或事件的命题就有可能在一可能世界中真，但在另一可能世界中假。

第二，它使必然性、可能性概念相对化。由于必然性、可能性概念是与命题的真假密切相关的，甚至是用后者定义的，既然后者是相对于特定的可能世界而言的，前者因此也就是相对于特定的可能世界而言的。我们不能再抽象地、一般地谈论必然性、可能性，而只能在某一特定的可能世界中谈论必然性和可能性；我们不能再一般地说某一命题是必然的或可能的，而只能说，某一命题在某一特定的可能世界中是必然的或可能的。

第三，它使可能世界之间具有一定的关系。命题 p 在一可能世界中是必然的，不再要求它无限制地在所有的可能世界中真，而只要求它**在与该世界有关的所有可能世界中真**。如果某些可能世界与该世界没有关系，即使 p 在那些可能世界中假，p 在那个世界中仍然可以是必然的；但是，假如 p 在某个与该世界有关系的可能世界中假，则 p 在该世界中就不再是必然的。因此，一命题在某一可能世界中的必然性，是相对于与该可能世界有关的所有可能世界而言的。于是，L_1和 L_2必须分别被重新表述为：

L_1'　一命题在某一可能世界中是必然的，当且仅当，它在与该可能世界有关的所有可能世界中都是真的；

L_2'　一命题在某一可能世界中是可能的，当且仅当，它在与该可能世界有关的某些可能世界中是真的。

实际上，可能世界语义学就是将上述思想形式地刻画出来，这是通过模型方法实现的。

三、模态逻辑系统 T^N

模态逻辑系统 T^N是在如前所述的命题逻辑 P^N的 11 个推理规则的基础上，加进与模态词“必然”相关的推理规则所构成的。新加入的规则有：

1. 必然消去规则（记为$\square_{-1}$）：在推演的任何步骤上，都可以从$\square$A 直接推出 A，即：$\square A \vdash A$。图示如下：

| ⋮
| □A
| ⋮
| A

这条规则相当于说：凡是（逻辑）必然的都是现实的，即$\square A \rightarrow A$，这当然是成立的。

在给出必然引入规则之前，我们需要先给出“必然引入子证明”的概念。

在一个证明中，如果有一部分公式含有模态词$\square$，则另给出一个子证明，在其开端处置一$\square$号，并画一条垂直线，只有前面含有$\square$的公式，才能进入这个子证明，并且在进入这个子证明之前，要去掉$\square$；在退出这个子证明时，则可以给该子证明中的任何公式，特别是结尾公式加上$\square$。必然引入子证明所依据的思想是：从必然命题推出的任何命题本身也是必然的。由于逻辑真理都是必然的，因此，在必然引入子证明的任何步骤上，如果有必要，都可以引入一个命题逻辑重言式。

2. 必然引入子证明进入规则（记为$\square_{-2}$）：如果一个公式处于$\square$的辖域内，则该公式可以进入必然引入子证明，不过在进入之前，要去掉它前面的$\square$；由于命题逻辑重言式都是必然的，所以在必然引入子证明的任何步骤上，都可以引入一个重言式。图示如下：

□A
□ | A
⋮ |
⋮ |

或者

```
□ │ ⋮
  │ A            Pᴺ重言式
  │ ⋮
```

3. 必然引入子证明退出规则（记为$\square_{+}$）：在退出一个必然引入子证明时，该子证明中的任何公式都可以加上□，特别是结尾公式。图示如下：

```
□ │ ⋮
  │ A
  │ ⋮
  │ B
 □B
```

或者

```
□ │ ○A
  │ ⋮
  │ B
  │ ⋮
  │ C
 □C
```

后面的这个图示表明，在必然引入子证明中，还可以有另外的子证明，例如蕴涵引入子证明，如果利用从这个子证明得到的结论（逻辑真理），可以推出某个命题C，则C也是必然的。

为方便起见，有必要通过定义引入模态词◇（可能）：

◇A＝df ¬□¬A

然后给出几个与◇相关的导出规则：

4. 可能性引入规则（记为$\Diamond_{+}$）：在推演的任何步骤上，都可以从A直接推出◇A，即：A├◇A。图示如下：

```
│ ⋮
│ A
│ ⋮
│ ◇A
```

这条规则相当于说：凡是现实的都是（逻辑）可能的，即A→◇A，当然是成立的。

5. 可能性消去规则（记为$\Diamond_{-}$）：在推演的任何步骤上，都可以从□（A→B）和◇A直接推出◇B，即：□（A→B），◇A├◇B。图示如下：

```
 ◇A
 ⋮
□ │ │ A
  │ │ ⋮
  │ │ ⋮
  │ │ B
 ◇B
```

这条规则相当于说：可能命题的逻辑后承是可能命题，即□（A→B)→(◇A→◇B)，显然是成立的。

在 T^N 中，我们可以证明很多定理，例如：

[1] □(A→B)→(□A→□B)

[2] □A→A

在 T^N 中，下述模态对当方阵所表示的各种关系都是定理，可图示如下：

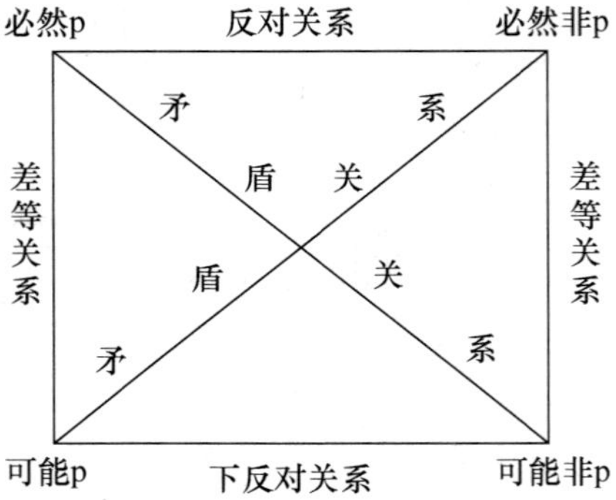

[3] □A→¬□¬A

[4] □¬A→¬□A

[5] □A→◇A

[6] □¬A→◇¬A

[7] ¬◇A→¬□A

[8] ¬◇¬A→¬□¬A

[9] □A↔¬◇¬A

[10] □¬A↔¬◇A

[11] ◇A↔¬□¬A

[12] ◇¬A↔¬□A

这里只选证上面的定理［1］和［3］，把其他定理的证明留给读者。

证明［1］：

(1)	○□(A→B)	假设
(2)	○□A	假设
(3)	□ A	(2)$\Box_{-}$
(4)	A→B	(1)$\Box_{-}$
(5)	B	(3)(4)$\rightarrow_{-}$
(6)	□B	(5)$\Box_{+}$
(7)	□A→□B	(2)(6)$\rightarrow_{+}$
(8)	□(A→B)→(□A→□B)	(1)(7)$\rightarrow_{+}$

证明［3］：

(1)	$\mid \bigcirc\Box A$	假设
(2)	$\mid\;\mid \bigcirc\Box\neg A$	假设
(3)	$\mid\;\mid\;\mid \Box \mid A$	$(1)\Box_{-}$
(4)	$\mid\;\mid\;\mid\;\;\mid \neg A$	$(2)\ \Box_{-}$
(5)	$\mid\;\mid\;\mid \neg\Box\neg A$	$(2)(3)(4)\neg_{+}$
(6)	$\mid \Box A\rightarrow\neg\Box\neg A$	$(1)(5)\rightarrow_{+}$

［例 20］

依次取 n 个（n>1）自然数组成一有穷数列，其中的奇数数列和偶数数列显然都比该自然数数列短。但是，假如让该自然数数列无限延长，则其中的奇数数列和偶数数列就会与自然数数列本身一样长。由此我们可以做出结论：在有穷的世界里，部分必定小于整体；在无穷的世界里，部分可能等于整体。

下面哪一项不可能是上面结论的逻辑推论？

A. 在有穷的世界里，部分可能小于整体。

B. 在无穷的世界里，部分必然不等于整体。

C. 在无穷的世界里，整体可能等于部分。

D. 在有穷的世界里，整体必定大于部分。

E. 在无穷的世界里，并非部分不可能等于整体。

解析：既然在有穷的世界里，部分必定小于整体，根据从“必然”推“可能”的规则，显然可以推出“部分可能小于整体”；根据“小于”“大于”关系的性质，显然也可推出“整体必定大于部分”。既然在无穷的世界里，部分可能等于整体，显然可以推出“整体可能等于部分”；根据“必然”和“不可能”的关系，也可以推出“并非部分不可能等于整体”，但无论如何，不可能推出其矛盾命题“部分必然不等于整体”。所以，从题干不可能得到的逻辑结论是选项 B。

［例 21］

美国前总统林肯说过：“最高明的骗子，可能在某个时刻欺骗所有的人，也可能在所有时刻欺骗某些人，但不可能在所有时刻欺骗所有的人。”

如果林肯的上述断定是真的，那么下述哪项断定是假的？

A. 林肯可能在某个时刻受骗。

B. 林肯可能在任何时候都不受骗。

C. 骗子也可能在某个时刻受骗。

D. 不存在某个时刻所有的人都必然不受骗。

E. 不存在某一时刻有人可能不受骗。

解析：选项 A 和 C 都可以从“骗子可能在某个时刻欺骗所有的人，也可能在所有时刻欺骗某些人”推出；D 等于是说“在所有时刻有些人可能受骗”，显然也可从题干中推出；B 可以从“不可能在所有时刻欺骗所有的人”推出；E 等于是说“在所有时刻所有人都必然受骗”，这与题干所说的“不可能在所有时刻欺骗所有的人”相矛盾，因此 E 是假的。故正确选项是 E。

第七节　命题逻辑知识的综合应用

在国内外各种能力性考试的逻辑部分中，有时会单独用到关于某一种复合命题的知识，更多的时候是要综合运用关于各种复合命题及其推理的知识。还有许多智力测验和思考题，也有可能要综合运用命题逻辑的知识，下面举几个比较复杂的例子，并详细说明解题思路和方法，相信读者能触类旁通，举一反三。

［例22］

北大百年校庆时，昔日学友甲、乙、丙会聚燕园。时光荏苒，他们也都功成名就，分别为作家、教授、省长。还知道：

Ⅰ．他们分别毕业于哲学系、经济系和中文系。

Ⅱ．作家称赞中文系毕业者身体健康。

Ⅲ．经济系毕业者请教授写了一个条幅。

Ⅳ．作家和经济系毕业者在一个省工作。

Ⅴ．乙向哲学系毕业者请教过哲学。

Ⅵ．过去念书时，经济系毕业者、乙都追求过丙。

根据上述题干，下列陈述哪一个是真的？

A. 丙是作家，甲是省长。

B. 乙毕业于哲学系。

C. 甲毕业于中文系。

D. 中文系毕业的是作家。

E. 经济系毕业的是教授。

解析：从题干知道，两个不相容选言命题“或者毕业于哲学系，或者毕业于经济系，或者毕业于中文系”和“或者是作家，或者是教授，或者是省长”，对于甲、乙、丙都成立。由Ⅵ知道，甲毕业于经济系；由Ⅳ知道，甲不是作家；由Ⅲ知道，甲不是教授；所以，甲是省长。由Ⅴ知道，乙不是毕业于哲学系，乙当然也不是毕业于经济系，故他毕业于中文系；由Ⅱ知道，乙不是作家，所以乙是教授。由此可知，丙毕业于哲学系，是作家。因此，正确选项是A。

［例23］

有甲、乙、丙三个学生，一个出生在北京，一个出生在上海，一个出生在武汉；他们中一个学国际金融专业，一个学工商管理专业，一个学外语。其中：

Ⅰ．甲不是学国际金融的，乙不是学外语的。

Ⅱ．学国际金融的不出生在上海。

Ⅲ．学外语的出生在北京。

Ⅳ．乙不出生在武汉。

请根据上述条件，判断甲的专业：

A. 国际金融。

B. 工商管理。

C. 外语。

D. 3 种专业都可能。

E. 3 种专业都不可能。

解析：解这道题可以使用图表。根据题干，我们可以制作下述图表，然后一项项往里面填，其中圈码代表填写的步骤：

	北京	上海	武汉	金融	工商	外语
甲	⑩√			①×	⑧×	⑨√
乙	③×	⑤√	④×	⑥×	⑦√	②×
丙			√	√		

所以，正确答案是 C。

[例 24]

红星中学的四位老师在高考前对某理科毕业班学生的前景进行推测，他们特别关注班里的两个尖子生。

张老师说："如果余涌能考上清华，那么方宁也能考上清华。"

李老师说："依我看这个班没人能考上清华。"

王老师说："不管方宁能否考上清华，余涌考不上清华。"

赵老师说："我看方宁考不上清华，但余涌能考上清华。"

高考的结果证明，四位老师中只有一人的推测成立。

如果上述断定是真的，则以下哪项也一定是真的？

A. 李老师的推测成立。

B. 王老师的推测成立。

C. 赵老师的推测成立。

D. 如果方宁考不上清华大学，则张老师的推测成立。

E. 如果方宁考上了清华大学，则张老师的推测成立。

解析：题干中张老师和赵老师的形式分别为"如果 p 则 q"和"p 并且非 q"，由前面的讨论可知，它们是互相矛盾的，根据矛盾律和排中律，其中必有一个推测成立且只有一个成立。又由给定条件，四人中只有一人的推测成立，因此李老师和王老师的推测均不成立，即有人考上了大学，且这个人就是余涌。因此，如果方宁也考上了大学，则只有张老师的推测成立，所以，正确答案是 E。

[例 25]

有甲、乙、丙、丁、戊五个人，每个人头上戴一顶白帽子或者黑帽子，每个人显然只能看见别人头上帽子的颜色，看不见自己头上帽子的颜色。并且，一个人戴白帽子当且仅当他说真话，戴黑帽子当且仅当他说假话。已知：

甲说：我看见三顶白帽子一顶黑帽子。

乙说：我看见四顶黑帽子。

丙说：我看见一顶白帽子三顶黑帽子。

戊说：我看见四顶白帽子。

根据上述题干，下列陈述都是假的，除了：

A. 甲和丙都戴白帽子。

B. 乙和丙都戴黑帽子。

C. 戊戴白帽子，但丁戴黑帽子。

D. 丙戴黑帽子，但甲戴白帽子。

E. 丙和丁都戴白帽子。

解析：解这道题只能用假设法和归谬法。先假设甲的话为真，则甲戴白帽子，加起来共有四顶白帽子一顶黑帽子，于是乙和丙的话就是假的，于是乙和丙都戴黑帽子，这与甲的话为真的结果（一顶黑帽子）矛盾，因此甲的话不可能为真，必定为假，甲戴黑帽子。再假设乙的话为真，则他自己戴白帽子，共有一顶白帽子四顶黑帽子；这样，由于丙看不见他自己所戴帽子的颜色，当他说"我看见一顶白帽子三顶黑帽子"时，他所说的就是真话，于是他戴白帽子，这样乙和丙都戴白帽子，有两顶白帽子，与乙原来的话矛盾。所以，乙所说的只能是假话，乙戴黑帽子。既然已经确定甲、乙都戴黑帽子，则戊所说的"我看见四顶白帽子"就是假话，戊也戴黑帽子。现假设丙的话为假，则他实际看见的都是黑帽子，他自己也戴黑帽子，于是五个人都戴黑帽子，这样，乙的话就是真话；但我们已经证明乙的话不可能为真，因此丙的话也不可能为假，于是丙和未说话的丁戴白帽子。最后结果是：甲、乙、戊说假话，戴黑帽子；丙、丁说真话，戴白帽子。所以，正确选项是E。

［例26］

如果赵川参加宴会，那么钱华、孙旭和李元将一起参加宴会。

如果上述断定是真的，那么，以下哪项也一定是真的？

A. 如果赵川没参加宴会，则钱、孙、李三人中至少有一人没参加宴会。

B. 如果赵川没参加宴会，则钱、孙、李三人都没参加宴会。

C. 如果李元没参加宴会，则钱华、孙旭不会都参加宴会。

D. 如果孙旭没参加宴会，则赵川和李元不会都参加宴会。

E. 如果钱、孙、李都参加宴会，则赵也参加宴会。

解析：能够推出的选项是D。因为如果孙旭没参加宴会，根据联言推理，则钱华、孙旭和李元没有一起参加宴会，由题干根据充分条件假言推理的否定后件式，又可知：赵川没参加宴会；又根据联言推理，可得出：赵川和李元不会都参加宴会。由题干不能逻辑地推出选项A、B、C、E。所以，正确选项是D。

［例27］

某地有两个奇怪的村庄，张庄的人在星期一、三、五说谎，李村的人在星期二、四、六说谎。在其他的日子他们说实话。一天，外地的王从明来到这里，见到两个人，分别向他们提出关于日期的问题。两个人都说："前天是我说谎的日子。"

如果被问的两个人分别来自张庄和李村，以下哪项判断最可能为真？

A. 这一天是星期五或星期日。

B. 这一天是星期二或星期四。

C. 这一天是星期一或星期三。

D. 这一天是星期四或星期五。

E. 这一天是星期三或星期六。

解析：从题干无法凭直觉判断哪个选项为真，只能用逻辑上的“归谬法”：先假定某个选项为真，看能否从中推出矛盾；如果能够推出矛盾，则这个选项不可能为真，只能为假；如果不能推出矛盾，则这个选项有可能为真。设选项 A 真，并且设这天是星期五，则前天为星期三，张庄的人在这两天都说假话，于是他就应该说“前天是我说真话的日子”，与题干矛盾，故不可能是星期五；设这天是星期天，则前天为星期五，李村的人在这两天都说真话，所以他也应该说“前天是我说真话的日子”，矛盾，故不可能是星期天。这就证明了 A 项不可能为真，必假。设选项 B 为真，并且设这天为星期二，则前天是星期天，张庄的人在这两天都说真话，故他应该说“前天是我说真话的日子”，矛盾，故不可能是星期二；设这天是星期四，则前天为星期二，张庄的人在这两天都说真话，故他应该说“前天是我说真话的日子”，矛盾，故不可能是星期四。B 项肯定为假。设选项 C 为真，并且设这天是星期一，则前天为星期六，张庄的人在星期六说真话，但他在星期一说假话，所以他应该说“前天是我说谎的日子”；李村的人在星期六说谎，但他在星期一说真话，所以他应该说“前天是我说谎的日子”。于是，选项 C 肯定为真。我们还可以循此办法，验证选项 D 和 E 不可能为真。所以，正确答案是 C。

在国外 GRE、GMAT、LSAT 考试和国内 GCT（工程硕士考试）中，有一种常见的题型——分析推理，是一种比较灵活的逻辑题，主要用到的还是命题逻辑知识，故在这里给出两组题的解答过程，供读者参考。

[例 28]

以下各小题基于以下共同题干：

在一项庆祝活动中，一名学生依次为 1、2、3 号旗座安插彩旗，每个旗座只插一杆彩旗，这名学生有三杆红旗、三杆绿旗和三杆黄旗。安插彩旗必须符合下列条件：

(a) 如果 1 号安插红旗，则 2 号安插黄旗。

(b) 如果 2 号安插绿旗，则 1 号安插绿旗。

(c) 如果 3 号安插红旗或者黄旗，则 2 号安插红旗。

(1) 以下哪项列出的可能是安插彩旗的方案之一？

A. 1 号：绿旗；2 号：绿旗；3 号：黄旗。

B. 1 号：红旗；2 号：绿旗；3 号：绿旗。

C. 1 号：红旗；2 号：红旗；3 号：绿旗。

D. 1 号：黄旗；2 号：红旗；3 号：绿旗。

E. 1 号：红旗；2 号：绿旗；3 号：黄旗。

解析：此题很简单。A 项不符合给定条件，因为 2 号没有插红旗，故 3 号不能插红旗和黄旗，3 号应该插绿旗。B 项不符合给定条件，因为 1 号插红旗，2 号应该插黄旗。C 项不符合给定条件，因为 2 号没有插黄旗，故 1 号不能插红旗。E 项也不符合给定条件。D 项符合所有给定条件。所以，正确选项是 D。

（2）如果1号安插黄旗，以下哪一项陈述不可能真？

A. 3号安插绿旗。

B. 2号安插红旗。

C. 2号安插绿旗。

D. 3号安插红旗。

E. 2号安插黄旗。

解析：根据给定条件，当1号插黄旗时，2号不能插绿旗。其他各项都可以为真，但不必为真。所以，正确选项是C。

（3）以下哪一项陈述为真，能确定唯一的安插方案？

A. 1号安插红旗。

B. 2号安插红旗。

C. 2号安插黄旗。

D. 3号安插黄旗。

E. 3号安插绿旗。

解析：若1号插红旗，则2号插黄旗，则3号不能插红旗和黄旗，只能插绿旗。这就是说，若A项为真，可以确定1、2、3位置各插什么颜色的旗帜。若B项为真，只能确定1号不能插红旗，不能再确定其他。若C项为真，只能确定3号插绿旗，不能确定1号插什么颜色的旗帜。若D项为真，则只能确定2号插红旗，由此又确定1号不能插绿旗，但不能确定1号究竟是插红旗还是黄旗。若E项为真，无法确定1号和2号安插什么颜色的旗帜。所以，正确选项是A。

（4）如果不选用绿旗，恰好能有几种可行的安插方案？

A. 一。

B. 二。

C. 三。

D. 四。

E. 五。

解析：若不用绿旗，只用红旗和黄旗，则总共有8种可能的插旗方案。根据条件(a)，排除1号插红旗并且2号插红旗的方案；根据条件(c)，因为3号只能插红旗或者黄旗，故排除2号插黄旗的方案。最终只剩下两种方案，即：黄旗、红旗、红旗；或者，黄旗、红旗、黄旗。所以，正确选项是B。

（5）如果安插的旗帜的颜色各不相同，以下哪一项陈述可能真？

A. 1号安插绿旗并且2号安插黄旗。

B. 1号安插绿旗并且2号安插红旗。

C. 1号安插红旗并且3号安插黄旗。

D. 1号安插黄旗并且3号安插红旗。

E. 1号安插红旗并且2号安插绿旗。

解析：A项不可能为真，因为2号安插黄旗时，3号必须安插绿旗，这样就与1号安插的旗帜颜色相同。B可以为真，因为1号安插绿旗，2号安插红旗，3号安插黄旗，符合给定条件。C项不可能为真，因为当1号安插红旗时，2号应该安插黄旗，与3号旗帜的颜色相同。D项不可能为真，因为3号安插红旗时，2号也应该安插红旗，旗帜颜色相同。E项不可能为真，因为1号安插红旗时，2号应该安插黄旗。所以，正确选项是B。

［例29］

以下各小题基于以下共同题干：

一家食品店从周一到周日，每天都有3种商品特价销售。可供特价销售的商品包括三种蔬菜：G、H和J；三种水果：K、L和O；三种饮料：X、Y和Z。必须根据以下条件安排特价商品：

(a) 每天至少有一种蔬菜特价销售，每天至少有一种水果特价销售。

(b) 无论在哪天，如果J是特价销售，则L不能特价销售。

(c) 无论在哪天，如果K是特价销售，则Y也必须特价销售。

(d) 每一种商品在一周内特价销售的次数不能超过三天。

(1) 以下哪项列出的是可以一起特价销售的商品？

A. G、J、Z。

B. H、K、X。

C. J、L、Y。

D. G、K、Y。

E. K、L、X。

解析：根据题干给定的条件，A项不符合要求，因为其中没有水果；B项不符合要求，因为其中K出现而Y未出现；C项不符合要求，因为J和L同时出现。E项不符合要求，因为其中没有蔬菜。D符合所有要求。所以，正确选项是D。

(2) 如果J在星期五、星期六、星期日特价销售，K在星期一、星期二、星期三特价销售，而G只在星期四特价销售，则L可以在哪几天特价销售？

A. 仅在星期二。

B. 仅在星期四。

C. 仅在星期一、星期二和星期三。

D. 在这一周前四天中的任何两天。

E. 在这一周后四天中的任何三天。

解析：由于如果J则非L，故L不在星期五、星期六、星期日特价销售；由于K在星期一、星期二、星期三特价销售，且每一种水果特价销售不能超过三天，故K不能再在其他四天销售，而每天必须有至少一种水果特价销售，所以O必须在星期五、星期六、星期日销售，于是L必须在星期四销售；并且，由于G只在星期四特价销售，而每一天必须至少有一种蔬菜特价销售，故H必须在星期一、星期二、星期三特价销售；如果K在星期一、星期二、星期三特价销售，则Y也必须在这三天特价销售；于是，这三天已有三种特价商品，即K、Y、H，而每天仅有三种特价商品，故L不能再在这三天特价销售。所以，L仅在星期四特价销售。所以，正确选项是B。

(3) 如果每一种水果在一周中特价销售三天，则饮料总共在这一周内可以特价销售的天数最多为：

A. 三天。

B. 四天。

C. 五天。

D. 六天。

E. 七天。

解析：如果每一种水果在一周中特价销售三天，则肯定有两天时间出现了两种水果，而每天至少有一种蔬菜，故这两天还有一种蔬菜特价销售；而每天特价销售的商品只能有三种，所以，这两天不能再有饮料特价销售。于是，饮料最多能够特价销售五天。所以，正确选项是C。

(4) 如果H和Y同时在星期一、星期二、星期三特价销售，G和X同时在星期四、星期五、星期六特价销售，则星期日特价销售的商品一定包括：

A. J和O。

B. J和K。

C. J和L。

D. K和Z。

E. X和L。

解析：由于蔬菜H出现在星期一、星期二和星期三，而G出现在星期四、星期五、星期六，并且每一种商品在一周内特价销售的次数不能超过三天，故G和H都不能出现在星期日，而星期日必须有一种蔬菜特价销售，故J必须在星期日特价销售。根据题干给定条件，如果J则非L，所以L不能在星期日特价销售；K也不能出现在星期日，因为如果K则Y，而Y已经在星期一、星期二、星期三特价销售，故Y不能再在星期日出现，而星期日必须有一种特价水果，故只能是O。所以，正确选项是A。

(5) 如果在某一周中恰好有七种商品特价销售，关于这一周的以下哪项陈述一定为真？

A. X是本周唯一特价销售的饮料。

B. Y是本周唯一特价销售的饮料。

C. Z是本周唯一特价销售的饮料。

D. 至少有一天，G和Z同时特价销售。

E. L是在本周一特价销售的水果。

解析：如果在某一周中恰好有七种商品特价销售，而每一天至少要有一种蔬菜和一种水果特价销售，且每一种商品的特价天数不能超过三天，这意味着每一种蔬菜、每一种水果在这一周内都至少被特价销售一天。根据给定条件，如果有K就有Y，所以Y是第七种被特价销售的商品，它是唯一被特价销售的饮料。所以，正确选项是B。

本章概要

命题逻辑研究复合命题的逻辑性质及其相互之间的逻辑关系，后者实际上是由各种命题联结词决定的，因此，命题逻辑实际上是“联结词的逻辑”。

在日常语言中，可以概括出四大类基本联结词：联言联结词“并且”；选言联结词“或者”；假言联结词“如果，则”，“只有，才”，“当且仅当”；否定联结词“并非”。由此形成四大类复合命题：联言命题、选言命题、假言命题和负命题，以及相应的推理形式。

如果抽象掉日常语言联结词所表达的支命题在意义、内容方面的联系，只保留支命题与整个复合命题之间的真假关系，这样的联结词就成为真值联结词，通常用符号表示，共有五个：∧（合取）、∨（析取）、→（蕴涵）、↔（等值）、¬（否定）。由命题变项和真值联结词按一定规则形成的符号串，叫作“真值形式”，简称“公式”。

有三类基本的真值形式：重言式（常真的）、矛盾式（常假的）和偶真式（并非常真常假的）。重言式在任一真值赋值（真值指派加真值计算）下为真；矛盾式在任一真值赋值下为假；偶真式在有些真值赋值下为真，在有些真值赋值下为假。至少有三种方法可以判定任一真值形式是不是重言式：真值表方法、归谬赋值法和树形图方法。

任何一个推理都可以化归为一个蕴涵式，对该推理有效性的判定最后可以归结为对相应蕴涵式是否为重言式的判定。

P^N是一个包含11个推演规则的命题逻辑自然推演系统，在其中可以进行定理的证明（无前提的推演），也可以进行有前提的推演。

在命题逻辑的基础上，考虑各种模态词以及含模态词的命题，并加进与模态命题相关的一些特殊推理规则，由此得到广义模态逻辑，它们都是命题逻辑的扩充系统。

思考题

1. 日常语言联结词与真值联结词有什么联系与区别？

2. 用实质蕴涵刻画条件命题有什么优点或弊端？是否应该被修正？为什么？

3. 蕴涵和推理之间是否有关系？有什么关系？如何刻画？

4. 命题逻辑中的代入和置换有什么区别？有前提推演和证明又有什么不同？严格的形式证明有什么优点？

5. 如何理解“模态命题是非真值函项性的”？

练习题

1. 只考虑真值关系，用命题逻辑语言将下列命题符号化。

（1）只要p，就q。

（2）只有p，才q。

（3）除非p，否则q。

（4）除非p，才q。

（5）不仅p，而且q。

（6）虽然p，但是q。

（7）p是q的充分条件。

(8) p是q的必要条件。

(9) p是q的充要条件。

(10) 要么p，要么q，二者必居其一。

2. 判断下列符号串：(1) 是否是命题逻辑公式；(2) 是否是命题逻辑公式省略括号后的形式。

$p\land q$　$\neg(p\land q)\leftrightarrow(r\lor s)$　$q\lor\neg\neg r$　$q\lor(r\leftrightarrow q)$　$\neg(\neg\neg q)$

$p\land qp\land q$　$p\land q\land p\land q$　$\neg((p\land q)\leftrightarrow(r\land s)\land p)\rightarrow(q\lor(r\leftrightarrow q))$

3. 以符号串"$p\land q\lor r$"为例，说明如果既不使用括号又不约定联结词的结合力会造成怎样的歧义。

4. 任给命题逻辑公式A，现定义A的"秩"rk(A)如下：

Ⅰ. 若A是命题变元，则rk(A)=0。

Ⅱ. 若A形如¬B，则rk(A)=rk (B)+1。

Ⅲ. 若A形如 (B∧C)，(B∨C)，(B→C) 或 (B↔C)，则rk(A)=max{rk(B)，rk(C)}+1。其中max {rk(B)，rk(C)} 表示rk(B) 和rk(C) 中较大的一个。

(1) 根据上述定义填空：①rk(p∨q →¬r)=______。②rk $(p_1\land p_2\land\cdots\land p_n)$=______。③若rk(B)=3，则rk(A→(B→A)) 的取值范围是______。

(2) 你认为"秩"的直观意义是什么？它描述了公式的什么性质？(提示：试对比简单公式和复杂公式的"秩"的大小。)

(3) 仿照上述定义方式，试定义公式A的"长度"len (A)，使得len (A) 等于A中的符号个数。

5. 分别用真值表方法、归谬赋值法和树形图方法验证下列公式是不是重言式。对比三种方法的异同。

(1) $\neg(A\land\neg A)$

(2) $(A\rightarrow\neg A)\rightarrow\neg A$

(3) $\neg A\rightarrow(A\rightarrow(B\rightarrow C))$

(4) $(A\rightarrow(B\rightarrow C))\rightarrow((A\rightarrow B)\rightarrow(\neg C\rightarrow\neg A\lor D))$

(5) $((A\rightarrow B)\rightarrow A)\rightarrow A$

(6) $(A\rightarrow B)\rightarrow(A\land C\rightarrow B)$

(7) $(A\rightarrow B)\rightarrow((A\land C)\rightarrow(B\lor C))$

(8) $(A\leftrightarrow(B\land C))\rightarrow(A\leftrightarrow B)\lor(A\leftrightarrow C)$

6. 参考"重言等值式"，试用一些真值联结词来定义另一些联结词。

(1) 用¬和∧去定义∨、→和↔。

(2) 用¬和∨去定义∧、→和↔。

(3) 用¬和→去定义∧、∨和↔。

(4) 分别只用如下定义的真值联结词"|"(析舍) 和"↓"(合舍) 中的一个去定义联结词：¬、∧、∨、→和↔。

p	q	$p\mid q$	$p\downarrow q$
1	1	0	0
1	0	1	0
0	1	1	0
0	0	1	1

7. (1) 设公式 A 中的命题变项只有 p。设法证明，无论 A 多么复杂，总有下列命题①至④中的一个成立：①A 与 p 逻辑等值；②A 与¬p 逻辑等值；③A 是重言式；④A 是矛盾式。

(2) 设公式 A 中的命题变项只有 p 和 q。猜想一个和（1）类似的结论，并予以证明。

8. 结合命题逻辑相关知识，试对日常生活自然语言使用中的下列现象进行分析或解释。

(1) 许多情况下，“不是……就是……”与“或者……或者……”意义相同。如“不是张三错了，就是李四错了”和“或者张三错了，或者李四错了”意义基本相同。如何解释这一现象？

(2) 有时，“或”似乎有“并且”的意思。例如，“你可以吃水果或蛋糕”表示“你既可以吃水果又可以吃蛋糕”；“俱乐部会员或养猫人士可以免费参加本次猫展”表示“俱乐部会员和养猫人士都可以免费参加本次猫展”等。如何解释这一现象？

9. 证明下列公式是 P^N 定理。

(1) $A\vee\neg A$

(2) $\neg\neg A\leftrightarrow A$

(3) $\neg(A\wedge\neg A)$

(4) $(A\rightarrow B)\rightarrow(\neg B\rightarrow\neg A)$

(5) $(A\rightarrow(B\rightarrow C))\rightarrow(\neg C\rightarrow(B\rightarrow\neg A))$

(6) $(A\rightarrow B)\rightarrow((B\rightarrow C)\rightarrow(A\rightarrow C))$

(7) $(A\wedge B\rightarrow C)\rightarrow((\neg C\wedge A)\rightarrow\neg B)$

(8) $(A\wedge B)\vee(A\wedge C)\rightarrow A\wedge(B\vee C)$

10. 证明下列推理是 P^N 中正确的推理。

(1) $A\wedge(B\rightarrow C),\neg(C\wedge A)/\therefore\neg B$

(2) $H\rightarrow K,(K\wedge L)\rightarrow M/\therefore L\rightarrow(H\rightarrow M)$

(3) $A\wedge B\rightarrow C,\neg(C\vee\neg A)/\therefore\neg B$

(4) $A\vee B,C,A\wedge C\rightarrow D,\neg(\neg F\wedge B)/\therefore D\vee F$

(5) $\neg(D\vee C),\neg C\rightarrow(A\rightarrow\neg B),A\leftrightarrow B/\therefore\neg A$

(6) $A\vee B,C,A\wedge C\rightarrow D/\therefore D\vee B$

(7) $(A\wedge B)\vee C,(A\wedge B)\rightarrow(E\rightarrow A),(C\rightarrow D)/\therefore(E\rightarrow A)\vee D$

(8) $A\vee(\neg B\vee\neg C),A\rightarrow(D\rightarrow E),\neg(\neg B\vee\neg D)/\therefore C\rightarrow(D\rightarrow E)$

11. 对于下面的每一个论证，先将其符号化为命题逻辑公式；如果它是有效的，则构造一个相应的形式推演；如果它是无效的，则画出相应的树形图揭示它的无效性。

（1）如果发现新的能源，那么，仅当世界的人口数量降低时，生活水平才会提高。生活水平不会提高，就意味着新的能源未被发现。或者新的能源将被发现，或者我们将不会提供研究经费。所以，如果我们提供了研究经费，世界的人口数量将降低。

（2）如果工资提高或者物价提高，将会有通货膨胀。如果通货膨胀，则议会必须限制通货膨胀，否则人民将遭受损失。如果人民遭受损失，议员们就会失掉人心。国会将不会限制通货膨胀并且议员们不会失掉人心。因此，工资将不会提高。

（3）如果上帝愿意阻止邪恶，但没有能力这样做，他就不是万能的；如果他能够阻止邪恶，但不愿意这样做，那么他就不是仁慈的。只有当上帝或者能够但不愿意，或者愿意但不能够阻止邪恶时，邪恶才能存在。存在着邪恶。如果上帝存在，那么他既是万能的也是仁慈的。所以，上帝并不存在。

（4）如果你有自由意志，那么你的行动就不是被某个先前的事件所决定。如果你有自由意志，那么，如果你的行动不是被某个先前的事件所决定，则你的行动就无法预测。如果你的行动不是被某个先前的事件所决定，那么，如果你的行动无法预测，则你的行动的后果也无法预测。所以，如果你有自由意志，那么你的行动的后果就无法预测。

12. 证明下列公式是 T^N 定理。

（1）$\Box A \to A$

（2）$\Box\neg A \to \neg\Box A$

（3）$\Box A \to \Diamond A$

（4）$\Box\neg A \to \Diamond\neg A$

（5）$\neg\Diamond A \to \neg\Box A$

（6）$\neg\Diamond\neg A \to \neg\Box\neg A$

（7）$\Box A \leftrightarrow \neg\Diamond\neg A$

（8）$\Box\neg A \leftrightarrow \neg\Diamond A$

（9）$\Diamond A \leftrightarrow \neg\Box\neg A$

（10）$\Diamond\neg A \leftrightarrow \neg\Box A$

13. 现有五位候选人——Q、R、S、T 和 U——在竞选市长。将召开三次市民代表会议，分别称之为会议 1、会议 2 和会议 3。每一位候选人都有机会在这三次会议上分别做恰好一次讲演；每位候选人都在五个相继时间段中的一个时间段讲演：在第一时间段做讲演的称为“第一讲演人”，依此类推；没有两位候选人在任何一次会议的同一个时间段讲演。

在排定五位候选人的讲演次序时，还要遵守以下条件：

Ⅰ. 每位候选人都必须在至少一次会议上做第一讲演人或第二讲演人。

Ⅱ. 任何一次会议上的第五讲演人都必须至少一次在另外的会议上做第一讲演人。

Ⅲ. 没有候选人能够在不止一次会议上做第四讲演人。

（1）下面哪一个选项可以是五位候选人在这三次会议上从第一到第五的讲演次序？

A. 会议 1：Q，U，R，T，S；会议 2：S，T，R，U，Q；会议 3：T，U，Q，R，S

B. 会议 1：R，S，Q，T，U；会议 2：U，T，S，R，Q；会议 3：Q，R，T，U，S

C. 会议 1：S，Q，U，T，R；会议 2：U，T，Q，R，S；会议 3：R，Q，S，T，U

D. 会议 1：T，R，S，U，Q；会议 2：Q，R，S，T，U；会议 3：U，S，R，Q，T

E. 会议 1：U，T，R，S，Q；会议 2：Q，R，S，T，U；会议 3：S，T，U，Q，R

(2) 如果 R 在会议 2 做第二讲演人，在会议 3 做第一讲演人，下面哪一个选项完整地列出了 R 能够在会议 1 做讲演的位置？

A. 第四，第五。

B. 第一，第二，第五。

C. 第二，第三，第五。

D. 第三，第四，第五。

E. 第二，第三，第四，第五。

(3) 如果候选人在会议 1 上的讲演次序是 R、U、S、T 和 Q，在会议 2 上的讲演次序是 Q、R、U、S 和 T，下面哪一个选项能够是他们在会议 3 上的讲演次序？

A. Q 是第一讲演人。

B. R 是第三讲演人。

C. S 是第一讲演人。

D. T 是第二讲演人。

E. U 是第五讲演人。

(4) 如果 R 是会议 1 和会议 2 的第一讲演人，S 是会议 3 的第一讲演人，下面哪一个选项必定是真的？

A. R 是会议 3 的第二讲演人。

B. R 是会议 3 的第四讲演人。

C. S 在至少一次会议上是第二讲演人。

D. S 在恰好一次会议上是第五讲演人。

E. S 在恰好两次会议上是第五讲演人。

(5) 在所有这三次会议上，有关 T 的陈述，下面哪一个选项能够是真的？

A. 做第一讲演人。

B. 做第二讲演人。

C. 讲演排在 R 讲演之后。

D. 讲演排在 S 和 U 讲演之后。

E. 讲演排在 R 和 U 讲演之前。

(6) 如果 S、T 和 U 分别在会议 1、2 和 3 上是第二讲演人，下面哪一个选项必定是真的？

A. Q 或者 R 是至少一次会议上的第五讲演人。

B. Q在恰好两次会议上做第一讲演人，否则R将如此。
C. S和T都不会在任何一次会议上做第五讲演人。
D. Q在一次会议上做第三讲演人，R在另一次会议上做第三讲演人。
E. Q在一次会议上做第四讲演人，R在另一次会议上做第四讲演人。

第三章
词项逻辑

命题逻辑的推演能力是很强的，但它并不能处理一切逻辑问题。例如，从“所有的金子都是闪光的”，显然可以逻辑地推出“有些闪光的东西是金子”，但不能推出“所有闪光的东西都是金子”。如果用命题逻辑的手段来表述这两个推理，“所有的金子都是闪光的”只能表示为 p，“有些闪光的东西是金子”表示为 q，“所有闪光的东西都是金子”表示为 r，于是前一个有效的推理只能表示为 $p \to q$，后一个无效的推理只能表示为 $p \to r$，而它们在命题逻辑框架内都是无效的。再举一个最古老的三段论的例子：

［例 1］

所有人都是有死的，

苏格拉底是人，

所以，苏格拉底是有死的。

解析：显然这是一个有效的推理，但若用命题逻辑的手段去表示，它变成了

$$p \wedge q \to r$$

不再是有效的。因此，用命题逻辑的方法不能说明有些推理的逻辑机制，不能区分其中的有效推理与无效推理，我们需要另外的逻辑理论和逻辑手段。

仔细思考一下就会发现，上面所举的这些推理都依赖于把单个的命题拆分成不同的命题成分，然后根据其中命题成分之间的关系进行推理。有多种不同的拆分一个完整命题的方法，其中最古老也最符合人们的语言直觉和习惯的拆分方法，就是对一个命题进行主谓式分析，即把一个简单命题分成主项、谓项、联项和量项，然后根据这些不同成分之间的关系去进行推理，由此得到的逻辑理论，叫作“词项逻辑”。

第一节　直言命题

直言命题是一个主谓式命题，它断定了某个数量的对象具有或者不具有某种性质，因此也叫作“性质命题”。

［例2］

（1）所有的政客都是说谎者。

（2）有的天鹅不是白的。

（3）李白是我国唐朝的大诗人。

都是逻辑学上所说的“直言命题”。

一、直言命题的结构和类型

直言命题的基本结构是

（量项）＋主项＋（联项）＋谓项

主项是表示直言命题所述说的对象的那个词项，它可以是表示一般对象的普遍词项，例如上面例2中的“政客”和“天鹅”；也可以是表示特定对象的专名和摹状词。所谓专名，就是自然语言中的专有名词，例如“李白”“《工具论》”“长江”。摹状词是通过对某一事物的某个区别性特征的描述而唯一地指称这个事物的短语，例如“世界上最高的山峰”，“15与27的最大公约数”，“《红楼梦》的作者”。在具有定冠词的语言如英语中，摹状词的基本结构是：定冠词＋形容词组＋单数普遍名词。汉语中没有定冠词，名词也无单复数之分，一般由“形容词组＋普遍名词”就可构成摹状词，例如“世界上最高的山峰”；有时可用指示代词“那个”代替定冠词，例如“2和5之间的那个素数”，用来表示我们所指称的个体只有一个，这样就可以与表示一类事物的词组（例如2和37之间的那些素数）区别开来而不致引起混淆。

谓项是表示直言命题所述说的对象所具有的性质的那个词项，如例2中的“说谎者”，“白的”，“我国唐朝的大诗人”。有时直言命题的谓项很复杂：

［例3］

（1）苏州是处于上海和南京之间的城市。

（2）毛泽东是伟大的政治家、军事家和诗人。

（3）荷马是著名的古希腊剧作家或诗人。

解析：这里，（1）中的谓项是“处于上海和南京之间的城市”，似乎表示的是关系，而不是性质；（2）和（3）的谓项中包含联结词结构。但在词项逻辑中，我们一律把它们看作表示性质的。不错，“处于上海和南京之间”确定无疑地是关系，但当我们把它名词化为“处于上海和南京之间的城市”时，它已经是通过描述某个类或者集合的性质而确定无疑地指称这个类或集合的谓词。在命题逻辑中，（2）和（3）可以处理成几个简单命题的复合，例如（2）可以视为由“毛泽东是伟大的政治家”“毛泽东是伟大的军事家”

“毛泽东是伟大的诗人”组成的一个联言命题，而（3）可以视为是由“荷马是著名的古希腊剧作家”和“荷马是著名的古希腊诗人”组成的一个选言命题。但在词项逻辑中，我们一律把它们看作直言命题，只不过它们的谓词是复合谓词，但词项逻辑并不处理谓词的这种复合性质，而只把它们视为单一谓词，指称具有该复合性质的事物的类或者集合。

联项是连接直言命题的主项和谓项的词项，有两个不同的联项：“是”和“不是”。联项刻画直言命题的质。包含联项“是”的直言命题是肯定命题；包含联项“不是”的直言命题是否定命题。在自然语言中，表示肯定的联项有时可以省略，例如：“延安啊，中国革命的摇篮!”“获，美人也。”但否定的联项不能省略。

量项是表示直言命题所刻画的对象的数量或范围的词项，一般位于主项之前或之后。量项分为全称量项、特称量项和单称量项，它们反映直言命题的“量”。相应地，包含全称量项的直言命题是全称命题，包含特称量项的直言命题是特称命题，包含单称量项的命题是单称命题。

全称量项表示直言命题刻画了所述说对象的全部，其标准表达形式是“所有”，但在自然语言中，也常用“凡是”、“一切”、“全部”、“任何”、“每个”、“没有……不是”和“无一例外”等来表达，或者用在联项之后加“都”的办法来表达。并且，在很多时候，自然语言中的全称量项被省略，例如“人是理性的动物”，“毒蛇有毒，有时甚至能够置人于死地”。

［例 4］

（1）每一个人都会死。

（2）任何人都难免一死。

（3）人总有一死。

（4）凡人皆有死。

（5）人统统会死。

（6）没有人长生不死。

（7）难道有长生不死的人吗?!

解析：这些命题都是在用不同的方式表达“所有的 S 都是 P”，应整理成全称命题。

特称量项表示对直言命题所述说的对象有所陈述，但没有明确地对其全部对象做出陈述，其标准表达形式是“有”、“有的”或“有些”，并且特称量项一般不能省略，因为省略后，该命题会被误当作全称命题，例如“有些蛇有毒”不能省略为“蛇有毒”。在自然语言中，有时候也许把对象的数量或范围更加具体化一些，例如“很少”、“几个”、“一半”、“许多”、“大多数”、“绝大多数”、“几乎全部”、“不都是”（等于“有些……不是”）等，但词项逻辑不处理这些特殊量词，一律把它们视为“有些”的表述形式。特别需要指出的是，量词“有的”或“有些”仅仅表示“至少有些，至多全部”，而不像日常思维中那样，有时候也表示“仅仅有些”，后者的意思比前者强，因而只适用于某些特殊情况，缺乏普遍性。而逻辑应该是一种普遍适用的工具，因此在强的解释和弱的解释之间，它通常选取弱的解释，称为“从弱原则”。于是，特称量项“有些”的意思仅仅局限于“存在”或“有”，因此特称命题又被称为“存在命题”。所以，从特称命题“有些 S 是 P”

不能推出“有些S不是P”；同样，从“有些S不是P”也不能推出“有些S是P”。

［例5］

(1) 有许多科学尚无法解释的奇异现象。

(2) 天鹅并不都是白的。

(3) 即使在当代中国，也有不少人的生活依然很艰苦。

解析：这些命题都表达特称命题。(1) 和 (3) 表达“有些S是P”，(2) 表达“有些S不是P”。

单称命题一般无量项，而是由充当主项的专名和摹状词来表达单称性。有时，单称命题也会用到普遍词项，例如“杯子”“狗”，为了表达单称性，常常在这些普遍词项之前加指示代词“这个”“那个”。

［例6］

(1) 鲁迅是一位有操守的文人。

(2) 据说，《新工具》的作者在道德方面很成问题。

(3) 这个杯子是一个很有价值的古董。

(4) 那条狗简直发疯了，整天狂吠不已。

解析：这些命题都是单称命题。

在分析直言命题的结构时，如果主项是普遍词项，通常用大写字母S表示；如果主项是单称词项，即专名和摹状词，则用小写字母a表示。谓项始终用大写字母P表示。根据所含的联项和量项的不同，可以把直言命题分为六种类型：

全称肯定命题：所有S都是P。

全称否定命题：所有S都不是P。

特称肯定命题：有的S是P。

特称否定命题：有的S不是P。

单称肯定命题：a是P。

单称否定命题：a不是P。

［例7］

A：所有天鹅都是珍贵的。

E：所有宗教都不是科学。

I：有的哺乳动物是卵生的。

O：有的科学家不是大学毕业的。

单称肯定：月亮是地球的卫星。

单称否定：克林顿不是美国历史上最好的总统。

在词项逻辑中，当讨论直言命题推理时，常把单称命题当作全称命题的特例。这是因为，可以用两种方式处理单称命题“a是P”：一是把其主项a视为由一个个体所组成的单元类{a}，于是对其中那个个体的断定就是对该类的全部元素的断定。二是把“a是P”理解为“所有等于a的个体都是P”。（不过，当处理直言命题之间的真假关系时，不能把单称命题当作全称命题的特例，需要另外加以考虑。）于是，词项逻辑所研究的直言命题就只剩下全称肯定、全称否定、特称肯定和特称否定这4种形式，在欧洲中世纪，分别被缩写为 SAP、SEP、SIP、SOP，进而被缩写为 A、E、I、O，其中 A 来自拉丁文 “affirms”（肯定）一词中的第一个元音字母，I 来自 “affirms” 中的第二个元音字母，E 来自 “nego”（否定）一词中的第一个元音字母，O 来自 “nego” 中的第二个元音字母。

如前所述，在日常语言中，直言命题的表达可能是很不规范的，因此在进行逻辑分析时，遇到不规范的直言命题，应先将其整理成规范形式，然后进行其他步骤，以免出错。例如，“没有负数是大于 1 的”，等于说“所有负数都不是大于 1 的”，应整理为 E 命题。“天鹅不都是白的”，等于说“有的天鹅不是白的”，应整理成 O 命题。这里还需要特别谈到对所谓的“专指（exclusive）命题”和“例外（exceptive）命题”的整理和翻译。

所谓“专指命题”，是指用了“只有 S 才 P”“除 S 外都不 P”之类形式的命题，例如“只有年满 18 岁的公民才有投票权”，“除了勇敢的人外都不值得公平对待”。第一句一般被翻译为“所有有投票权的公民都是年满 18 岁的公民”，第二句一般也被翻译为“所有值得公平对待的人都是勇敢的人”。这就是说，把专指命题翻译为全称命题，并且将其主谓项互易位置。这是一般的做法。

所谓“例外命题”，是指“除 S 外都是 P”这种形式的量化命题。这类命题一般都做出了两个断言：“所有非 S 都是 P”，并且“没有 S 是 P”。例如，“除公司雇员外都是称职的”，“只有公司雇员是不称职的”，这两个命题是等价的，它们实际上都断言：“所有非公司雇员都是称职的，并且没有公司雇员是称职的”。但在词项逻辑中不处理复合命题，一般根据语境的需要把它们翻译为相应的全称命题或特称命题。

二、直言命题中主谓项的关系

直言命题的主项和谓项合称“词项”（term）。从形式上说，词项是语言学中的语词，有内涵和外延。词项的内涵是该词项所表达的意思，或者说，是该词项所指称的对象所具有的特有属性或本质属性，凭借这些属性，可以把此对象与彼对象区别开来。一个词项所表达的概念就是该词项的内涵，并且由于概念都由相应的词项来表达，并且词项常常也表达相应的概念，因此在日常思维中，常把一个词项与该词项所表达的概念视为同一。词项的外延是该词项所表示或指称的那个对象或对象的类别，如单独概念“孔子”的外延则是中国古代历史上的孔子其人，普遍概念“人”的外延是由来自不同的种族，具有不同的文化传统、肤色、年龄，古往今来的各色人等所组成的类或者集合。词项逻辑主要处理词项（或概念）的外延，并用欧拉图（或文恩图）来表示概念的外延。

欧拉图是由瑞士数学家欧拉（Leonhard Euler，1707—1783）发明的，后人曾加以改进，它用圆圈表示非空非全的类或集合之间的关系。例如，两个词项（或概念）的外延之间有并且只有以下五种关系：

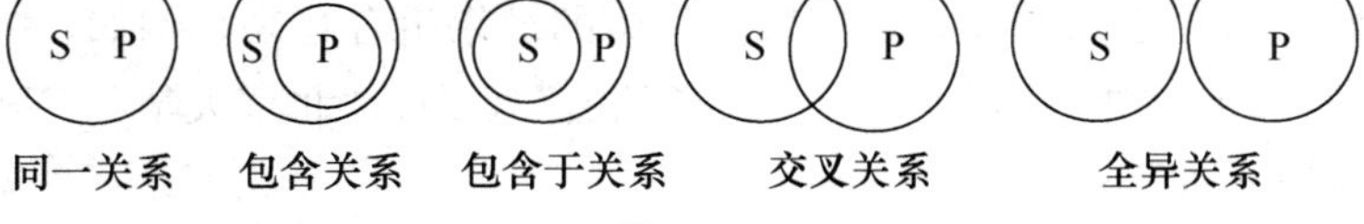

图 3-1

如果所有的S都是P，并且所有的P都是S，则S和P是同一关系。例如，“等边三角形”与“等角三角形”、“龙的传人”与“炎黄子孙”，以及“珠穆朗玛峰”与“世界最高峰”之间，就具有同一关系。一般地说，一个专名与刻画这个专名所指称对象的摹状词之间，一个定义的主项和谓项之间，都是同一关系。

如果所有的S都是P，但有些P不是S，则称P是S的属（genus）概念，S是P的种（species）概念，S和P是种属关系。例如，“鲸鱼”和“哺乳动物”、“侦察机”和“航空器”之间就是种属关系，前一概念是种概念，后一概念是属概念。显然，包含关系表达属种关系，而包含于关系则表达种属关系。有时为了简单起见，把这两种关系合称“种属关系”。这种关系很重要，因为有一种非常重要的定义形式，叫作“属加种差定义”就是依据它。

如果有些S是P，并且有些S不是P，并且有些P不是S，则S和P之间就是交叉关系。例如，“青年”与“科学家”、“大学生”与“共产党员”、“教授”与“作家”等之间就是交叉关系。

如果S和P之间没有共同的外延，则S和P之间是全异关系。例如，“儿童”与“有投票权的公民”、“蓝天”与“白雪”、“红花”与“绿叶”之间就是全异关系。

如果S和P之间没有共同的外延，并且它们的外延之和等于它们的属概念的外延，例如，“奇数”和“偶数”相对于“整数”，“男人”和“女人”相对于“人”，“正义战争”和“非正义战争”相对于“战争”，则称这两个概念之间是矛盾关系。如果两个有矛盾关系的概念都是肯定概念，如“奇数”和“偶数”，则它们互为正负概念；如果一个为肯定概念，另一个为否定概念，如“正义战争”和“非正义战争”，则否定概念是肯定概念的负概念。一般地说，如果正概念表示为S，则相应的负概念表示为$\bar{S}$。

如果S和P之间没有共同的外延，并且它们的外延之和小于它们的属概念的外延，例如“天文学”和“地理学”相对于“自然科学”，“大学生”与“小学生”相对于“学生”，则它们之间是反对关系。

可以将矛盾关系与反对关系图示如下：

图3-2

值得指出的是，矛盾关系和反对关系实际上是两个概念相对于第三个概念而言的关系。并且，这里所言的“矛盾关系”与“反对关系”只是如上定义的概念之间的外延关系，与作为日常的哲学概念或政治概念的“矛盾”与“反对”几乎完全不同。

多个概念之间的外延关系，实际上只不过是两个概念之间外延关系的复杂化，即逐一考察其中每两个概念之间的关系，然后把考察的结果组合起来。例如，“大学生”（S）、“北京大学学生”（P）、“中国人”（C）、“共产党员”（U）、“北京大学”（W）这一组概念之间的关系可以图示如下：

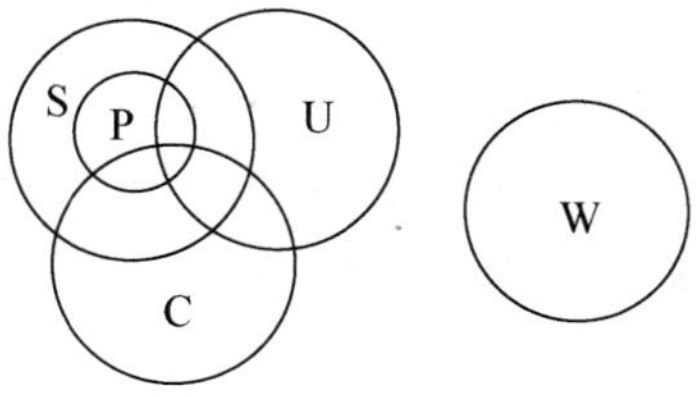

图 3-3

从以上的讨论可以看出，在词项逻辑中，我们实际上是在把任何一个直言命题的主项和谓项都名词化，并进一步把它们处理为由相应的名词所代表或指称的类或者集合。

[例 8]

(1) 我们班上的小伙子个个都很英俊、聪明。

(2) 张飞正在舞枪弄棒。

(3) 那几个人夜里居然在旅店里高谈阔论，闹得隔壁都睡不着觉，真是一点修养也没有。

解析：例 8 中的命题都是直言命题，只不过表达形式不标准。其中，(1) 是全称命题"所有 S 都是 P"，这里 S 表示"小伙子"，P 表示"英俊、聪明（的人）"；(2) 是单称命题"a 是 P"，a 当然代表"张飞"，P 则表示"正在舞枪弄棒（的人）"；(3) 是特称命题"有些 S 是 P"，S 表示"人"，P 则表示"一点修养也没有（的人）"。

因此，词项逻辑实际上暗中假定了可以把直言命题的任一主项和谓项名词化，从而将其视为由该名词所指称的那个类或者集合。而这又等于暗中假定了任一性质都可决定一个类（素朴集合论中的概括原则）。但这一假定太强了，罗素证明由此可以导致悖论，即自相矛盾的命题的等价式。试把一切类分为两种：一种是不以自身为元素的类 $\{x \mid x \notin x\}$，例如"中国人的类"就是如此，因为它不是一个中国人，因而不是"中国人的类"中的一个元素。另一种是以自身为元素的类，例如"抽象物的类"本身也是一个抽象物，因此它就是其自身的一个元素。现在要问：把一切不以自身为元素的类收集起来，构成一个类 z，z 是不是一个以自身为元素的类？如果 z 不以自身为元素，则根据 z 的定义，z 应把自己包括进来，即应以自身为元素；若 z 以自身为元素，同样根据 z 的定义，z 不应把自己包括进来，即不应以自身为元素。因此，无论怎样都导致悖论：

$$z \in z \leftrightarrow z \notin z$$

z 属于自身，当且仅当，z 不属于它自身。

实际上，性质可分为直谓的（predicative）和非直谓的（impredicative）两种。非直谓的性质是通过一对象所在的总体来叙说该对象的性质，如：

(1) 小王是所有在座的人中个头最高的。

(2) 一位克里特岛人说，所有的克里特岛人都说谎。

(3) 一切集合所组成的集合。

上述句子或短语中就包含着非直谓的性质。而直谓的性质就是不凭借对象所在的那个总体来叙说该对象的性质，如：

(4) 树叶是绿色的。

（5）这个苹果是红色的。

这里，性质“绿色的”和“红色的”并不述说自身，而是述说他物，因而是他谓的（即直谓的）。直谓的性质都决定一个类，但至少有些非直谓的性质并不决定一个类，否则将导致悖论。因此，在公理集合论中，已将概括原则修改为：

$$\forall x \exists y \forall z((z \in y) \leftrightarrow (z \in x) \wedge A(z))$$

其意思是：在一个已形成的类中，由任意性质可以决定一个类。（这里不严格区分集合和类，而将两者视为同一。）采用这个修改过的概括规则的集合论中，没有发现悖论。

这说明，词项逻辑在理论上是不太严格的，按照它隐含的假定，可能会导致自相矛盾。不过，“非直谓性质”是一种比较特异的性质，在常识范围内很少用到，即使用到也很少导致悖论。因此，在常识范围内使用词项逻辑，仍然相当安全。

三、直言命题间的对当关系

直言命题之间的对当关系，是指有相同素材（即有相同主项和谓项）的直言命题间的真假关系。如果没有相同的主谓项，则无法比较它们的真假。例如，我们可以比较“所有的天鹅都是白色的”与“有的天鹅不是白色的”之间的真假关系，但我们无法比较“所有的姑娘都是漂亮的”和“有些小伙子是聪明的”之间的真假关系。

一个直言命题是对于其主项和谓项之间的外延关系的一种断定，其真假也取决于这种外延关系，见表3-1。

表3-1

命题类别				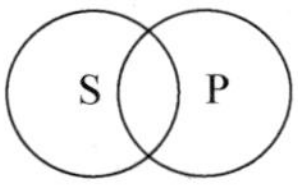	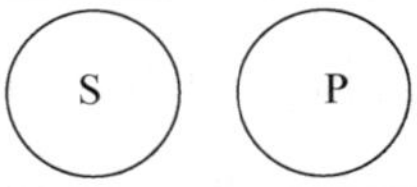
SAP	真	真	假	假	假
SEP	假	假	假	假	真
SIP	真	真	真	真	假
SOP	假	假	真	真	真

可以把A、E、I、O之间的真假关系概括为四类：反对关系、矛盾关系、差等关系和下反对关系。分述如下：

1. 反对关系

指A与E的关系，它们之间不能同真，但可以同假。于是，若一个为真，则另一个必为假；若一个为假，则另一个真假不定。例如，已知“所有的科学家都不是思想懒汉”为真，可以逻辑地推知“所有的科学家都是思想懒汉”为假；但从“所有奇数都能被3整除”为假，却不能逻辑地推知“所有的奇数都不能被3整除”究竟是真还是假。

2. 矛盾关系

指A与O、E与I的关系，它们之间既不能同真，也不能同假，因而必有一真，也必有一假。于是，由一个为真，就可以推出另一个为假；由一个为假，就可以推出另一个为真。例如，由“所有做股票的人都是百万富翁”为假，可以逻辑地推出“有些做股票的人不是百万富翁”为真；由“有的哺乳动物是卵生的”为真，可以逻辑地推出“所有哺乳动物都不是卵生的”为假。反之亦然。

有时我们也撇开真假概念，用否定词、等值把矛盾关系表述如下：

（1）SAP↔¬SOP

（2）SEP↔¬SIP

（3）SIP↔¬SEP

（4）SOP↔¬SAP

这里所说的两个命题等值是指：两个命题的形式可能不同，但表达的逻辑内容是相同的，即它们恒取相同的真假值。

3. 差等关系

亦称“从属关系”，指A与I、E与O之间的关系。这种关系存在于同质（同为肯定或否定）的全称命题和特称命题之间，我们可以把它概括为：如果全称命题真，则相应的特称命题真；如果特称命题假，则相应的全称命题假；如果全称命题假，则相应的特称命题真假不定；如果特称命题真，则相应的全称命题真假不定。例如，如果“所有的玫瑰花都是带刺的”为真，则可以逻辑地推知“有些玫瑰花是带刺的”为真；如果“有些大学生是地地道道的白痴”为假，则“所有的大学生都是地地道道的白痴”为假。但是，如果“所有的乌鸦都是黑的”为假，则从逻辑上不能确切地推知“有些乌鸦是黑的”的真假；同样，如果“有的网络精英不是亿万富翁”为真，从逻辑上也不能确切地推知“所有网络精英都不是亿万富翁”的真假。

4. 下反对关系

指I与O的关系，它们之间可以同真，但不能同假。于是，由一个为假，可以逻辑地推出另一个为真；但从一个为真，不能确切地知道另一个的真假。例如，已知“有些儿童是有投票权的公民”为假，则可以逻辑地推知“有些儿童不是有投票权的公民”为真；但从“有些民主党派人士是教授”为真，却不能逻辑地推知“有些民主党派人士不是教授”的真假。

可以用下述简图来刻画对当关系，这个图传统上被称为“对当方阵”或“逻辑方阵”：

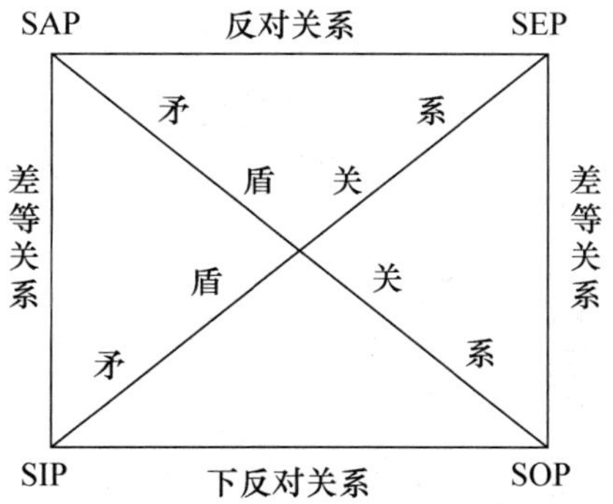

图 3-4

［例 9］

在某次税务检查后，四个工商管理人员有如下结论：

甲：所有个体户都没纳税。

乙：服装个体户陈老板没纳税。

丙：个体户不都没纳税。

丁：有的个体户没纳税。

如果四人中只有一人断定属实，则以下哪项是真的？

A. 甲断定属实，陈老板没有纳税。

B. 丙断定属实，陈老板纳了税。

C. 丙断定属实，但陈老板没纳税。

D. 丁断定属实，陈老板未纳税。

E. 丁断定属实，但陈老板纳了税。

解析：丙的话等于是说“有的个体户纳了税”，这句话与甲的话是矛盾关系，既然四句话中只有一句是真的，根据排中律，真话必在这两句之间，乙和丁的话都是假的。由乙的话假，可知陈老板纳了税；由丁的话假，根据矛盾关系，可以知道“所有个体户都纳了税”真，因而甲的话假，丙的话真。于是，正确的选项是 B。

如果已经知道三个命题具有对当关系中的两种关系，其中必有一种是矛盾关系，可以推出它们之间所具有的另一种关系。例如，已知 SAP 与 SEP 是反对关系，SEP 与 SIP 是矛盾关系，请证明 SAP 与 SIP 之间是差等关系。

证明：

当 SAP 真时，根据反对关系，SEP 必假，再根据矛盾关系，SIP 必真。

当 SAP 假，根据反对关系，SEP 可真可假，再根据矛盾关系，SIP 可假可真。

当 SIP 真时，根据矛盾关系，SEP 必假，再根据反对关系，SAP 真假不定。

当 SIP 假，根据矛盾关系，SEP 必真，再根据反对关系，SAP 必假。

显然，当 SAP 真时，SIP 必真；当 SIP 假时，SAP 必假；当 SAP 假，SIP 可真可假；当 SIP 真时，SAP 可真可假。所以，SAP 与 SIP 之间是差等关系。

如前所述，一般把单称命题作为全称命题的特例来处理。但是，在考虑对当关系时，单称命题不能作为全称命题的特例。如果涉及有同一素材的单称命题，那么如上所述的对当关系要稍加扩展：单称肯定命题和单称否定命题是矛盾关系；全称命题与同质的单称命题是差等关系；单称命题与同质的特称命题也是差等关系，但与不同质的特称命题是下反对关系；单称命题与不同质的全称命题是反对关系。这种关系可用下图来刻画：

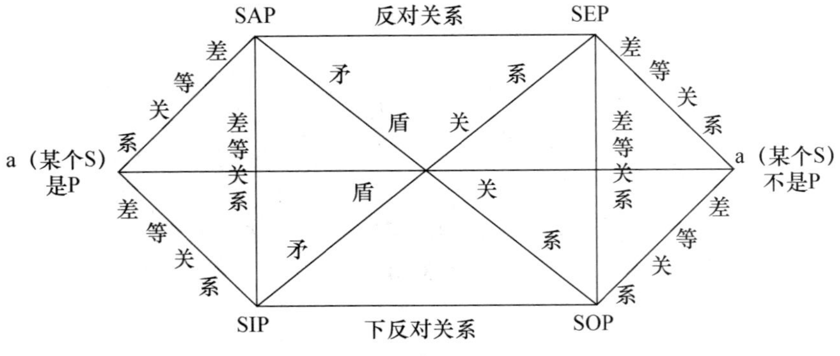

图 3－5

［例 10］

如果所有的鸟都会飞，并且鸵鸟是鸟，则鸵鸟会飞。

从上述前提出发，若加上前提“鸵鸟不会飞，但鸵鸟是鸟”之后，我们仍不能逻辑地确定下列哪些陈述的真假？

Ⅰ. 并非所有的鸟都会飞。

Ⅱ. 有的鸟会飞。

Ⅲ. 所有的鸟都不会飞。

Ⅳ. 有的鸟不会飞。

Ⅴ. 所有的鸟都会飞。

Ⅵ. 这只鸟不会飞。

A. 仅Ⅱ。

B. 仅Ⅲ。

C. 仅Ⅱ、Ⅲ、Ⅵ。

D. 仅Ⅰ、Ⅱ、Ⅲ。

E. Ⅰ、Ⅱ、Ⅲ、Ⅳ、Ⅴ。

解析：从题干加上问题部分的补充前提后，能推出的结论是“有些鸟不会飞”（O），根据 A、E、I、O 以及单称命题之间的真假关系，能够确定Ⅰ（¬A）、Ⅳ（O）为真，Ⅴ（A）为假，但不能确定Ⅱ（I）、Ⅲ（E）以及Ⅵ（单称否定命题）的真假。因此，正确的选项是 C。

四、直言命题中词项的周延性

在直言命题中，如果断定了一个词项的全部外延，则称该词项在该命题中是周延的，否则就是不周延的。根据这个定义，可知直言命题中词项的周延性有下述特点：

（1）只有直言命题的主项和谓项才有周延与否的问题，离开直言命题的单独的词项，无所谓周延和不周延。例如，我们可以谈论在直言命题“有些士兵是懦夫”中，词项“士兵”和“懦夫”是否周延，但我们无法谈论独立存在的概念“笔记本电脑”和“机器人”究竟是周延还是不周延。对于后一种情形来说，周延与否的问题根本不出现。

（2）主、谓项的周延性是由直言命题的形式决定的，而不是相对于直言命题所断定的对象本身的实际情况而言的。例如，不论主项 S 具体代表什么，对于全称命题“所有 S 都是（或不是）P”来说，既然其中有“所有的 S……”出现，那么，总是断定了 S 的全部外延，因此 S 在其中是周延的；对于特称命题“有些 S 是（或不是）P”来说，其中明显只涉及 S 的一部分外延，因此 S 在其中是不周延的。不论谓项 P 具体代表什么，对于肯定命题“所有（或有些）S 是 P”来说，它只断定了某个数量的 S“是 P”，并没有具体说明究竟是全部的 P 还是一部分 P，根据逻辑上通常采取的“从弱原则”，P 在其中总是不周延的；对于否定命题“所有（或有些）S 不是 P”来说，该命题断定了某个数量的 S“不是 P”，那么 P 也一定不是这个数量的 S，即把所有 P 都排除在有这些 S 之外，所以 P 是周延的。

以上说明，主项或谓项的周延性是由直言命题的形式决定的；周延性是一个只与直言命题的形式有关、而与主项和谓项所指谓的对象的实际情况无关的概念。因此，由于在“所有的美国篮球运动员都是亿万富翁”中，主项“美国篮球运动员”前面有量词“所有的”，因而被断定了全部外延，是周延的，即使实际情况并非如此；而在“所有等边三角形都是等角三角形”中，只断定了“等边三角形”都是“等角三角形”，但并没有明确断定“等角三角形”是否都是“等边三角形”，因此谓项“等角三角形”是不周延的，即使等角三角形实际上都是等边的。

根据词项周延性的上述定义及其解释，我们有如下结论：

（1）全称命题的主项都是周延的。

（2）特称命题的主项都是不周延的。

（3）肯定命题的谓项都是不周延的。

（4）否定命题的谓项都是周延的。

把这四条结论应用于A、E、I、O四种命题之上，得到表3-2。

表3-2

命题类型	主项	谓项
SAP	周延	不周延
SEP	周延	周延
SIP	不周延	不周延
SOP	不周延	周延

周延问题在处理整个直言命题推理时是非常重要的。演绎推理是一种必然性推理，它的结论是从前提中推演出来的，结论的真要由前提的真来保证，因而结论所断定的就不能超出前提所断定的。这一点在直言命题推理中的表现，就是要求“在前提中不周延的词项在结论中不得周延”，否则推理的有效性得不到保证，会犯各种逻辑错误。例如，从“所有的人都是动物”就不能得出“所有的动物都是人”，因为在前一命题中，“动物”是肯定命题的谓项，不周延；而在结论中它是全称命题的主项，是周延的。所以，从前一命题不能推出后一命题。

第二节　直接推理

直接推理是从一个直言命题出发，推出另一个直言命题作为结论的推理。

一、换质法

将一个直言命题由肯定变为否定，或者由否定变为肯定，并将其谓项变成其矛盾概念，由此得到一个与原直言命题等值的直言命题，就是换质法。根据这个定义，换质法的程序和特点是：

第一，改变原命题的质，即由肯定联项改变为否定联项，或者由否定联项变为肯定联项。

第二，将原命题的谓项改变为它的矛盾概念或负概念。

第三，仍然保持原命题的量项，并且主谓项的位置也保持不变。

第四，所得到的新命题是与原命题等值的命题，其真假完全相同。

换质法有以下有效形式：

（1）$SAP \leftrightarrow SE\overline{P}$

例如，从“所有低端产品都是没有高附加值的”，经过换质，可以得到“所有低端产品都不是有高附加值的”。

（2）$SEP \leftrightarrow SA\overline{P}$

例如，从“所有贪官都不是廉洁自律的”，经过换质，可以得到“所有贪官都是不廉洁自律的”。

（3）$SIP \leftrightarrow SO\overline{P}$

例如，从“有些天鹅是黑色的”，经过换质，可以得到“有些天鹅不是非黑色的”。

（4）$SOP \leftrightarrow SI\overline{P}$

例如，从“有些政治家不是贪官污吏”，经过换质，可以得到“有些政治家是非贪官污吏”。

在我们的日常思维中，我们常常会遇到某个句子所表达的意思很重要，需要对它们予以强调，假如简单地重复该句子，例如将它连续说几遍或写几遍，当然不好，这时我们常常采用“换句话说”的说法。换质法就是在“换句话说”时用得着的方法。

二、换位法

将一个直言命题的主项和谓项互换位置，但让它的质保持不变，原为肯定仍为肯定，原为否定仍为否定，并相应地改变量项，由此得到一个新的直言命题，这就是换位法。根据这个定义，换位法的程序或规则是：

第一，调换原命题主谓项的位置，即将原命题的主项变成谓项，谓项变成主项。

第二，不改变原命题的质，原为肯定仍为肯定，原为否定仍为否定。

第三，在调换主谓项的位置时，在原命题中不周延的词项在结论中不得周延。

换位法有以下有效形式：

（1）$SAP \rightarrow PIS$

例如，从“所有植物都是需要阳光的”，可以推出“有些需要阳光的东西是植物”，但不能推出“所有需要阳光的东西都是植物”，因为在这后一个命题中，主项“需要阳光的东西”周延，而它在前提中是不周延的，违反换位规则，不正确。这叫作“限量换位”。

（2）$SEP \rightarrow PES$

例如，从“所有的唯物论者都不是有神论者”，可以推出“所有有神论者都不是唯物论者”。这叫作“简单换位”。

（3）SIP→PIS

例如，从“有些高科技产品创造了巨大的经济效益”，可以推出“有些创造了巨大的经济效益的（产品）是高科技产品”。这也是“简单换位”。

（4）SOP不能换位

因为SOP换位为POS，S就由不周延变为周延了，违反换位规则，有可能由真命题得到假命题。例如，从真命题“有些人不是大学生”，不能经换位得到“有些大学生不是人”。

经换位法得到的新命题，并不一定与原命题等值，在很多情况下是不等值的。例如，由限量换位得到的命题，就与原命题不等值。

三、换质位法

对一个直言命题先换质，再换位，由此得到一个新的直言命题，这就是换质位法。换质位法是换质法和换位法的相继运用，当然要分别遵守它们的程序和规则。换质位法有以下有效形式：

（1）$SAP \to SE\overline{P} \to \overline{P}ES$

例如，从“所有未经反省的人生都是没有价值的”，先换质，得到“所有未经反省的人生都不是有价值的”，再换位，得到“所有有价值的人生都不是未经反省的”。

（2）$SEP \to SA\overline{P} \to \overline{P}IS$

例如，从“不想当元帅的士兵不是好士兵”，先换质，得到“不想当元帅的士兵都是不好的士兵”，再换位，得到“有些不好的士兵是不想当元帅的士兵”。

（3）SIP不能换质位，因为换质后得到$SO\overline{P}$，而$SO\overline{P}$不能换位。

（4）$SOP \to SI\overline{P} \to \overline{P}IS$

例如，从“有些科学家不是受过正规高等教育的”，先换质，得到“有些科学家是未受过正规高等教育的”，再换位，得到“有些未受过正规高等教育的人是科学家”。

实际上，换质法和换位法可以结合进行，只要在换质、换位时遵守相应的规则即可。可以先换质，再换位，再换质，再换位……如果从一个全称命题出发，经过连续的换质位，得到了一个同质同量、以原命题谓项的矛盾概念为主项、以原命题主项的矛盾概念为谓项的直言命题，这种方法被称为“戾换法”。例如，从“凡有烟处必有火”，经过连续的换质位，得到“凡无火处必无烟”。也可以先换位，再换质，再换位，再换质……例如，从“所有的植物都含有叶绿素”，先换位，得到“有些含有叶绿素的东西是植物”，再换质，得到“有些含有叶绿素的东西不是非植物”。

四、对当关系推理

根据直言命题之间的对当关系可以进行推理，这种推理叫作“对当关系推理”。它有以下有效的推理形式：

1. 反对关系推理

（1）$SAP \to \neg SEP$

例如，从“所有人都是生来平等的”，可以推出“并非所有人都不是生来平等的”。

（2）SEP→¬SAP

例如，从“任何人都不能两次踏进同一条河流”，可以推出“并非任何人都能够两次踏进同一条河流”。

2. 差等关系推理

（3）SAP→SIP

例如，从“所有偶数都是能够被 2 整除的”，可以推出“有些偶数是能够被 2 整除的”。

（4）SEP→SOP

例如，从“无物常住”，可以推出“有物不常住”。

（5）¬SIP→¬SAP

例如，从“并非有些文盲是科学家”，可以推出“并非所有文盲都是科学家”。

（6）¬SOP→¬SEP

例如，从“并非有些花朵不是美丽的”，可以推出“并非所有花朵都不是美丽的”。

3. 矛盾关系推理

（7）SAP→¬SOP

例如，从“所有的人都有保护环境的义务”，可以推出“并非有些人没有保护环境的义务”。

（8）SEP→¬SIP

例如，从“所有真理都不是口袋中现存的铸币”，可以推出“并非有些真理是口袋中现存的铸币”。

（9）SIP→¬SEP

例如，从“有些官员是贪污腐败分子”，可以推出“并非所有的官员都不是贪污腐败分子”。

（10）SOP→¬SAP

例如，从“有的克里特岛人不说谎”，可以推出“并非所有克里特岛人都说谎”。

（11）¬SAP→SOP

例如，从“并非所有公民都偷税漏税”，可以推出“有些公民没有偷税漏税”。

（12）¬SEP→SIP

例如，从“并非所有国家都没有发生疯牛病”，可以推出“有些国家发生了疯牛病”。

（13）¬SIP→SEP

例如，从“并非有的中国公民是诺贝尔科学奖获得者”，可以推出“所有中国公民都不是诺贝尔科学奖获得者”。

（14）¬SOP→SAP

例如，从“并非有些单身汉不是未结婚的男人”，可以推出“所有单身汉都是未结婚的男人”。

4. 下反对关系推理

（15）¬SIP→SOP

例如，从“并非我们单位的有些电脑遭遇黑客攻击”，可以推出“我们单位的有些电脑没有遭遇黑客攻击”。

(16) $\neg$SOP→SIP

例如，从“并非有些金属不是导电体”，可以推出“有些金属是导电体”。

5. 关于单称命题与其他命题之间的推理

(17) SAP→a 是 P

例如，从“所有自然数都是整数”，可以推出“12^{12}是整数”。

(18) a 是 P→SIP

例如，从“张海涛是亿万富翁”，可以推出“有的中国人是亿万富翁”。

至于单称肯定命题和单称否定命题之间的推理，以及单称命题与 A、E、I、O 其他命题之间的推理，请读者根据前面的扩充对当关系图，自己去验证。

[例 11]

北大的学生都是严格选拔出来的。其中，有些学生是共产党员，但所有学生都不是民主党派的成员；有些学生学理科，有些学生学文科；很多学生爱好文学；有些学生今后将成为杰出人士。

以下命题都能够从前提推出，除了：

A. 并非所有北大学生都不是共产党员。

B. 有些非民主党派成员不是非北大学生。

C. 并非所有学文科的都是非北大学生。

D. 有些今后不会成为杰出人士的人不是北大学生。

E. 有些北大学生是非民主党派成员。

解析：选项 A 可以根据对当关系推理，从“有些北大学生是共产党员”推出来；选项 B 可以通过连续的换质位，从“所有北大学生都不是民主党派的成员”推出来；从“有些北大学生学文科”出发，通过连续的换位质，可以推出“有些学文科的不是非北大学生”，再根据对当关系，可以推出选项 C；从“所有北大学生都不是民主党派的成员”出发，先换质，再根据对当关系推理，可以推出选项 E；从“有些北大学生今后将成为杰出人士”出发，经过换质，可以推出“有些北大学生不是今后不会成为杰出人士的人”，而后者不能再换位为选项 D。所以，正确答案是 D。

第三节　三段论

一、三段论的定义　格与式

三段论是由一个共同词项把两个直言命题连接起来，得出一个新的直言命题作为结论的推理。

[例 12]

所有科学都以追求真理为目标。

各门社会科学都是科学，

———————————————

所以，各门社会科学也以追求真理为目标。

就是一个三段论推理。

顾名思义，三段论由三个直言命题构成，其中两个是前提，一个是结论。结论的主项是小项（用S表示），含有小项的前提是小前提；结论的谓项是大项（用P表示），含有大项的前提是大前提；两个前提共有的词项叫作中项（用M表示）。在例12中，“社会科学”是小项，“以追求真理为目标”是大项，“科学”是中项。相应地，“所有科学都以追求真理为目标”是大前提，“各门社会科学都是科学”是小前提，“各门社会科学也以追求真理为目标”是结论。

1. 三段论的格

根据中项在前提中的不同位置，三段论分为四个不同的格，可分别表示如下：

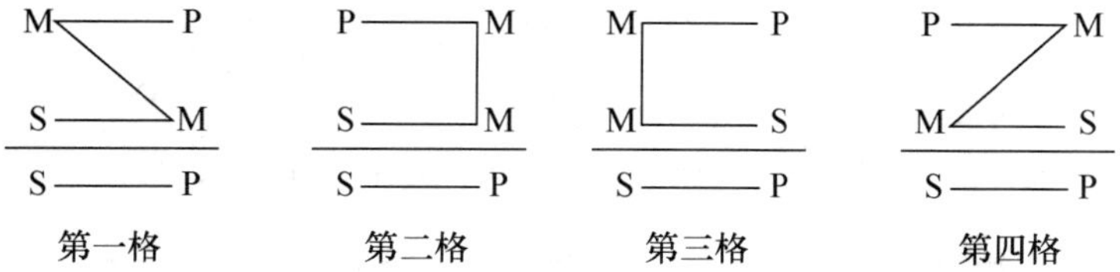

图3-6

还需要指出的是，日常思维中所表述的三段论常常是不那么标准的，往往需要做一些调整工作，其方法是：(1) 区分结论和大、小前提；(2) 按大前提、小前提、结论的顺序，调整三段论中三个直言命题的位置；(3) 确定大、小前提和结论的命题类型，并写出它们的标准形式。

[例13]

在作案现场的不都是作案者。因为有些在作案现场的没有作案动机，而作案者都有作案动机。

解析：这个三段论的结论是“在作案现场的不都是作案者”，化为标准形式，即“有些在作案现场的（人）不是作案者”，其中“在作案现场的（人）”是小项，“作案者”是大项，“有作案动机（的人）”是中项。相应地，“有些在作案现场的（人）没有作案动机”是小前提，“作案者都有作案动机”是大前提。经这样整理后，它的形式结构是：

所有P都是M

有些S不是M

———————————

所以，有些S不是P

因此，例13是第二格的三段论。

2. 三段论的式

根据组成三段论的三个直言命题的质与量，三段论有不同的式。在例12的三段论中，大前提是A命题，小前提也是A命题，结论还是A命题，因此该三段论是AAA式。再如，“所有的人都是有死的，苏格拉底是人，所以，苏格拉底是有死的”，这个三段论也是AAA式。因为在三段论中，单称命题作为同质的全称命题的特例来处理，这不会产生任何问题，也不会使任何三段论推理无效。

现在要问，三段论总共有多少可能的式？一个三段论，它的大前提可以是A、E、I、O；当它的大前提是A时，它的小前提可以是A、E、I、O；当它的大前提是A、小前提是 A 时，它的结论可以是 A、E、I、O。这也就是说，三段论大、小前提以及结论的可能的排列组合可以是：4×4×4＝64 个可能的式，如下图所示：

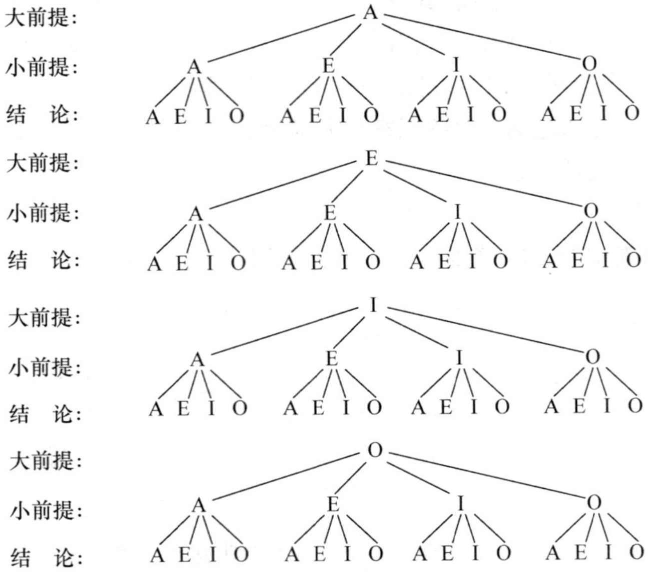

图 3－7

三段论有四个不同的格，在这些格中中项的位置不同，也就是作为大前提和小前提的主谓项不同，故这些前提就是由有不同的主谓项的 A、E、I、O 构成的。于是，一个格共有 64 个可能的式，而三段论共有四个不同的格，于是三段论总共有 64×4＝256 个可能的式。

问题是：究竟如何判定如此众多的三段论式中哪些是有效式，哪些不是有效式呢？当然有很多方法：

（1）规则判定法，即先给出三段论必须遵守的一些推理规则，然后根据这些规则去判定一个具体的三段论是否有效。本书将详细讲解这种方法。

（2）图解判定法，即用欧拉图和文恩图去判定一个三段论是否有效。因为组成三段论的都是直言命题，于是可用这两种图去表示这三个直言命题中大项、中项和小项之间的外延关系。如果使三段论的两个前提为真的图也一定使该三段论的结论为真，则这个三段论就是有效的；反之，如果使三段论的两个前提为真的图有可能使该三段论的结论为假，该三段论就是无效的。正是在这种意义上，可以说这两种图为判定三段论是否有效提供了工具或方法。以例 13 为例，该三段论可以用欧拉图表示如下：

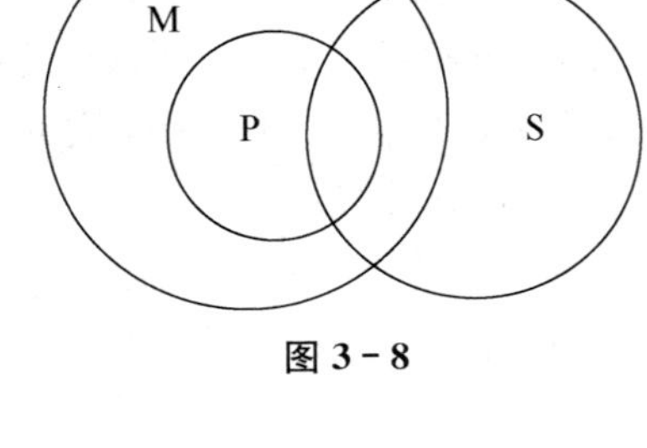

图 3－8

使两个前提为真的图必定使结论为真，所以它是有效的。

（3）公理演绎法，即首先给出明显有效的三段论公理，再根据保持有效性的推理规则，能够推出的三段论式就是有效的。这种方法比较复杂，技术性要求比较高，本书不采用此种方法。

二、三段论的一般规则和特殊规则

1. 三段论的一般规则

一个三段论要成为有效推理，就必须遵守推演规则。推演规则分为一般规则和特殊规则。一般规则适用于三段论的四个格，特殊规则只适用于三段论的某个格；特殊规则是由一般规则推演、派生出来的。

三段论的一般规则有：

规则 1　在一个三段论中，有且只能有三个不同的词项。

这条规则是三段论定义中的应有之义。如前所述，三段论由三个直言命题组成，每个直言命题含有两个词项，即主项和谓项，因而共有六个词项。但由于结论的主项和小前提的一个词项相同，结论的谓项与大前提的一个词项相同，两个前提中还有一个共同的中项，因此不同的词项只能有三个。三段论实际上是通过前提所表明的中项（M）分别与大项（P）和小项（S）发生关系，从而推导出小项和大项必定有某种关系的结论。若没有中项，就失去了连接大项和小项的桥梁或媒介，推不出任何确定的结论。违反这条规则所犯的逻辑错误叫作“四词项错误”。

明显犯“四词项错误”的情形很少，例如，人们一般不会仅以“地球是圆的”和“迈阿密海滩是美丽的”这两个命题做前提推出任何结论来。由于自然语言中存在词汇歧义如多义词，常见的违反这条规则的情形是：在大、小前提中作为中项的语词看起来是同一个，但却表达着两个不同的概念，因而这个三段论事实上含有四个不同的词项，严格说来没有中项，也就没有连接大项和小项的桥梁和媒介，不能必然地得出结论。

［例 14］

中国人是勤劳勇敢的，懒汉朱八戒是中国人，所以，懒汉朱八戒是勤劳勇敢的。

解析：在这个推理前提中，作为中项的“中国人”，在大前提中是指作为一个民族的中国人，而在小前提中是指作为个体的中国人。所以，它在两个前提中实际上表达了两个不同的概念，因而不能起桥梁或媒介作用，不能必然地推导出结论。这个三段论就犯了“四词项错误”。

规则 2　中项在前提中至少要周延一次。

如前所述，三段论是凭借中项在前提中的桥梁、媒介作用得出结论的，即大项、小项至少有一个与中项的全部发生关系，另一个与中项的全部或者部分发生关系，由此保证大、小项之间必定有某种关系。否则，大、小项都只与中项的一部分发生关系，就有可能大项与中项的这个部分有某种关系，而小项与中项的这个部分时而有这种关系，时而无这种关系，结果是大项和小项之间没有确定的关系，不能必然得出结论。违反这条规则所犯的逻辑错误称为“中项两次不周延”。

［例 15］

所有艺术品都有审美价值，所有自然物品具有审美价值。因此，有些自然物品也是艺术品。

以下哪个推理与题干中的推理在结构以及所犯的逻辑错误上最为类似？

A. 所有基督教徒都不是佛教徒，所有有神论者是佛教徒。因此，有些有神论者不是基督教徒。

B. 所有牙科医生都喜欢烹饪，李进是牙科医生。因此，李进喜欢烹饪。

C. 有些南方人爱吃辣椒，所有南方人都习惯吃大米。因此，有些习惯吃大米的人爱吃辣椒。

D. 有些进口货是假货，所有国内组装的 APR 空调机的半成品都是进口货。因此，有些 APR 空调机半成品是假货。

E. 所有大款都有私人汽车，所有大学教授也拥有私人汽车。因此，有些大学教授也是大款。

解析：正确答案是 E。因为题干和选项 E 都是三段论第二格，其中的中项（“具有审美价值”“拥有私人汽车”）都是肯定命题的谓项，因而都不周延，违反规则，不能必然地得出结论。用欧拉图来表示，使前提为真的欧拉图有可能使结论为假，如下图所示：

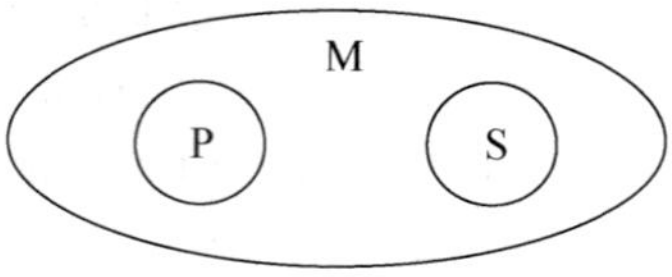

图 3－9

规则 3　在前提中不周延的词项，在结论中不得周延。

三段论是一种演绎推理，其前提为真要保证结论为真，因此结论所断定的就不能超出前提所断定的。具体就周延问题来说，如果一个词项在前提中不周延，但在结论中周延了，即结论所断定的超出了前提所断定的，结论真就不能由前提真来保证，有可能出现前提真而结论假的情况，整个推理不是有效的。因此，一个三段论要成为有效的，它的词项若在前提中不周延在结论中就不能周延。违反这条规则所犯的逻辑错误叫作“周延不当”，包括“小项周延不当”和“大项周延不当”两种形式。

［例 16］

鲁迅在《论辩的魂灵》一文中，这样揭露了顽固派的诡辩手法：“你说甲生疮，甲是中国人，就是说中国人生疮了。既然中国人生疮，你是中国人，就是你也生疮了。你既然也生疮，你就和甲一样。而你只说甲生疮，不说你自己，你的话还有什么价值?!”

解析：在诡辩派的论辩中，有两个三段论，一个是：“甲生疮，甲是中国人，所以，（所有）中国人生疮。”这里，小项“中国人”在前提中不周延，但在结论中周延了，犯了“小项周延不当”的错误。如果诡辩派狡辩说：我并没有说“所有中国人生疮”，那么他所说的是“有些中国人生疮”，上面这个三段论就是正确的。但我们接着看第二个三段论：“（有些）中国人生疮，你是中国人，所以，你也生疮。”在这个三段论中，中项“中国人”一次也不周延，犯了“中项不周延”的错误。总之，从“你说甲生疮”，无论如何也推不出“你也生疮”的结论。诡辩派的整个推论是不合逻辑的。

［例 17］

所有想出国的人都要学好外语，
我又不想出国，
———————————
所以，我不必学好外语。

在这个三段论推理中，大前提是一个肯定命题，故大项“要学好外语”在大前提中不周延。但结论是一个否定命题，大项“要学好外语”在结论中周延。因此，这个三段论犯了“大项周延不当”的逻辑错误，无效。

应当注意，规则 3 只是说在前提中不周延的项在结论中不得周延，并没有说在前提中周延的项在结论中也必须周延。既然对前提中周延的项没有提出要求，这就意味着：在前提中周延的项，在结论中可以周延，也可以不周延。这两种情形在词项逻辑上都是允许的，例如 SAP→SIP，SAP→PIS。这是因为，演绎逻辑允许结论断定的比前提少，但不允许结论断定的比前提多，否则就有可能前提真而结论假，整个推理无效。

规则 4　从两个否定前提推不出任何确定的结论。

如果两个前提都是否定的，这就意味着大项和小项都与中项发生否定性联系，这样就不能保证大项和小项由于与中项的同一个部分发生关系而彼此之间发生关系，中项起不到连接大、小项的桥梁作用，大项和小项本身就可能处于各种各样的关系之中，从而得不出确定的结论。

［例 18］

所有的基本粒子都不是肉眼能够看见的，
所有的昆虫都不是基本粒子，
———————————
所有的昆虫？

这个三段论得不出任何确定的结论。

规则 5

(i) 如果有一个前提是否定的，则结论是否定的；

(ii) 如果结论是否定的，则必有一个前提是否定的。

关于 (i)，如果两个前提中有一个是否定的，根据规则 4，另一个前提必须是肯定的，这就意味着：大项和小项中有一个与中项发生肯定性联系，另一个与中项发生否定性联系。于是，与中项发生肯定性联系的那一部分和与中项发生否定性联系的那一部分之间的联系，必定是否定性的，故结论必须是否定的。

关于 (ii)，既然结论是否定的，大项和小项之间发生否定性联系，并且这种联系是通过中项的媒介作用建立起来的，因此这两个词项中必有一个与中项发生肯定性关联，另一个与中项发生否定性关联。所以，前提必有一个是否定的。

以上五条三段论规则是基本的，并且是足够的，用它们就足以把有效的三段论与无效的三段论区分开来。但为了明确和方便起见，有时还从它们证明、推导出一些规则，例如：

规则 6　两个前提不能都是特称的。

证明：证明这条规则有很多方法，我们这里用反证法。假设两个前提都是特称的，根据规则2，中项在前提中至少周延一次，由于特称命题的主项不周延，肯定命题的谓项不周延，只有否定命题的谓项周延，因此前提中必有一个是否定的；又根据规则5，前提有一个否定，结论必否定，因此结论是否定的，结论的谓项即大项周延；再根据规则3，在前提中不周延的项在结论中不得周延，因此大项必须在前提中周延，因此另一个前提也必须是否定的；而根据规则4，两个否定前提不能得结论。这说明“两个前提都是特称的”这个假设不成立，所以，两个前提不能都是特称的。

规则7　如果两个前提中有一个特称，结论必然特称。

证明：我们选用分情况证明法。两个前提中有一个特称，另一个必为全称。由于没有告诉我们这两个前提究竟是肯定的还是否定的，这说明它们分别有可能是肯定的，也有可能是否定的。于是，这两个前提有四种可能的组合：AI、AO、EI、EO。我们证明，在这四种情况下，如果能够得结论的话，只能得出特称结论。

AI：这两个前提中只有一个周延的项，根据规则2，中项在前提中至少周延一次，因此这个周延的项只能做中项，余下大项和小项在前提中不周延，根据规则，它们在结论中必须不周延，小项是结论的主项，只有特称命题的主项不周延，因此，结论必须是特称的。

AO：这两个前提中有两个周延的项，即全称命题的主项和否定命题的谓项，根据规则4，前提有一个否定，结论必否定，因此，大项在结论中周延；根据规则，大项在前提中必须周延；又根据规则，中项在前提中至少周延一次。于是，原来两个周延的项一个做大项，一个做中项，余下小项在前提中不周延，故小项在结论中必须不周延，结论只能是特称的。

EI：其情形与AO相同，留给读者。

EO：这两个否定前提不能得结论。

证毕。

根据三段论的一般规则，还可以证明有关三段论的一些定理，例如：

定理　一个结论全称的正确三段论，其中项不能周延两次。

证明：用反证法。一个三段论如果结论全称，则结论的主项即小项在结论中周延，根据规则，小项在前提中必须周延，再假设其中项周延两次，则前提中有三个周延的项，因此两个前提都必须全称，并且还有一个前提必须否定。根据规则，由于前提中有一个否定，结论必须否定，结论的谓项即大项在结论中周延；再根据规则，大项必须在前提中周延。于是，小项、大项和两个中项都必须在前提中周延，前提中四个词项都周延，两个前提必须全都是全称否定。而根据规则，两个否定前提不能得结论。因此，一个结论全称的正确三段论，其中项不能周延两次。

2. 三段论的特殊规则

一般规则适用于三段论的各个格，用这些规则就足以把四个格的有效三段论和无效三段论区别开来。也就是说，这些规则在理论上是够用的。但是，在把这些应用于四个格时，由于各个格有自己的特殊情况，就会派生出只适用于本格的特殊规则。这些特殊规则的意义在于：指令更加具体，因此更容易被执行；并且，从一般规则证明出这些特殊规则，也是一项有益的逻辑训练。

第一格规则：

（1）小前提必须肯定。

（2）大前提必须全称。

在证明这些规则之前，有必要先重申一下第一格的形式：中项是大前提的主项、小前提的谓项，如下图所示：

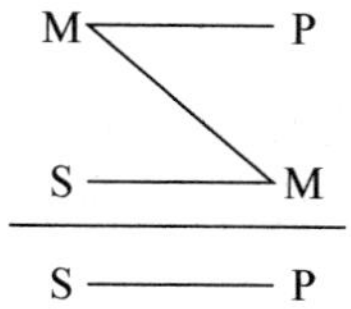

图 3－10

证明：

（1）假设小前提不是肯定而是否定的，因此结论必须否定，大项在结论中周延；故大项必须在大前提中周延，因此大前提必须否定；加上原假设“小前提否定”，有两个否定前提，不能得结论。因此，如果要得结论的话，小前提不能否定，必须肯定。

（2）既然已经证明小前提必须肯定，故中项在小前提中不周延，它必须在大前提中周延，因此大前提必须全称。

第二格规则：

（1）两个前提必须有一个否定。

（2）大前提必须全称。

在证明之前，同样有必要先重申一下第二格的形式：中项是大、小前提的谓项，如下图所示：

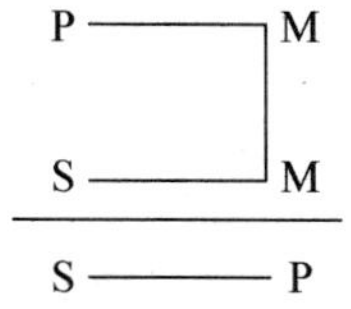

图 3－11

证明：

（1）在第二格中，中项是大、小前提的谓项，至少要周延一次，并且只有否定命题的谓项周延，因此两个前提中必须有一个否定。

（2）既然已经证明两个前提中有一个否定，故结论必须否定，大项在结论中周延，故大项必须在前提中周延，而大项是大前提的主项，只有全称命题的主项才周延，因此大前提必须全称。

第三格规则：

（1）小前提必须肯定。

（2）结论必须特称。

根据第三格的形式，中项是大、小前提的主项，如下图所示：

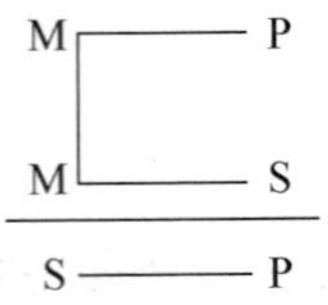

图 3-12

证明：

（1）在第三格中，中项是大、小前提的主项。假设小前提否定，则结论否定，大项在结论中周延，因此它必须在前提中周延，大项是大前提的谓项，故大前提必须否定。而两个否定前提不能得结论。因此，小前提不能否定，必须肯定。

（2）既然已经证明小前提必须肯定，小项在前提中就不周延，故它在结论中就不能周延，而它是结论的主项，所以结论必须是特称的。

第四格规则：

（1）如果大前提肯定，则小前提必须全称。

（2）如果小前提肯定，则结论必须特称。

（3）如果有一个前提否定，则大前提必须全称。

（4）如果大前提特称，则两个前提都必须肯定。

（5）如果小前提特称，则大前提必须全称否定。

在证明这些规则之前，有必要先重申一下第四格的形式：中项是大前提的谓项、小前提的主项，如下图所示：

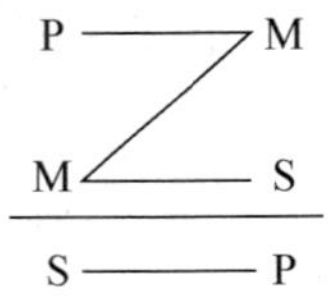

图 3-13

第四格规则（1）～（5）的证明是很容易的事情，我们把它们作为习题留给读者。

3. 三段论各个格的用途

三段论的四个格各有其特征，在实践中也各有其特殊的应用。

第一格的特点是：大前提全称，小前提肯定。因此，它的特殊作用在于：把某个普遍原理应用于某个特殊情形，得出关于该特殊情形的结论。这在司法审判中用得特别多，故第一格常被称为“审判格”。法官宣判时，所引用的法律条文构成大前提，对某被告犯罪事实的确认构成小前提，对某被告的量刑构成结论。

[例 19]

凡非法侵吞公共财产且情节严重者，处 5 年以上有期徒刑。

×××犯有非法侵吞公共财产罪且情节严重，

因此，×××应服 5 年以上有期徒刑。

第二格的特点是：两个前提中有一个是否定的，结论也是否定的。因此，第二格常被用来建立事物之间的区别，称为“区别格”。

[例 20]

所有的基督教徒都信仰上帝，

所有的无神论者都不信仰上帝，

所以，所有的无神论者都不是基督教徒。

第三格的特点是：小前提是肯定的，结论是特称的。因此，它常被用来反驳一个虚假的全称命题，因此亦被称为“反驳格”。

[例 21]

鸵鸟不会飞，

鸵鸟是鸟，

所以，有的鸟不会飞。

这样就反驳了“所有的鸟都会飞”这个虚假的全称命题。

当初，亚里士多德建立三段论理论时，不固定大、小前提的位置，因此三段论只有三个格，没有第四格。后来的逻辑学家为了理论的完善与严谨，固定大、小前提的位置，因而区别开了第一格与第四格。但第四格在实际应用中显得不太自然。

应该指出的是，各个格除了上面所说的特殊应用外，完全可以有其他的应用，并且非常普遍，以第一格为例：

[例 22]

所有的植物都需要雨露阳光，

所有的牵牛花都是植物，

所以，所有的牵牛花都需要雨露阳光。

三、三段论的还原与公理化

我们前面说过，三段论共有 256 个可能的式，根据如上给出的三段论规则，我们可以把大部分可能的三段论式作为无效式排除掉，例如，当前提的组合是 EE、EO、OE 或 OO 时，根据“两个否定前提不能得结论”的规则，所有带这种前提的三段论式如 EEA、EEE、EEI、EEO、EOA、EOE、EOI、EOO 等都不是有效的，应该排除掉。类似地，当前提的组合为 II、IO 或 OI 时，根据“两个特称前提不能得结论”的规则，所有带这种前提的三段论式如 IIA、IIE、III、IIO、IOA、IOE、IOI、IOO 等都不是有效的，也应该排除掉。当然，根据三段论的其他规则，还可以排除掉许多无效的三段论式，最后所剩下的三段论有效式只有 24 个，列表如下：

表 3-3

第一格	AAA，AAI*，AII，EAE，EAO*，EIO
第二格	AEE，AEO*，AOO，EAE，EAO*，EIO
第三格	AAI，AII，EAO，EIO，IAI，OAO
第四格	AAI，AEE，AEO*，EAO，EIO，IAI

其中带星号的叫作“差等式”，意思是：在两个前提都是全称的情形下，本来可以得

全称结论，却根据差等关系得出了特称结论。不过，差等式也属于256个可能的式之列。以后我们把第一格的AAA式简写成AAA-1，以此类推，我们可以有AEE-2、AII-3、EIO-4等。

在《后分析篇》中，亚里士多德从理论上探讨了公理化方法。他认为，一个演绎科学理论可以视作一个关于某一确定领域的概念和命题的体系，其中全部概念分为基本概念和派生概念，派生概念是由基本概念运用定义得到的概念。全部命题分为基本命题和导出命题。基本命题包括公理和公设，它们构成系统内一切证明的出发点。公理必须依据经验或直观而明显为真，为一切科学所共有，例如逻辑上的矛盾律和排中律，数学上的等量加减等量其结果仍相等；公设则是某一门科学所接受的第一性原则，无须证明，但其真实与否要接受推出结果的检验。从公理和公设出发，根据逻辑规则进行推导，得到定理。由基本概念和派生概念、公理、公设、推理规则和定理构成的理论体系就是公理系统。

在《前分析篇》中，亚里士多德试图把他的三段论发展成为一个公理系统。他把三段论区分为三个格，共有19个有效式，其中第一格叫作"完善的格"，因为它是把一个普遍原理应用于一个特殊场合，得出结论的理由很直接、明显，而其他各格得出结论的理由不如第一格明显，故叫作"不完善的格"。他运用一套化归程序，即利用包括对当关系、换质、换位推理，以及命题逻辑中所讲的反三段论等在内的一些工具，试图把其他各格的有效三段论化归、还原为第一格的三段论，后人甚至进一步想把全部有效式都化归、还原为第一格的AAA式和EAE式。如果把这套化归程序倒转过来，即把第一格的有效式当作公理，加上在化归过程中所使用的其他辅助假定，三段论就被公理化了。因此，亚里士多德的三段论还原学说是他试图把三段论公理化的实践，当然其中不完善之处甚多。

我认为，有必要对亚里士多德的三段论化归学说予以讨论，因为它作为最早期的公理化尝试是有意义的，并且作为一种形式推演的逻辑训练也是有意义的。

先看如何把AEE-2化归为第一格的三段论式。AEE-2比较完整地写出来是：PAM，SEM，所以SEP。我们先把SEM换位为MES，并把它作为大前提；PAM保持不变，并作为小前提；然后把结论换位为PES，这时已经成为第一格的三段论了，只是还需要做一些形式的整理：把S换成P；并同时把原来的P换成S，于是得到：MEP，SAM，所以SEP。这就是EAE-1。此过程图示如下：

$$\frac{\begin{array}{c}PAM\\SEM\end{array}}{SEP}\rightarrow\frac{\begin{array}{c}MES\\PAM\end{array}}{PES}\rightarrow\frac{\begin{array}{c}MEP\\SAM\end{array}}{SEP}$$

我们再看如何把OAO-3化归为第一格的三段论式。这需要使用命题逻辑中的反三段论：

$$(p\land q\rightarrow r)\rightarrow(p\land\neg r\rightarrow\neg q)$$

$$(p\land q\rightarrow r)\rightarrow(q\land\neg r\rightarrow\neg p)$$

其意思是：从两个前提能够推出一个结论，如果结论不成立并且其中的一个前提成立，则另一个前提不成立。OAO-3比较完整地写出来是：MOP，MAS，所以SOP。把反三段论运用于它，得到¬SOP，MAS，所以¬MOP。根据对当关系，¬SOP 等值于 SAP，¬MOP 等值于 MAP，于是该三段论式变成 SAP，MAS，MAP。这已经是 AAA-1，只是需要做一些形式整理：把 S 换成 M，并同时把 M 换成 S，得到：MAP，SAM，所以 SAP。

最后看如何把 IAI-4 化归为第一格的三段论式。把该式比较完整地写出来是：PIM，MAS，所以 SIP。把反三段论运用于它，得到：¬SIP，MAS，所以¬PIM。根据对当关系，¬SIP 等值于 SEP，¬PIM 等值于 PEM，并进一步把 PEM 换位为 MEP，于是该三段论式变成：SEP，MAS，所以 MEP。再做一些形式整理：同时把 S 换成 M，把 M 换成 S，得到：MEP，SAM，所以 SEP。这已经是 EAE-1 了。

我们把将三段论后三个格的其他有效式化归于第一格的有效式的工作，作为习题留给读者。

再来看能否将第一格的其他四个有效式化归于 AAA-1 和 EAE-1。

先看 AII-1，即：MAP，SIM，所以 SIP。前提和结论中都有特称命题，而所要化归到的 AAA-1 和 EAE-1 都只有全称命题。于是，必须将 AII-1 中的两个特称命题都变成全称命题，其办法就是运用反三段论：¬SIP，MAP，所以¬SIM。再根据对当关系，¬SIP 等值于 SEP，再换位为 PES，作为大前提；MAP 保持不变，作为小前提；¬SIM 等值于 SEM，再换位得到 MES。于是有：PES，MAP，所以 MES。再做一些形式整理：同时把 P 换成 M，S 换成 P，M 换成 S，于是我们得到：MEP，SAM，所以 SEP。这就是 EAE-1。

再看 EIO-1，即：MEP，SIM，所以 SOP。运用反三段论，得到：¬SOP，MEP，所以¬SIM。再根据对当关系，得到：SAP，MEP，所以 SEM。把 MEP 换位为 PEM，作为大前提；SAP 保持不变，作为小前提。于是得到：PEM，SAP，所以 SEM。最后做一些形式整理：同时把 P 换成 M，把 M 换成 P，得到：MEP，SAM，所以 SEP。这就是 EAE-1。

再看 AAI-1，即：MAP，SAM，SIP，其中两个前提全称，结论特称，无法通过简单换位把这三个命题变成全称命题；也不能直接应用反三段论，因为否定 I 命题固然得到 E 命题，但否定一个 A 命题却会得到 O 命题，还是不能得到由三个全称命题组成的三段论，即 AAA-1 或 EAE-1。如果我们能够把前提中的一个 A 命题经限量换位为 I 命题，得到 AII-1，上面已经证明 AII-1 可以化归为 EAE-1。由此，我们似乎就能证明，AAI-1 能够化归为 EAE-1。但很可惜，这是错误的，其中一个推理步骤并不一般地成立：MAP，SAM，所以 SIP；由 SAM 得到 MIS，因此由 MAP，MIS 仍可得出 SIP。这等于使用了如下的推理模式：

$$(p\land q\rightarrow r)\land(q\rightarrow s)\rightarrow(p\land s\rightarrow r)$$

很容易验证，此公式不是重言式，故上面的推理不是一般地有效的。三段论化归的过程实际上是找三段论的公理的过程，故该过程必须是可逆的，即最后能够从所化归的公式应用逻辑规则把那些被化归公式推出来。这就要求化归过程中的每一步都必须是等值变换，但限量换位不是等值变换，故不能在三段论化归过程中使用，若使用就是无效的。因此，AAI-1 不能合法地化归于 EAE-1。

把 EAO-1 不能合法地化归于 EAE-1 的证明留给读者。

因此，AAA-1 和 EAE-1 可以作为三段论体系的公理这个相当古老的说法实际上是不成立的。在历史上，AAA-1 和 EAE-1 被叫作“曲全公理”，意思是：“凡是对一类事物有所肯定者，对该类中的每一个子类也有所肯定；凡是对一类事物有所否定者，对该类事物中的每一个子类也有所否定。”用两个欧拉图表示如下：

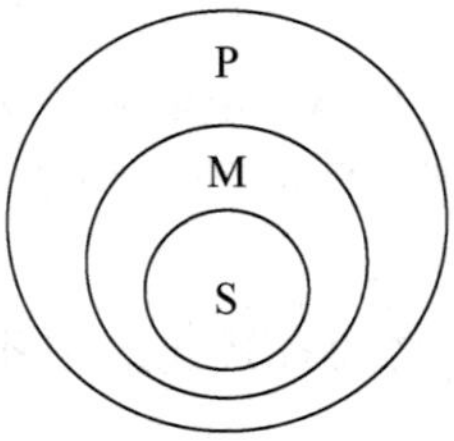

图 3-14

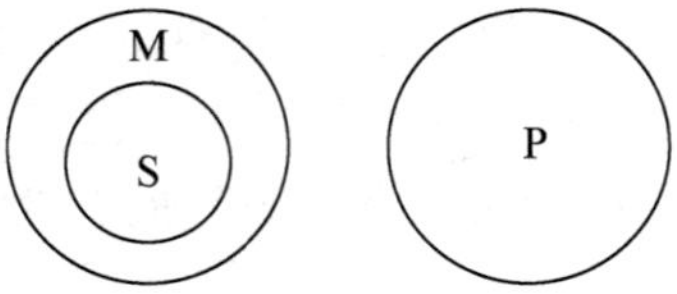

图 3-15

后来，波兰逻辑学家卢卡西维茨（Jan Lukasiewicz，1878—1956，后加入美国籍）用现代逻辑的方法研究亚里士多德三段论，提出了对于亚里士多德三段论系统的严格的公理化处理。① 这个系统构造如下（对其符号体系做了某些改变，以与本书的用法基本一致）：

Ⅰ. 初始符号

（1）命题变项：p，q，r，s

（2）词项变项：a，b，c

（3）命题联结词：¬，∨，∧，→，↔

（4）词项联结词：A，I

Ⅱ. 定义

Df1.　Eab=¬Iab

Df2.　Oab=¬Aab

Ⅲ. 公理

1. Aaa
2. Iaa
3. Abc∧Aab→Aac　　（AAA-1）
4. Abc∧Iba→Iac　　（AII-3）

Ⅳ. 推理规则

（1）代入规则：如果 α 是该系统的一个被断定表达式，那么，从 α 经过有效的代入所得到的任何一个表达式也是该系统的被断定表达式。这里，有效的代入是指用其他的词项变项替换某个词项变项，例如用 b 替换 a。

（2）分离规则：如果 α→β 和 α 是该系统的被断定表达式，则 β 也是该系统的被断定表达式。

Ⅴ. 辅助假定

1. p→(q→p)

---

① 参见卢卡西维茨：《亚里士多德的三段论》的第四章。

2. $(q\rightarrow r)\rightarrow((p\rightarrow q)\rightarrow(p\rightarrow r))$

3. $(p\rightarrow(q\rightarrow r))\rightarrow(q\rightarrow(p\rightarrow r))$

4. $p\rightarrow(\neg p\rightarrow q)$

5. $(\neg p\rightarrow p)\rightarrow p$

6. $(p\rightarrow q)\rightarrow(\neg q\rightarrow\neg p)$

7. $(p\wedge q\rightarrow r)\rightarrow(p\rightarrow(q\rightarrow r))$

8. $p\rightarrow((p\wedge q\rightarrow r)\rightarrow(q\rightarrow r))$

9. $(s\rightarrow p)\rightarrow((p\wedge q\rightarrow r)\rightarrow(s\wedge q\rightarrow r))$

10. $(p\wedge q\rightarrow r)\rightarrow((s\rightarrow q)\rightarrow(p\wedge s\rightarrow r))$

11. $(r\rightarrow s)\rightarrow((p\wedge q\rightarrow r)\rightarrow(q\wedge p\rightarrow s))$

12. $(p\wedge q\rightarrow r)\rightarrow(p\wedge\neg r\rightarrow\neg q)$

13. $(p\wedge q\rightarrow r)\rightarrow(\neg r\wedge q\rightarrow\neg p)$

14. $(p\wedge\neg q\rightarrow\neg r)\rightarrow(p\wedge r\rightarrow q)$

在这个系统中，推出了所有换位律和三段论的另外 22 个有效式。卢卡西维茨还证明，这个系统是一致的，即推不出矛盾；并且其公理集是独立的，即任何一个公理都不可能应用该系统的规则从该集中的其他公理推出。

更有意思的是，卢卡西维茨在该书中还建立了一个排斥系统，用三段论的两个无效式作为公理，并设置了两个推演规则，推出了三段论的所有其他 230 个无效式。卢氏的这一工作没有实用的意义，但有重要的理论意义。这表明，一个理论不应是其所接受命题的无序堆积，而应该是一个有结构、层次和次序的整体，在可能的情况下，应该把所获得的理论成果公理化，以获得其严格性和精确性，这样的观念在有些西方学者那里可谓“根深蒂固”。

四、三段论的非标准形式

1. 三段论的省略式

在日常交流中，由于某些命题属于交流双方共同的背景知识，故被省略，三段论表现为省略形式，常有下述三种省略形式：

（1）省略大前提，例如有人在谈到美国前总统克林顿的绯闻时说：“克林顿也是人，他也有七情六欲嘛。”他说的这两句话之间实际上有推理关系，而这种推理关系的建立需要补充另外一个大前提：“所有人都有七情六欲。”

（2）省略小前提，例如：“大学生的主要任务是学习而不是赚钱，所以你目前的主要任务也是如此，不要本末倒置啊！”这里一眼就可看出，省略的前提是：“你是一名大学生。”

（3）省略结论，例如毛泽东说：“我们的事业是正义的，而正义的事业是不可战胜的。”显然，省略的是结论：“我们的事业是不可战胜的。”从修辞上说，把这个结论省略之后，使那两句话听起来余音缭绕，很有韵味。

但三段论的省略形式会出现下述问题，如被省略的前提实际上是不成立的，或者所使用的推理形式是无效的。在这两种情形下，结论都没有得到强有力的支持。因此，有时需要把省略的三段论补充为完整的三段论，然后看其前提真不真，推理过程是否有效。在做这种补充时，往往存在多种选择，这时应该坚持“仁慈原则”，即尽可能把推理者设想为一个正常的、有理性的人，除非故意，他一般不会使用虚假的前提，一般不会进行无效的推理。做这种补充的具体程序和方法是：

（1）查看究竟省略的是什么，是前提还是结论？通过考虑两个命题之间是并列关系还是推出关系，可以弄清楚这一点。

（2）如果省略的是前提，确定省略的是大前提还是小前提：含结论主项的是小前提，含结论谓项的是大前提。

（3）如果省略的是大前提，把结论的谓项（大项）与中项相连接，得到大前提；如果省略的是小前提，则把结论的主项（小项）与中项相连接，得到小前提。

（4）如果省略的是结论，把小项与大项相连接，得到结论。

在做了所有这些工作之后，再来看被省略的前提是否真实，推理过程是否正确。

[例23]

有些导演留大胡子，因此，有些留大胡子的人是大嗓门。

为使上述推理成立，必须补充以下哪项作为前提？

A. 有些导演是大嗓门。

B. 所有大嗓门的人都是导演。

C. 所有导演都是大嗓门。

D. 有些大嗓门的不是导演。

E. 有些导演不是大嗓门。

解析：如果补充A或D或E到题干，所构成的三段论的两个前提都是特称的，根据规则6，都推不出结论；如果补充B到题干，所构成的三段论犯了“中项两次不周延”的错误。而如果补充C到题干，得到的三段论是：

所有导演都是大嗓门，

有些导演留大胡子，

———————————————

所以，有些留大胡子的是大嗓门。

这是有效三段论。所以，正确的答案是C。

2. 三段论的复杂形式

这里谈三种复杂形式：

第一，带证式三段论。

在一个三段论中，其两个前提或其中之一可能本身还带有一个省略的三段论，该前提是该省略三段论的结论。

[例24]

所有哲学系的学生都必须学习逻辑学，因为思维严格、清晰对于做哲学来说是十分重要的；所有哲学系的学生都是文科学生，所以，有些文科学生必须学习逻辑学。

解析：这里，大前提本身带有一个证明，即一个省略的三段论，大前提就是这个省略三段论的结论，且后者不太标准。经过整理和补充，这个省略三段论的完整形式是：

所有特别有助于训练严格与清晰思维的课程都是哲学系学生必须学习的，
逻辑学是特别有助于训练思维的严格与清晰的课程，

所以，逻辑学是哲学系学生必须学习的课程。

第二，复合式三段论。

一连串三段论的复合，其中前一个三段论的结论构成后一个三段论的前提。

[例 25]

凡哺乳动物都是以乳汁哺育幼体的，
鲸鱼是哺乳动物，
所以，鲸鱼是以乳汁哺育幼体的。
而金枪鱼不是以乳汁哺育幼体的，

所以，金枪鱼不是鲸鱼。

第三，连锁三段论。

把复合三段论的一系列中间结论都省略掉，只保留最后一个总结论，则构成连锁三段论。

[例 26]

据称，德国哲学家和逻辑学家莱布尼茨论证“人类灵魂不灭”时，就运用了包含下述 10 个前提的连锁三段论：

(1) 人类灵魂及其活动是思维的东西；

(2) 其活动是思维的东西是其活动被直接领悟，而不需要关于其部分的任何表象的东西；

(3) 其活动被直接领悟，而不需要关于其部分的任何表象的东西是其活动不包含任何部分的东西；

(4) 其活动不包含任何部分的东西是其活动不是运动的东西；

(5) 其活动不是运动的东西就不是肉体；

(6) 不是肉体的东西就不占空间；

(7) 不占空间的东西就不受运动的影响；

(8) 不受运动影响的东西就不分解，因为分解就是部分的运动；

(9) 不分解的东西就不朽腐；

(10) 不朽腐的东西就永恒不灭。

所以，人类灵魂永恒不灭。

解析：这个推理带有 10 个前提，并且其中一个前提还带有省略的证明。不过，从形式上看，应该承认这个连锁推理是有效的，问题在于这 10 个前提是否都真实，如果有些前提不真实，究竟是哪些前提不真实？为什么？回答这些问题，是一项相当艰巨的任务。还是留给读者自己去思考吧。

下面这个推理也是三段论的连锁式，只不过表述形式不那么标准。

[例 27]

每一个头脑清晰的人都能够学逻辑，

没有神经错乱的人适合担任陪审员，
你的儿子没有一个能够学逻辑，
所以，你的儿子没有一个适合担任陪审员。

解析：可以将这个推理化归于如下的标准形式：

所有适合担任陪审员的人都是头脑清晰的人，
所有头脑清晰的人都是能够学逻辑的人，
你的儿子没有一个是能够学逻辑的人，
所以，你的儿子没有一个是适合担任陪审员的人。

这个连锁三段论是一个有效的推理。

3. 三段论的其他非标准形式

有些三段论，看起来不像三段论，甚至不像一个推理，但经过适当的整理，它们都可以变成标准形式的三段论。下面讨论几种常用的整理方法。

第一，替换同义词。

有些论证看起来不止三个词项，而是有四个甚至五个或六个词项，但其中有些词项是同义词，经过同义词替换，都可以变成标准形式的三段论。

[例28]

没有富人是流浪汉，
所有的律师都是有钱人，
所以，没有律师是流民。

解析：这个论证看起来有五个不同的词项，但其中"富人"和"有钱人"是同义词，"流浪汉"和"流民"是同义词，经过同义词替换，就只有三个不同的词项了。然后把其中的命题都翻译成标准形式，于是该论证就变成了如下正确的三段论：

所有的富人都不是流浪汉，
所有的律师都是富人，
所以，所有的律师都不是流浪汉。

第二，利用直接推理将前提或结论变形。

[例29]

所有哺乳动物都是温血动物，
没有蜥蜴是温血动物，
所以，所有蜥蜴都是非哺乳动物。

解析：这个论证看起来也有四个不同的词项，但通过对结论换质，并把前提翻译为标准形式，该论证就变成了如下的有效三段论：

所有哺乳动物都是温血动物，
所有蜥蜴都不是温血动物，
所以，所有蜥蜴都不是哺乳动物。

[例30]

没有非美国公民有美国国籍，

无美国国籍的人都是在美国没有投票权的人，

所以，所有在美国有投票权的人都是美国公民。

解析：这个论证看起来有五个不同的词项，但通过对前提和结论换质、换位或换质位，可以将其化归为标准形式的三段论：

所有有美国国籍的人都是美国公民，
所有在美国有投票权的人都是有美国国籍的人，

所以，所有在美国有投票权的人都是美国公民。

第三，通过时间、地点等参数，将前提或结论变形。

有些论证用以上方法仍不能将其化归为标准形式的三段论，这时我们需要另辟蹊径，利用时间、地点等参数将其变形为标准形式的三段论。例如："穷人一直缠着你"，这个命题并不意味着"所有穷人都缠着你"，也不意味着"有些穷人缠着你"，而是意味着"所有时刻都是有穷人缠着你的时刻"。再如："猛兽出没处，人迹罕至"，这个命题经过整理，可以成为下述标准形式的命题："凡是猛兽出没的地方，都是人迹罕至的地方。"又如："赵斯一插手，事情就会失败"，这个命题可以翻译为"凡是赵斯插手的事情都是将失败的事情"。用这些方法可以翻译、整理有些看起来特别别扭的论证。

［例 31］

唯有不自爱的人用过野餐处才会食物垃圾遍地，
有很多食物垃圾散落在这里，

所以，有不自爱的人曾在这里用过野餐。

解析：经过整理、翻译，这个论证最后可变成：

凡是食物垃圾遍地的地方都是有不自爱的人用过野餐的地方，
这里是有很多食物垃圾的地方，

所以，这里是有不自爱的人用过野餐的地方。

［例 32］

凡野狼出没处，猎犬都在狂吠；所以，野狼一定是走另一条路了，因为猎犬现在很安静。

解析：经过整理与翻译，该论证可以变成下述标准形式的三段论：

凡是野狼出没的地方都是猎犬狂吠的地方，
这地方不是猎犬狂吠的地方，

所以，这地方不是野狼出没的地方。

第四节　直言命题的存在含义问题

在词项逻辑中，有这样一长串推理（记为 C）：

$SAP \rightarrow SE\overline{P} \rightarrow \overline{P}ES \rightarrow \overline{P}A\overline{S} \rightarrow \overline{S}I\overline{P} \rightarrow \overline{S}OP$

推理串 C 由 SAP 出发，经过连续的换质、换位，最后得到 $\overline{S}OP$，其中 $\overline{S}$ 表示 S 的负概念，余依此类推。在出发前提 SAP 中，P 是肯定命题的谓项，不周延；而在结论 $\bar{S}OP$ 中，P 是否定命题的谓项，周延。这违反了词项逻辑的一个重要的推理规则：“在前提中不周延的词项在结论中不得周延”（记为 D），犯有“周延不当”的逻辑错误。若仔细考察一下，推理串 C 的每一步都是严格按照换质法、换位法的规则来实施的，其最终结果却违反了在推导过程中一直遵守的规则。这是一个明显的矛盾和悖论！它的存在说明，词项逻辑是不一致的，其推理理论不安全和不可靠。这种情况如何产生？其原因或根源是什么？如何把它消除掉？显然，以一致性和严格性著称的逻辑学必须对此做出回答。

可以证明，如果允许在前提中周延的词项在结论中不周延，如果又同时允许对直言命题做连续的换质、换位推理的话，那就得允许在前提中不周延的词项在结论中变得周延，从而违反上面提到的规则 D。① 兹举三例：

［例 33］

SAP→SIP

这是根据对当方阵中差等关系进行的推理，其中 S 是全称命题的主项，周延；在结论中是特称命题的主项，不周延。对 SAP 做连续的换质位推理：SAP↔ $SE\bar{P}$↔$\bar{P}ES$↔$\bar{P}A\bar{S}$，其中每一步都是等值变换。再对 SIP 做等值变换：SIP ↔PIS↔$PO\bar{S}$。得到的结果却非常令人惊讶：在前提 SAP 的等值命题 $\bar{P}A\bar{S}$ 中，$\bar{S}$ 是肯定命题的谓项，不周延；但在结论 SIP 的等值命题 $PO\bar{S}$ 中，$\bar{S}$ 是否定命题的谓项，周延。这也违反了推理规则 D!

［例 34］

SAP→PIS

这是直接推理中的限量换位，在前提中 S 是全称命题的主项，周延；在结论中，它是肯定命题的谓项，不周延。同样，对 SAP 做等值变换，得到 $\bar{P}A\bar{S}$，其中 $\bar{S}$ 不周延；对 PIS 再做换质推理，得到其等值命题 $PO\bar{S}$。又得到这样的结果：在前提的等值命题 $\bar{P}A\bar{S}$ 中，$\bar{S}$ 不周延；但在结论的等值命题 $PO\bar{S}$ 中，$\bar{S}$ 周延，再次违反了规则 D!

［例 35］

AAI-1：MAP，SAM，所以 SIP。

对大前提 MAP 做连续的换质、换位推理，得到其等值命题 $\bar{P}A\bar{M}$；对小前提 SAM 做同样的推理，得到其等值命题 $\bar{M}A\bar{S}$；最后对结论 SIP 先换位，再换质，得到其等值命题 $PO\bar{S}$。在小前提的等值命题 $\bar{M}A\bar{S}$ 中，$\bar{S}$ 不周延；而在结论的等值命题 $PO\bar{S}$ 中，$\bar{S}$ 周延，也违反规则 D!

这就是说，在词项逻辑中，如果允许有的词项在前提中周延但在结论中不周延，那就得允许有的词项在前提中不周延却在结论中周延！假如稍加推广的话，在词项逻辑中，如果你允许结论断定得比前提少，那你就要同时允许结论断定得比前提多。这样一来，推理形式将不再具有保真性。这确实非常令人奇怪，但的确是事实！

在词项逻辑中，允许词项在前提中周延在结论中不周延的推理，有以下两类：

差等关系推理：SAP→SIP；SEP→SOP。

限量换位推理：SAP→PIS。

① 郭世铭. 周延性问题. 自然辩证法研究，1997（增刊 13）：136-148.

它们都涉及所谓的“直言命题的存在含义”，即直言命题假设了其主项不是一个空类，其所指对象是存在的，简称“主项存在”。在现代数理逻辑中，全称命题SAP相当于条件命题，它只断定了主项和谓项的关系，并没有断定主项和谓项本身存在。以“所有的鬼都是青面獠牙的”为例，这个命题只是说：“对于任一x，如果x是鬼，则x是青面獠牙的”。由于无鬼，故该条件命题的前件对个体域中所有x为假，则该条件命题本身对所有x自动为真。即是说，全称命题不假设其主项所指的对象存在，无存在含义。而特称命题SIP却等于说：“存在x使得x既是S又是P”。即是说，该特称命题至少断定了S存在，亦称“存在命题”。但是，如果全称命题无存在含义，特称命题有存在含义，从全称命题就不能推出相应的特称命题，故SAP→SIP和SEP→SOP这两个推理不再成立。词项逻辑肯定它们成立，至少要预先假设直言命题的主项所指的对象是存在的，简称“主项存在假设”。

还有，由于词项逻辑允许换位推理，直言命题的谓项可以变成主项，于是“主项存在”也就逻辑地要求谓项存在。同样的道理，由于词项逻辑允许连续的换质位，主项的负概念可以变成谓项，最后再变成主项；谓项的负概念也可以变成主项，例如SAP→$SE\overline{P}$→$\overline{P}ES$→$\overline{P}A\overline{S}$→$\overline{S}I\overline{P}$。于是，词项逻辑的“主项存在假设”最终演变成：它不仅要求直言命题的主项S存在，而且要求谓项P存在，还要求主项的负概念$\overline{S}$、谓项的负概念$\overline{P}$都存在。用现代逻辑的话来说，这等于要求主项S和谓项P都既不是全类也不是空类。以空类为主项的直言命题明显违反“存在假设”，例如“所有长八个脑袋的人都是天才”，按现代逻辑的观点，从这个命题推不出特称命题“有些长八个脑袋的人是天才”，因为后者等于说“有人长八个脑袋并且是天才”，而这是假的。以全类做主项的直言命题也违反“存在假设”，以“所有事物都是发展变化的”为例，其中的主项和谓项都是全类，因为“事物”泛指任一东西，故“事物类”是全类；按照辩证法的观点，万物皆变，无物常住，因此“发展变化的（事物类）”也是一个全类。于是，对该命题换质，得到“所有事物都不是不发展变化的”，其谓项“不发展变化的（事物类）”是一个空类，再换位，得到“所有不发展变化的就不是事物”，再换质，得到“所有不发展变化的都是非事物”，此命题的主、谓项都变成了空类，因而违反了“存在假设”。在词项逻辑中，假设S、P、$\overline{S}$、$\overline{P}$存在，就是假设它们都既不是全类也不是空类。

应该说，词项逻辑的“存在假设”有其合理性。在日常语言以及我们的常识和直观中，假如把引述、转述他人的话语除外，当我们自己说某句话时，我们一般是在谈论我们自己认为存在的对象。例如，说“所有的鬼都是青面獠牙的”这句话的人，一般认为是有鬼的，至少根据那些鬼故事是有鬼的；完全断言无鬼的人不会到处宣扬这个命题，至多是在引述、转述和批判它。词项逻辑就是在“S、P、$\overline{S}$、$\overline{P}$都不是全类和空类”这个假设下展开的，它的大多数推理模式，例如对当关系推理、换质法、换位法以及连续的换质位，某些三段论推理都直接或间接地依赖这个假设。例如，只有假设S存在，才能由SAP推出SIP。

但是，词项逻辑的“存在假设”又不尽合理，这是因为：

首先，在日常言谈中，我们不仅谈论现实世界的实存对象，我们也谈论神话世界、小说世界以及科幻世界中的对象，谈论有关它们的种种事情。在这样的谈论中，有时候并不假设主项所指的对象存在。例如："假如一个人的聪明程度与其脑髓的重量确有关联的话，那么，那些脑髓重达四公斤的人肯定是超级天才。""一个身高十米的人肯定是这个世界上长得最高的人。"在这两句话中，前一句并不假设确实有脑髓重达四公斤的人，后一句也不假设确实有身高十米的人，而只是断定了某种意义关联。再如，说"玩火者必自焚"的人并不假设有玩火者，他说这句话的真正目的是起规劝、警示作用：谁敢以身试法，必遭惩罚和制裁！

其次，自然科学规律常常涉及理想状态，如"所有冷却到绝对零度的物体都是导电体"，这并不意指真的存在冷却到绝对零度的物体；再如，"在摩擦力为零的情况下，静者恒静，动者恒动"，摩擦力为零的状况是很难达到的理想状况，但这些规律却是对现实世界也适用的物理规律。

最后，"存在假设"是关于这个世界的一个实质性假设，涉及某些事物的存在或非存在，但词项逻辑又试图把它的推理理论发展成一个纯形式的理论：若给定某个或某些前提，就可以按照一定的程序和规则往下推，而不必时时关注这个世界上究竟发生了什么事情。也就是说，"存在假设"这个实质性假设并不参加实际的推理过程。那么，如何保证这个实质性假设在推理过程中发挥作用呢？如何防止在很长的推理过程中不会发生偏离、违反这个假设的情况呢？这就是词项逻辑的存在假设所面临的困境。

现代逻辑学家大都认为，逻辑学应该是关于推理的纯形式结构的理论，与推理中前提和结论的内容无关；保真性是关于形式结构的要求，而不是关于内容的要求。正是这一特质才保证逻辑理论的普遍可应用性：它适用于人类思维的各个领域，也适用于人类知识的所有学科，适用于千差万别的具体内容。因此，现代逻辑学家通常认为，词项逻辑的存在假设是不合理的，应该抛弃；依赖这个假设的那些推理模式犯有"存在谬误"，即从关于不知其是否存在的事物的断言推出了关于存在事物的断言。

不过，若不假设直言命题的主项存在，词项逻辑的推理理论会发生如下剧烈的改变：

(1) A和E不再具有上反对关系。即是说，当允许使用空类时，A和E不再不可同真，而是可以同真。例如，"所有重达1 000公斤的超级大胖子都是短命的"，"所有重达1 000公斤的超级大胖子都不是短命的"，这两个全称命题在现代逻辑中都被翻译为带全称量词的条件句，由于人世间没有重达1 000公斤的超级大胖子，两个条件句的前件对个体域中所有x是假的，于是它们对于所有x就自动地（或空洞地）为真，故A和E都是真的。

(2) I和O不再具有下反对关系。即是说，当允许使用空类时，I和O不再不可同假，而是可以同假。由于特称命题是存在命题，"有些脑髓重达10斤的人特别聪明"和"有些脑髓重达10斤的人并不特别聪明"都肯定了"有脑髓重达10斤的人"，而这是假的，故I和O都是假的。

(3) 全称命题和同质的特称命题之间的差等关系不再成立。当允许使用空类作为主项的，全称命题就会空洞地为真，而特称命题是存在命题，一律为假，所以，从全称命题为真不能推出特称命题必真，从特称命题为假不能推出全称命题必假。

(4) 限量换位和连续的换质位（或换位质）不再有效。例如，当谓项允许是空类时，经过限量换位后该谓项成为特称命题的主项，即断定了空类不空，而这是假的。例如，

“所有的尼斯湖怪兽都是独脚兽”，经限量换位得到：“有的独脚兽是尼斯湖怪兽”，而这个存在命题是假的。在本节开头提到的推理串 C 中，包含一步限量换位，即 $\overline{P}A\overline{S}\to\overline{S}I\overline{P}$，因而也不再成立。即是说，若抛弃直言命题的主项存在假设，推理串 C 不再是有效的，包含谬误。

（5）由两个全称前提得出特称结论的 9 个三段论，即 AAI-1、EAO-1、AEO-2、EAO-2、AAI-3、EAO-3、AAI-4、AEO-4、EAO-4，都不再是有效式，因为从无存在含义的前提不能推出有现在含义的结论。当去掉直言命题的存在含义后，三段论有效的充分必要条件变成：（1）中项恰好周延一次；（2）大项和小项在前提和结论中的周延情况应相同；（3）前提和结论中的否定命题数量相同。由此可以导出一条规则：（4）前提和结论中的特称命题数目相同。三段论的有效式缩减为 15 个。

显然，对于词项逻辑来讲，以上变动几乎是对它的彻底改造。但是，有不少逻辑学家认为，词项逻辑的推理理论（包括直接推理和三段论），对于处理我们日常语言中的一部分推理来说，是符合常识和直观的，且非常方便，有其存在价值。他们力图拯救词项逻辑的推理理论，使其前后融贯，其办法就是把它的存在假设由隐变显，让存在假设参与推理过程。不过，此做法等于把“存在假设”变成了“存在断言”，于是：

SAP 等于一个合取命题：“有 S 并且所有 S 都是 P”；

SEP 等于一个合取命题：“有 S 并且所有 S 都不是 P”；

SIP 等于一个存在命题：“存在个体 x 使得 x 既是 S 又是 P”；

SOP 等于一个存在命题：“存在个体 x 使得 x 是 S 但不是 P”。

在对 A、E、I、O 做如此解释之后，A 与 O、E 与 I 之间不再有矛盾关系，而有反对关系；I 与 O 之间相互独立，没有真假关系；A 与 I、E 与 O 之间仍然有差等关系。[①] 并且，另外一些直接推理形式的有效性也会发生改变。更重要的是，按照这种处理方式，在推理串 C 中，每一步推理都会是有效的，但最终结果却是无效的：在前提中不周延的谓项 P 在结论中变成周延的，周延不当！而推理串 C 是以下三个因素共同作用的结果：直言命题的主项存在假设，推理规则 D，以及本章前面提到的关于直言命题的主谓项周延性的 4 条规定。

因此，要解决推理串 C 的有效性问题，我们至少有如下三种选择：

第一，抛弃直言命题的主项存在假设。其结果是：在推理串 C 中，限量换位 $\overline{P}A\overline{S}\to\overline{S}I\overline{P}$ 这一步不再成立，故由 SAP 推不出 $\overline{S}OP$，该推理串失效。但由此付出的代价是：对词项逻辑的推理理论做剧烈修改，许多在常识和直观中有效且管用的推理形式不再成立。

第二，把推理规则 D 强化成 D′：“词项在前提和结论中的周延情况应相同：若一词项在前提中周延，则应在结论中周延；若它在前提中不周延，则应在结论中不周延。”这样一来，差等关系推理 SAP→SIP 和 SEP→SOP，以及限量换位推理 SAP→PIS 都不再有效，这等于否定了直言命题的主项存在假设，所带来的后果也与第一种选择相同，还需要再加上一条：D′在直观上非常不合理，因为它不允许在前提中周延的词项在结论中不周延，这等于要求：至少在词项的周延性问题上，演绎推理的结论不应该断定得比前

① 金岳霖．逻辑．北京：三联书店，1961：80-88.

提少或者弱，而应该与前提断定得一样多或一样强，这几乎会毁掉演绎推理的必要性！

第三，修改关于直言命题中主谓项的周延性的那些规定。人们通常对A、E、I中主谓项的周延情况不持异议，问题在于O中的谓项是否总是周延的。当S和P为相互交叉的类和完全不相交的类时，由SOP可以得出POS，例如从“有些青年人不是科学家”可以得出“有些科学家不是青年人”。但是，如果S类包含P类，P类是S的真子类，则从SOP不能得出POS。例如从“有些年轻人不是北大学生”不能推出“有些北大学生不是年轻人”。SOP的谓项是否总是周延？这是一个值得考虑的问题，对它的不同回答会影响到对推理串C的有效性的处理。

我认为，在以上三种选择中，也许抛弃主项存在假设是最可行的，但要付出很大的代价。

第五节　三段论有效性的图解判定

一、欧拉图判定法

既然可以用欧拉图表示任一直言命题中主项和谓项之间的外延关系，而组成三段论的三个命题都是直言命题，故也可以用欧拉图去表示三段论中各个词项之间的外延关系。由于正确的三段论是一种必然性推理，前提的真足以保证结论的真，这一点表现在欧拉图中就是：当我们已经图解两个前提中各词项之间的关系时，若结论中主项和谓项的关系已经被图解出来，那么，这个三段论就是一个有效推理，其前提真足以保证其结论真；反之，如果能够画出这样的欧拉图，使得某个三段论的两个前提为真而结论为假，则表明该三段论是无效的。

［例36］

以下两题基于下述共同的题干：

所有安徽来京打工人员，都办理了暂住证；所有办理了暂住证的人员，都获得了就业许可证；有些安徽来京打工人员当上了门卫；有些业余武术学校的学员也当上了门卫；所有的业余武术学校的学员都未获得就业许可证。

(1) 如果上述断定都是真的，则除了以下哪项，其余的断定也必定是真的？

A. 所有安徽来京打工人员都获得了就业许可证。

B. 没有一个业余武术学校的学员办理了暂住证。

C. 有些安徽来京打工人员是业余武术学校的学员。

D. 有些门卫没有就业许可证。

E. 有些门卫有就业许可证。

(2) 以下哪个人的身份，不可能符合上述题干所做的断定？

A. 一个获得了就业许可证的人，但并非是业余武术学校的学员。

B. 一个获得了就业许可证的人，但没有办理暂住证。

C. 一个办理了暂住证的人，但并非是安徽来京打工人员。

D. 一个办理了暂住证的业余武术学校的学员。

E. 一个门卫，他既没有办理暂住证，又不是业余武术学校的学员。

解析：可以用欧拉图把题干中各个词项之间的关系图示如下：

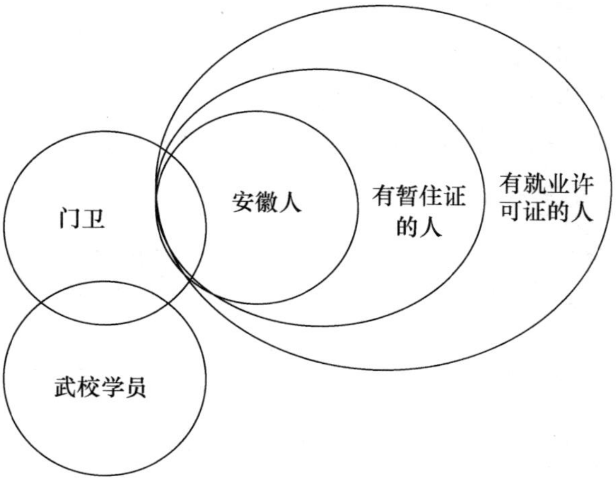

据此可以判定，问题（1）的答案是 C，问题（2）的答案是 D。

［例 37］

用欧拉图判定 IAI-2 是否有效。

解析：IAI-2 即：PIM，SAM，所以 SIP。可以画如下的欧拉图，使得两个前提真而结论假，该三段论式无效：

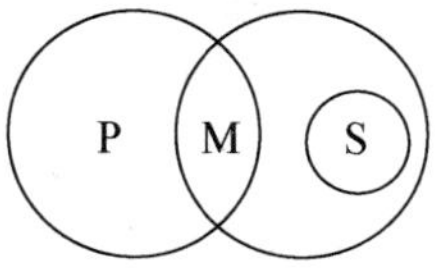

二、文恩图判定法

文恩图是由美国数学家兼逻辑学家文恩（John Venn，1834—1923）发明的。文恩用两个相互交叉的圆圈表示直言命题的主谓项关系，如下图所示：

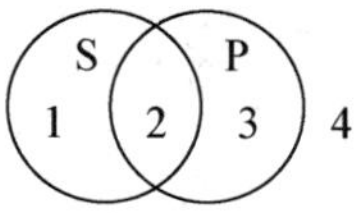

图 3-16

包括这两个圆圈在内的整个空间代表论域，用∪表示；两个圆圈把∪划分成为四部分：1 为 $S\overline{P}$，2 为 SP，3 为 $\overline{S}P$，4 为 $\overline{S}\overline{P}$。例如，设论域∪为“人类”，如果 S 表示“思想家”，P 表示“文学家”，那么 1 表示“是思想家但不是文学家的人”，2 表示“既是思想家又是文学家的人”，3 表示“不是思想家却是文学家的人”，4 表示“既不是思想家又不是文学家的人”，这是对“人类”的一个穷尽的划分。如果再在文恩图的某个区域画上阴影，则表示该区域没有元素，是一个空类；如果在某个区域写上加号“＋”，则表示该区域有元素，不是空类。我们用 Φ 表示空类，则某个区域如 SP 是空类，也可以表示为一个等式：$SP=\Phi$。某个区域不是空类，则可以表示为一个不等式，例如 $S\bar{P}\neq\Phi$。于是，

全称肯定命题 SAP 可以表示为 $S\bar{P}=\Phi$；

全称否定命题 SEP 表示为 $SP=\Phi$；

特称肯定命题 SIP 表示为 $SP\neq\Phi$；

特称否定命题 SOP 表示为 $S\bar{P}\neq\Phi$。

这四种直言命题的文恩图分别如图 3－17、图 3－18、图 3－19、图 3－20 所示：

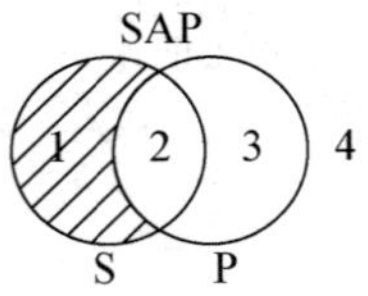

图 3－17

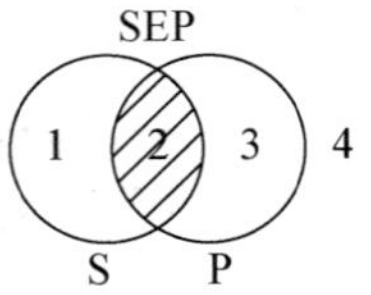

图 3－18

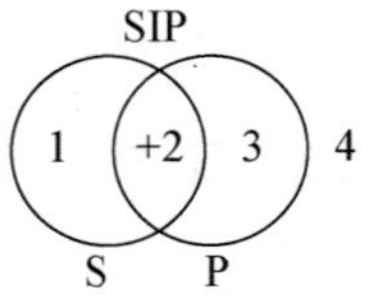

图 3－19

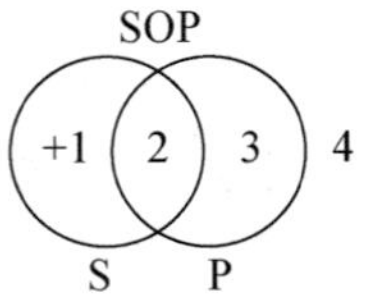

图 3－20

从 A、E、I、O 相应的文恩图可以看出，A 和 O、E 和 I 所断定的是完全相反的：A 断定区域 1 即 $S\bar{P}$ 部分是空的，而 O 断定此部分不空；E 断定 2 即 SP 部分是空的，而 I 断定此部分不空，因此它们是直接相互否定的，矛盾关系对它们仍然成立。但是，A 和 E 的断言并不互相否定，A 只说 1 即 $S\bar{P}$ 部分是空的，并没有说 2 即 SP 部分就一定有元素，因为当 S 和 P 中有一个是空类时，2 即 SP 部分也是空的，这正与 E 的断言 2 即 SP 部分为空巧合，所以 A 和 E 可以同时为真，反对关系不成立；同理可以验证下反对关系、差等关系也不成立。因此，文恩图没有假定直言命题具有存在含义。

可以用文恩图去验证任一三段论是否有效。由于三段论有 3 个词项，因此我们需要 3 个相互交叠的圆圈，如图 3－21 所示：

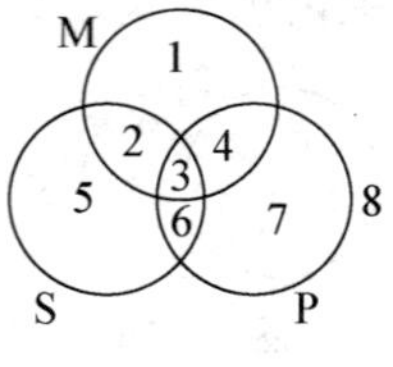

图 3－21

设 M 代表“医生”，S 代表“男人”，P 代表“抽烟者”，则这个文恩图把论域 U“人类”分割为 8 部分：1 表示 $M\overline{SP}$，即“不抽烟的女医生”；2 表示 $MS\bar{P}$，即“不抽烟的男医生”；3 表示 MSP，即“抽烟的男医生”；4 表示 $M\bar{S}P$，即“抽烟的女医生”；5 表示 $S\overline{MP}$，即“不抽烟、不是医生的男人”；6 表示 $SP\bar{M}$，即“不是医生的抽烟的男人”；7 表示 $\overline{MS}P$，即“不是医生的抽烟的女人”；8 表示 $\overline{MSP}$，即“不是医生、不抽烟的女人”。

用文恩图验证任一三段论是不是有效的三段论时，其步骤如下：

第一，画三个相互重叠的圆圈，分别代表大项、中项、小项。

第二，图解两个前提时，如果有一个是全称前提，另一个是特称前提，应先图解全称前提；在图解特称前提时，要注意表示某部分不空的记号"＋"所放的位置，假如不能确定应放在线的哪一边时，就把它放在线上。

第三，然后检查该文恩图，看两个前提的图解是否包含了结论的图解；如果包含了结论的图解，该三段论就是有效的，否则就是无效的。

这里仅举两个例子。

[例 38]

用文恩图检验 AAA-1 式是否有效。

解析： AAA-1 是 MAP，SAM，所以 SAP。用文恩图表示如下：

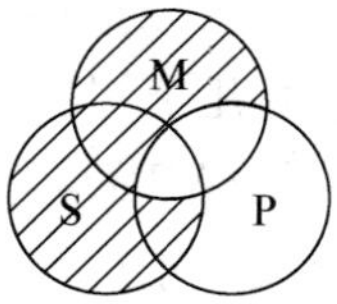

图 3-22

此图表明，当所有的 M 都是 P（即 $M\overline{P}=\Phi$）并且所有 S 都是 M（$S\overline{M}=\Phi$）时，结论"所有 S 都是 P"（即 $S\overline{P}=\Phi$）一定成立。因此，此三段论是有效的。

[例 39]

用文恩图检验下述三段论是否有效：

所有的克里特岛人都是说谎者，

所有的克里特岛人都是希腊人，

所以，有些希腊人是说谎者。

解析： 令 M 代表"克里特岛人"，S 代表"希腊人"，P 代表"说谎者"，则上述三段论的文恩图如下图所示：

图 3-23

根据大前提，我们得知 $M\overline{P}=\Phi$；根据小前提，我们得知 $M\overline{S}=\Phi$，但由此无法确定是否 $SP\neq\Phi$？这就表明其结论不能从其前提有效地得出，该三段论不是一个有效的推理。而这个三段论就是 AAI-3，我们前面已经说过，若不假定直言命题的存在含义，由两个全称前提推不出一个特称结论。而文恩图本身并不假定直言命题的存在含义。

但我们可以对文恩图做改进，把直言命题的主项存在假设考虑在内，即引入一个新符号"⊕"，表示文恩图中相应的区域不空，有元素存在。需要注意的是，"＋"表示特称命题本身所固有的存在含义，而"⊕"表示全称命题所隐含的存在假定。这样一来，

A命题和E命题可以用文恩图表示如下：

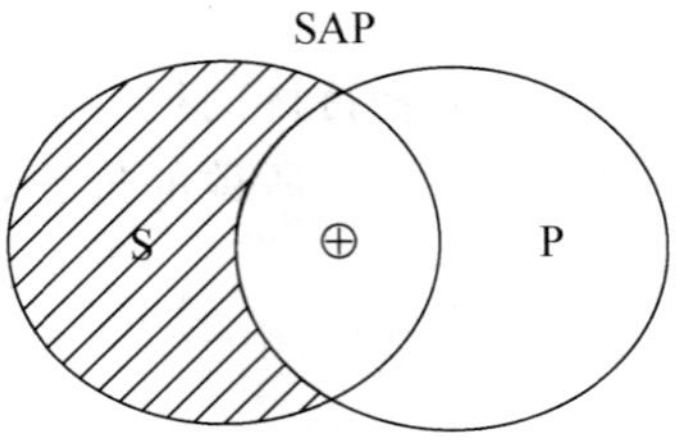

图 3-24

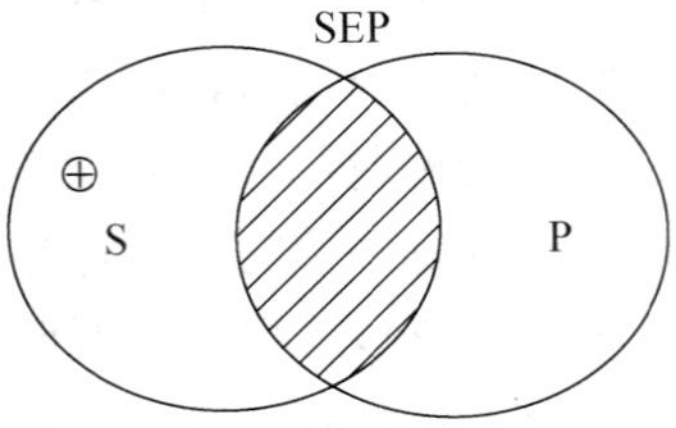

图 3-25

在SAP的图解中，S的左面部分涂上了阴影，表示那里无元素；因而，若S类确有对象的话，它们一定存在于S和P的重叠区域，故将⊕置于该区域。在SEP的图解中，S和P重叠的区域没有元素；若S类确有对象的话，它们一定存在于$S\overline{P}$的区域，故在该区域置入⊕。用经过如此改进的文恩图，可以证明词项逻辑中那些依赖存在假设的推理形式都是有效的。再考虑上一节分析过的几个例证。

关于例33：SAP→SIP。图3-24是SAP的经过改进的文恩图，它把SAP的主项存在假设明显化：既然在P之外的S部分无元素，而S确实有元素（主项存在），这些元素必定处在S和P的重叠区域，故SIP真，SAP→SIP这个推理形式有效。

关于例34：SAP→PIS。其文恩图仍是图3-24，理由也与例33相同。

关于例35：AAI-1，即MAP，SAM，所以SIP。若考虑到直言命题的主项存在假设，则该三段论式可用改进过的文恩图表示如下：

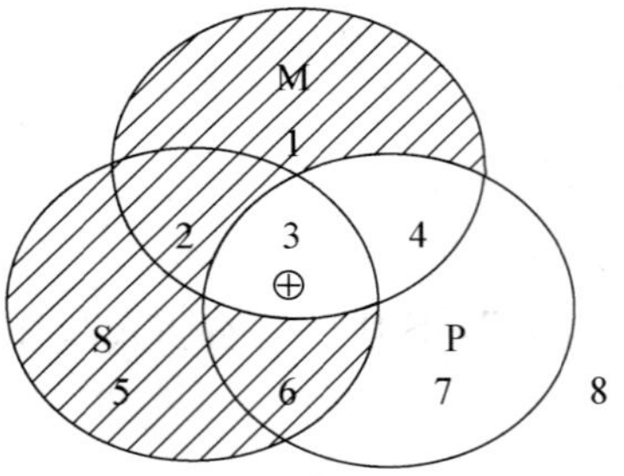

图 3-26

小前提SAM的主项S不在区域2、5和6，根据主项存在假设，故S必定在区域3，在其中内置入⊕，而该区域是S和P的重叠区域，故SIP真，AAI-1有效。

在9个由全称前提推特称结论的三段论中，AAI-1、EAO-1、AEO-2和EAO-2必须假设小项存在；AAI-3、EAO-3、AEO-4和EAO-4必须假设中项存在，AAI-4必须假设大项存在。这些词项被称为“关键词项”。

本章概要

词项逻辑是关于直言命题的逻辑性质及其推理关系的逻辑理论。

直言命题由主项、谓项、联项和量项构成。根据联项和量项的不同，直言命题有六种不同的类型：全称肯定命题、全称否定命题、特称肯定命题、特称否定命题、单称肯定命题、单称否定命题，前四种命题分别记为 A、E、I、O。直言命题之间的真假关系简称“对当关系”。

直接推理是由一个直言命题作为前提推出一个直言命题结论的推理，包括换质法、换位法、换质位法和对当关系推理。

三段论是由一个共同词项把两个直言命题连接起来、得到一个新的直言命题作为结论的推理。根据中项、大项和小项在前提中的不同位置，三段论分为四个格：第一格、第二格、第三格和第四格；根据组成三段论的三个命题的质与量的不同，三段论分为不同的式。三段论共有 256 个可能的式。三段论必须遵守一定的规则。一般规则适用于三段论的四个格，共有五条：(1) 只能有三个不同的词项。(2) 中项在前提中至少周延一次。(3) 在前提中不周延的词项，在结论中不得周延。(4) 两个否定前提不能得结论。(5) 前提有一个否定，结论必否定；结论否定，前提必有一个否定。特殊规则只适用于三段论的某一个格，并且是从一般规则推出来的。用这些规则可以区分三段论的有效式与无效式。三段论共有 24 个有效式。

词项逻辑有一个实质性假定，即直言命题具有存在含义，其主项和谓项非全非空。但是，它又试图纯形式地研究直言命题及其推理关系，该实质性假定并不参与这些形式变换过程，这就使得在这些过程中有可能出错。因此，词项逻辑有一些理论缺陷，如不太严格、有时需要依赖直觉。但它处理直言命题及其推理的方式与常识、直观比较相符，出错的机遇也比较小，仍然有实用价值。

可以用欧拉图和文恩图表示直言命题的各词项之间的关系，也可以用它们表示直接推理和三段论，并检验它们的有效性。

思考题

1. 把直言命题的主项和谓项的外延都处理成为一个类的做法是否合适？为什么？

2. 什么是直言命题中词项的周延性？直言命题中的词项在什么时候周延？周延问题为什么在词项逻辑中非常重要？

3. 三段论的公理化有什么意义？或更一般地说，形式化、公理化方法有什么意义或局限？

4. 自然语言中的全称命题和特称命题是否都有存在含义？为什么？在词项逻辑中究竟应该怎样处理存在含义问题才更合适？

5. 要发展出三段论这样的逻辑理论，需要什么样的思想前提和文化土壤？为什么中国古代没有发展出三段论理论？

练习题

1. 现有如下不标准的直言命题，请将其化归为标准形式。这些命题能否运用换质法、换位法和对当方阵进行直接推理？如果能，写出推理结果。

（1）没有人是不死的。

（2）人并不都是自私的。

（3）难道香山红叶不美吗?!

（4）无论什么困难都不是不可克服的。

（5）一切爱好和平的人都反对战争。

（6）只有不畏劳苦的人才有希望达到光辉的顶点。

（7）真的猛士敢于直面惨淡的人生。

（8）至少有一位客人不能来了。

（9）天上不会掉馅饼。

（10）是人都要穿衣吃饭。

2. 已知下述直言命题的真值，请写出其他三个同素材的直言命题及其真值。

（1）“秋菊都开白花”为假。

（2）“没有人能够一辈子不犯错误”为真。

（3）“有的玫瑰花是不带刺的”为假。

（4）“有的男人不怜香惜玉”为真。

3. 已知“没有政客是不说谎的”为真，请推出下述命题的真假。

（1）美国前总统克林顿说谎。

（2）政客并非都说谎。

（3）有的政客说谎。

（4）没有一个政客说谎。

（5）并非有政客不说谎。

（6）美国前总统克林顿不说谎。

4. 指出下列三段论的格与式，如果是省略三段论，则把它补充为完整三段论，并用5个基本规则判定其是否正确，如不正确，犯有什么逻辑错误?

（1）所有天才都是有怪癖的，有些伟大的棋手不是天才，所以，有些伟大的棋手没有怪癖。

（2）没有共和党人是驴子，有些共和党人是政治家，所以，所有政治家不是驴子。

（3）所有用草做成的东西都是绿色的，有些用草做成的东西是雪茄，所以，有些雪茄是绿色的。

（4）没有规则有例外，有例外的东西就不能严格执行，所以，所有规则都能够严格执行。

（5）所有兔子都是跑得很快的动物，所以，有些马是兔子。

（6）所有的懒汉都是穷人，约翰不是懒汉，所以，约翰不是穷人。

（7）有些士兵是懦夫，任何懦夫都不是英雄，所以，有些士兵是英雄。

（8）没有知识分子是成功的政治家，因为知识分子不会耍手腕。

5. 请用三段论的一般规则，证明第四格的规则。

（1）如果有一个前提否定，则大前提必须全称。

（2）如果大前提特称，则两个前提都必须肯定。

（3）如果小前提特称，则大前提必须全称否定。

（4）如果大前提肯定，则小前提必须全称。

（5）如果小前提肯定，则结论必须特称。

6. 运用三段论的一般规则，求：

（1）结论为全称肯定命题的所有有效三段论格式。

（2）大前提为特称肯定命题的所有有效三段论格式。

（3）词项的周延总次数最少的所有有效三段论格式。

（4）词项的周延总次数最多的所有有效三段论格式。

7. 将 AEO—2、AOO—2、EAE—2、EAO—2、EIO—2、AAI—3、AII—3、EAO—3、EIO—3、IAI—3、AAI—4、AEE—4、AEO—4、EAO—4、EIO—4 化归为第一格的有效式。

8. 随机选取一些三段论格式：（1）运用三段论的一般规则判断其是否有效；（2）运用欧拉图或文恩图验证其是否有效。

9. 一位同学设计了如下图所示的文恩图来同时表示四个词项的概念外延关系。该图是否存在问题？

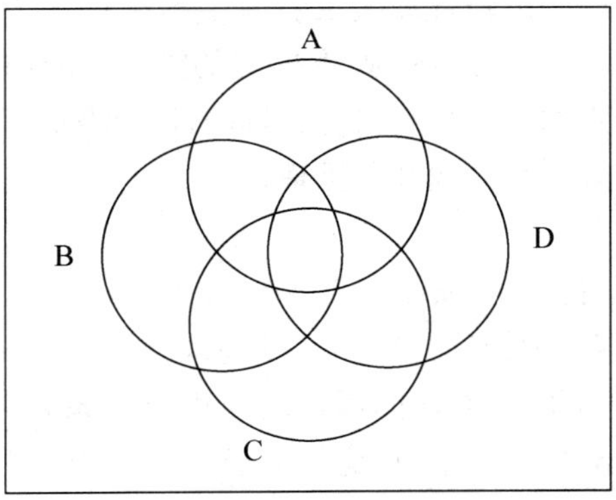

第四章 谓词逻辑

命题逻辑刻画复合命题的逻辑性质及其推理关系，词项逻辑刻画直言命题的逻辑性质及其推理关系。它们各自都有很强的处理推理的能力，能够判别相应范围的推理究竟是有效还是无效。不过，它们各自都有自己的局限性，例如：

第一，它们都不能处理关系命题及其推理。

[例 1]

(1) 2 小于 3，3 小于 4，所以，2 小于 4。

(2) 有的投票人赞成所有的候选人，所以，所有的候选人都有人赞成。

这里，(1) 是一个最普通的关系推理，因为小于关系是传递的，因此，从“2<3”和“3<4”，明显可以推出“2<4”。但是，由于命题逻辑不分析简单命题的内部结构，它就只能把 (1) 分析为：

(1′)

$$\frac{\begin{array}{l} p \\ q \end{array}}{\text{所以，}r}$$

即从任意两个命题推出任意的第三个命题。这样的推理当然不会是有效的。按词项逻辑的方法，(1) 只能分析为：

(1″)

$$\frac{\begin{array}{l} \text{2 是小于 3 的，} \\ \text{3 是小于 4 的，} \end{array}}{\text{所以，2 是小于 4 的。}}$$

但是，作为直言命题，“2 是小于 3 的”的主项是“2”，谓项是“小于 3 的”；“3 是小于 4 的”的主项是“3”，谓项是“小于 4 的”。也就是说，这两个命题没有相同的主项和谓项，相互之间建立不起任何关系，也就推不出任何结论。

同样，按命题逻辑的处理方法，(2) 只能分析为：p，所以 q，即从任意一个命题推出了另外一个任意的命题。这样的推理当然不会是有效的。按词项逻辑的方法，(2) 只能分析为：

(2′) 有的投票人是赞成所有候选人的（人），所以，所有候选人都是有人赞成的（人）。

其中，前提的主项是“投票人”，谓项是“赞成所有候选人的（人）”；结论的主项是“候选人”，谓项是“有人赞成的（人）”。前提和结论的主、谓项完全不相同，建立不起任何推理关系。

之所以如此，是因为（1）和（2）都是关系推理，其中的关系是个体与个体之间的关系，命题逻辑因为不分析命题的内部结构，无法处理个体之间的关系；词项逻辑对命题做主谓式分析，因而只能处理（某个数量的）对象是否具有某种性质的问题，同样也不能处理个体之间的关系。关系命题及其推理处在命题逻辑和词项逻辑的视野之外。

第二，它们都不能处理量词内部含联结词结构的命题及其推理。

[例 2]

任一自然数，如果它能够被 2 整除，则它是偶数；如果它不能被 2 整除，则它不是偶数。有的自然数不能被 2 整除，所以，有的自然数不是偶数。

根据直觉，这个推理是有效的。但是，由于命题逻辑不分析一个简单命题的内部结构，故像“任一自然数，如果它能够被 2 整除，则它是偶数；如果它不能被 2 整除，则它不是偶数”这样一个量词里面含联结词结构的复杂命题，也只能处理为 p，后两个命题只能分别处理为 q 和 r，整个推理处理为：p，q，所以 r。这样的推理形式不可能是有效的。对于如上所述的复杂命题，词项逻辑也没有办法处理，因此无法判别例 2 是不是一个有效推理。

第三，它们都不能处理多重量化，即量词结构里面还含有其他量词的语句及其推理关系。

[例 3]

(1) 如果有的自然数小于等于任一自然数，则有自然数小于等于它自己。

(2) 如果任何一条鱼都比任何一条比它小的鱼游得快，那么，有一条最大的就有一条游得最快的鱼。

因此，我们需要有另外的命题分析方法，以及由这种分析方法所派生的另外的推理分析手段，去说明和刻画人们的思维中常用的关系命题及其推理，以及量词里面含联结词结构的命题及其推理。这就是谓词逻辑所要做的事情。

第一节 个体词 性质谓词 量词和公式

与词项逻辑一样，谓词逻辑也要深入一个简单命题的内部，把该命题拆分为不同的部分；但它不是像词项逻辑那样，对一个简单命题做主谓式分析，而是把该命题拆分为个体词、谓词、量词，常常还要加上联结词。

一、个体词

个体词就是表示对象域中的个体的符号，包括个体变项和个体常项。

个体变项使用小写字母 x，y，z……表示某个特定范围内的某个不确定的对象。个体常项使用小写字母 a，b，c……表示某个特定范围内的某个确定的对象。这里所说的“某个特定的范围”，用更专门的术语来说，叫作“论域”或“个体域”（domain），即由一定对象所组成的类或者集合，论域规定了个体变项的取值范围，因此也叫作个体变项的“值域”。论域一般是“全域”（universe），即由世界上所有现实事物组成的集合，例如我们日常谈话的特点是：话题飘忽不定，天上地下，无所不包；古往今来，无所不涉；语意阑珊，话随意至。这时所使用的论域肯定不是特定的，例如只涉及自然数或者人或者动物，而是包括世界上一切事物在内的全域。当个体域是全域时，个体变项 x，y，z……就表示世界上的某个东西（或事物）。但是，我们有时候确实是在一个具体的范围内说话，例如数学家在构造一个自然数理论时，动物学家在建构一个动物学理论时，所讨论的都是与此一范围内的对象有关的问题。这时候，个体域就没有必要取全域，而是取特定的个体域，即满足一定条件的事物构成的集合，例如“自然数的集合”，“动物的集合”，“人的集合”等。在取定论域之后，个体常项指称论域中某个特定的对象，随论域的不同，这些对象可以是 1、长城、毛泽东；个体变项 x，y，z……则表示论域中某个不确定的个体，随论域的不同，它们的值也有所不同。例如，如果论域是全域，个体变项 x 就表示某个事物；如果论域是“人的集合”，则个体变项 x 就表示某个人；如果论域是“自然数的集合”，则 x 就表示某个自然数。

需要指出的是，在谓词逻辑的语言中，可以没有个体常项，引入它们主要是为方便起见。例如，数学家在讨论自然数理论时，要经常谈到两个特定的自然数，即 0 和 1，按照皮亚诺（G. Peano，1858—1932）的自然数归纳定义，全部自然数都可以用 0 和 1 定义出来。由于个体变项表示论域中的某个不确定的个体，因此若用变项去表示 0 和 1 将很不方便，至少是过于麻烦和啰嗦，于是就引入两个专门符号如 a 和 b 表示它们。这就是个体常项。

二、一元谓词和性质　原子公式

个体是我们要谈论的对象，关于它们我们谈论些什么呢？首先谈论它们的性质。性质是单个对象所具有的，例如，黄河是中华民族的母亲河，在历史上也曾多次造成重大灾害，目前严重缺水，等等；这里，黄河是我们所谈论的对象，是一个特定的个体，而述说关于黄河的一些事情时，我们实际上是在用一系列谓词去描述黄河，从而形成关于黄河的一组句子。再如，下述情形也同样如此：某个人有一米八五的个子，人很好，长得很帅，并且非常聪明，等等。所有这些谈论都是关于具体对象的具体谈论，逻辑学家所关注的是为各种具体谈论所共有的模式，所以，他们所关注的不是特定个体，而是个体变项；也不是具体谓词，而是谓词符号，用大写字母 F，G，R，S……表示，目前限定：只把这些谓词符号用于单个的个体词，叫作“一元谓词符号”，经过解释之后，它们表示论域中个体的某个具体性质，例如“……是自然数”，“……是中华人民共和国的首都”，“……是善良的”等。因此，一元谓词符号表示个体的性质。

如果一个谓词符号后面跟着写在一对括号内的一个个体词（个体常项或个体变项），我们就得到最初的也是最基本的公式，叫作“原子公式”，例如 F(a)、G(x)，它们分别表示“a 是 F”“x 是 G”。显然，随个体域的不同，a、x 可以代表不同的对象，F、G 也可以表示不同的性质。在这种形式之下，它们代表了某个句子模式或框架，本身没有真假可言，但如果对其中的个体词或谓词做具体的解释，例如，令“a 是 F”表示“北京是中华人民共和国的首都”，“x 是 G”表示“某个自然数是偶数”，前者就有确定的真假。而后者如果确定了 x 究竟指称哪个自然数，也有确定的真假。于是，原子公式也有两个可能的真值：真，假。

三、量词和量化公式

我们不仅泛泛地谈论对象，而且谈论某个范围或数量的对象，例如“有些天鹅是白的”，“所有人都是有死的”，因此我们还需要量词。量词包括全称量词“∀”（英文单词 All 的首字母变形）和存在量词“∃”（英文单词 Exist 的首字母变形），它们可以加在如上所述的原子公式前面，形成所谓的“量化公式”，例如：

$\forall xF(x)$，读作“对于所有 x，x 是 F”。

$\exists xF(x)$，读作“存在 x 使得 x 是 F”。

由于个体常项只表示一个特定的对象，因此个体常项前面不能加量词，例如，我们只能说“毛泽东如何如何”，而不能说“所有毛泽东如何如何”“有些毛泽东如何如何”，因为毛泽东只有一个。

原子公式和量化公式还可以用第二章中的命题联结词连接起来，形成更复杂的公式，例如：

$\forall x(F(x)\rightarrow G(x))$

$\exists xF(x)\wedge\forall y H(y)$

至此，我们可以把上面所说的东西总结如下：

Ⅰ. 一元谓词逻辑的初始符号

(i) 个体变项：x，y，z……

(ii) 个体常项：a，b，c……

(iii) 谓词符号：F，G，R，S……

(iv) 量词：∀，∃

(v) 联结词：¬，∧，∨，→，↔

(vi) 辅助性符号：逗号“,”，左括号“(”，右括号“)”

Ⅱ. 一元谓词逻辑的公式

(i) 一个谓词符号 F，后面跟有写在一对括号内的一个个体变项或一个个体常项，是原子公式。

(ii) 如果A是公式，则$\neg A$是公式。

(iii) 如果A和B都是公式，则 $(A \wedge B)$、$(A \vee B)$、$(A \rightarrow B)$、$(A \leftrightarrow B)$ 是公式。

(iv) 如果A是公式，则$\forall xA$、$\exists xA$是公式。

(v) 只有按以上方式形成的符号串是公式。

量词有其管辖的范围，简称“辖域”。分两种情形：

(i) 如果一个量词后面无括号，该量词后面最短的公式就是该量词的辖域。例如，在$\forall xF(x) \wedge G(x)$中，全称量词$\forall x$的辖域只包括$F(x)$，不包括$G(x)$。

(ii) 如果一个量词后面有括号，则处于括号内的公式是该量词的辖域。例如，对于$\forall x(F(x) \rightarrow G(x))$而言，全称量词$\forall x$的辖域是$F(x) \rightarrow G(x)$；在$\exists x \forall y(F(x) \wedge H(y))$中，存在量词$\exists x$的辖域是$\forall y(F(x) \wedge H(y))$，全称量词$\forall y$的辖域是$F(x) \wedge H(y)$；在公式$G(y) \rightarrow \forall x(\neg F(x) \leftrightarrow G(y))$中，全称量词$\forall x$的辖域是$\neg F(x) \leftrightarrow G(y)$，公式开头的子公式$G(y)$不在它的辖域之内。

有必要区分“一个公式中所出现的变项”和“一个变项在一个公式中的出现”。例如，在公式$\exists x(T(x) \wedge \forall y(H(y) \rightarrow S(z)))$中，总共出现了三个不同的个体变项x、y和z，但x出现了两次，y也出现两次，z只出现一次。

一个变项的某一次出现，如果处于量词$\forall x$或$\exists x$的辖域之内，并且与量词所含变项相同，或作为与该量词一起出现的变项（指导变项），则称该变项的这一次出现是“约束出现”，否则叫“自由出现”。

例如，$\forall x(F(x) \rightarrow G(x))$中，x的出现都是约束出现；在$\exists x \forall y(F(x) \wedge H(y))$中，x和y的出现也都是约束出现；但在$G(y) \rightarrow \forall x(\neg F(x) \leftrightarrow G(y))$中，y第一次出现在$G(y)$中时不被任何量词所约束，是自由出现；但在$\forall x(\neg F(x) \leftrightarrow G(y))$中，x是约束出现，y是自由出现。

一个变项，如果在一个公式中有约束出现，则称它是“约束变项”；如果在一个公式中有自由出现，则称它是“自由变项”。显然，在一个公式中，一个个体变项可以既是约束变项又是自由变项。

一个含有至少一个自由变项的公式，叫作“开公式”，例如$F(x)$、$\exists xR(x, y)$。一个不含任何自由变项的公式，叫作“闭公式”，例如$G(a)$、$\exists xF(x)$、$\forall y(G(y) \leftrightarrow H(y))$。在给定论域和谓词符号、常项的解释之后，闭公式有确定的意义，因而也有确定的真假。而开公式的意义和真值除了论域和谓词符号、常项的解释之外，还需要对自由变项的指派才能确定。

有了上面的符号工具之后，我们可以把自然语言中任意复杂的性质命题符号化，变成谓词逻辑中的公式。

四、自然语言中性质命题的符号化

与词项逻辑对直言命题做主谓式分析不同，谓词逻辑把直言命题形式上的主词和谓词都变成谓词，另外找出了逻辑主词，即个体变项x、y、z等。在不限定论域，即论域为全域时，6种直言命题可分别以如下方式符号化：

1. 全称的直言命题应符号化为一个全称蕴涵式。

例如，SAP 应该符号化为：

$$\forall x(S(x)\to P(x))$$

读作："对于任一 x 而言，如果 x 是 S，则 x 是 P。"例如，令 SAP 为"所有北大学生都是聪明的"，并用 S 表示"北大学生"，用 P 表示"聪明的"，则该句子符号化为相应的公式后，其意思是："对于任一 x 而言，如果 x 是北大学生，则 x 是聪明的。"这正是"所有北大学生都是聪明的"所表达的意思。

类似地，SEP 应符号化为：

$$\forall x(S(x)\to\neg P(x))$$

读作："对于任一 x 而言，如果 x 是 S，则 x 不是 P。"例如，当把"所有的奢侈品都不是便宜的"符号化为相应的公式后，其意思是："对于任一 x 而言，如果 x 是奢侈品，则 x 不是便宜的。"

注意，不能把 SAP 符号化为 $\forall x(S(x)\wedge P(x))$，因为当论域为全域时，此公式表示全域内的所有事物都是 S 并且都是 P。若把 S 和 P 分别理解为"北大学生"和"聪明的"，则此公式表示论域中的所有事物都是北大学生，并且都是聪明的。这是一个明显为假的命题，例如某支粉笔既不是北大学生也不聪明。同样的道理，也不能把 SEP 符号化为 $\forall x(S(x)\wedge\neg P(x))$。

2. 特称的直言命题应符号化为存在合取式。

例如，SIP 应该符号化为：

$$\exists x(S(x)\wedge P(x))$$

读作："存在着这样的 x，使得 x 是 S 且 x 是 P。"例如，当把"有的天鹅是白色的"翻译成相应的公式后，其意思是："存在着这样的 x，使得 x 是天鹅并且 x 是白色的。"这正是"有的天鹅是白色的"所表达的意思。

类似地，SOP 应该符号化为：

$$\exists x(S(x)\wedge\neg P(x))$$

读作："存在着这样的 x，使得 x 是 S 但 x 不是 P。"例如，当把"有些哺乳动物不是胎生的"变成相应的公式后，它的意思是："存在着这样的 x，使得 x 是哺乳动物，但 x 不是胎生的。"

注意，特称命题不能符号化为存在蕴涵式。例如，SIP 不能符号化为：

$$\exists x(S(x)\to P(x))$$

因为若可以这样转换的话，则有可能使明显为假的句子成为真的。令 SIP 为"有些懒汉是勤劳的"，这是一个自相矛盾的命题，不可能为真。若令 S 表示"懒汉"，P 表示"勤劳的"，并且若该命题的谓词逻辑公式是 $\exists x(S(x)\to P(x))$，后者逻辑等值于 $\exists x(\neg S(x)\vee P(x))$，而最后这个公式是说："存在着这样的 x，使得 x 不是懒汉或者 x 是勤劳的。"这是一个真公式！因为全域中显然有个体不是懒汉，也有个体是勤劳的。

3. 单称的直言命题应符号化为原子公式。

例如，"《春江花月夜》是一支中国古代名曲"可以符号化为：

$$F(a)$$

读作："a是F"，其中"a"代表《春江花月夜》，"F"代表"一支中国古代名曲"。

又如，"周作人不是一位有民族气节的人"可以符号化为：

$\neg P(b)$

读作："b不是P"，这里"b"代表周作人，"P"代表"一位有民族气节的人"。

如前所述，有时候我们是在一个特定的范围内讨论问题，例如数学家在建构自然数算术时，他所谈论的都是自然数，这时他就没有必要把论域设定为全域，而只需要把它设定为"自然数的集合"。人类学家在建构关于人的理论时，他所谈论的都是人，这时他也只需要把论域设定为"人的集合"。在这种情况下，个体变项自动表示该特定论域中的某个不确定对象，个体常项则表示该特定论域中的某个特定对象，这样，相应的符号公式就可以简化。例如，当论域为"自然数集"时，

"所有的自然数都是整数"应符号化为：$\forall xS(x)$，这里S代表"整数"；

"所有的自然数都不是负数"应符号化为：$\forall x\neg P(x)$，这里P代表"负数"；

"有些自然数是奇数"应符号化为：$\exists xF(x)$，这里F代表"奇数"；

"有些自然数不是偶数"应符号化为：$\exists x\neg G(x)$，这里G代表"偶数"；

"3是一个素数"应符号化为：$H(a)$，这里a表示自然数3，H代表"素数"；

"133不是一个能被3整除的数"应符号化为：$\neg H(b)$，这里b表示自然数133，H代表"能被3整除的数"。

当论域限定为某个特定论域时，有关命题的谓词逻辑公式要简单得多。不过，这种情况不具有一般性，除非特别说明，我们一般不限定论域，论域均为全域。

［例4］

在我们的身边有这样一群人，他们虽然有名字，但或许连他们自己都已经忘却。他们在浴室里被唤作"搓澡的"，在市场里被唤作"卖菜的"，在车站里被唤作"扛包的"，在马路边被唤作"疏通下水道的"和"送煤气的"——他们就是我们的民工兄弟。

解析：如果把论域限定为全域，并且用H表示"是人"，用M表示"有名字"，用F表示"或许连他们自己也忘记了自己的名字"，用C表示"在浴室里被唤作'搓澡的'"，用S、K、T、Q等依次表示后面的那些谓词，用P表示"是我们的民工兄弟"，由于这些身份对于某位具体的民工来说是选择性的，即可以兼几种身份，但不必然兼所有这些身份，因此各子句之间应该用"∨"（析取）连接，而不是合取。于是，上面那段话的谓词逻辑符号化就是：

$$\exists x(H(x)\wedge M(x)\wedge F(x)\wedge(C(x)\vee S(x)\vee K(x)\vee T(x)\vee Q(x))\wedge P(x))$$

如果把论域限定为"人的集合"，于是个体变项x自动就表示是某个人，上面公式中表示"是人"的那个支命题就可以删去。顺便指出，上面这段话所传达的思想或情绪是好的。尽管人们之间有各种各样的差别，但是按照"天赋人权"和"人人生而平等"的学说，所有人在人格上都是平等的，都应该受到尊敬。相反，居高临下，鄙视贫者，欺负弱者，唯一说明的是当事者本身品格的低下。所以，一位父亲对他当警察的儿子的忠告是：不要跟卖苦力的过不去，不要仗势欺人。确实，我们都应该学会平等地对待每一个人，不论他是弱者还是强者。

第二节 关系谓词 重叠量化 二元关系的性质

一、关系谓词 量词的重叠 重叠量化式

如前所述，个体本身不仅具有一定的性质，相互之间还发生一定的关系。在日常语言中，把断定个体之间具有某种关系的命题叫作“关系命题”。

［例 5］

（1）$E=mc^2$。

（2）牛郎爱织女。

（3）约翰把一束漂亮的玫瑰花献给了玛丽。

关系命题包括三个要素：个体词、关系谓词和量词。个体词是表示具有某种关系的对象的语词，如上面的例子中的“E”“约翰”“牛郎”等。关系谓词是表示对象之间所具有的关系的语词，如“＝”“爱”“把……献给……”等。从形式上看，关系谓词与性质谓词没有实质性区别，只不过后者涉及一个个体，而前者涉及两个或两个以上的个体。发生在两个对象之间的关系叫作“二元关系”，发生在三个对象之间的关系叫作“三元关系”，依此类推，发生在 n 个对象之间的关系叫作“n 元关系”。例如，在上面的例子中，“…＝…×…×…”是四元关系，“爱”是二元关系，“把……献给”是三元关系。因此，当我们除了性质谓词之外，还需要关系谓词时，我们并不需要特别引入与性质谓词不同的关系谓词，而只需要把前面“替换谓词符号的只能是一元谓词”这个限定去掉，允许谓词符号可以是任一 n 元的，由此得到的谓词逻辑语言通常叫作“一阶语言”。下面所给出的是最简单的一个。

一阶语言 *L*

Ⅰ．初始符号

(i) 个体变项：x，y，z……

(ii) 个体常项：a，b，c……

(iii) 谓词符号：F，G，R，S……

(iv) 量词：∀，∃

(v) 联结词：¬，∧，∨，→，↔

(vi) 辅助性符号：逗号“,”，左括号“(”，右括号“)”

Ⅱ．形成规则

(i) 一个 n 元谓词符号 F，后面跟有写在一对括号内并用逗点适当分开的 n 个个体词（n≥1），是原子公式。

(ii) 如果 A 是公式，则¬A 是公式。

(iii) 如果 A 和 B 都是公式，则（A∧B）、(A∨B)、(A→B)、(A↔B）是公式。

(iv) 如果 A 是公式，则∀xA、∃xA 是公式。

(v) 只有按以上方式形成的符号串是公式。

为了使公式看起来简单明了，这里也像命题逻辑语言一样约定一些括号省略规则。

（1）公式最外层的括号可以省略。

（2）依联结词结合力约定可以省略一些括号。

（3）形如 $(A\land B)\land C$ 的公式可写作 $A\land B\land C$；形如 $(A\lor B)\lor C$ 的公式可写作 $A\lor B\lor C$；形如 $A\rightarrow(B\rightarrow C)$ 的公式可写作 $A\rightarrow B\rightarrow C$。

（4）公式 $F(t_1, \cdots, t_n)$ 可简写为 $Ft_1\cdots t_n$。如 $R(x, y, z)$ 简写为 Rxyz。

根据以上的形成规则，可以依次判定下列符号串是不是公式：

（1）$\exists x(F(x)\leftrightarrow\neg\forall y\neg F(y))$

（2）$\neg\forall x\neg(\exists yF(x)\rightarrow\forall zR(x,y,z))$

（3）$\forall x(\exists xF(x)\lor\neg\forall y\neg R(x,y))$

（4）$\forall x\forall y(T(z)\land H(y))$

以上都是该一阶语言的公式。以（1）为例，由于 $F(y)$ 是公式，所以 $\neg F(y)$ 是公式，所以 $\forall y\neg F(y)$ 是公式，所以 $\neg\forall y\neg F(y)$ 是公式；又由于 $F(x)$ 是公式，所以 $F(x)\leftrightarrow\neg\forall y\neg F(y)$ 是公式，所以 $\exists x(F(x)\leftrightarrow\neg\forall y\neg F(y))$ 是公式。

这里出现了重叠的量词和重叠的量化式。所谓“重叠量词”，就是在一个量词的辖域内还有另外的量词。包含重叠量词的公式就叫作“重叠量化式”，如上面的（2）、（3）、（4）都含有重叠量词，因而都是重叠量化式。在重叠量化式中，如果有两个量词重复约束某个变项 x，如在（3）中，$F(x)$ 中的 x 既受存在量词 $\exists x$ 约束，又受整个公式最前端的全称量词 $\forall x$ 约束，这叫作“重复约束”。在（4）中，公式最前端的全称量词 $\forall x$ 在后面没有约束的对象，这叫作“空约束”。有些谓词逻辑系统不允许重复约束和空约束，这将使公式定义（即形成规则）以及公理（如果有的话）和推理规则的陈述变得相当复杂和麻烦，而允许重复约束和空约束将使这些东西的陈述变得相对简单和方便，并且也没有什么严重的理论后果。所以，现在人们一般选择允许重复约束和空约束。并且，在重叠量化式中，量词的秩序是不能随便更改的，例如，$\forall x\exists yR(x,y)$ 就不能随便改成 $\exists y\forall xR(x,y)$，前者为真时后者可以为假，后面将证明这一点。

至少还应该指出两点：

首先，一阶语言的形成规则中所提到的 A、B、C 等，是表示公式的元变项，它们不是谓词，而是具有任一复杂度的公式，例如 $\forall xA$、$\exists xA$ 只是表明在公式 A 前面分别有全称量词和存在量词，至于 A 本身是什么样子，则没有任何具体限定，于是：

$\forall x(\exists xF(x)\lor\neg\forall y\neg R(x,y))$

$\forall x\forall y(T(z)\land H(y))$

分别都是 $\forall xA$ 的特例，而

$\exists z(\exists xF(x)\leftrightarrow\neg\forall y\neg F(y,z))$

$\exists x(\exists y(F(x)\rightarrow\forall zR(x,y,z)))$

也分别是 $\exists xA$ 的特例。这一点在后面陈述谓词逻辑的有关规则时特别重要。

其次，上面的一阶语言实际上是最小的谓词逻辑语言，只要把其中的原子公式看作命题逻辑中的变项 p，q，r，s……它就包含了命题逻辑语言中的所有成分，因此谓词逻辑语言是命题逻辑语言的扩充，即是说，命题逻辑的初始符号都是谓词逻辑的符号，命

题逻辑的公式也都是谓词逻辑的公式，但反之不然。后面还会表明，实际上，整个谓词逻辑都是命题逻辑的扩充，即是说，命题逻辑的推演规则都是谓词逻辑的规则，命题逻辑的定理也都是谓词逻辑的定理，但反之不然。

二、自然语言中关系命题的符号化

有了一阶语言之后，我们可以把例 5 中的三个关系命题依次符号化为：

(1′) S(e，m，c，c)

(2′) L(a，b)

(3′) P(a，x，c)

显然，个体变项和个体常项的次序是十分重要的，R(a，b) 表示 a 与 b 有 R 关系，而 R(b，a) 则表示 b 与 a 有 R 关系，这两者的不同就像“2＜3”和“3＜2”的不同一样。

有些关系命题带有量词，如：

[例 6]

(1) 牛郎不爱有些爱织女的男人。

(2) 织女爱每一个爱牛郎的人。

(3) 有的投票人赞成所有的候选人。

(4) 所有的电影明星都是出名的演员，因为所有出名的电影明星都是演员。

它们分别可以符号化为：

(1′) $\exists x(M(x)\wedge L(x,a)\wedge\neg L(b,x))$

读作：“存在这样的 x，使得 x 是男人，并且 x 爱 a（织女），但 b（牛郎）不爱 x。”

(2′) $\forall x(H(x)\wedge L(x,b)\rightarrow L(a,x))$

读作：“对于任一的 x 而言，如果 x 是人并且 x 爱 b（牛郎），则 a（织女）爱 x。”

(3′) $\exists x(T(x)\wedge\forall y(H(y)\rightarrow Z(x,y)))$

读作：“存在这样的 x，使得 x 是投票人，并且对于任一 y，若 y 是候选人，则 x 赞成 y。”

(4′) $\forall x(D(x)\wedge Z(x)\rightarrow Y(x))\rightarrow\forall x(D(x)\rightarrow Y(x)\wedge Z(x))$

读作：“如果对于所有 x 而言，若 x 是出名的电影明星则 x 是演员，那么，对于所有 x 而言，若 x 是电影明星则 x 是出名的演员。”

用以上方法可以表示任一复杂度的关系推理，即以关系命题作为前提和结论的推理。

[例 7]

(1) 有的投票人赞成所有的候选人，所以，所有的候选人都有人赞成。

(2) 如果任何一条鱼都比任何一条比它小的鱼游得快，那么，有一条最大的鱼就有一条游得最快的鱼。

使用谓词逻辑的工具，可以把这两个推理符号化为：

(1′) $\exists x(T(x)\wedge\forall y(H(y)\rightarrow Z(x,y)))\rightarrow\forall y(H(y)\rightarrow\exists x(T(x)\wedge Z(x,y)))$

(2′) $\forall x\forall y(F(x)\wedge F(y)\wedge D(x,y)\rightarrow K(x,y))\rightarrow(\exists x(F(x)\wedge\forall y(F(y)\rightarrow D(x,y)))\rightarrow\exists x(F(x)\wedge\forall y(F(y)\rightarrow K(x,y))))$

由此可见，谓词逻辑的符号表达能力是足够强的，它不仅能够表达所有的性质命题，而且能够表达所有的关系命题，以及性质命题与关系命题相结合的推理。当然，日常语言中的许多副词如“必然”、“可能”、“应该”及“允许”等，有些动词如所谓的命题态度词“知道”、“相信”、“怀疑”及“断定”等，是谓词逻辑所不能表达的。

三、二元关系的逻辑性质　排序问题

不同的关系有不同的逻辑性质。这里主要考虑二元关系的逻辑性质，即关系的自反性、对称性和传递性：

（1）一关系R是自反的，当且仅当，对任一x而言，x与它自身有R关系，即$\forall xR(x, x)$。

为简便起见，我们把所有不满足这一条件的关系（即满足$\exists x\neg R(x, x)$的关系）都叫作“非自反关系”。例如，“等于”“与……同一”是自反关系，而“大于”、“小于”、“欣赏”、“战胜”和“知道”是非自反关系。特别地，如果任意x与自身都没有R关系，即$\forall x\neg R(x, x)$，则称R是禁自反的。

（2）一关系R是对称的，当且仅当，对任一x和y而言，如果$R(x, y)$，则$R(y, x)$，即$\forall x\forall y(R(x,y)\rightarrow R(y,x))$。

也就是说，如果第一个对象与第二个对象有R关系，则第二个对象与第一个对象也有R关系。我们把所有不满足这一条件的叫作“非对称关系”。例如，“等于”、“同学”、“相邻”和“接壤”是对称关系，而“爱”、“认识”、“相信”、“尊敬”、“大于”和“小于”是非对称关系。从“红霞爱阳光”绝对推不出“阳光爱红霞”，因为“爱”是不对称关系。也正因为如此，才演绎出那么多悲欢离合的故事，才产生出像《罗密欧与朱丽叶》《红楼梦》这样的文学经典，也使得“爱”是一件值得去追求和值得去珍惜的事情。在这个意义上，也许我们应该感谢“爱”的不对称性。特别地，如果任意x，y都不能对称，即$\forall x\forall y\neg(R(x, y)\wedge R(y, x))$，则称R是禁对称的。若R满足$\forall x\forall y(R(x,y)\wedge R(y,x)\rightarrow(x=y))$，则称R具有反对称性（“=”的含义参见本章第六节）。

（3）一关系R是传递的，当且仅当，对任一x、y和z而言，如果$R(x, y)$并且$R(y, z)$，则$R(x, z)$，即$\forall x\forall y\forall z(R(x,y)\wedge R(y,z)\rightarrow R(x,z))$。

也就是说，如果第一个对象与第二个对象有R关系，并且第二个对象与第三个对象也有R关系，则第一个对象与第三个对象也具有R关系。例如，“大于”、“小于”、“在……之前”和“在……之后”是传递关系。我们把所有不满足这一条件的关系都叫作“非传递关系”，例如“朋友”、“认识”、“爱”、“战胜”和“父子”。

如果根据一个关系，能够在对象之间排出某种次序来，每个对象在这种次序中有一个唯一确定的位置，这样的关系叫作“严格偏序关系”，它必定满足禁对称性和传递性。例如，“大于”、“小于”、“快于”、“在……之前”、“在……之后”和“在……北边”等，都是严格偏序关系。还有一种非严格偏序关系，它满足自反性、反对称性和传递性，例如“小于等于”“大于等于”“不晚于”“不早于”等。

[例 8]

甲和乙任何一人都比丙、丁高。

如果上述为真，再加上以下哪项，则可得出“戊比丁高”的结论?

A. 戊比甲矮。

B. 乙比甲高。

C. 乙比甲矮。

D. 戊比丙高。

E. 戊比乙高。

解析:“比……高”是一传递关系，要得到“戊比丁高”的结论，就需要戊比某个人高，而这个人又比丁高，符合条件的只有选项 E“戊比乙高”，由题干知道，乙比丁高，最后得到戊比丁高。因此，正确的选项是 E。

[例 9]

有四个外表看起来没有分别的小球，它们的重量可能有所不同。取一个天平，将甲、乙归为一组，丙、丁归为另一组，分别放在天平两边，天平是基本平衡的。将乙、丁对调一下，甲、丁一边明显要比乙、丙一边重得多。可奇怪的是，我们在天平一边放上甲、丙，而另一边刚放上乙，还没有来得及放上丁时，天平就压向了乙一边。

请你判断，这四个球由重到轻的顺序是什么?

A. 丁、乙、甲、丙。

B. 丁、乙、丙、甲。

C. 乙、丙、丁、甲。

D. 乙、甲、丁、丙。

E. 乙、丁、甲、丙。

解析:从题干可以得到三个关系命题:甲乙＝丙丁，甲丁＞丙乙，乙＞甲丙。由“甲乙＝丙丁”和“甲丁＞丙乙”，可以得到“丁＞乙”;由“甲乙＝丙丁”和新推出的“丁＞乙”，又可以得到“甲＞丙”，再加上“乙＞甲丙”，就可排出它们四者之间由重到轻的顺序:丁、乙、甲、丙。因此，正确答案是 A。

[例 10]

某学术会议正举行分组会议。某一组有 8 个人出席。分组会议主席问大家原来各自认识与否。结果是全组中仅有一个人认识小组中的三个人，有三个人认识小组中的两个人，有四个人认识小组中的一个人。

若以上统计属实，则最能得出以下哪项结论?

A. 会议主席认识小组中的人最多，其他的人相互认识的少。

B. 此类学术会议是第一次举行，大家都是生面孔。

C. 有些成员所说的认识可能仅是电视上或报告会上见过而已。

D. 虽然会议成员原来的熟人不多，但原来认识的都是至交。

E. 通过这次会议，小组成员都相互认识了，以后见面就能直呼其名了。

解析:从题干中的统计数字可以知道:统计中所说的“认识”是不对称的，至少有些人不是相互认识，而只是单向认识，即一个人认识另一个人，后者却不认识前者。最容易造成这种情况的是选项 C。从题干中得不出选项 A、B、D；选项 E 也不一定成立，因为假设会议只有一两天，有人又不爱发言，以后见面仍可能不能直呼其名。因此，正确答案是 C。

第三节　模型和赋值　普遍有效式

一、模型和赋值

前面给出了一阶语言 L 的符号和公式，下面对这些符号和公式进行解释，赋予它们以意义和真假。实际上，为了方便理解，我们在前面已经非正式地对这些符号和公式进行了解释。不过，这里比较正式和系统地再做一遍。解释是通过模型和赋值来实现的。

一阶语言 L 的一个模型 M 包括下列因素：

(1) 个体域 D，即由具有一定性质的个体所构成的非空集合。当给定个体域之后，L 中的全称量词 $\forall x$ 表示个体域中的所有个体，存在量词 $\exists x$ 表示个体域中的某些个体。由此，全称量词、存在量词和约束个体变项的意义都确定了。

(2) 个体域 D 上的一个解释函数 I，它把 L 中的个体常项 c 解释为 D 中的某个特定个体，记为 I (c)，并且把 L 中的一元谓词符号解释为个体域 D 中个体的集合，把 n ($n>1$) 元谓词符号解释为 D 中个体的 n 元有序组的集合。更通俗地讲，I 先把一元谓词符号解释为 D 中个体的某个性质，然后再把该性质解释成 D 中具有那个性质的那些个体的集合；并且把 n ($n>1$) 元谓词符号解释为 D 中 n 个个体间的关系，再把该关系解释成具有该关系的那些个体的有序组的集合。

于是，我们有 $M=\langle D, I\rangle$。当给定模型 M 之后，由于一阶语言 L 中的闭公式只含有谓词符号、量词、约束变项和个体常项，故闭公式的意义就确定了，其真假也就确定了。

例如，令个体域 D 为自然数集合 {0，1，2，3，…}，个体常项 a 表示自然数“1”，F 表示“偶数”，R 表示自然数集上的“小于关系”，S 表示自然数集上的复合关系“…×…=…”。于是：

F(a) 表示：“1 是一个偶数”，是一个假命题；

$\forall x\exists yR(x, y)$ 表示：“对于任一自然数，都可以找到另一个自然数，前者比后者小”，也就是说，没有最大的自然数，是一个真命题；

$\forall xS(x, a, x)$ 是说：任一自然数与 1 相乘都等于该自然数本身，也是一个真命题。

但是，当一个公式中含有至少一个自由变项，即该公式本身是一个开公式时，它的意义尚不确定，因而其真假也不确定。例如，$\exists yR(y, x)$ 是说：有的自然数小于某个自然数。究竟小于哪个自然数呢？这一点尚不确定。为了确定该公式的真值，必须先确定 x 究竟指哪个自然数。故对一阶语言 L 做解释时，还必须增加指派（记为 ρ）。ρ 一次性给 L 中的所有自由变项指派个体域中的个体，但在一个具体的公式中只用到该指派的

一部分，令自由变项 x、z 的指派值（分别记为 $\rho(x)$、$\rho(z)$）分别是 0 和 5，则

$\exists yR(y, x)$ 是说：有的自然数小于 0，这是一个假命题；

$\exists yR(y, z)$ 是说：有的自然数小于 5，这是一个真命题。

当给定指派之后，含自由变项的开公式也有了确定的意义，因而也有了确定的真假。于是，在模型 M 和指派 ρ 之下，一阶语言的所有公式都有了确定的意义，也有了确定的真假。也就是说，一阶语言得到了确定的解释。

一个模型 M 加一个对自由变项的指派 ρ 合称为一个赋值 σ，故 $\sigma=\langle M, \rho\rangle$。在赋值 σ 下，一阶语言的任一个体词 t 或任一公式 A 都获得了确定的值，我们用 $\sigma(t)$ 和 $\sigma(A)$ 表示 t 或 A 在赋值 σ 下的值。由于公式的值是真值，我们用 {T，F} 代表真值集，其中 T 代表真，F 代表假。于是，任一公式 A 在赋值 σ 下的值 $\sigma(A)$ 可递归定义如下：

（1）$\sigma(F(t_1, \cdots, t_n))=T$，当且仅当，$\langle\sigma(t_1), \cdots, \sigma(t_n)\rangle\in(F)^\sigma$。即是说，在 D 中 $\sigma(t_1)$，…，$\sigma(t_n)$ 具有 $(F)^\sigma$ 关系。

（2）$\sigma(\neg B)=T$，当且仅当，$\sigma(B)=F$。

（3）$\sigma(B\wedge C)=T$，当且仅当，$\sigma(B)=\sigma(C)=T$。

（4）$\sigma(B\vee C)=T$，当且仅当，$\sigma(B)=T$ 或者 $\sigma(C)=T$。

（5）$\sigma(B\rightarrow C)=T$，当且仅当，$\sigma(B)=F$ 或者 $\sigma(C)=T$。

（6）$\sigma(B\leftrightarrow C)=T$，当且仅当，$\sigma(B)=\sigma(C)=T$ 或者 $\sigma(B)=\sigma(C)=F$。

（7）$\sigma(\forall x_iB)=T$，当且仅当，对每一个与 σ 是 i-等价的赋值 σ'，$\sigma'(B)=T$。这里，两个赋值 σ 和 σ' 是 i 等价的，指对于每个 $j\neq i$，都有 $\sigma(x_j)=\sigma'(x_j)$。即是说，赋值 σ 和 σ' 除可以对个体变元 x_i 指派不同的值（即 $\sigma(x_i)$ 和 $\sigma'(x_i)$ 可以不同）以外，对其他任何个体变项，σ 和 σ' 都指派相同的值。

（8）$\sigma(\exists x_iB)=T$，当且仅当，有与 σ 是 i-等价的赋值 σ' 使得 $\sigma'(B)=T$。

如果有些读者看不懂（7）和（8），没有什么要紧，它们所传达的意思其实很简单：$(\forall x_i)B$ 为真，当且仅当，将公式 B 中自由出现的 x 解释为个体域中的每个个体时，都能使 B 为真；$(\exists x_i)B$ 为真，当且仅当，将公式 B 中自由出现的 x 解释为个体域中的某个个体时，能够使 B 为真。

显然，对于自由变项 x，y，z……的指派不止一种，例如 ρ_1 给 x 指派自然数 1，给 y 指派自然数 2，给 z 指派自然数 3；而 ρ_2 给 x 指派自然数 5，给 y 指派自然数 6，给 z 指派自然数 7，如此等等，不同指派的数目甚至可以无穷多。由于赋值 $\sigma=\langle M, \rho\rangle$，如果 M 固定，那么有多少个不同的指派，就会派生出多少个不同的赋值。

如果一阶语言的一个公式，对于任何一个赋值它都为真，则称该公式为普遍有效式，亦称有效式或常真式。普遍有效式是谓词逻辑所刻画的逻辑规律的表现形式，谓词逻辑就是要找出所有的普遍有效式。

如果一个谓词逻辑的公式，对于任何一个赋值它都为假，则称该公式是一个不可满足式，亦称常假式或矛盾式。不可满足式是谓词逻辑中的逻辑矛盾，是谓词逻辑力图要排除的东西。

如果一个谓词逻辑的公式，对于有些赋值为真，对于有些赋值为假，则称该公式是

偶真式。偶真式和有效式统称可满足式。

二、普遍有效式

普遍有效式是谓词逻辑的规律，可以用作有效推理的根据。其数目是无穷多的。兹举数例：

（1） $\forall xF(x)\rightarrow F(y)$

这是从一般到个别的推理：论域中所有个体是F，蕴涵着论域中一个个体y是F。

（2） $F(y)\rightarrow \exists xF(x)$

这是从个别到存在的推理：论域中一个个体y是F，蕴涵着论域中有的个体是F。

（3） $\forall x(F(x)\vee \neg F(x))$

这是排中律在谓词逻辑中的表现：论域中的任一个体或者是F或者不是F。

（4） $\neg \exists x(F(x)\wedge \neg F(x))$

这是矛盾律在谓词逻辑中的表现：论域中不存在个体既是F又不是F。

（5） $\forall xF(x)\leftrightarrow \neg \exists x\neg F(x)$

这表明全称量词可以用存在量词来定义："所有x是F"等值于"并非有些x不是F"。

（6） $\exists xF(x)\leftrightarrow \neg \forall x\neg F(x)$

这表明存在量词可以用全称量词来定义："存在x是F"等值于"并非所有x都不是F"。

（7） $\forall x(F(x)\rightarrow G(x))\rightarrow(\forall xF(x)\rightarrow \forall xG(x))$

这是全称量词对于蕴涵的分配律。

（8） $\forall x(F(x)\wedge G(x))\leftrightarrow(\forall xF(x)\wedge \forall xG(x))$

这是全称量词对于合取的分配律。

（9） $\exists x(F(x)\vee G(x))\leftrightarrow(\exists xF(x)\vee \exists xG(x))$

这是存在量词对于析取的分配律。

（10） $\exists x\forall yR(x,y)\rightarrow \forall y\exists x R(x,y)$

这是存在量词与全称量词的交换律，但它的逆公式不成立。

第四节　普遍有效式的判定问题

所谓"判定方法"是指该方法满足下列条件：（1）可操作的，即它告诉你在做了某一步之后，下一步如何做；（2）可在有穷步内结束的；（3）结束时可得到唯一确定结果的；（4）适用于某个范围（如命题逻辑或谓词逻辑）内的任一公式。在命题逻辑中，我们有很多这样的判定方法，例如真值表方法、归谬赋值法、树形图方法、范式方法（本书未涉及）等，用它们可以去判定任一命题逻辑公式是不是重言式。但在谓词逻辑中却没有这样的判定方法，而只有一些局部的判定方法，如树形图方法。

一、树形图方法

谓词逻辑的树形图是命题逻辑的树形图的扩充，我们将之称为“一阶树形图”。在一阶树形图中，命题逻辑中原有的关于联结词的 9 个画图规则仍然有效，另有关于全称量词 $\forall x$ 和存在量词 $\exists x$ 的 4 个画图规则。

$\forall$ 规则

$$\begin{array}{l}\vdots\\ \forall xA(x)\\ \vdots\\ \mid\\ A(x/t)\text{，如果 } t \text{ 对 } x \text{ 代入自由}\end{array}$$

$\neg\forall$ 规则

$$\begin{array}{l}\vdots\\ \neg\forall xA(x)\\ \vdots\\ \mid\\ \neg A(x/\alpha)\text{，如果 } \alpha \text{ 是先前没有出现过的特指常项}\end{array}$$

$\exists$ 规则

$$\begin{array}{l}\vdots\\ \exists xA(x)\\ \vdots\\ \mid\\ A(x/\alpha)\text{，如果 } \alpha \text{ 是先前没有出现过的特指常项}\end{array}$$

$\neg\exists$ 规则

$$\begin{array}{l}\vdots\\ \neg\exists xA(x)\\ \vdots\\ \mid\\ \neg A(x/t)\text{，如果 } t \text{ 对 } x \text{ 代入自由}\end{array}$$

对这些规则做如下说明：

(1) $\forall$ 规则的直观意思是：如果 $\forall xA(x)$ 为真，则 A 对于个体域中的任一个体为真。例如，如果“本班所有同学都是聪明人”是真的，那么，显然可以推出“本班男同学都是聪明人”，“本班女同学都是聪明人”，“本班某位同学是聪明人”，“本班同学王洛是聪明人”，等等。但要严格理解这个规则的意思，需事先理解“$A(x/t)$，如果 t 对 x 代入自由”究竟是什么意思，而这又牵涉到谓词逻辑中的代入概念。

谓词逻辑中的代入包括两种，一种是原子公式的代入，其要求与在命题逻辑中基本相同：(i) 代入的对象只能是原子公式，非原子公式不能被代入，但用来代入的可以是具有任一复杂度的公式。(ii) 当用另一个公式对原子公式做代入时，要求用该公式对该原子公式的每一处出现做代入，简称处处代入。

另一种是自由变项的代入，即是说，(i) 代入的对象只能是自由变项，约束变项无须代入。(ii) 代入要在该自由变项出现的一切位置进行，简称处处代入。(iii) 用来代入的是个体词（包括个体常项和个体变项）；如果是个体变项，要求代入后该个体变项保持自由变项身份。这最后一点特别重要，如果不满足 (iii)，可能改变公式的“原意”。

我们用 $A(x/t)$ 表示在公式 A 中用个体词 t 去代入自由变项 x 的结果，对用来代入的 t 通常有限制。这里要重申一下，A 不是一个谓词符号，而是一个公式，它可能很简单，也可能很复杂。什么样的 t 可以用来替换 A 中的自由变项 x 呢？由于没有任何量词约束个体常项比如说 a，因此用 a 替换 x 不会使 a 成为约束的，故个体常项总是可以合法地代入任何自由变项；如果被代入公式是一个原子公式，由于其中不含任何量词，故用任何一个个体词 t 去代入其中的任何一个自由变项，都不会使 t 成为约束的；如果 A 中含有量词∀y 或∃y，当用个体词 t 代入 A 中的自由变项 z 时，要求 t 与 y 不同，即 t≠y，否则原来的自由变项 z 经代入就会变成约束变项，从而可能与原公式的结构不符。例如，如果在∀xR(x，y）中用 x 代入 y，得到∀xR(x，x)，令个体域是自然数集合，R 表示自然数之间的大于关系，则∀xR(x，y）表示“所有自然数大于某个自然数”，这可能是一个真命题；而∀xR(x，x）则表示“所有自然数大于自身”，这是一个假命题。

在正规的数理逻辑文献中，通常会说到“t 对 x 代入自由（substitution-free)”，通俗地讲，就是可以用个体词 t 合法地替换 x。严格定义如下：

> t 对于公式 A 中的自由变项 x 代入自由，如果满足下面的条件之一：(i) A 是一个原子公式，x 是其中的自由变项，t 是任一个体词；(ii) A 含有量词，但自由变项 x 不在这些量词的辖域之内，t 是任一个体词；(iii) A 含有量词，但自由变项 x 在这些量词的辖域之内，则 t 必须是与已量化变项不同的变项。否则，称为 t 对于公式 A 中的自由变项 x 代入不自由。

至此为止，我们应该已经能够确切地理解∀规则的意思了。

(2) ¬∀规则的直观意思是：如果¬∀xA(x）为真，则表明 A(x）并不对个体域中的所有个体都成立，而这就意味着 A(x）至少对于个体域中的有的个体不成立，也就是¬A(x）肯定对于有的个体成立。尽管我们无从得知这个个体究竟是哪一个，但权且把它叫作 α，这里 α 称特指常项，是画图过程中临时引进的新记号。每次使用¬∀规则引进特指常项时，应保证引进的是且在先前画图时从未出现过的新特指常项。例如：

$$\begin{array}{c} \vdots \\ \neg\forall xA(x) \\ \neg\forall xB(x) \\ \vdots \\ | \\ \neg A(\alpha) \\ \neg B(\alpha) \end{array}$$

在这个图中，根据¬∀xA(x）得到¬A(α）是正确的，因为 α 在图的前面未出现过；但从¬∀xB(x）得出¬B(α）则是错误的，因为 α 在前面已经出现了，故不能再使用，而要用前面没有出现过的 β，¬B(β)。假如个体域是“大学生的集合”，¬∀xA(x）表示“并非所有大学生都是男生”，¬∀xB(x）表示“并非所有大学生都是女生”，如果由此得到¬A(α）和¬B(α)，这就表明，大学生集合中有某个个体，我们权且把它叫作 α，α 既不是男生也不是女生，而这是一个假命题。相反，如果我们遵守上面的画图规则，只能得到¬A(α）和¬B(β)，这意味着：大学生集合中有某个个体，权且把她叫作 α，α 不是男生；大学生集合中有某个个体，权且把他叫作 β，β 不是女生。而这是真实的。

如果真正理解了∀规则和¬∀规则，也就很容易理解∃规则和¬∃规则了，故略去对后两者的解释。

（3）在应用画图规则时，要先使用联结词规则，然后使用量词规则；在量词规则中，由于¬∀规则和∃规则要求先前未出现的特指常项，而另两个量词规则却无此要求，其后继节点上的公式对任意个体词（包括那个特指常项）都成立，因此必须先使用要求特指常项的规则，即¬∀规则和∃规则，再使用对任意项都成立的规则，即∀规则和¬∃规则。这样树形图各节点上的公式就能保持相关性，比如说都是对于同样的个体词所做的陈述，可以比较它们之间是否矛盾或冲突，从而给某个枝画上表示终结的叉号。例如：

$$
\begin{array}{c}
\vdots \\
\neg\forall xR(x, y) \\
\forall xR(x, y) \\
\vdots \\
| \\
\neg R(\alpha, y) \\
R(\alpha, y) \\
\times
\end{array}
$$

反之，如果先使用∀规则和¬∃规则，得出其后继节点上的公式对于某个个体词为真；再使用¬∀规则和∃规则，这两个规则要求在后继节点上使用先前未出现的特指常项，由此得到的公式与前面节点上的公式没有关系，这样相关的树形图就没法终结，例如：

$$
\begin{array}{c}
\vdots \\
\neg\forall xR(x, y) \\
\forall xR(x, y) \\
\vdots \\
| \\
R(x, y) \\
\neg R(\alpha, y) \\
?
\end{array}
$$

（4）在命题逻辑的树形图中，每应用一次画图规则，就可以把先前节点上对之使用该规则的那个公式勾掉，表示该公式已经被用过了，以后画图时不再考虑该公式，这是因为应用画图规则得到的新节点上的公式与原节点上的公式是等值的。但在使用量词规则时，所得到的新节点上的公式却可能不与原节点上的公式相等值，具体情形如下：

（a）当根据∀规则，由∀xA(x)得到A(x/t)时，后者只表达了前者的一部分意思，而不是全部意思，因此不能把∀xA(x)勾掉，而这又意味着以后画图时还可以重复使用该公式。

（b）当根据¬∃规则，由¬∃xA(x)得到¬A(x/t)时，后者也只表达了前者的一部分意思，故不能把¬∃xA(x)勾掉，以后画图时还可以重复使用此公式。

（c）当根据¬∀规则，由¬∀xA(x)得到¬A(x/α)时，却可以把¬∀xA(x)勾掉，因为从该公式出发，只能逻辑地推出有某个特定α不满足公式A，不能逻辑地推出还有另外一个个体β也不满足公式A。故在画图过程中，¬∀xA(x)不能重复使用。

（d）同样的道理，当根据∃规则，由∃xA(x)得到A(x/α)时，也可以把∃xA(x)勾掉。在画图过程中，该公式也不能重复使用。

由于在画图过程中，∀规则和¬∃规则可以一再被使用，这就埋下了一种可能性：某些公式的树形图无法终结，无法得到确切的结果，于是树形图就不能作为任一谓词逻辑公式是否普遍有效的判定程序。情况确实如此。

如果一个谓词逻辑公式 A 是普遍有效式，则¬A 的树形图必定终结；如果 A 是一个一元谓词公式，则无论 A 是否普遍有效，¬A 的树形图必定终结；但如果 A 是一个多元谓词公式且不是普遍有效式，¬A 的树形图就有可能无法终结。

下面我们看一阶树形图的几个实例。

[例 11]

用一阶树形图判定 $\forall x(M(x)\rightarrow P(x))\land\forall x(S(x)\rightarrow M(x))\rightarrow\forall x(S(x)\rightarrow P(x))$ 是否普遍有效式。

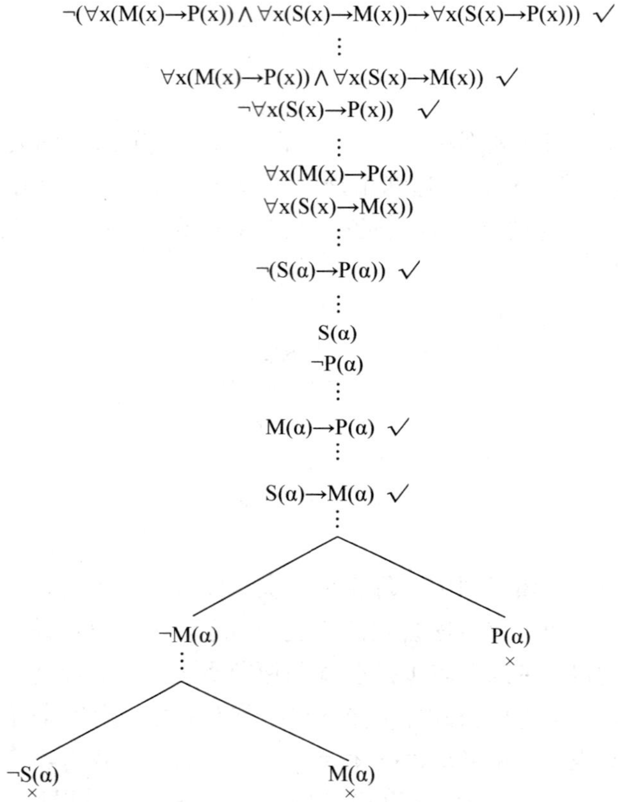

例 11 中提到的公式是三段论 AAA-1 的谓词逻辑表达式。由于其否定公式的一阶树形图的每一个枝都是闭枝，故该否定公式是可反驳的，不带否定号的公式是普遍有效式。

[例 12]

用一阶树形图判定 $\forall x(M(x)\rightarrow P(x))\rightarrow(\exists xM(x)\rightarrow\exists xP(x))$ 是否普遍有效式。

关于谓词逻辑的判定问题有一个否定性的一般结果，即谓词逻辑是不可判定的。这就是说，不存在一种机械的、能行的办法，它适合于任一谓词逻辑公式，将在有穷步内结束，并且就该公式是不是普遍有效式给出唯一确定的结果。这个定理为美国逻辑学家丘奇（A. Church）于 1936 年严格证明。不过，某些特殊类型的谓词逻辑公式，其普遍

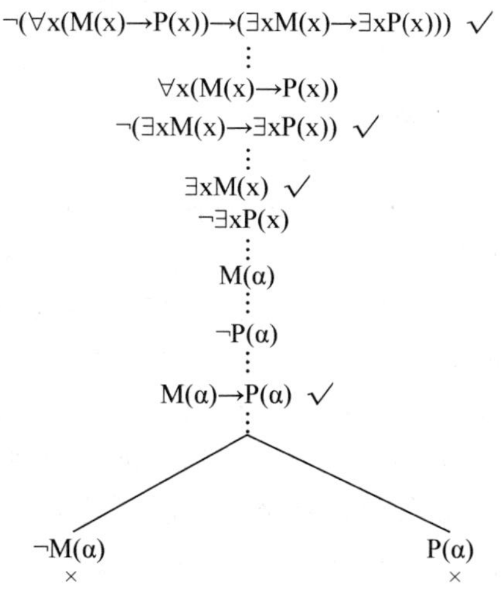

有效性是可判定的。在这个意义上可以说谓词逻辑是半可判定的，即有效式可判定，非有效式不可判定。

虽然谓词逻辑是不可判定的，但这并不意味着对于任意给定的公式 A，“A 是不是有效式”这一问题是神秘不可知的。我们可以站在元逻辑的层面运用模型和赋值判别和证明该公式是不是有效的，只是这种方法不能化归为一种机械的、能行的方法。

二、证明非普遍有效性的方法

要一般地判定任一谓词逻辑公式是否普遍有效，这是非常困难的。但是，要证明这样的一个公式不普遍有效，或者是可满足的，却要简单得多。这与谓词逻辑公式的解释相关，亦称“解释方法”或“模型方法”。

[例 13]

证明 $\forall x\exists yR(x,y)\to\exists y\forall xR(x,y)$ 不是普遍有效的。

解析：这实际上是要求为该公式找一个反模型，在该模型中此公式为假，由于它是一个蕴涵式，这就要求它的前件真而后件假。满足这一要求的模型是：

个体域：自然数集合。

谓词 R 的解释：自然数集合上的小于关系。

在这一模型中，$\forall x\exists yR(x,y)$ 是说“对于任一自然数，都可以找到大于它的另外一个自然数”，这等于说“没有最大的自然数”，是一个真命题；而 $\exists y\forall xR(x,y)$ 是说“存在一个自然数，它大于任意一个自然数”，这等于说“有一个最大的自然数”，这是一个假命题，前件真而结论假，所以整个公式是无效的。

[例 14]

证明 $\exists x(B(x)\land\neg C(x))\land\forall x(D(x)\to\neg C(x))\to\forall x(D(x)\to B(x))$ 不是普遍有效的。

解析：满足要求的模型是：

个体域：人的集合。

B(x) 表示：x是富人。

C(x) 表示：x是亿万富翁。

相应地，¬C(x) 表示：x不是亿万富翁。

D(x) 表示：x是穷人。

根据这一模型，∃x(B(x)∧¬C(x)) 说的是"有的富人不是亿万富翁"，是真命题；∀x(D(x)→¬C(x)) 是说"所有穷人都不是亿万富翁"，是真命题；于是，∃x(B(x)∧¬C(x))∧∀x(D(x)→¬C(x)) 也是真命题；而∀x(D(x)→B(x)) 是说"所有穷人都是富人"，是一个假命题。前件真而结论假，故整个公式为假，不是普遍有效的。

证明某个公式不可满足，实际上相当于证明该公式的否定普遍有效。如前所述，证明某一个谓词逻辑公式的普遍有效性是很困难的事情，同理，证明某个谓词逻辑公式不可满足也是很困难的。不过，正像可以用解释方法证明某个公式不普遍有效一样，也可以用解释方法证明某个公式并非不可满足，而是可满足的。我们仍用上面的两个例子。

［例15］

证明∀x∃yR(x，y)→∃y∀xR(x，y) 是可满足的。

解析：满足这一要求的模型是：

个体域：自然数集合。

谓词R的解释：自然数集上的≥关系。

在这一模型中，∀x∃yR(x，y) 是说"对于所有自然数x来说，都可以找到某个自然数y，x≥y"，这是一个真命题；∃y∀xR(x，y) 是说"有一个自然数y，使得对所有自然数x而言，x≥y"，这等于说"有一个最小的自然数"，是一个真命题，并且这个自然数就是1。于是，前件真后件也真，整个公式为真，故它是可满足的。

［例16］

证明∃x(B(x)∧¬C(x))∧∀x(D(x)→¬C(x))→∀x(D(x)→B(x)) 是可满足的。

解析：满足要求的模型是：

个体域：桌子的集合。

B(x) 表示：x是木桌。

C(x) 表示：x是圆桌。

相应地，¬C(x) 表示：x不是圆桌。

D(x) 表示：x是方木桌。

根据这一模型，∃x(B(x)∧¬C(x)) 说的是"有的木桌不是圆桌"，是真命题；∀x(D(x)→¬C(x)) 说的是"所有方木桌都不是圆桌"，是真命题；于是，∃x(B(x)∧¬C(x))∧∀x(D(x)→¬C(x)) 也是真命题；而∀x(D(x)→B(x)) 说的是"所有方木桌都是木桌"，也是一个真命题。前件真后件也真，故整个公式为真，是可满足的。

第五节　谓词逻辑的自然推理

从一阶语言 *L* 可以看出，谓词逻辑比命题逻辑真正多出来的东西就是量词，因为如果没有量词，任一原子公式，比如说 F(x) 和 R(x，y)，都可以与命题变项同等看待，原子公式通过联结词所组成的复合公式，也相当于命题逻辑的复合公式。但是一旦引入量词，例如 $\forall x(F(x)\rightarrow G(x))$，就不是命题逻辑所能够处理的了，命题逻辑最多把这个公式作为一个整体，例如视为某个 p，但该公式的价值就在于它是由许多部分构成的一个整体。因此，量词的引入对于谓词逻辑具有关键性意义，谓词逻辑因此被叫作“量词的逻辑”或“量化理论”。

一、Q^N推理规则

谓词逻辑自然推理 Q^N是命题逻辑自然推理 P^N的扩充，即是说，所有 P^N的规则都是 Q^N的规则；所有已经证明的 P^N定理和导出规则，都是 Q^N的定理和导出规则，故在证明或推演中可以直接使用它们，无须另外证明，但反之不然。在 P^N的基础上，Q^N增加了 4 个与量词有关的规则，即 $\forall_-$、$\forall_+$、$\exists_-$和 $\exists_+$。

有必要先重申一下关于证明或推演的书写约定：

(1) 一开始就分行列出所有给定的前提，并在每个前提公式的右边标明它们是前提。

(2) 如果要引入假设，最好一开始就引入所有假设，并在每个假设的右边标明它们是假设。

(3) 每列出一个假设，就把它向上一个公式的右边推移一个空格。

(4) 以后每列出一个公式，就在该公式右边注明它是从上面哪个或哪些公式使用什么推理规则得到的。

(5) 在一假设下根据 $\wedge_+$、$\wedge_-$、$\vee_+$、$\vee_-$、$\rightarrow_-$、$\leftrightarrow_+$、$\leftrightarrow_-$、$\in$、$\forall_-$、$\forall_+$、$\exists_-$和 $\exists_+$得到的公式，都与该假设对齐，表示它们全都依赖于该假设和它前面的假设。

(6) 如果一个公式是通过使用$\rightarrow_+$、$\neg_+$、$\neg_-$得到的，则让它“进位”，即与它上面的倒数第二个假设对齐，表示它不依赖于它上面的倒数第一个假设，该假设及其下面的公式都被解除了；但它仍依赖于倒数第二个假设及其以前的假设。

(7) 我们在一推演的左边画一垂直线，表示该推演的起讫，并在一垂直线的顶端置一小圆圈，表示右边的公式是假设。

现在，我们陈述和解释如下 4 个量词规则。

1. 全称量词消去规则，记为 $\forall_-$ 规则：从 $\forall xA(x)$ 推出 $A(x/t)$，其中 t 对 x 代入自由。

$$
\begin{array}{|l}
\quad\vdots \\
\forall xA(x) \\
\quad\vdots \\
\quad\vdots \\
A(x/t) \\
\quad\vdots
\end{array}
$$

$\forall_-$规则的直观意义是：如果某个公式 A 对个体域中的所有个体都成立，则该公式对于该个体域中的某个确定的个体（用个体常项表示）或某个不确定的个体（用个体变项表示）也成立。在前面讨论谓词逻辑的树形图方法时，已经对这个规则及其限制条件做了详细说明，那些说明对这里也是适用的，故不赘述。

2. 全称量词引入规则，记为$\forall_+$规则：从 A(x) 推出$\forall$xA(x)，只要能够确保前提中的自由变项 x 是任意的。

$$\begin{array}{|l} \vdots \\ A(x) \\ \vdots \\ \vdots \\ \forall xA(x) \\ \vdots \end{array}$$

$\forall_+$规则的直观意义是：如果能够确保公式 A 对于个体域中的任意个体都成立，则公式 A 对于该个体域中的所有个体都成立。这里的关键是前提中什么样的自由变项是任意的。如果一个自由变项 x 是根据$\forall_-$规则从$\forall$xA(x) 得来的，则它确定无疑是任意的。

$$\begin{array}{|l} \vdots \\ \forall xA(x) \\ \vdots \\ \vdots \\ A(x) \\ \vdots \\ A(y) \\ \vdots \end{array}$$

这里，A(x)、A(y) 都是分别根据$\forall_-$规则从$\forall$xA(x) 推出的，它们当然是任意的，于是根据$\forall_+$规则，也就可以给它们前面加上全称量词$\forall$xA(x)、$\forall$yA(y)。顺便说一下，当个体域给定之后，$\forall$xA(x) 和$\forall$yA(y) 所说的意思是一样的，即“公式 A 对于个体域中的所有个体都成立”。所以，$\forall$xA(x) 和$\forall$yA(y) 可互换使用，这叫作“约束变项易字”。

如果不能确保前提中的自由变项 x 是任意的，就要给该 x 加标记，其具体做法是：在一个证明或推演的某一步上，出现了含自由变项 x 的公式 A，且不能保证其中的 x 是任意的，则在该公式的右边注明该公式来历的位置上写上 x，表示该 x 可能不是任意的，不能对它使用$\forall_+$规则，这叫作“给自由变项加标记”。以下三种情形需要给相应的自由变项加标记：

（1）给定前提中的自由变项。

（2）根据假设引入规则所引入的假设中的自由变项。

（3）如果一个在前提或假设中是自由的变项，在从该前提或假设出发，根据 Q^N 的推演规则所得到的某些行中也出现，那么，它在后面这些行中的出现也应加标记。

下面对这三点分别予以说明。

关于（1），若按下面的方式证明由 F（x）可以推出$\forall$xF（x），就是错误的，因为它把$\forall_+$规则用到本应加标记的变项上。

$$\begin{array}{|l} \quad\vdots \\ F(x) \\ \quad\vdots \\ \quad\vdots \\ \forall xF(x) \\ \quad\vdots \end{array}$$

这里，F(x) 是给定的前提，它为真只要个体域中至少有一个个体具有性质 F 就行了，所以无法保证该自由变项 x 是任意的，故应该给它加标记，意思是不能对其使用 $\forall_+$ 规则，否则有可能由真命题得出假命题。例如，当个体域是自然数集，令 F(x) 表示“个体域中的某个个体是偶数”，显然由此不能得到“个体域中的所有个体都是偶数”。

关于（2）和（3），请看下例：

［例 17］

$$\forall x(F(x)\rightarrow G(x)),\forall x(G(x)\rightarrow(F(x)\rightarrow\neg H(x))),\forall x(\neg I(x)\wedge J(x)\rightarrow H(x))/\therefore \forall x(F(x)\rightarrow(I(x)\vee\neg J(x)))$$

这个推理从三个给定前提推出了一个结论，其中都没有自由变项。但结论是一个前面带有全称量词的蕴涵式。让我们暂时把它看作一个不带量词的蕴涵式。根据 Q^N 中的 $\rightarrow_+$ 规则，如果在公式集 Γ 下引入假设 A 可以推出 B，则在 Γ 本身之下就可以推出 A→B。现在，既然我们要推出的是一个蕴涵式，我们就可以假设该蕴涵式的前件 F(x)，看能否推出 $I(x)\vee\neg J(x)$，如果能够推出，根据 $\rightarrow_+$ 规则，则不要这个假设原来给定的前提就可以推出 $F(x)\rightarrow(I(x)\vee\neg J(x))$。请注意，在作为假设引入 F(x) 时，我们不能保证 F(x) 中的 x 是任意的，因此应给它加上标记，依赖这个假设所得到的那些公式中的自由变项 x 也应加标记。但是，当我们根据 $\rightarrow_+$ 规则得到 $F(x)\rightarrow(I(x)\vee\neg J(x))$ 之后，这个蕴涵式是从原有前提中推出的，而在这些前提中没有自由变项 x，也就是说 x 不带标记，所以该蕴涵式中的自由变项 x 也不带标记，而这就表明它是任意的，故可以对之使用 $\forall_+$ 规则，由此就得到了所要的结论：$\forall x(F(x)\rightarrow(I(x)\vee\neg J(x)))$。

下面，我们写出对上面那个推理的完整证明：

(1)	$\forall x(F(x)\rightarrow G(x))$	前提
(2)	$\forall x(G(x)\rightarrow(F(x)\rightarrow\neg H(x)))$	前提
(3)	$\forall x(\neg I(x)\wedge J(x)\rightarrow H(x))$	前提
(4)	$\bigcirc F(x)$	x，假设
(5)	$F(x)\rightarrow G(x)$	(1) $\forall_-$
(6)	$G(x)$	x，(4)(5) $\rightarrow_-$
(7)	$G(x)\rightarrow(F(x)\rightarrow\neg H(x))$	(2) $\forall_-$
(8)	$F(x)\rightarrow\neg H(x)$	x，(6)(7) $\rightarrow_-$
(9)	$\neg H(x)$	x，(4)(8) $\rightarrow_-$
(10)	$\neg I(x)\wedge J(x)\rightarrow H(x)$	(3) $\forall_-$
(11)	$\neg(\neg I(x)\wedge J(x))$	x，(9)(10)DR1
(12)	$I(x)\vee\neg J(x)$	x，(11) Q^N 定理

(13)	$F(x)\rightarrow(I(x)\vee\neg J(x))$	(4)(12)$\rightarrow_+$
(14)	$\forall x(F(x)\rightarrow(I(x)\vee\neg J(x)))$	(13)$\forall_+$

这是一个正确的推理，从其前提可以推出其结论。

有了$\forall_-$和$\forall_+$这两个规则之后，我们就可以处理一切只带全称量词的公式或推理了。因为根据$\forall_-$规则，可以依次消去一个公式中所含的所有全称量词，使该公式中不再带有量词，而一个不带量词的公式与一个命题逻辑公式没有本质区别，其中起关键作用的就是各种联结词，故可以用Q^N本身所有的10个联结词规则去处理它，当处理到一定程度时，又根据$\forall_+$规则把全称量词引进来，由此得到所需要的结果。

[例18]

法律委员会的每一位成员不是北大毕业的就是清华毕业的。该委员会的每一位北大毕业的成员都住在北京，该委员会的每一位清华毕业的成员也是国家税务局的成员。所以，法律委员会的每一位不在国家税务局的成员都住在北京。

这个推理的符号表达式是：

$\forall x(F(x)\rightarrow B(x)\vee Q(x))$

$\forall x(F(x)\wedge B(x)\rightarrow L(x))$

$\forall x(F(x)\wedge Q(x)\rightarrow S(x))/\therefore\forall x(F(x)\wedge\neg S(x)\rightarrow L(x))$

证明：

(1)	$\forall x(F(x)\rightarrow B(x)\vee Q(x))$	前提
(2)	$\forall x(F(x)\wedge B(x)\rightarrow L(x))$	前提
(3)	$\forall x(F(x)\wedge Q(x)\rightarrow S(x))$	前提
(4)	◯$F(x)\wedge\neg S(x)$	x，假设
(5)	$F(x)\rightarrow B(x)\vee Q(x)$	(1)$\forall_-$
(6)	$F(x)\wedge B(x)\rightarrow L(x)$	(2)$\forall_-$
(7)	$F(x)\wedge Q(x)\rightarrow S(x)$	(3)$\forall_-$
(8)	$F(x)$	x，(4)$\wedge_-$
(9)	$\neg S(x)$	x，(4)$\wedge_-$
(10)	$B(x)\vee Q(x)$	x，(5)(8)$\rightarrow_-$
(11)	$\neg(F(x)\wedge Q(x))$	x，(7)(9)DR1
(12)	$\neg F(x)\vee\neg Q(x)$	x，(11)RP
(13)	$\neg Q(x)$	x，(8)(12)DR4
(14)	$B(x)$	x，(10)(13)DR4
(15)	$F(x)\wedge B(x)$	x，(8)(14)$\wedge_+$
(16)	$L(x)$	x，(6)(15)$\rightarrow_-$
(17)	$F(x)\wedge\neg S(x)\rightarrow L(x)$	(4)(16)$\rightarrow_+$
(18)	$\forall x(F(x)\wedge\neg S(x)\rightarrow L(x))$	(17)$\forall_+$

3. 存在量词消去规则，记为$\exists_-$规则：从$\exists xA(x)$可以推出$A(\alpha)$，这里要求：(i) α是先前没有出现过的特指常项；(ii) 如果公式A含有x之外的自由变项y，应该用该特

指常项给 y 做下标，写成 y_α。

$$
\begin{array}{|l}
\quad\vdots \\
\exists xA(x) \\
\quad\vdots \\
\quad\vdots \\
\;A(\alpha) \\
\quad\vdots
\end{array}
$$

$\exists_-$规则的直观意思是：$\exists xA(x)$ 表明，公式 A 对于个体域中的有的个体成立，尽管我们不能确切地推出或指认 A 究竟对哪个或哪些具体的个体成立，但确切无疑的是：它必定对至少某个个体成立，我们权且把该个体记为 α。例如，如果“有的中国人是亿万富翁”为真，我们当然不能逻辑地推出：张三是亿万富翁，李四是亿万富翁……但我们肯定知道至少有某个人是亿万富翁，尽管我们无法指认出这个人，但权且把他或她叫作 α。

关于$\exists_-$规则的限制条件（i），在前面解释谓词逻辑树形图画图规则时，已经对它详细做了说明，在此不赘述。

关于（ii）的必要性，先看一个例子，有人这样“证明”了 $\forall x\exists yR(x,y)\rightarrow\exists y\forall xR(x,y)$，而我们前面已经用解释方法证明这个蕴涵式不是普遍有效的。

(1)	○ $\forall x\exists yR(x,y)$	假设
(2)	$\exists yR(x,y)$	(1) $\forall_-$
(3)	$R(x,\alpha)$	(2) $\exists_-$
(4)	$\forall xR(x,\alpha)$	(3) $\forall_+$
(5)	$\exists y\forall xR(x,y)$	(4) $\exists_+$
(6)	$\forall x\exists yR(x,y)\rightarrow\exists y\forall xR(x,y)$	(1)(5) $\rightarrow_+$

在这个“证明”的第 5 步，预先使用了后面才陈述的存在量词引入规则$\exists_+$，但该规则的这一次使用没有问题。问题出在哪里呢？出在第 3 步和第 4 步。显然，第 2 步中的自由变项 x 是根据$\forall_-$规则得到的，当然是任意的，无须加标记。但到第 3 步时，这个 x 还是任意的吗？答案是否定的。例如，设个体域为自然数集合，R 表示小于关系，$\forall x\exists yR(x,y)$ 说的是“对任意自然数 x，都可以找到某个 y，$x<y$”，这是一个真命题；当消去存在量词，把这个 y 取定为某个具体的数 α（比如说 100）之后，$x<y$ 的 x 不再是任意的，而只有 99 个自然数了！于是第 4 步对这个 x 使用$\forall_+$规则是不合法的。为了表明这一点，我们要求第 3 步在注明该行公式的来历时，用特指常项 α 给自由变项 x 做下标，记为 x_α，以此表明此 x 不再是任意的，而是与 α 相关联的，受 α 限制的，以后不能对这个 x 使用$\forall_+$规则。

所以，$\exists_-$规则的限制条件（ii）实际上是为了防止错误使用$\forall_+$规则而做出的，这也等于给$\forall_+$规则增加了一个新的限制条件：

从 $A(x)$ 推出 $\forall xA(x)$，只要 $A(x)$ 中的自由变项 x 不是

（i）给定前提中的自由变项；

（ii）根据假设引入规则所引入的假设中的自由变项；

（iii）从该前提或假设出发，根据 Q^N 的推演规则所得到的那些行中，与前提或假设中的自由变项相同的自由变项；

（iv）有特指常项做下标的自由变项。

4. 存在量词引入规则，记为 $\exists_+$ 规则：从 A(x/t) 可以推出 ∃xA(x)，只要 t 对于 x 代入自由，或者新引入的存在量词不会将 A(x) 中除 x 之外的其他自由变项一并加以约束。

$$\begin{array}{|l} \quad\vdots \\ A\ (x/t) \\ \quad\vdots \\ \quad\vdots \\ \exists xA\ (x) \\ \quad\vdots \end{array}$$

$\exists_+$ 规则的直观意思是：如果公式 A 对个体域中的某个个体成立，该个体可以是特定的个体（个体常项或特指常项），也可以是不确定的个体（个体变项），则它对个体域中有的个体成立。例如，从“拉登是恐怖分子”可以推出“有人是恐怖分子”；从“某个白人是恐怖分子”也可以推出“有人是恐怖分子”。

当同一个变项、个体常项或特指常项在一个公式中多次出现时，$\exists_+$ 规则允许只对其中的某一处出现加以存在量化。例如，对以下三个前提来说：

（1）R(x，x)

（2）R(a，a)

（3）R(α，α)

与以下三种存在概括类似的存在概括都是合法的。

（4）∃xR(a，x)

（5）∃xR(x，a)

（6）∃xR(x，x)

这里，(4)～(6) 是对于（2）的三种可允许的存在概括。假如，令 R（a，a）所说的是“谢非打了自己一个耳光”，那么（4)～(6) 分别说的是：“谢非打了有的人一耳光”，“有人打了谢非一耳光”，“有人自己打了自己一耳光”，显然都是正确的。

由于 A(x/t) 本身可以是一个很复杂的公式，里面可能含有其他的约束变项或自由变项，因此以下几种存在概括都是不允许的：

（1）∃yR(x，y)	前提
（2）∃yR(y，y)	（1）$\exists_+$

这里，(2) 是对（1）的自由变项 x 做存在概括的结果，但它是不正确的，它没有满足限制条件：t 对于 x 代入自由，这里的 t 是 y，y 对于（1）的 x 代入不自由，故对（1）中的 x 做存在量化时，不能使用 y 做量化变项。否则，就有可能由真命题得出假命题，例如，令 R 表示大于关系，∃yR(x，y) 说的是：x 大于有的 y，而 ∃yR(y，y) 说的是：有的 y 大于它自身。

(1) $\forall x \exists y R(x, z, y)$　　前提
(2) $\exists y R(x, z, y)$　　(1) $\forall_-$
(3) $\exists z \exists y R(z, z, y)$　　(2) $\exists_+$

这里，(3) 是对 (2) 的自由变项 x 做存在概括的结果，但它是不正确的，因为它捎带着也把 (2) 的另一个自由变项 z（可能与 x 不同）约束了，这就改变了原公式的意义，使得 z 必须等于 x，于是就有可能前提真而结论假。

(1) $\forall x \exists y R(x, y)$　　前提
(2) $\exists y R(x, y)$　　(1) $\forall_-$
(3) $R(x, \alpha)$　　x_α，(2) $\exists_-$
(4) $\exists x R(x, x)$　　(3) $\exists_+$

这里，(4) 是对 (3) 的特指常项 α 做存在概括的结果，但它是不正确的，因为它捎带着把有下标的那个自由变项 x 一并约束了，也改变了原公式的结构。

现在，我们把 4 个量词规则及其限制条件总结如下：

全称量词消去规则，记为 $\forall_-$ 规则：从 $\forall x A(x)$ 推出 $A(x/t)$，其中 t 对自由变项 x 代入自由，这包括以下情形：(i) t 是一个个体常项；(ii) A 是一个原子公式，x 是其中的自由变项，t 是任一个体词；(iii) A 含有量词，但自由变项 x 不在这些量词的辖域之内，t 是任一个体词；(iv) A 含有量词，且自由变项 x 在这些量词的辖域之内，则 t 必须是与已量化变项不同的变项。否则，称为 t 对于公式 A 中的自由变项 x 代入不自由。

全称量词引入规则，记为 $\forall_+$ 规则：从 $A(x)$ 推出 $\forall x A(x)$，只要能够确保前提中的自由变项 x 是任意的。而以下情况中的自由变项不能确保是任意的，被称为“加标记变项”：(i) 给定前提中的自由变项；(ii) 根据假设引入规则所引入的假设中的自由变项；(iii) 从该前提或假设出发，根据 Q^N 的推演规则所得到的那些行中，与前提或假设中的自由变项相同的自由变项；(iv) 有特指常项做下标的自由变项。对加标记变项，$\forall_+$ 规则不适用。

存在量词消去规则，记为 $\exists_-$ 规则：从 $\exists x A(x)$ 可以推出 $A(\alpha)$，这里要求：(i) α 是先前没有出现过的特指常项；(ii) 如果公式 A 含有 x 之外的自由变项 y，应该用特指常项给该 y 做下标，写成 y_α。

存在量词引入规则，记为 $\exists_+$ 规则：从 $A(x/t)$ 可以推出 $\exists x A(x)$，只要 t 对于 x 代入自由，或者新引入的存在量词不会将 A 中除 x 之外的其他自由变项一并加以约束。

运用包括这 4 个量词规则在内的 Q^N 规则（一共有 15 个，即 10 个联结词规则，4 个量词规则，1 个自推规则），可以去证明一切只与联结词、个体词、量词、谓词符号相关的推理。例如，本章开头谈到的那个量词里面带联结词结构的推理，命题逻辑和词项逻辑都不能处理，但在谓词逻辑 Q^N 系统中，却能轻松地加以处理。

[例 19]

任一自然数，如果它能够被 2 整除，则它是偶数；如果它不能被 2 整除，则它不是偶数。有的自然数不能被 2 整除，所以，有的自然数不是偶数。

证明：

(1)	$\forall x(Nx\rightarrow(E(x)\rightarrow O(x))\wedge(\neg E(x)\rightarrow\neg O(x)))$	前提
(2)	$\exists x(N(x)\wedge\neg E(x))$	前提
(3)	$N(\alpha)\wedge\neg E(\alpha)$	(2) $\exists_-$
(4)	$N\alpha\rightarrow(E(\alpha)\rightarrow O(\alpha))\wedge(\neg E(\alpha)\rightarrow\neg O(\alpha))$	(1) $\forall_-$
(5)	$N(\alpha)$	(3) $\wedge_-$
(6)	$(E(\alpha)\rightarrow O(\alpha))\wedge(\neg E(\alpha)\rightarrow\neg O(\alpha))$	(4)(5) $\rightarrow_-$
(7)	$E(\alpha)\rightarrow O(\alpha)$	(6) $\wedge_-$
(8)	$\neg E(\alpha)\rightarrow\neg O(\alpha)$	(6) $\wedge_-$
(9)	$\neg E(\alpha)$	(3) $\wedge_-$
(10)	$\neg O(\alpha)$	(8)(9) $\rightarrow_-$
(11)	$N(\alpha)\wedge\neg O(\alpha)$	(5)(10) $\wedge_+$
(12)	$\exists x(N(x)\wedge\neg O(x))$	(11) $\exists_+$

二、Q^N定理及其证明

第一组：

[1] $\exists xA(x)\leftrightarrow\neg\forall x\neg A(x)$

[2] $\forall x\neg A(x)\leftrightarrow\neg\exists xA(x)$

[3] $\neg\forall xA(x)\leftrightarrow\exists x\neg A(x)$

[4] $\neg\exists x\neg A(x)\leftrightarrow\forall xA(x)$

[5] $A\leftrightarrow\forall xA$，若 x 在 A 中不自由

[6] $A\leftrightarrow\exists xA$，若 x 在 A 中不自由

[7] $A(x/t)\rightarrow\exists xA(x)$，若 t 对于 x 代入自由

[8] $\forall xA(x)\rightarrow\exists xA(x)$

其中，“x 在 A 中不自由”是指“x 不在 A 中作为自由变项出现”。它包括两种情况：x 在 A 中根本不出现，或者 x 的所有出现都处于 ∀x 或 ∃x 的辖域中。

[1]～[4] 刻画了全称量词和存在量词之间的关系。[5]～[6] 说明重复约束和空约束实际上不起作用。这里，只选证 [1]：

(1)	○ $\exists xA(x)$	假设
(2)	○ $\forall x\neg A(x)$	假设
(3)	$A(\alpha)$	(1) $\exists_-$
(4)	$\neg A(\alpha)$	(2) $\forall_-$
(5)	$\neg\forall x\neg A(x)$	(2)(3)(4) $\neg_+$
(6)	$\exists xA(x)\rightarrow\neg\forall x\neg A(x)$	(1)(5) $\rightarrow_+$
(7)	○ $\neg\forall x\neg A(x)$	假设
(8)	○ $\neg\exists xA(x)$	假设
(9)	○ $A(x)$	x，假设

(10)	$\exists xA(x)$	$(9)\exists_+$
(11)	$\neg\exists xA(x)$	$(8)\in$
(12)	$\neg A(x)$	$(9)(10)(11)\neg_+$
(13)	$\forall x\neg A(x)$	$(12)\forall_+$
(14)	$\neg\forall x\neg A(x)$	$(7)\in$
(15)	$\exists xA(x)$	$(9)(10)(11)\neg_-$
(16)	$\neg\forall x\neg A(x)\rightarrow\exists xA(x)$	$(7)(15)\rightarrow_+$
(17)	$\exists xA(x)\leftrightarrow\neg\forall x\neg A(x)$	$(6)(16)\leftrightarrow_+$

第二组：

[9] $\forall x(A(x)\wedge B(x))\leftrightarrow\forall xA(x)\wedge\forall xB(x)$

[10] $\exists x(A(x)\vee B(x))\leftrightarrow\exists xA(x)\vee\exists xB(x)$

[11] $\forall x(A\wedge B(x))\leftrightarrow A\wedge\forall xB(x)$，若 x 在 A 中不自由

[12] $\exists x(A\wedge B(x))\leftrightarrow A\wedge\exists xB(x)$，若 x 在 A 中不自由

[13] $\forall x(A\vee B(x))\leftrightarrow A\vee\forall xB(x)$，若 x 在 A 中不自由

[14] $\exists x(A\vee B(x))\leftrightarrow A\vee\exists xB(x)$，若 x 在 A 中不自由

选证 [10]、[13] 和 [14]。

证明 [10]：

(1)	○ $\exists x(A(x)\vee B(x))$	假设
(2)	$A(\alpha)\vee B(\alpha)$	$(1)\exists_-$
(3)	○ $A(\alpha)$	假设
(4)	$\exists xA(x)$	$(3)\exists_+$
(5)	$\exists xA(x)\vee\exists xB(x)$	$(4)\vee_+$
(6)	$A(\alpha)\rightarrow\exists xA(x)\vee\exists xB(x)$	$(3)(5)\rightarrow_+$
(7)	$B(\alpha)\rightarrow\exists xA(x)\vee\exists xB(x)$	与(6)同理
(8)	$\exists xA(x)\vee\exists xB(x)$	$(2)(6)(7)\vee_-$
(9)	$\exists x(A(x)\vee B(x))\rightarrow\exists xA(x)\vee\exists xB(x)$	$(1)(8)\rightarrow_+$
(10)	○ $\exists xA(x)\vee\exists xB(x)$	假设
(11)	○ $\exists xA(x)$	假设
(12)	$A(\alpha)$	$(11)\exists_-$
(13)	$A(\alpha)\vee B(\alpha)$	$(12)\vee_+$
(14)	$\exists x(A(x)\vee B(x))$	$(13)\exists_+$
(15)	$\exists xA(x)\rightarrow\exists x(A(x)\vee B(x))$	$(11)(14)\rightarrow_+$
(16)	$\exists xB(x)\rightarrow\exists x(A(x)\vee B(x))$	与(15)同理
(17)	$\exists x(A(x)\vee B(x))$	$(10)(15)(16)\vee_-$
(18)	$\exists xA(x)\vee\exists xB(x)\rightarrow\exists x(A(x)\vee B(x))$	$(10)(17)\rightarrow_+$
(19)	$\exists x(A(x)\vee B(x))\leftrightarrow\exists xA(x)\vee\exists xB(x)$	$(9)(18)\leftrightarrow_+$

证明［13］：

(1)	○$\forall x(A \vee B(x))$	假设，x 在 A 中不自由
(2)	○$\neg(A \vee \forall xB(x))$	假设，x 在 A 中不自由
(3)	$\neg(A \vee \forall xB(x)) \to \neg A \wedge \neg\forall xB(x)$	Q^N定理
(4)	$\neg A \wedge \neg\forall xB(x)$	(2)(3)$\to_-$
(5)	$\neg A$	(4)$\wedge_-$
(6)	$A \vee B(x)$	(1)$\forall_-$
(7)	$B(x)$	(5)(6)DR4
(8)	$\forall xB(x)$	(7)$\forall_+$
(9)	$A \vee \forall xB(x)$	(8)$\vee_+$
(10)	$A \vee \forall xB(x)$	(2)(9)(2)$\neg_-$
(11)	$\forall x(A \vee B(x)) \to A \vee \forall xB(x)$	(1)(10)$\to_+$，若 x 在 A 中不自由
(12)	○$A \vee \forall xB(x)$	假设，x 在 A 中不自由
(13)	○$\neg(A \vee B(x))$	假设，x 在 A 中不自由
(14)	○A	假设，x 在 A 中不自由
(15)	$A \vee B(x)$	(14)$\vee_+$
(16)	$\neg A$	(14)(15)(13)$\neg_+$
(17)	$\forall xB(x)$	(12)(16)DR4
(18)	$B(x)$	(17)$\forall_-$
(19)	$A \vee B(x)$	(18)$\vee_+$
(20)	$A \vee B(x)$	(13)(19)(13)$\neg_-$
(21)	$\forall x(A \vee B(x))$	(20)$\forall_+$
(22)	$(A \vee \forall xB(x)) \to \forall x(A \vee B(x))$	(12)(21)$\to_+$
(23)	$\forall x(A \vee B(x)) \leftrightarrow A \vee \forall xB(x)$	(11)(22)$\leftrightarrow_+$

证明［14］：

(1)	○$\exists x(A \vee B(x))$	假设，x 在 A 中不自由
(2)	$A \vee B(\alpha)$	(1)$\exists_-$
(3)	○A	假设，x 在 A 中不自由
(4)	$A \vee \exists xB(x)$	(3)$\vee_+$
(5)	$A \to A \vee \exists xB(x)$	(3)(4)$\to_+$
(6)	○$B(\alpha)$	假设
(7)	$\exists xB(x)$	(6)$\exists_+$
(8)	$A \vee \exists xB(x)$	(7)$\vee_+$，x 在 A 中不自由
(9)	$B(\alpha) \to A \vee \exists xB(x)$	(6)(8)$\to_+$
(10)	$A \vee \exists xB(x)$	(2)(5)(9)$\vee_-$
(11)	$\exists x(A \vee B(x)) \to A \vee \exists xB(x)$	(1)(10)$\to_+$
(12)	○$A \vee \exists xB(x)$	假设，x 在 A 中不自由

(13)	○A	假设，x 在 A 中不自由
(14)	$A \vee B(\alpha)$	(13) $\vee_{+}$
(15)	$\exists x(A \vee B(x))$	(14) $\exists_{+}$
(16)	$A \rightarrow \exists x(A \vee B(x))$	(13)(15) $\rightarrow_{+}$
(17)	○$\exists x B(x)$	假设
(18)	$B(\alpha)$	(17) $\exists_{-}$
(19)	$A \vee B(\alpha)$	(18) $\vee_{+}$，x 在 A 中不自由
(20)	$\exists x(A \vee B(x))$	(19) $\exists_{+}$
(21)	$\exists x B(x) \rightarrow \exists x(A \vee B(x))$	(17)(20) $\rightarrow_{+}$
(22)	$\exists x(A \vee B(x))$	(12)(16)(17) $\vee_{-}$
(23)	$A \vee \exists x B(x) \rightarrow \exists x(A \vee B(x))$	(12)(22) $\rightarrow_{+}$
(24)	$\exists x(A \vee B(x)) \leftrightarrow A \vee \exists x B(x)$	(11)(23) $\rightarrow_{+}$

第三组：

[15] $\forall x(A(x) \rightarrow B(x)) \rightarrow (\forall x A(x) \rightarrow \forall x B(x))$

[16] $\forall x(A(x) \rightarrow B(x)) \rightarrow (\exists x A(x) \rightarrow \exists x B(x))$

[17] $\forall x(A(x) \leftrightarrow B(x)) \rightarrow (\forall x A(x) \leftrightarrow \forall x B(x))$

[18] $\forall x(A(x) \leftrightarrow B(x)) \rightarrow (\exists x A(x) \leftrightarrow \exists x B(x))$

[19] $\forall x(A \rightarrow B(x)) \leftrightarrow (A \rightarrow \forall x B(x))$，若 x 在 A 中不自由

[20] $\exists x(A \rightarrow B(x)) \leftrightarrow (A \rightarrow \exists x B(x))$，若 x 在 A 中不自由

[21] $\forall x(A(x) \rightarrow B) \leftrightarrow (\exists x A(x) \rightarrow B)$，若 x 在 B 中不自由

[22] $\exists x(A(x) \rightarrow B) \leftrightarrow (\forall x A(x) \rightarrow B)$，若 x 在 B 中不自由

只选证 [21]：

(1)	○$\forall x(A(x) \rightarrow B)$	假设，若 x 在 B 中不自由
(2)	○$\exists x A(x)$	假设
(3)	$A(\alpha)$	(2) $\exists_{-}$
(4)	$A(\alpha) \rightarrow B$	(1) $\forall_{-}$
(5)	B	(3)(4) $\rightarrow_{-}$
(6)	$\exists x A(x) \rightarrow B$	(2)(4) $\rightarrow_{+}$
(7)	$\forall x(A(x) \rightarrow B) \rightarrow (\exists x A(x) \rightarrow B)$	(1)(6) $\rightarrow_{+}$
(8)	○$\exists x A(x) \rightarrow B$	假设，若 x 在 B 中不自由
(9)	○$A(x)$	x，假设
(10)	$\exists x A(x)$	(9) $\exists_{+}$
(11)	B	(8)(10) $\rightarrow_{-}$
(12)	$A(x) \rightarrow B$	(9)(11) $\rightarrow_{+}$
(13)	$\forall x(A(x) \rightarrow B)$	(12) $\forall_{+}$
(14)	$(\exists x A(x) \rightarrow B) \rightarrow \forall x(A(x) \rightarrow B)$	(8)(13) $\rightarrow_{+}$
(15)	$\forall x(A(x) \rightarrow B) \leftrightarrow (\exists x A(x) \rightarrow B)$	(7)(14) $\leftrightarrow_{+}$

三、Q^N有前提推演

Q^N有前提推演，是指从给定的有关量词的前提，推出给定的有关量词的结论。这与前面的定理证明本质上是一回事，只不过定理证明是无前提的推演，也许稍难一点。在做有前提推演时，允许使用Q^N定理，因为我们在应用谓词逻辑去处理日常思维中涉及量词的推理。下面做四个有前提推演，其中三个给定的是一些文字，必须先把它们符号化为谓词逻辑公式，然后再进行推演；另一个给定的是一些公式。

[例 20]

没有一个华盛顿的追随者喜爱任何独裁者，任何华盛顿的追随者喜爱至少一个林肯的追随者，并且华盛顿确实有追随者，所以，有的林肯的追随者不是独裁者。

证明：

(1)	$\forall x(H(x)\rightarrow\forall y(D(y)\rightarrow\neg L(x,y)))$	前提
(2)	$\forall x(H(x)\rightarrow\exists y(K(y)\wedge L(x,y)))$	前提
(3)	$\exists xH(x)$	前提
(4)	$H(\alpha)$	(3) $\exists_-$
(5)	$H(\alpha)\rightarrow\forall y(D(y)\rightarrow L(\alpha,y))$	(1) $\forall_-$
(6)	$\forall y(D(y)\rightarrow\neg L(\alpha,y))$	(4)(5) $\rightarrow_-$
(7)	$H(\alpha)\rightarrow\exists y(K(y)\wedge L(\alpha,y))$	(2) $\forall_-$
(8)	$\exists y(K(y)\wedge L(\alpha,y))$	(4)(7) $\rightarrow_-$
(9)	$K(\beta)\wedge L(\alpha,\beta)$	(8) $\exists_-$
(10)	$K(\beta)$	(9) $\wedge_-$
(11)	$L(\alpha,\beta)$	(9) $\wedge_-$
(12)	$D(\beta)\rightarrow\neg L(\alpha,\beta)$	(6) $\forall_-$
(13)	$\neg D(\beta)$	(11)(12) Q^N定理
(14)	$K(\beta)\wedge\neg D(\beta)$	(10)(13) $\wedge_+$
(15)	$\exists x(K(x)\wedge\neg D(x))$	(14) $\exists_+$

[例 21]

对于任意的 x、y 而言，如果 x 先于 y，那么并非 y 先于 x。对于任意的 x、y、z 而言，如果 x 先于 y 并且 y 先于 z，那么 x 先于 z。对于任意的 x、y 而言，如果 x 先于 y，那么 x≠y。对于任意的 x、y、z 而言，如果 y 在 x 和 z 之间，那么，或者 x 先于 y 并且 y 先于 z，或者 z 先于 y 并且 y 先于 x。对于任意的 x 和 z 而言，如果 x≠z，则至少存在一个 y 使得 y 在 x 和 z 之间。所以，对于任意的 x 和 z 而言，如果 x 先于 z，则至少存在一个 y 使得 x 先于 y 并且 y 先于 z。

为了省事起见，我们把这个推理的前提和结论放在下述证明的开端和末尾，不再单独列出，其中 Pxy 表示“x 先于 y”，Bxyz 表示“y 在 x 和 z 之间”。

证明：

(1)	$\forall x\forall y(Pxy\rightarrow\neg Pyx)$	前提
(2)	$\forall x\forall y\forall z(Pxy\wedge Pyz\rightarrow Pxz)$	前提
(3)	$\forall x\forall y(Pxy\rightarrow\neg(x=y))$	前提
(4)	$\forall x\forall y\forall z(Bxyz\rightarrow(Pxy\wedge Pyz)\vee(Pzy\wedge Pyx))$	前提
(5)	$\forall x\forall z(\neg(x=z)\rightarrow\exists yBxyz)$	前提
(6)	$\bigcirc Pxz$	x,z,假设
(7)	$Pxz\rightarrow\neg(x=z)$	(3) $\forall_-$
(8)	$\neg(x=z)$	x,z,(6)(7) $\rightarrow_-$
(9)	$\neg(x=z)\rightarrow\exists yBxyz$	(5) $\forall_-$
(10)	$\exists yBxyz$	x,z,(8)(9) $\rightarrow_-$
(11)	$Bx\alpha z$	x,z,(10) $\rightarrow_-$
(12)	$Bx\alpha z\rightarrow(Px\alpha\wedge P\alpha z)\vee(Pz\alpha\wedge P\alpha x)$	(4) $\forall_-$
(13)	$(Px\alpha\wedge P\alpha z)\vee(Pz\alpha\wedge P\alpha x)$	x,z,(11)(12) $\rightarrow_-$
(14)	$Pxz\rightarrow\neg Pzx$	(1) $\forall_-$
(15)	$\neg Pzx$	x,z,(6)(14) $\rightarrow_-$
(16)	$Pz\alpha\wedge P\alpha x\rightarrow Pzx$	(2) $\forall_-$
(17)	$\neg(Pz\alpha\wedge P\alpha x)$	x,z,(15)(16) Q^N定理
(18)	$Px\alpha\wedge P\alpha z$	x,z,(13)(17) $\vee_-$
(19)	$\exists y(Pxy\wedge Pyz)$	x,z,(18) $\exists_+$
(20)	$Pxz\rightarrow\exists y(Pxy\wedge Pyz)$	(6)(19) $\rightarrow_+$
(21)	$\forall x\forall z(Pxz\rightarrow\exists y(Pxy\wedge Pyz))$	(21) $\forall_+$

[例 22]

$$\exists x(A(x)\wedge\forall y(B(y)\rightarrow C(x,y)))/\therefore\forall y(B(y)\rightarrow\exists x(A(x)\wedge C(x,y)))$$

证明：

(1)	$\exists x(A(x)\wedge\forall y(B(y)\rightarrow C(x,y)))$	前提
(2)	$\bigcirc B(y)$	y,假设
(3)	$A(\alpha)\wedge\forall y(B(y)\rightarrow C(\alpha,y))$	(1) $\exists_-$
(4)	$A(\alpha)$	(3) $\wedge_-$
(5)	$\forall y(B(y)\rightarrow C(\alpha,y))$	(3) $\wedge_-$
(6)	$B(y)\rightarrow C(\alpha,y)$	(5) $\forall_-$
(7)	$C(\alpha,y)$	y,(2)(6) $\rightarrow_-$
(8)	$A(\alpha)\wedge C(\alpha,y)$	y,(4)(7) $\wedge_+$
(9)	$\exists x(A(x)\wedge C(x,y))$	y,(8) $\exists_+$
(10)	$B(y)\rightarrow\exists x(A(x)\wedge C(x,y))$	(2)(9) $\rightarrow_+$
(11)	$\forall y(B(y)\rightarrow x(A(x)\wedge C(x,y)))$	(10) $\forall_+$

[例 23]

任何一条鱼都比任何一条比它小的鱼游得快。所以，有一条最大的鱼就有一条游得最快的鱼。

证明：

(1)	$\forall x \forall y(F(x) \wedge F(y) \wedge D(x,y) \rightarrow Q(x,y))$	前提
(2)	○ $\exists x(F(x) \wedge \forall y(F(y) \rightarrow D(x,y)))$	假设
(3)	$F(\alpha) \wedge \forall y(F(y) \rightarrow D(\alpha,y))$	(2) $\exists_-$
(4)	$F(\alpha)$	(3) $\wedge_-$
(5)	$\forall y(F(y) \rightarrow D(\alpha,y))$	(3) $\wedge_-$
(6)	$\forall y(F(\alpha) \wedge F(y) \wedge D(\alpha,y) \rightarrow Q(\alpha,y))$	(1) $\forall_-$
(7)	$F(\alpha) \wedge F(y) \wedge D(\alpha,y) \rightarrow Q(\alpha,y)$	(6) $\forall_-$
(8)	$F(y) \rightarrow D(\alpha,y)$	(5) $\forall_-$
(9)	○ $F(y)$	y,假设
(10)	$D(\alpha,y)$	y,(8)(9) $\rightarrow_-$
(11)	$F(\alpha) \wedge F(y) \wedge D(\alpha,y)$	y,(4)(9)(10) $\wedge_+$
(12)	$Q(\alpha,y)$	y,(7)(11) $\rightarrow_-$
(13)	$F(y) \rightarrow Q(\alpha,y)$	(9)(12) $\rightarrow_+$
(14)	$\forall y(F(y) \rightarrow Q(\alpha,y))$	(13) $\forall_+$
(15)	$F(\alpha) \wedge \forall y(F(y) \rightarrow Q(\alpha,y))$	(4)(14) $\wedge_+$
(16)	$\exists x(F(x) \wedge \forall y(F(y) \rightarrow Q(x,y)))$	(15) $\exists_+$
(17)	$\exists x(F(x) \wedge \forall y(F(y) \rightarrow D(x,y))) \rightarrow \exists x(F(x) \wedge \forall y(F(y) \rightarrow Q(x,y)))$	(2)(16) $\rightarrow_+$

第六节　等词理论和摹状词分析

一、等词理论

鉴于等词“＝”在数学中和在自然语言中被普遍使用及其重要性，我们把它加进一阶语言 L 中，得到一阶语言的一个扩充 $L_=$。我们在公式的意义中新增一条：如果 t 和 s 都是项，则（t＝s）是公式。下面的公式刻画了等词的一些特征性质：

T1. 自反性：$\forall x(x=x)$

T2. 对称性：$\forall x \forall y(x=y \rightarrow y=x)$

T3. 传递性：$\forall x \forall y \forall z(x=y \wedge y=z \rightarrow x=z)$

T4. $\forall x \forall y(x=y \rightarrow (Fx \rightarrow Fy))$

T5. $\forall x \forall y((Fx \leftrightarrow Fy) \rightarrow x=y)$

这里，T4 是莱布尼茨提出的“同一不可分辨原则”：若 x 与 y 同一，则 x 具有什么性质 y 就具有什么性质；T5 是莱布尼茨提出的“不可分辨者同一原则”：若没有任何性质 F 能够把 x 和 y 区别开来，则 x 与 y 同一。

有了等词之后，我们可以用一阶语言去刻画更多更复杂的量化概念，“至少一个”，“至少两个”，“至少三个”……“至多一个”，“至多两个”，“至多三个”……以及“恰好一个”，“恰好两个”，“恰好三个”……例如：

至少一个 x 是 F：$\exists xFx$

至少两个 x 是 F：$\exists x\exists y(Fx\wedge Fy\wedge\neg(x=y))$

[有两个个体是 F 且它们各不相同]

至少三个 x 是 F：$\exists x\exists y\exists z(Fx\wedge Fy\wedge Fz\wedge\neg(x=y)\wedge\neg(x=z)\wedge\neg(y=z))$

[有三个个体是 F 且它们各不相同]

又如：

至多一个 x 是 F：$\forall x\forall y(Fx\wedge Fy\rightarrow(x=y))$

[若有两个个体是 F，则它们是同一个体]

至多两个 x 是 F：$\forall x\forall y\forall z(Fx\wedge Fy\wedge Fz\rightarrow(x=y)\vee(x=z)\vee(y=z))$

[若有三个个体是 F，则它们中至少两个是同一个体]

至多三个 x 是 F：$\forall x\forall y\forall z\forall u(Fx\wedge Fy\wedge Fz\wedge Fu\rightarrow(x=y)\vee(x=z)\vee(x=u)\vee(y=z)\vee(y=u)\vee(z=u))$

[若有四个个体是 F，则它们中至少两个是同一个体]

再如：

恰好一个 x 是 F，意即“至少有一个且至多有一个个体是 F”：

$$\exists xFx\wedge\forall x\forall y(Fx\wedge Fy\rightarrow(x=y))$$

恰好两个 x 是 F，意即“至少有两个且至多有两个个体是 F”：

$$\exists x\exists y(Fx\wedge Fy\wedge\neg(x=y))\wedge\forall x\forall y\forall z(Fx\wedge Fy\wedge Fz\rightarrow(x=y)\vee(x=z)\vee(y=z))$$

恰好三个 x 是 F，意即“至少有三个且至多有三个个体是 F”：

$$\exists x\exists y\exists z(Fx\wedge Fy\wedge Fz\wedge\neg(x=y)\wedge\neg(x=z)\wedge\neg(y=z))\wedge\forall x\forall y\forall z\forall u(Fx\wedge Fy\wedge Fz\wedge Fu\rightarrow(x=y)\vee(x=z)\vee(x=u)\vee(y=z)\vee(y=u)\vee(z=u))$$

很显然，可以使用带等词的一阶语言 $L_=$，采用类似方式，写出下列语句的符号表达式：“至少有 n 个个体是 F”，“至多有 n 个个体是 F”，“恰好有 n 个个体是 F”，若 $n\geqslant 4$。

并且，“恰好一个 x 是 F”可以进一步简写成：

$$\exists x(Fx\wedge\forall y(Fy\rightarrow(x=y)))$$

“恰好两个 x 是 F”和“恰好三个 x 是 F”可以用类似方式简写。

采用上面的办法，可以把下面两个句子改写成带等词的一阶语言公式：

(1) 每个人有唯一的母亲。

用“H”表示“是人”，“Myx”表示“y 是 x 的母亲”，则 (1) 的 $L_=$ 公式是：

(1′) $\forall x(Hx\rightarrow\exists y(Myx\wedge\forall z(Mzx\rightarrow z=y)))$

(2) 李倩恰好有一双儿女。

若用“a”代表李倩，用“Sxa”表示“x 是 a 的儿子”，用“Dya”表示“y 是 a 的女儿”，(2) 的 $L_=$ 公式是：

(2′) $\exists x\exists y(Sxa\wedge Dya\wedge\forall z(Sza\vee Dza\rightarrow(z=x)\vee(z=y)))$

再看如何处理下面的推理：

［例24］

所有伴奏的人都是吹风笛的，所有吹风笛的人都在甲板上。至多有两个人在甲板上。至少有两个伴奏的人。所以，恰好有两个吹风笛的人。

我们约定：Px，x是伴奏的人；Qx，x是吹风笛的人；Gx，x在甲板上。

(1)	$\forall x(Px\rightarrow Qx)$	前提
(2)	$\forall x(Qx\rightarrow Gx)$	前提
(3)	$\forall x\forall y\forall z(Gx\wedge Gy\wedge Gz\rightarrow (x=y)\vee(y=z)\vee(x=z))$	前提
(4)	$\exists x\exists y(Px\wedge Py\wedge\neg(x=y))$	前提
(5)	$\exists y(P\alpha\wedge Py\wedge\neg(\alpha=y))$	(4) $\exists_-$
(6)	$P\alpha\wedge P\beta\wedge\neg(\alpha=\beta)$	(5) $\exists_-$
(7)	$P\alpha\rightarrow Q\alpha$	(1) $\forall_-$
(8)	$Q\alpha\rightarrow G\alpha$	(2) $\forall_-$
(9)	$P\alpha$	(6) $\wedge_-$
(10)	$Q\alpha$	(7)(9) $\rightarrow_-$
(11)	$G\alpha$	(8)(10) $\rightarrow_-$
(12)	$P\beta\rightarrow Q\beta$	(1) $\forall_-$
(13)	$P\beta$	(6) $\wedge_-$
(14)	$Q\beta$	(12)(13) $\rightarrow_-$
(15)	$Q\alpha\wedge Q\beta$	(10)(14) $\wedge_+$
(16)	$Q\beta\rightarrow G\beta$	(2) $\forall_-$
(17)	$G\beta$	(14)(16) $\rightarrow_-$
(18)	$G\alpha\wedge G\beta$	(11)(17) $\wedge_+$
(19)	$\neg(\alpha=\beta)$	(6) $\wedge_-$
(20)	$\forall y\forall z(G\alpha\wedge Gy\wedge Gz\rightarrow(\alpha=y)\vee(y=z)\vee(\alpha=z))$	(3) $\forall_-$
(21)	$\forall z(G\alpha\wedge G\beta\wedge Gz\rightarrow(\alpha=\beta\vee\beta=z\vee\alpha=z))$	(20) $\forall_-$
(22)	$G\alpha\wedge G\beta\wedge Gz\rightarrow(\alpha=\beta)\vee(\beta=z)\vee(\alpha=z)$	(21) $\forall_-$
(23)	$(G\alpha\wedge G\beta\wedge Gz\rightarrow(\alpha=\beta)\vee(\beta=z)\vee(\alpha=z))$ $\rightarrow(G\alpha\wedge G\beta\rightarrow(Gz\rightarrow(\alpha=\beta)\vee(\beta=z)\vee(\alpha=z)))$	Q^N定理
(24)	$(G\alpha\wedge G\beta\rightarrow(Gz\rightarrow(\alpha=\beta)\vee(\beta=z)\vee(\alpha=z)))$	(22)(23) $\rightarrow_-$
(25)	$Gz\rightarrow(\alpha=\beta)\vee(\beta=z)\vee(\alpha=z)$	(18)(24) $\rightarrow_-$
(26)	◯Gz	z,假设
(27)	$(\alpha=\beta)\vee(\beta=z)\vee(\alpha=z)$	z,(25)(26) $\rightarrow_-$
(28)	$(\beta=z)\vee(\alpha=z)$	z,(19)(27)DR4
(29)	$Gz\rightarrow(\beta=z)\vee(\alpha=z)$	(26)(28) $\rightarrow_+$
(30)	$Qz\rightarrow Gz$	(2) $\forall_-$
(31)	$Qz\rightarrow(\beta=z)\vee(\alpha=z)$	(29)(30)DR2
(32)	$\forall z(Qz\rightarrow(\beta=z)\vee(\alpha=z))$	(31) $\forall_+$
(33)	$Q\alpha\wedge Q\beta\wedge\neg(\alpha=\beta)$	(15)(19) $\wedge_+$

(34) $Q\alpha \land Q\beta \land \neg(\alpha=\beta) \land \forall z(Qz \to (\beta=z) \lor (\alpha=z))$ 　(32)(33) $\land_+$

(35) $\exists y(Q\alpha \land Qy \land \neg(\alpha=y) \land \forall z(Qz \to (y=z) \lor (\alpha=z)))$ 　(34) $\exists_+$

(36) $\exists x \exists y(Qx \land Qy \land \neg(x=y) \land \forall z(Qz \to (z=x) \lor (z=y)))$ 　(35) $\exists_+$

二、摹状词分析

摹状词通常被分为两类：非限定摹状词（简称“不定摹状词”）和限定摹状词。不定摹状词是具有“一个某某”（a so-and-so）形式的短语，例如“一个人”、“一本书”、“一条蛇”和“一头独角兽”。非限定摹状词可以作为修饰个体的谓词来处理。限定摹状词是具有“那个如此这般的某某”（the so-and-so）形式的短语，例如“镭的发现者”、“世界上最高的山峰”、“15 与 27 的最大公约数”和“通过给定两点的那条直线”，它们通过对某一事物的某个特征的描述而唯一地指称这个事物。在具有定冠词的语言中，限定摹状词的结构是：

定冠词＋形容词组＋单数普遍名词

下面，我们用希腊字母“ι”代表定冠词，用符号组合“$\iota x\varphi(x)$”表示“那个唯一具有性质 φ 的个体”，这是限定摹状词的一般形式。

这里只考虑限定摹状词。根据罗素的理论，限定摹状词的特点在于唯一性。例如，“那个写《威弗利》的人是苏格兰人”包含以下意思：

(1) 至少有一个人写《威弗利》；

(2) 至多有一个人写《威弗利》；

(3) 谁写《威弗利》谁就是苏格兰人。①

按照我们上面的记法，一个包含限定摹状词的命题 $\psi(\iota x\varphi(x))$ 等价于如下公式：

$$\exists x(\varphi x \land \forall y(\varphi y \to (y=x)) \land \psi x)$$

罗素是摹状词理论的发明者，他在构造其理论时有哲学考虑，并引出了一些重要的哲学结论。这里，我们忽略掉罗素的理论的哲学意蕴，只关注如何从逻辑技术上处理限定摹状词、含限定摹状词的命题以及这类命题之间的推理关系。

[例 25]

北京大学是中国最好的大学，殷捷在北京大学读书，所以，殷捷在中国最好的大学读书。

我们约定，把“中国最好的大学”处理成限定摹状词，并用“b”代表北京大学，“a”代表殷捷，“Px”表示“x 是中国最好的大学”，“Rxy”表示“x 在 y 读书”。下面的证明允许使用规则

$R_{\cong}$　　如果 $x \cong y$，则 $A(x) \leftrightarrow A(x/y)$

其意思是：如果 $x \cong y$，那么，一个含 x 的公式 A 可以在 x 出现的一处或多处换成 y，替换不会改变 A 的真值。

证明：

---

① 罗素．数理哲学导论．北京：商务印书馆，1982：166.

(1)	$\exists x(Px\wedge\forall y(Py\rightarrow(y=x))\wedge(b=x))$	前提
(2)	Rab	前提
(3)	$P\alpha\wedge\forall y(Py\rightarrow(y=\alpha))\wedge(b=\alpha)$	$(1)\exists_-$
(4)	$P\alpha$	$(3)\wedge_-$
(5)	$\forall y(Py\rightarrow(y=\alpha))$	$(3)\wedge_-$
(6)	$b=\alpha$	$(3)\wedge_-$
(7)	$Ra\alpha$	$(6)R_{\cong}$
(8)	$\forall y(Py\rightarrow(y=\alpha))\wedge Ra\alpha$	$(5)(7)\wedge_+$
(9)	$P\alpha\wedge\forall y(Py\rightarrow(y=\alpha))\wedge Ra\alpha$	$(4)(8)\wedge_+$
(10)	$\exists x(Px\wedge\forall y(Py\rightarrow(y=x))\wedge Rax)$	$(9)\exists_+$

本章概要

谓词逻辑把一个简单命题解剖为个体词、谓词、量词、联结词等成分，其中量词发挥着核心作用，所以，谓词逻辑亦被称为“量化逻辑”“量词理论”。

个体词包括个体变项和个体常项。若一个谓词符号后面跟有写在一对括号内的适当数目的个体词，叫作原子公式。可以给原子公式前面加量词，得到量化公式。原子公式、量化公式还可以用联结词组合成更复杂的公式，这些复合公式前面还可以加量词，得到重叠的量化式。量词有辖域，量词后面的最短公式构成该量词的辖域。处于某量词辖域内、与该量词所含变项相同的个体变项被该量词所约束，叫作约束变项，否则叫作自由变项。一个不含任何自由变项的公式叫作闭公式，一个含有至少一个以上自由变项的公式叫作开公式。

通常用赋值对谓词逻辑的语言进行解释。赋值由一个模型加一个指派构成。谓词逻辑语言的一个模型 M 包括下列因素：(1) 个体域 D，即由具有一定性质的个体所构成的集合。当给定个体域之后，全称量词 $\forall x$ 表示个体域中的所有个体，存在量词 $\exists x$ 表示个体域中的某些个体。(2) 一个解释函数 I，I 把个体常项解释为 D 中的某个特定个体，把一元谓词符号解释为 D 种个体的性质，把多元谓词符号解释为 D 种个体之间的关系。当给定解释之后，所有闭公式都有确定的意义，也有确定的真值。另外需要给自由个体变项指派个体域中的某个确定个体，开公式的值也因此确定。于是，在赋值之下，所有公式的值都得以确定。

如果一个谓词逻辑公式对于任一赋值都为真，则称它为普遍有效式；如果一个谓词逻辑公式对于任一赋值都为假，则称它为不可满足式；如果一个谓词逻辑公式对于某些赋值为真、对于另外一些赋值为假，则称它为偶真式。普遍有效式是谓词逻辑的规律，谓词逻辑就是要找出所有的普遍有效式。

不存在一个一般性的程序可以判定任一谓词逻辑公式是不是普遍有效式。但一阶树形图可以用来判定所有的一元谓词逻辑公式是不是普遍有效式，并且如果一个多元谓词逻辑公式是普遍有效式，它也可以证明这一点。可以用解释方法去证明某个公式不是普遍有效的，即找一个使该公式为假的赋值；也可以用解释方法去证明某个公式可满足，即找一个使该公式为真的赋值。

谓词逻辑自然推理 Q^N 是命题逻辑自然推理系统 P^N 的扩充，也就是说，所有 P^N 的推演规则都是 Q^N 的推演规则，相应地，所有的 P^N 定理和导出规则都是 Q^N 定理和导出规则，但反之不然。除 P^N 的规则外，Q^N 另有 4 个与量词有关的规则，即全称量词消去规则 $\forall_-$，全称量词引入规则 $\forall_+$，存在量词消去规则 $\exists_-$，存在量词引入规则 $\exists_+$。

在一阶语言 L 中引入等词"="，可以表示更多的量化概念，如"至少一个""至多一个""恰好一个"等，并且可以处理包含等词和摹状词的命题和推理，从而有更强的表达力和推理能力。

思考题

1. 现代逻辑的"语言"概念（一组初始符号加一套形成规则）与日常思维中的"语言"概念有何异同？各有什么优势或弱点？更具体地说，现代逻辑先纯语法地（纯形式地）刻画一个语言，然后用赋值（模型加指派）对该语言做语义解释，与日常语言相比，这种做法有什么优点或缺点？

2. 谓词逻辑的量词是线性量词，即是说，每一个排在后面的量词都受排在前面的量词所管辖。有没有不同于线性量词的枝形量词，处在不同枝上的量词互不相干？如果有这样的量词，请举出例证，并尽可能说明它们在逻辑上的特点是什么？有没有什么特别的逻辑？

3. 是什么样的思想推动着人们去追求重言式或普遍有效式的判定程序？对判定程序的这种追求是重要的吗？为什么？

4. 为什么谓词逻辑没有关于普遍有效性的判定程序？请用非形式的语言加以解说。

5. 现代逻辑严格地定义证明或推演的概念，要求推演或证明过程中使用的每一个公式（或步骤）都有其合法性根据，这一要求是为了什么？本身是否合理？它体现了一种什么样的精神？

练习题

1. 用谓词逻辑的语言把下述命题或推理符号化。

（1）没有最大的自然数。

（2）一个好的专家胜过任何业余人士。

（3）每一个时刻都在有的时刻之后。

（4）神帮助所有自助的人，并且只帮助自助的人。

（5）如果所有的人都尊重每一个人，则每一个人都会很快乐。

（6）有一本书，全班同学都喜欢它并且轮流读过它，而它为王军所拥有。

（7）所有教逻辑的教师，其思维一定非常合乎逻辑，这一说法是假的。

（8）对于任意的自然数 x、y 来说，x+5=y 当且仅当 x=y−5。

（9）如果天堂的门将只对穷人敞开，而约翰是一位大富翁，那么，约翰将进不了天堂。

(10) 或者所有的学生喜欢所有老师讲课，或者有的学生不喜欢有的老师讲课。

(11) 所有的马都是动物，所以，所有的马头都是动物头。

(12) 有的人得到所有人的尊敬，有的人得到某些人的尊敬，但一个人至少应该自己尊敬自己。

(13) 如果有的自然数小于所有自然数，那么肯定有自然数自己小于自己，而后一说法肯定是假的，所以，前一说法也是假的。

(14) 如果牛郎不爱所有爱织女的男人，那么，如果孙悟空爱织女，则牛郎不爱孙悟空或者大白菜是云彩。

(15) 仅当大学生爱好数学时才爱好逻辑。

(16) 如果张三有罪，则没有一个证人说谎，除非他害怕。有证人害怕。因此，张三无罪。

(17) 最大的行星是木星。

(18) 至少有三个碳同素体。

(19) 双子座恰好有两颗明亮的星星。

(20) 每位丈夫有恰好一位妻子。

2. 用解释方法证明下面前五个公式不普遍有效，后五个公式可满足。

(1) $\exists xA(x)\wedge\exists xB(x)\rightarrow\exists x(A(x)\wedge B(x))$

(2) $\forall x(A(x)\vee B(x))\rightarrow\forall xA(x)\vee\forall xB(x)$

(3) $(\exists xA(x)\rightarrow\exists xB(x))\rightarrow\forall x(A(x)\rightarrow B(x))$

(4) $\exists xA(x)\wedge\forall xB(x)\rightarrow\forall x(A(x)\wedge B(x))$

(5) $\forall z(\forall x(R(x,z)\rightarrow R(z,z))\wedge\forall y(R(y,z)\rightarrow R(z,z))\rightarrow\forall x(R(y,z)\rightarrow R(x,z)))$

(6) $(\forall xA(x)\rightarrow\forall xB(x))\rightarrow\forall x(A(x)\rightarrow B(x))$

(7) $\forall x(Px\rightarrow Mx)\wedge\exists x(Sx\wedge Mx)\rightarrow\forall x(Sx\rightarrow Px)$

(8) $\exists y\forall xR(x,y)\rightarrow\forall x\exists yR(x,y)$

(9) $\forall x(M(x)\rightarrow\exists y(D(y)\wedge R(x,y)))$

(10) $\exists x(D(x)\wedge\forall y(M(y)\rightarrow\neg R(x,y)))$

3. 用树形图判定下述公式是否普遍有效式。

(1) $\forall x\forall yR(x,y)\leftrightarrow\forall y\forall xR(x,y)$

(2) $\exists x\exists yR(x,y)\leftrightarrow\exists y\exists xR(x,y)$

(3) $\exists x\forall yR(x,y)\rightarrow\forall y\exists xR(x,y)$

(4) $\forall x(A(x)\rightarrow B(x))\wedge\forall x(B(x)\rightarrow C(x))\rightarrow\forall x(A(x)\rightarrow C(x))$

(5) $\forall x(A(x)\rightarrow C(x))\wedge\forall x(B(x)\rightarrow C(x))\wedge\exists x(A(x)\vee B(x))\rightarrow\exists xC(x)$

(6) $\forall x(A(x)\rightarrow B(x))\wedge\exists x(C(x)\wedge\neg B(x))\rightarrow\exists x(C(x)\wedge\neg A(x))$

(7) $\exists x(A(x)\wedge\neg B(x))\rightarrow\exists xA(x)\wedge\exists x\neg B(x)$

(8) $\forall xA(x)\vee\forall xB(x)\rightarrow\forall x(A(x)\vee B(x))$

(9) $\forall x(M(x)\rightarrow\exists y(D(y)\wedge R(x,y)))$

(10) $\exists x(Dx\wedge\forall y(My\rightarrow\neg R(x,y)))\rightarrow\forall y(My\rightarrow\exists x(Dx\wedge\neg R(x,y)))$

4. 设一元谓词 S、P、Q 分别表示集合 S、P、Q。用一阶公式表达下列命题（谓词符号只能使用 S、P、Q）。

(1) S 包含于 P。

(2) S 等于 P。

(3) 相对于 S 而言，P 和 Q 呈反对关系。

(4) 相对于 S 而言，P 和 Q 呈矛盾关系。

(5) S 和 P 的交集是 Q。

(6) S 和 P 的并集是 Q。

(7) S 和 P 都非空且是全异关系。

5. 说出下列公式的意义，然后辨析每组中哪些公式彼此之间是逻辑等值的。

(1) $\forall x\forall yRxy$ $\forall x\forall yRyx$ $\forall x\forall y(Rxy\vee Ryx)$ $\forall x(\forall yRxy\vee\forall yRyx)$ $\forall x\forall yRxy\vee\forall x\forall yRyx$ $\forall x\forall yRxy\to\forall x\forall yRyx$ $\forall x(\forall yRxy\to\forall yRyx)$ $\forall x\forall y(Rxy\to Ryx)$

(2) $\exists x\exists yRxy$ $\exists x\exists yRyx$ $\exists x\exists y(Rxy\vee Ryx)$ $\exists x(\exists yRxy\vee\exists yRyx)$ $\exists x\exists yRxy\vee\exists x\exists yRyx$ $\exists x\exists yRxy\wedge\exists x\exists yRyx$ $\exists x(\exists yRxy\wedge\exists yRyx)$ $\exists x\exists y(Rxy\wedge Ryx)$

6. 判断下列每组中的两个公式的意义是否相同，并说明理由。

(1) Px 和 $\exists xPx$。

(2) Px 和 Py。

(3) $\exists xPx$ 和 $\exists yPy$。

(4) $\forall xPx$ 和 $\forall yPy$。

(5) $\forall x(Px\to Qx)$ 和 $\forall x(Px\wedge Qx)$。

(6) $\exists x(Px\to Qx)$ 和 $\exists x(Px\wedge Qx)$。

7. 证明下述公式是 Q^N 定理。

(1) $\exists x(A(x)\to B(x))\leftrightarrow(\forall xA(x)\to\exists xB(x))$

(2) $(\exists xA(x)\to\forall xB(x))\to\forall x(A(x)\to B(x))$

(3) $\forall x(A(x)\to B(x))\to(\exists xA(x)\to\exists xB(x))$

(4) $\forall x(A(x)\leftrightarrow B(x))\to(\forall xA(x)\leftrightarrow\forall xB(x))$

(5) $\forall x(A(x)\leftrightarrow B(x))\to(\exists xA(x)\leftrightarrow\exists xB(x))$

(6) $\forall x(A\wedge B(x))\leftrightarrow A\wedge\forall xB(x)$，若 x 在 A 中不自由

(7) $\exists x(A\wedge B(x))\leftrightarrow A\wedge\exists xB(x)$，若 x 在 A 中不自由

(8) $\forall x(A\vee B(x))\leftrightarrow A\vee\forall xB(x)$，若 x 在 A 中不自由

(9) $\exists x(A\vee B(x))\leftrightarrow A\vee\exists xB(x)$，若 x 在 A 中不自由

(10) $\exists x(A(x)\wedge\forall y(B(y)\to C(x,y)))\to\forall y(B(y)\to\exists x(A(x)\wedge C(x,y)))$

8. 为下述推理构造 Q^N 证明。

(1) $Aa, \forall x(A(x)\to\forall yB(y))/\therefore\forall xB(x)$

(2) $\forall x(A(x)\to B(x)), \exists x\neg B(x), \forall x(\neg A(x)\to C(x))/\therefore\exists xC(x)$

(3) $\forall x(A(x)\vee B(x)\to\neg C(x)), \exists x\neg(\neg A(x)\wedge\neg B(x))/\therefore\neg\forall xC(x)$

(4) $\exists x(A(x)\wedge B(x))\to\forall yC(y), \neg C(a)/\therefore\forall x(A(x)\to\neg B(x))$

(5) $\forall x(A(x)\vee B(x)\to C(x)), \forall x(C(x)\vee D(x)\to E(x))/\therefore\forall x(A(x)\to E(x))$

(6) $\exists xA(x)\to\exists xB(x), \forall x(C(x)\to A(x))/\therefore\exists xC(x)\to\exists xB(x)$

(7) $\forall x(A(x)\to B(x)),\exists x(C(x)\land\neg B(x)),\forall x(\neg D(x)\lor A(x))/\therefore\exists x(C(x)\land\neg D(x))$

(8) $\exists xA(x)\to\exists x(B(x)\land C(x)),\exists x(C(x)\lor D(x))\to\forall xE(x)/\therefore\forall x(A(x)\to E(x))$

(9) $\forall x(A(x)\land B(x)\to C(x)),\exists x(D(x)\land B(x)),\forall x(\neg A(x)\to\neg D(x))/\therefore\exists x(C(x)\land D(x))$

(10) $\forall x(A(x)\lor B(x)\to C(x)\land D(x))/\therefore\exists x(A(x)\lor C(x))\to\exists xC(x)$

(11) $\exists xA(x)\to\exists yB(y),\exists x(A(x)\land\forall y(B(y)\to R(x,y)))/\therefore\exists x\exists yR(x,y)$

(12) $\forall x(A(x)\to\exists y(A(y)\land B(x,y))),\exists x(A(x)\land\forall y(A(y)\land B(x,y)\to C(x,y)))/\therefore\exists x\exists y(A(x)\land A(y)\to C(x,y))$

(13) $\forall x(A(x)\to B(x))/\therefore\forall x(\exists y(A(y)\land C(x,y))\to\exists z(B(z)\land C(x,z)))$

(14) $\exists xA(x)\to\neg\exists xB(x)/\therefore\forall x(\exists yA(y)\to\neg B(x))$

(15) $\exists xA(x)\to\exists xB(x)/\therefore\exists y\forall x(A(x)\to B(y))$

9. 先用谓词逻辑的语言把下述推理符号化，再为其构造 Q^N 证明。

(1) 所有的科学家都是理性主义者，没有宗教狂热者是理性主义者，所以，所有的宗教狂热者都不是科学家。

(2) 王茉莉只与有车的男孩约会，而吴为是一个没有车的男孩，所以，王小姐不会与吴为约会。

(3) 对于任何人 x 和 y，如果 x 是 y 的父亲，则 y 就不是 x 的父亲。所以，没有任何人是他自己的父亲。

(4) 如果每一位证人所说的都是真话，那么，或者约翰将被判有罪，或者陪审团出现意见分歧，陪审团没有出现意见分歧，所以，约翰将被判有罪，否则，有的证人没有说真话。

(5) 如果该法庭的每一位成员都犯了错误，那么至少会有一个联邦法庭推翻它的判决。但所有的联邦法庭都没有推翻它的判决，所以，该法庭至少有某些成员没有犯错误。

(6) 每一位哲学上的经验论者都崇拜英国哲学家休谟，没有一个独断论者喜欢任何崇拜休谟的人，所以，所有独断论者都不喜欢哲学上的经验论者。

(7) 雅士俱乐部的每一位成员或者是民主党人或者是共和党人。雅士俱乐部的大多数成员是富人。亚当不是民主党人，但他是富人。所以，如果亚当是该俱乐部的一名成员，他就是共和党人。

(8) 没有奥卡姆的信徒喜欢任一实在论者。任一奥卡姆的信徒至少喜欢一个霍布斯的信徒。奥卡姆有信徒。所以，有的霍布斯的信徒不是实在论者。

(9) 所有东北人都只与他们熟悉的人谈话。没有一个东北人与不是北方人的任何人谈话，所以，如果东北人与人谈话，他们的谈话对象是他们所熟悉的北方人。

(10) 桌子上的小说是玛格丽特·米切尔写的。玛格丽特·米切尔写的唯一一部小说是《飘》。因此，桌子上的这本小说是《飘》。

(11) 办公室至少有两名律师。所有的律师都是专业人员。办公室至多有两名专业人员。因此，办公室里恰有两名专业人员。

(12) 北美最高的建筑是西尔斯大厦。北美最高的大厦坐落在芝加哥。如果某栋建筑比另一栋更高，那么后者一定不比前者高。因此，西尔斯大厦在芝加哥。

10. 用谓词逻辑语言把 AAI-1、AEO-2 三段论形式化，然后基于主项存在假设，构造其 Q^N 推演。

第五章

归纳逻辑

归纳逻辑是以归纳推理和归纳方法为基本内容的知识体系。从形态上，可以粗略地分为传统归纳逻辑和现代归纳逻辑，前者着重研究如何从个别性经验知识上升到具有普遍必然性的一般知识的思维过程和思维方法，而后者则研究感觉经验证据对某个一般性假说的确证程度，并引入概率论和数理统计做工具，发展出了概率归纳逻辑。

第一节　什么是归纳推理?

在哲学上，演绎、归纳、类比三者是一起定义的：演绎是指从一般性原理到个别性论断的推理，归纳是指从个别性例证到一般性原理的推理，类比则是从个别到个别或者从一般到一般的推理，它们三者代表着不同的思维进程或思维方向。但这种定义是有问题的。

如此定义的演绎推理最适用于谓词逻辑中全称例示规则，用符号表示，即：

$$\forall xF(x)\rightarrow F(x/t)$$

例如，从“所有的植物都需要雨露阳光”可以推出“向日葵也需要雨露阳光”。同时也适用于三段论第一格，因为第一格的特点就是把某个一般性原理应用于特殊场合，得出关于某个相对特殊的事物的结论，例如：

［例 1］

所有的玫瑰都是带刺的，

这朵黑玫瑰是玫瑰，

所以，这朵黑玫瑰是带刺的。

如此定义的归纳最适用于简单枚举法，因为简单枚举法就是通过已经观察到的所有例证一律地具有某种性质，而得到该类的所有事物都具有该性质的结论，结论是表示一般性原理的全称命题。

但超出这个范围之外，上述两种定义方式就是不成立的。先看演绎推理，以最常用的假言推理的肯定前件式为例：

$p \rightarrow q$

p

所以，q

这里，命题变项 p、q 可以代入任意命题。如果我们代入一般性命题，则这个推理就是从一般到一般的推理：

[例 2]

如果谁热爱生命，谁就别浪费时间，

谁都热爱生命，

所以，谁也别浪费时间。

反之，我们代入个别性命题，该推理就是从个别到个别的推理：

[例 3]

如果马晓东想去美国念书，他至少必须获得赴美签证，

马晓东想去美国念书，

所以，他至少必须获得赴美签证。

我们有从个别到特殊的演绎推理：例如，从“爱因斯坦是天才人物”可以推出“有人是天才人物”，这是谓词逻辑中从个别到存在的推理，用符号表示就是：

$F(a) \rightarrow \exists xF(x)$

我们甚至还可以构造出从个别到一般的演绎推理。按照命题逻辑，一个选言命题，如果有一个选言支是真的，它本身就是真的。因此，“所有的鸟都有翅膀或者李白不是大诗人”就是一个真的选言命题，再加上一个真命题“李白是大诗人”，则构成一个有效的选言推理：

[例 4]

李白是大诗人，

所有的鸟都有翅膀或者李白不是大诗人，

所以，所有的鸟都有翅膀。

这里，结论是一般性命题，而前提是个别性命题，至少包括个别性命题，这个推理因此就是或者至少可以算作从个别到一般的演绎推理。

再看归纳推理。除简单枚举法之外，还存在着许多其他形式的归纳推理，例如所谓的预测推理，指 S 类的某个真子类 S' 的元素都具有性质 P，推出 S 类的另外某个与 S' 不相交的真子类 S'' 的元素也都具有性质 P。这是从个别到个别的推理：

[例 5]

从我记事的第一天起，太阳从东方升起，

第二天，太阳从东方升起，

第三天，太阳从东方升起，

…………

一直到今天，太阳从东方升起，

所以，太阳明天仍从东方升起。

还可以有从一般到特殊、个别的归纳推理：

［例 6］

今年甲 A 足球队队员的平均年薪至少在 20 万元以上，所以，明年大连实德队队员的平均年薪至少在 20 万元以上。

所以，从思维进程的角度去定义演绎、归纳、类比推理，至少是可以受到质疑的。在本书中，我们改而根据前提和结论之间的真值关系去定义所有推理，并区分两大类：演绎推理和归纳推理。演绎推理是必然性推理，其前提的真能够确保结论的真；归纳推理是或然性推理，其前提真结论很可能为真，但也可能为假。但这种新的定义方式也有问题：演绎推理中将不包括无效推理，凡演绎推理都是有效的，凡有效推理都是演绎推理，这样“演绎推理”就变成“有效推理”的同义词，通常认为无效的演绎推理，例如，假言推理的否定前件式“如果 p 则 q，非 p，所以，非 q”，就应归属于归纳推理。而通常所谓的完全归纳法，由于其前提真能够确保结论的真，按照新的定义，就应该归属于演绎推理。世上没有万全之策，每一种策略都有它的优势，也有特定的缺陷。不过，本书宁愿选择这种新的定义方式。

第二节　简单枚举法

一、什么是简单枚举法？

在一类事物中，根据已观察到的那部分对象都具有某种属性，并且没有遇到任何反例，从而推出该类所有对象都具有该种属性的结论。这就是简单枚举法，其一般形式是：

S_1是 P，

S_2是 P，

…………

S_n是 P，

S_1，S_2，…，S_n是 S 类的部分对象，并且其中没有 S 不是 P，

所以，所有的 S 都是 P。

也可以这样来表述：

迄今为止观察到的所有 S 都是 P，

所以，所有 S，不论其是否已经被观察到，都是 P。

［例 7］

凡是大成功的人，都是有绝顶聪明而肯做笨功夫的人。不但中国如此，西方也如此。像孔子，他说“吾尝终日不食，终夜不寝，以思，无益，不如学也”，这是孔

子做学问的功夫。孟子就差了。汉代的郑康成的大成就，完全是做的笨功夫。宋朝的朱夫子，他是一个绝顶聪明的人，他十五六岁时就研究禅学，中年以后才改邪归正。他说的“宁详毋略，宁近毋远，宁下毋高，宁拙毋巧”十六个字，我时常写给人家的。他的《四书集注》，除了《大学》早成定本外，其余仍是随时修改的。现在的《四书集注》，不知是他生前已经印行的本子，还是他以后修改未定的本子。如陆象山、王阳明，也是第一等聪明的人。像顾亭林，少年时才气磅礴，中年时才做实学，做笨的功夫，你看他的成就！

解析：上面所引胡适晚年的这段谈话，所使用的就是简单枚举法，其结论是开头一句：“凡是大成功的人，都是有绝顶聪明而肯做笨功夫的人”，并用另外两个简单枚举的结论“不但中国如此，西方也如此”来支持那个总结论，然后枚举了郑康成、朱熹、陆象山、王阳明、顾亭林等人做例子，来支持该结论。

[例8]

人们早已知道，某些生物的活动是按时间的变化（昼夜交替或四季变更）来进行的，具有时间上的周期性节律，如鸡叫三遍天亮，青蛙冬眠春晓，大雁春来秋往，牵牛花破晓开放，等等。人们由此做出概括：凡生物的活动都受生物钟支配，具有时间上的周期性节律。

下述哪段议论的论证手法与上面所使用的方法不同？

A. 麻雀会飞，乌鸦会飞，大雁会飞，天鹅、秃鹫、喜鹊、海鸥等也会飞，所以，所有的鸟都会飞。

B. 我们摩擦冻僵的双手，手便暖和起来；我们敲击石块，石块会发出火光；我们用锤子不断地锤击铁块，铁块也能热到发红；古人还通过钻木取火。所以，任何两个物体的摩擦都能生热。

C. 在我们班上，我不会讲德语，你不会讲德语，红霞不会讲德语，阳光也不会讲德语，所以我们班没有人会讲德语。

D. 外科医生在给病人做手术时可以看X光片，律师在为被告辩护时可以查看辩护书，建筑师在盖房子时可以对照设计图，教师备课可以看各种参考书，为什么独独不允许学生在考试时看教科书及其相关的材料？

E. 张山是湖南人，他爱吃辣椒；李司是湖南人，他也爱吃辣椒；王武是湖南人，更爱吃辣椒。我所碰到的几个湖南人都爱吃辣椒。所以，所有的湖南人都爱吃辣椒。

解析：题干中所使用的方法是简单枚举法，只有选项D所使用的是在不同事物之间进行类比，其方法与题干不同，其他各项都与题干相同。因此，正确答案是D。

简单枚举法的结论由于超出了前提的范围，所以其结论是或然的。数学家华罗庚在《数学归纳法》一书中，对简单枚举法的或然性做了很好的说明：“从一个袋子里摸出来的第一个是红玻璃球，第二个是红玻璃球，甚至第三个、第四个、第五个都是红玻璃球时，我们立刻就会猜想：‘是不是袋子里所有的球都是红玻璃球？’但是，当我们有一次摸出一个白玻璃球时，这个猜想失败了。这时，我们会出现另一个猜想：‘是不是袋子里的东西全都是玻璃球？’当有一次摸出一个木球时，这个猜想又失败了。那时，我们又会出现第三个猜想：‘是不是袋子里的东西都是球？’这个猜想对不对，还必须继续加以检验，要把袋子里的东西全部摸出来，才能见个分晓。”①

简单枚举法结论的可靠性程度完全建立在枚举事例的数量及其分布的范围上。因此，要提高它的结论的可靠性，必须至少遵循以下要求：在一类事物中，（1）被考察对象的数量要足够多；（2）被考察对象的范围要足够广；（3）被考察对象之间的差异要足够大。通常把样本过少、结论明显为假的简单枚举法称之为“以偏概全”“轻率概括”，例如，例 8 中的 C 以及下面这个论证都是轻率概括：“儿子都比老子伟大，例如世界上几乎人人都知道爱因斯坦，但有几个人知道爱因斯坦的爸爸呢?!”

二、变化形式：科学归纳法

简单枚举法依靠的是观察，它的结论依赖于观察例证的数量、分布范围和有没有反例，只要有一个反例，全称结论就被推翻。这实际上是笨人的办法、懒人的办法，它笨在重复，懒在思考，它只知道积聚数量，扩大范围，从实际操作的角度看既不经济，浪费人力物力，有时候还会丧失大好机遇。例如，当在科学研究过程中遇到某种反常或特例时，我们如果严格按简单枚举法来行事，那反常或特例早就消失得无影无踪了。例证的数量和范围真的如此重要吗？为了知道麻雀的内部结构，要解剖多少麻雀才够呢？为了知道人体的结构，需要解剖多少人体才够呢？正如恩格斯所言，十万部蒸汽机并不比一部蒸汽机更能说明热能转化为机械能。也如常言所说，一叶知秋；麻雀虽小，五脏俱全。因此，我们需要跳出观察的藩篱，当我们观察到一些 S 具有性质 P 后，我们就开始思考，为什么这些 S 会有性质 P 呢？并从田野进入实验室和研究室，根据当时的科学原理和知识状况，去弄清楚 S 和 P 究竟具有什么样的联系，是偶然联系还是必然联系？如果我们通过科学研究得出结论说，S 和 P 之间必然相互联系着，就像生物不可能长生不死一样，这时尽管只研究了也许一个个例，我们仍然可以有把握地说：“所有的 S 都是 P。”于是，观察加上科学研究，就派生出简单枚举法的一种变化形式——所谓的“科学归纳法”，其形式如下：

S_1是 P，

S_2是 P，

…………

S_n是 P，

S_1，S_2，…，S_n是 S 类的部分对象，其中没有 S_i（$1\leqslant i\leqslant n$）不是 P；并且科学研究表明，S 和 P 之间有必然联系，

所以，所有的 S 都是 P。

也可以这样来表述：

迄今为止观察到的所有 S 都是 P，且科学研究表明，S 和 P 之间有必然联系，

所以，所有 S，不论其是否已经被观察到，都是 P。

---

① 华罗庚. 数学归纳法. 上海：上海教育出版社，1963：3-4.

[例9]

1960年，英国某农场的十万只火鸡和小鸭，由于吃了发霉的花生，在几个月内得癌症死去。后来用这样的花生喂羊、猫、鸽子等动物，又发生了同样的结果。为什么动物吃了发霉的花生会得癌症死去呢？1963年，某科学家对发霉的花生进行化学分析，发现其中含有黄曲霉素，而黄曲霉素是强烈的致癌物质。因此，他得出结论：动物吃了含有黄曲霉素的发霉的花生，就会得癌症死去。

[例10]

人们观察了大量向日葵，发现它们的花总是朝着太阳。经过研究发现，向日葵茎部含有一种植物生长素，它可以刺激生长，又具有背光的特性。生长素常常在背着太阳的一面，使得茎部背光的一面生长快于向阳的一面，于是开在顶端的花就总是朝着太阳。所以，所有向日葵的花都朝着太阳。

科学归纳法的前提对结论的支持度有多高，结论有多可靠，取决于科学归纳法有多“科学”。由于极其复杂的原因，打着“科学研究”旗号的许多研究也有不科学或不尽科学的时候，因此“科学研究”的结论也是可错的，可以修正的。我们回想一下，各种媒体经常给我们传播一些多么自相矛盾的“科学知识”，例如有时候说，隔夜茶不能喝，喝了有害健康；有时候又说，研究表明，隔夜茶可以喝，与喝非隔夜茶一样；有时候说吃肥肉会得与心脏、血管、血压有关的疾病，不能吃；有时候又说，不吃肥肉不利于健康；等等。一个人要是完全照着他从媒体上获得的“科学知识”去办，他唯一可以做的就是——什么都不做。之所以如此，是因为事物之间的联系是非常复杂的，如果简单地把一两个因素孤立起来加以研究，匆匆得出一些结论，常常会被另外的一些研究所推翻。因此，我们对一切知识和结论，还是抱着一种健康的怀疑主义态度为好。

三、极限形式：完全归纳法

如果我们把简单枚举法注重数量和分布的这一特点发展到极限，情况会如何呢？这里首先要明确什么是极限，显然它是把所要考察的那类对象逐个加以检查，直至穷尽为止。如果对象的类别是一个无穷类，例如自然数类，我们不可能穷尽地检查这个类，因为不管我们检查到哪一步，总有无穷多的对象仍在那里等待我们。这是因为，在无穷的世界里，部分可能等于整体。例如，正偶数和正奇数各只是自然数的一半，但由于自然数无穷多，于是，每给一个自然数n，我们就可以分别依次找到一个偶数和奇数与n对应，即我们有如下的数列：

1，	2，	3，	4，	5，	6，	7，	8，	9，	10…
↕	↕	↕	↕	↕	↕	↕	↕	↕	↕
1，	3，	5，	7，	9，	11，	13，	15，	17，	19…
↕	↕	↕	↕	↕	↕	↕	↕	↕	↕
2，	4，	6，	8，	10，	12，	14，	16，	18，	20…

按“理”说，奇数数列、偶数数列应该只是自然数数列的一半，但这三个数列却不多不少、恰好一样长——无穷长。所以，当我们考察的对象类是一个无穷类时，我们是

没有办法达到那个极限的。不过，假如所考察的对象类是一个有穷类，我们却有可能达到该极限。这是因为，在有穷的世界里，部分一定小于整体。例如，假如我们考察到10为止的自然数数列，那么其中的奇数数列和偶数数列都不多不少只有自然数数列的一半：

1，2，3，4，5，6，7，8，9，10
↕　↕　↕　↕　↕
1，3，5，7，9
↕　↕　↕　↕　↕
2，4，6，8，10

假如所考察的那个类较大，例如由所有中国人所组成的类，有13亿之多，尽管在理论上我们完全可以对这个类做穷尽的考察，但实际操作起来很困难，社会成本太大。但假如我们所要考察的那个类比较小，例如某个小的团体、集群，如某个班组、村镇的所有人口，对它们做穷尽的考察就比较容易。

[例11]

据说，数学家高斯（C. F. Gauss）小时候就很聪明，上小学时数学老师出了一道题，1＋2＋3＋4＋5＋…＋48＋49＋50＋…＋97＋98＋99＋100＝？即从1到100连加等于多少？高斯想了想，发现从数列的开头和末尾依次分别取一个数相加等于101，即：

$$\left.\begin{array}{l}1+100=101\\2+99=101\\3+98=101\\\cdots\cdots\\50+51=101\end{array}\right\}\text{50 个 101，即 } 101\times50=5\ 050$$

高斯一会儿就把这道题给解决了，并且结论正确。

解析：高斯可以依次考察这50对数分别相加的结果，即对它们做穷尽的考察，尽管他肯定不会这样做。但如果他这样做了，他就是在运用完全归纳法，其形式是：

S_1是P，
S_2是P，
…………
S_n是P，
S_1，S_2，…，S_n是S类的全部对象，并且其中没有S不是P，
————————————————
所以，所有的S都是P。

也可以这样来表述：

依次考察了S类的每一个对象，发现它们都是P，
————————————————
所以，所有S都是P。

显然，完全归纳法的前提对其结论提供了充分的、完全的支持，以至于如果前提真，结论就一定真。这样一来，按照我们前面所给出的演绎推理和归纳推理的定义，完全归纳法就不再属于归纳推理，而应属于演绎推理。

第三节　排除归纳法

通常所谓的“寻求因果联系的方法”，是根据因果关系的某些特点，把某些明显不是被研究现象的原因的先行情况排除掉，而在其余的先行情况与被研究现象之间确立因果关系。因此，亦称“排除归纳法”。

一、因果关系的特点

因果联系是世界万物之间普遍联系的一个方面，也是其中最重要的方面。一个（或一些）现象的产生会引起或影响到另一个（或一些）现象的产生。前者是后者的原因，后者就是前者的结果。科学的一个重要任务就是要把握事物之间的因果联系，以便掌握事物发生、发展的规律。

一般说来，因果关系具有下述特点：

（1）普遍性，指任何现象都有它产生的原因，也有它所产生的结果，原因和结果总是如影随形，恒常伴随的。没有无因之果，也没有无果之因；并且，相同的原因永远产生相同的结果，但相同的结果却可以产生于不同的原因；等等。

普遍性也包含这样的意思：因果关系不只是对两个个别的现象、事件成立，而是在两类现象、事件之间普遍成立。例如，假如我们确定某人发烧是由于感冒，那么“感冒引起发烧”这种关系不仅对这个人这一次生病成立，对他以后的类似状况成立，对其他人的类似状况也成立，甚至对许多高级动物的类似状况都成立。如果我们发现，某个“因果关系”只在某些具体的、个别的现象、事件之间成立，却对于另外一些现象、事件不成立，那么，我们只有两个选择：或者放弃该“因果关系”是因果关系的说法，或者限制它的适用范围。因果关系必定以普遍规律的形式出现。

（2）共存性，指原因和结果总是在时空上相互接近的，并且总是共同变化的：原因的变化将引起结果的相应变化，结果的改变总是由原因的改变所引起。但因果之间的共存性也容易使人们倒因为果，或倒果为因，犯“倒置因果”的错误。例如，微生物入侵是造成有机物腐败的原因，而有人误认为有机物腐败才导致微生物入侵，这是“倒因为果”。又如，在19世纪的英国，勤劳的农民至少有两头牛，而好吃懒做的人通常没有牛。于是，某改革家建议给每位没有牛的农民两头牛，以便使他们勤劳起来。这是“倒果为因”。

（3）先后性，即通常所谓的先因后果：一般说来，原因总是在先，结果总是在后。但是，也要注意“在此之后并非因此之故”，也就是说先后关系不等于因果关系。例如，电闪和雷鸣先后相继，但电闪并不是雷鸣的原因，两者有一个共同的原因：带电云块之间的相互碰撞。把先后关系当作因果关系，就犯了“以先后为因果”的错误，这是许多迷信、错误信念的根源。

（4）复杂多样性，指因果联系是多种多样的，有必要条件意义下的原因，也有充分条件意义下的原因；有“一因一果”，但也有“多因一果”；在“多因一果”中，有主要原因，也有次要原因；有远因，也有近因；等等。

原因有时候是在必要条件意义上说的。所谓必要条件，就是不可缺少的条件，若该条件不出现，某结果就一定不出现。例如，助燃剂是燃烧的必要条件，没有助燃剂就一定不会发生燃烧，即使一个燃烧过程正在进行，如果完全断绝助燃剂供应，该燃烧过程也会很快终止。

原因有时候是在充分条件意义上说的。所谓充分条件，就是指：若某条件出现，某结果就一定出现。例如，感冒似乎是发烧的充分条件，被炮弹炸掉脑袋是死亡的充分条件，但是助燃剂不是燃烧的充分条件，因为光有助燃剂，没有可燃物，可燃物不达到燃烧点，都不会发生燃烧。充分条件常常是许多必要条件的合成，例如，如果有助燃剂、有可燃物、可燃物达到它的燃烧点，就一定会发生燃烧。

如果我们是由果推因，例如医生查找某一疾病的原因，我们常常是在找必要条件意义下的原因；去掉某个必要条件意义上的原因，就能够去掉所不想要的那个结果，例如所患的某种疾病。如果我们是由因推果，我们常常是在寻找充分条件意义下的原因，例如我们要发射载人宇宙飞船，我们就要找出人能够在宇宙飞船上正常生活的所有必要条件（即充分条件），然后满足所有这些条件，从而使载人宇宙飞船获得成功。如果我们既由果推因又由因推果，那么我们是在找充分必要条件意义下的原因。所谓充分必要条件，就是指：有某个条件就有某结果，没有该条件就没有该结果。

既然上面我们承认有多个必要条件意义的原因，我们实际上也就承认有“一果多因”，特别是社会、经济、军事、文化现象，其原因常常是非常复杂的，并非只是一个原因一个结果。例如，2002 年美国经济衰退，固然有 2001 年“9·11”恐怖袭击事件的影响，但仍然有许多更深层次的原因，例如前几年的互联网神话和股市泡沫的破灭等等。再如，中国在 1949 年至 1979 年之间的近乎闭关锁国状态，固然有当时领导人的决策等因素，但当时全世界资本主义和社会主义两大阵营的对抗，弥漫全球的冷战气氛，西方阵营对属于社会主义阵营的中国的围堵等因素，也起了很大的作用。但是，在这多个共同起作用的原因中，有些（或有的）原因是主要的，有些原因是次要的，次要的原因有时候也被叫作“有贡献的原因”或“起协同作用的原因”（contributory cause）。并且，有时候所说的“一果多因”并不是真正的一果多因，例如抽象地说，死亡可以由疾病引起，可以由自然灾害引起，可以由人为事故引起，可以是谋杀，也可以是自杀，等等。但是，某个人发生在特定时间、地点的死亡不可能由所有这些原因共同引起，而常常是由于某一个具体的原因引起，例如死于癌症，或死于他杀，或死于自杀，或死于车祸，等等。因此，研究工作进行得越具体、越深入，表面上的多因就变成了一因，至少是有一个主要原因。

因果关系还能形成一个链条，例如 a 是 b 的原因，b 是 c 的原因，c 是 d 的原因，d 是 e 的原因，e 又是 f 的原因……如果这种因果链条直到最后仍然使因果关系得以保持的话（这是可能的），即是说，a 仍然是 f 的原因，那么我们可以说，e 是 f 的近因，a 是 f 的远因。例如，两位同学打架，是因为其中某一位同学说了一句不太好的话，而这句并不十分过分的话之所以使得另一位大动肝火，是因为他们俩关系一直不好，而关系不好又是因为刚入学的时候，那位同学无意中伤害了另一位同学的自尊心……这里，很容易区分出近因和远因，其近因实际上只是触发因素，远因才是主要因素。当然，并非总是如此。应该强调指出，因果关系是不传递的，从因果链条中我们不能逻辑地推出首项和末项一定具有因果关系。例如，某人的死亡是由车祸引起，而车祸又是由于喝酒引起，喝酒是因为他应邀出席一位大学好友的婚礼，而那位好友是与他的另一位大学女同学结婚，实际上他自己一直暗恋这位女同学，但一直没有说出口，于是在婚礼上就多喝了几杯。但不能由此推出，他的那位好友及其新婚夫人在大学时恋爱，应该对他死于车祸这件事负责，他们俩是谋杀他的凶手。

因果关系的上述特点为我们寻找因果关系提供了向导和依据，当然也造成了某些困难。例如，因果关系具有先后性，一般总是先因后果。因此，我们在寻找一个现象的原因时，就应该到它的先行现象中去寻找，而不应该在它的后续现象中去寻找。又如，因果关系是恒常伴随的，没有无因之果，也没有无果之因。因此，如果两个现象不恒常伴随，则可以断定它们之间没有因果关系。再如，因果关系具有共存性，因果总是共存并且共变的。因此，如果两个现象之间没有共存、共变关系，就可以断定它们之间没有因果关系。排除归纳法实际上就是根据因果关系的这样一些特点而设计的，其基本思路是：考察被研究现象出现的一些场合，在它的先行现象或恒常伴随的现象中去寻找它的可能的原因，然后有选择地安排某些事例或实验，根据因果关系的上述特点，排除一些不相干的现象或假设，最后得到比较可靠的结论。具体包括由培根先行提出、密尔后来系统总结的“求因果五法”：求同法、求异法、求同求异并用法、共变法和剩余法。这五种方法亦称“密尔五法”。

二、求同法

亦称“契合法”，是指这样一组操作：考察被研究现象出现的若干场合，找出此现象的先行现象；其中有些现象时而出现时而不出现，由于因果是恒常伴随的，因此这些现象肯定不是被研究现象的原因；在这些场合中保持不变的、总与被研究现象共同出现的那个先行现象，就有可能与被研究现象有因果关系。用公式表示如下：

场合1：有先行现象A、B、C，有被研究现象a；
场合2：有先行现象A、B、D，有被研究现象a；
场合3：有先行现象A、C、E，有被研究现象a；

所以，A（可能）是a的原因。

对求同法的挑战是：先行现象中表面的“同”可能掩盖着本质的“异”，表面的“异”可能掩盖本质的“同”，并且相同的先行现象可能不止一个，而有好多个，等等。这些情况的出现都会对求同法的结论构成质疑。例如，一天晚上某人看了两小时书，并且喝了几杯浓茶，又用热水洗脚，结果整夜没睡好觉；第二天晚上，他又看了两小时电视，抽了许多烟，又用热水洗脚，结果又失眠了；第三天晚上，他又听了两小时音乐，喝了大量咖啡，又用热水洗脚，结果是再次失眠。按求同法，连着三个晚上失眠的原因似乎应该是“用热水洗脚”。这个结论显然是荒谬的。事实上，茶、烟、咖啡中的兴奋性成分才是失眠的真正原因。

［例 12］

光线的照射，有助于缓解冬季抑郁症。研究人员曾对 9 名患者进行研究，他们均因冬季白天变短而患上了冬季抑郁症。研究人员让患者在清早和傍晚各接受三小时伴有花香的强光照射。一周之内，7 名患者完全摆脱了抑郁，另外两人也表现出了显著的好转。由于光照会诱使身体误以为夏季已经来临，这样便治好了冬季抑郁症。

以下哪项如果为真，最能削弱上述论证的结论？

A. 研究人员在强光照射时有意使用花香伴随，对于改善患上冬季抑郁症的患者的适应性有不小的作用。

B. 9 名患者中最先痊愈的 3 名均为女性，对男性患者治疗的效果较为迟缓。

C. 该实验均在北半球的温带气候中，无法区分南北半球的实验差异，但也无法预先排除。

D. 强光照射对于皮肤的损害已经得到专门研究的证实，其中夏季比起冬季的危害性更大。

E. 每天 6 小时的非工作状态，改变了患者原来的生活环境，改善了他们的心态，这是对抑郁症患者的一种主要影响。

解析：研究人员得出结论的方法就是求同法。选项 A 只是部分地重复了求同法的结论，并没有削弱它；选项 B、C、D 与该结论不相干；选项 E 表明，在先行现象或伴随现象中，除“伴随花香的强光照射”这一个共同情况外，还有“每天 6 小时的非工作状态”这一共同情况，后者改变了患者原来的生活环境，改善了他们的心态（这种心态是导致忧郁的主要原因）。因此，光线照射的增加与冬季忧郁症缓解这两者之间的联系，只是一种表面的非实质性联系。这就有力地削弱了题干的结论。所以，正确答案是 E。

［例 13］

越来越多的有说服力的统计数据表明，具有某种性格特征的人易患高血压，而有另一种性格特征的人易患心脏病，等等。因此，随着对性格特征的进一步分类了解，通过主动修正行为和调整性格特征以达到防治疾病的可能性将大大提高。

如果以下哪项为真，最能反驳上述观点？

A. 一个人可能会患有与各种不同性格特征均有关系的多种疾病。

B. 不同性格及与其相关的疾病可能由相同的生理因素导致。

C. 某种性格特征与某种疾病的联系可能只是数据上的巧合，并不具有一般性意义。

D. 人们往往是在病情已难以扭转的情况下，才愿意修正自己的行为，但已为时太晚。

E. 用心理手段医治与性格特征相关的疾病的研究，导致心理疗法遭到淘汰。

解析：题干中根据统计数据，在某种性格特征和疾病之间建立因果关联，所使用的方法也是求同法。前已指出，如果能够指出在表面相同的现象背后隐藏着更本质的“同”或“异”，统计结论就被削弱。选项 B 恰好做到了这一点：既然在性格特征和疾病之间没有确定的因果关联，通过主动修正行为和调整性格特征以防治疾病的设想就不具有可行性，从而反驳了题干中的观点。选项A表面上看好像能够削弱统计结论，其实它对该结论提供支持：某种性格导致某种疾病，他具有多种不同的性格，所以他患有多种不同的疾病。选项C本身的观点就不十分肯定，只对题干中的设想构成轻度质疑。选项D、E与题干所问不相干。所以，正确答案是B。

三、求异法

亦称“差异法”，是指这样一组操作：考察被研究现象出现和不出现的两种场合，在这两种场合都出现的那些先行现象肯定不是被研究现象的原因，而在被研究现象出现时出现、在被研究现象不出现时不出现的那个先行现象，则（可能）与被研究现象有因果联系。用公式表示为：

场合1：有先行现象A、B、C、D，有被研究现象a；
场合2：有先行现象B、C、D，没有被研究现象a；

所以，A（可能）是a的原因。

例如，秋末冬初街道两旁的响杨开始落叶，但在高压水银灯下面的响杨树叶却迟迟不落，即使在同一棵树上也有这样的情况。这是为什么呢？人们很快想到这与高压水银灯照射有关。这个思维过程就使用了求异法。

求异法结论成立的条件是：在被比较的两种不同场合之间，只有一个先行情况或伴随情况不同，其他情况都相同。这在实际生活中很难碰到，但在科学实验中却可以做到。因此，求异法在科学研究中常被采用，对比实验所根据的就是求异法。

［例14］

世界卫生组织在全球范围内进行了一项有关献血对健康影响的跟踪调查。调查对象分为三组。第一组对象中均有二次以上的献血记录，其中最多的达数十次；第二组中的对象均仅有一次献血记录；第三组对象均从未献过血。调查结果显示，被调查对象中癌症和心脏病的发病率，第一组分别为0.3%和0.5%，第二组分别为0.7%和0.9%，第三组分别为1.2%和2.7%。一些专家依此得出结论，献血有利于减少患癌症和心脏病的风险。这两种病已经不仅在发达国家而且也在发展中国家成为威胁中老年人生命的主要杀手。因此，献血利己利人，一举两得。

如果以下哪项为真，将削弱以上结论？

Ⅰ. 60岁以上的调查对象，在第一组中占60%，在第二组中占70%，在第三组中占80%。

Ⅱ. 献血者在献血前要经过严格的体检，一般具有较好的体质。

Ⅲ. 调查对象的人数，第一组为1 700人，第二组为3 000人，第三组为7 000人。

A. 只有Ⅰ。

B. 只有Ⅱ。

C. 只有Ⅲ。

D. 只有Ⅰ和Ⅱ。

E. Ⅰ、Ⅱ和Ⅲ。

解析：这个调查实际上也是一个对比实验，所依据的是求异法。这个调查的结论要成立，则要求被调查对象除了献血与不献血的差异外，在其他方面没有重要的差别。如果能发现情况不是如此，则对其结论构成削弱。

Ⅰ能削弱题干的结论。因为在三个组中，60 岁以上的被调查对象呈 10% 递增，而题干断定，癌症和心脏病是威胁中老年人生命的主要杀手，因此有理由认为，三个组的癌症和心脏病发病率的递增，与中老年人比例的递增有关，而并非说明献血有利于减少患癌症和心脏病的风险。

Ⅱ能削弱题干的结论。因为如果献血者一般有较好的体质，则献血记录较高的调查对象，一般患癌症和心脏病的可能性就较小。因此，并非是献血减少了他们患癌症和心脏病的风险。

Ⅲ不能削弱题干。因为题干中进行比较的数据是百分比，被比较各组的绝对人数的一定差别，不影响这种比较的说服力。

所以，正确答案是 D。

[例 15]

有人认为鸡蛋黄的黄色跟鸡所吃的绿色植物性饲料有关，为了验证这个结论，下面哪一种实验方法最可靠？

A. 选择一优良品种的蛋鸡进行实验。

B. 化验比较植物性饲料和非植物性饲料的营养成分。

C. 选择品种等级完全相同的蛋鸡，一半喂食植物性饲料，一半喂食非植物性饲料。

D. 对同一批蛋鸡逐渐增加（或减少）植物性饲料的比例。

E. 选出不同品种的蛋鸡，喂同样的植物性饲料。

解析：为了检查题干中的因果关系（植物性饲料与蛋黄为黄色）是否为真，最可靠的是进行对比实验（求异法）：改变原因后，看结果是否不同，实验结论的可靠性取决于被实验对象只在一个方面不同，即所喂的食料不同，在其他方面都必须相同。满足这个条件的选项是 C。所以，正确答案是 C。

四、求同求异并用法

亦称“契合差异并用法”，是指这样一组操作：先在正面场合求同：在被研究现象出现的几个场合中，只有一个共同的先行情况；再在反面场合求同：在被研究现象不出现的几个场合中，都没有这个先行情况；最后，在正反场合之间求异，得出结论说：这个先行情况与被研究现象之间有因果联系。用公式表示如下：

正面场合：有先行现象 A、B、C、D，有被研究现象 a；

　　　　　有先行现象 A、D、E、F，有被研究现象 a；

反面场合：有先行现象 B、C、D，没有被研究现象 a；

有先行现象D、E、F，没有被研究现象a；

所以，A（可能）是a的原因。

［例16］

达尔文研究生物与环境的关系时，就是运用这种方法得出了生物的形态构造与其生活环境有因果联系的结论。他观察到不同类的生物生活在相同的环境中，常常具有相似的形态构造。鲨鱼属于鱼类，鱼龙属于爬行类，海豚属于哺乳类，它们是很不相同的动物，但是由于长期生活在水中，环境相同，所以外貌相似，身体都是梭形，都有胸鳍、背鳍和尾鳍。他又观察到同类生物生活在不同的环境中常常呈现不同的形态构造。鼹鼠、狼、鲸和蝙蝠同属于哺乳类动物，但由于生活条件不同，其形态构造也很不相同，鼹鼠形态构造适合于地下生活，狼适合于奔跑，鲸适合于游水，蝙蝠适合于飞翔。他在前两类观察的基础上，进行比较，提出生物的形态构造与其生活环境有因果关系，即生活环境的相同或不同，是其形态构造的相同或不同的原因。

求同求异并用法的主要特点是把正面场合与反面场合加以比较，无论是正面场合还是反面场合，都要求有两组以上的例证。而求同法和求异法的相继应用，可以不必要求两个以上的反面例证。因为应用求同法时虽然有两个以上的正面例证加以比较，但应用求异法时，有一个正面例证和一个反面例证就可以了。所以，求同求异并用法是不同于求同法和求异法的相继应用的一种独立的方法。

应用求同求异并用法时，至少应该注意到：

（1）所考察的正反例证越多，结论的可靠性程度就越高。因为所考察的场合、例证越多，偶然、凑巧的情形就越容易被排除，这样就减少、降低了把被研究现象与一个不相干的因素联系起来的可能性。

（2）应该选用与正面场合尽可能类似的反面场合来加以考察。这是因为被研究现象不出现的反面场合是无穷多的，其中绝大多数对于探究被研究现象的原因没有意义，只有通过考察那些非常类似于正面场合的反面场合，才能思考这样的问题：既然这两类场合如此相似，为什么被研究现象在一种场合中出现，在另一种场合不出现呢？这两组非常类似的场合究竟有什么样的差异导致了这一结果呢？由此可得出比较可靠的最终结论。

既然求同求异并用法是求同法和求异法的综合应用，后两种方法本来都或然地使结论为真，当把它们合在一起用的时候，所得出的结论的可靠性就更高一些。不过，其结论仍然是或然的，仍有可能为假。

五、共变法

根据因果关系的特点，原因和结果总是共存和共变的。因此，两个现象之间如果没有共变关系，则可以肯定它们之间没有因果关系；相反，如果两个现象之间有共变关系，则它们之间就可能有因果关系。这就是共变法的思路，即每当某一现象发生一定程度的变化时，另一现象也随之发生一定程度的变化，则这两个现象之间（可能）有因果联系。用公式表示为：

有先行现象 A_1，有被研究现象 a_1；
有先行现象 A_2，有被研究现象 a_2；
有先行现象 A_3，有被研究现象 a_3；
――――――――――――――――――
所以，A（可能）是 a 的原因。

在日常生活和生产实践中，共变法被人们广泛地使用着。许多仪表如体温表、气压表、水表以及电表等都是根据共变法的道理制成的。例如，物理学中的物体遇热膨胀规律，就是应用共变法得来的。我们对一个物体加热，在其他条件不变的情况下，当物体的温度不断升高时，物体的体积就不断膨胀。因此可以得出结论：物体受热与物体体积膨胀有因果联系。

［例 17］

美国国家专利局授予发明者专利的数量，1971 年为 56 000 项，1978 年降低到 45 000 项，而用于科研与开发的国家投入，1964 年达到国民生产总值的 3%，1978 年只有 2.2%，而在此期间，在美国对科研与开发的投入不断减少的同时，联邦德国与日本在这方面的投入分别提高了 3.2%和 1.6%。

以下哪项是上述信息中最能得出的结论？

A. 一个国家的国民生产总值和它的发明数量有直接关系。
B. 1978 年，联邦德国和日本用于科研与开发的投入要比美国的多。
C. 一个国家对科研与开发的投入量与这个国家的发明专利数有直接关系。
D. 在 1964 年至 1978 年，美国用于科研与开发的投入占国民生产总值的比例一直高于日本。
E. 联邦德国和日本在授予发明者专利的数量上将很快超过美国。

解析：随着美国对科研与开发的投入不断减少，美国国家专利局授予发明者专利的数量也在不断减少，根据共变法，可以得出结论：一个国家对科研与开发的投入量与这个国家的发明专利数有直接关系，即选项 C。从题干得不出选项 A、B、D，选项 E 成立要以选项 C 为前提。所以，正确答案是 C。

应用共变法时至少要注意两点：（1）只有在其他因素保持不变时，才能说明两种共变现象有因果联系。如果还有其他因素也在变，那么就不能确定被研究现象的变化究竟是由先行现象中哪一个的变化所引起，抑或由它们共同所引起。（2）两种现象的共变是有一定限度的，超过这个限度，共变关系就不再保持。例如，适当增加肥料可以提高农作物的产量，但如果所施肥料太多，不但不能增加产量，还可能导致农作物死亡。

六、剩余法

剩余法是指这样一组操作：如果已知某一复杂现象是另一复杂现象的原因，同时又知前一现象中某一部分是后一现象中某一部分的原因，那么，前一现象的其余部分与后一现象的其余部分有因果联系。可用公式表示为：

A、B、C、D 是 a、b、c、d 的原因，
A 是 a 的原因，

B是b的原因，

C是c的原因，

所以，D与d之间有因果联系。

应用剩余法最典型的例子是居里夫人对镭的发现。她已知纯铀发出的放射线的强度，并且已知一定量的沥青矿石所含的纯铀数量。她观察到一定量的沥青矿石所发出的放射线要比它所含的纯铀所发出的放射线强许多倍。由此，她推出在沥青矿石中一定还含有别的放射性极强的元素。

另一个典型的例证是海王星的发现。19世纪20年代，巴黎有科学家根据各种观测资料，推算出了天王星的运行轨道，但实际观测到的天王星的运行轨道与推算出的轨道明显不符，两者偏差有两弧分之大。但当时科学家都认为推算本身没有问题，那么究竟是什么原因造成天王星运行轨道的偏移呢？1845年，有一位青年勒维列开始探讨这一问题，他再次核对了前人的轨道推算，发现没有问题，于是他大胆猜测，在天王星之外的某一处，可能另有一颗行星，它在干扰天王星的运行。1846年，他完成了关于这颗未知行星的推算，并于同年9月告知了柏林的一位天文学家，要求他在天空的某一区域寻找那颗行星，后者在9月23日用了不到一个小时的时间，就找到了当时未知的那颗行星，这就是海王星。这一发现在数理天文学上被视为最伟大的发现之一。

剩余法一般被用来判明事物的复杂的因果联系，而且必须在判明了被研究对象的全部原因中的一部分原因的基础上才能使用。因此，要在运用其他几种求因果联系方法的基础上使用。

第四节　类比推理

一、类比推理

类比推理是根据两个或两类事物在一系列属性上相似，从而推出它们在另一个或另一些属性上也相似的推理。其一般形式是：

A（类）对象具有属性a、b、c、d，

B（类）对象也具有属性a、b、c，

B（类）对象也具有属性d。

［例18］

某市繁星商厦服装部在前一阵疲软的服装市场中打了一个反季节销售的胜仗。据统计繁星商厦皮服的销售额在6、7、8三个月连续成倍数增长，6月527件，7月1 269件，8月3 218件。市有关主管部门希望在今年冬天向全市各大商场推广这种反季节销售的策略，力争在今年11、12月和明年1月使全市的夏衣销售能有一个大突破。

如果以下哪项为真，能够最好地说明该市有关主管部门的这种希望可能会遇到麻烦？

A. 皮衣的价格可以在夏天一降再降，是因为厂家可以在皮衣淡季的时候购买原材料，其价格可以降低 30%。

B. 皮衣的生产企业为了使生产销售可以正常循环，宁愿自己保本或者微利，把利润压缩了 55%。

C. 在盛夏里搞皮衣反季节销售的不只是繁星商厦一家。但只有繁星商厦同时推出了售后服务，由消协规定的三个月延长到七个月，打消了很多消费者的顾虑，所以在诸商家中独领风骚。

D. 今年夏天繁星商厦的冬衣反季节销售并没有使该商厦夏衣的销售获益，反而略有下降。

E. 根据最近进行的消费者心理调查的结果，买夏衣重流行、买冬衣重实惠是消费者极为普遍的心理。

解析：市有关主管部门的建议依据类比推理：夏季反季节销售冬季服装获得成功，因此若在冬季反季节销售夏季服装也将获得成功。显然这个类比结论是可错的，题目所要求的就是找出使这个类比不成立的理由。选项 A、B、C 都只是部分地说明了繁星商厦反季节销售冬装取得成功的原因，与“反季节销售夏装是否会取得成功”毫不相干；选项 D 只是陈述了一个事实，即上述类比的结论是假的，并没有说明类比不成功的原因。而选项 E 则解释了原因：买冬衣重实惠，在夏天买冬衣便宜，所以夏季反季节销售容易取得成功；买夏衣重流行，而在冬天无法知道来年夏天流行什么，因此冬季反季节销售夏衣不大容易取得成功。

类比推理能够使人们举一反三，触类旁通，获得创造性的启发或灵感，从而找到解决难题之道。但它是一种或然性推理，其前提的真不足以确保结论真，即使前提真，结论也可能为假。因为事物之间固然有相似之处，但也有差别所在。于是，从两个或两类事物在某些地方相似，就不能必然地推出它们在另外的地方仍相似。类比结论的可靠性程度取决于许多因素，例如两个或两类事物之间相似属性的数量，它们之间相似方面的相关性，它们之间不相似方面的相关性，其中最重要的是它们的已知相同属性与推出属性之间的相关程度：其相关程度越高，类比结论的可靠性越大；其相关程度越小，类比结论的可靠性越小，两者之间成正比。

[例 19]

甲的轿车与乙的轿车有相同的颜色和外形，并且价钱也差不多，而甲的轿车的最高时速是 195 公里，因此，乙的轿车的最高时速也是 195 公里。

解析：这里，相同属性与推出属性之间的相关程度比较低，因为轿车的时速与它的颜色、外形几乎完全不相干。但是，在下一个例子中，相同属性与推出属性的相关程度就比较高，结论为真的可能性比较大。

[例 20]

甲的轿车与乙的轿车有相同的自重和马力，性能和质量也差不多，而甲的轿车的最高时速是 180 公里，因此，乙的轿车的最高时速也是 180 公里。

人们通常把违背常识、结论明显为假的类比称为“机械类比”或“荒唐类比”，例如：“婚前性行为可以说势在必行。无论如何，在买鞋之前，你总不能不让人先试一下鞋。”再如，欧洲中世纪有神学家论证说，宇宙是由许多部分构成的一个和谐整体，正如钟表是由许多部分构成的一个和谐整体一样，而钟表有一个制造者即钟表匠，所以宇宙也有一个创造者，这就是上帝。

下面关于他人心灵的论证也运用了类比推理。

［例 21］

我注意到，在我的身体上发生的事情与我所具有的经验之间具有关联。例如，当用针扎我的手指时，我会感到疼痛。我还注意到，有像我的身体一样的其他的身体；并且，发生在我的身体上的同样的事情也发生在其他的身体上。当用针扎另一个人的手指时，我没有感受到任何疼痛。但是，既然我已经观察到在我的身体和我的经验之间的关联，我推测，同样的关联对于其他的身体也成立。因此，我断言，当用针扎另一个身体的手指时，那个时间将伴随着另外某个人的疼痛的经验。但是，说另外某个人有这种类型的经验，就是说其他的人或其他的心灵存在。而且，我知道其他的心灵存在，是因为我知道在我这里发生的身体事件和精神事件之间有关联，根据类比论证，我知道这种关联在其他人那里也存在。

需要指出的是，类比推理可以用来反驳一个无效的推理论证形式，办法是以其人之道还治其人之身，即用与他类似的推理论证形式去推出他本人不愿接受的结论，从而说明该形式的荒谬与无效。例如，假如有人推理说：“如果所有商品都是有价值的，那么，所有有价值的东西都是商品。”你可以这样去反驳他：“按照你的逻辑，如果所有的人都是动物，那么，所有的动物都是人。”如果有人这样来给自己找理由：“所有想出国的人都要学好外语，我又不想出国，所以我不必学好外语”，那么，你可以这样来反驳他：“按你的逻辑，所有想出国的人都要吃饭，你又不想出国，所以你也不必吃饭。那么，你靠什么活下去呢?”本章前面曾举例，有人论证说：“儿子都比老子伟大，例如世界上几乎人人都知道爱因斯坦，但有几个人知道爱因斯坦的爸爸呢?!”你可以这样来反驳他：“按你的逻辑，我也可以得出结论说，所有的老子都比儿子伟大，例如世界上几乎人人都知道爱因斯坦，但有谁知道爱因斯坦的儿子呢?!”

类比有时候不在推理意义上使用，而是在比喻（明喻或隐喻）意义上使用。有人这样把 26 个英文字母都诠释为“青春符号”，仅选四例：“A 是一座金字塔，是进取。青春永远要争第一，不做第二。只有锐意进取，青春才能焕发出巨大的能量，推动历史车轮前进。”“H 是单杠，是运动。青春的第一标志就是健康，而健康来自于不懈的运动。青春与运动是紧密联系的。”“N 是闪电，是激情。没有激情的青春是乏味的，有激情才有创造力，激情像一道闪电，它使青春之光更加灿烂。”“S 是曲线，是优美。青春少年无论外表还是内心都是美的。运动是美，安静是美，欢乐是美，忧伤是美，希望是美，失望也是一种美，因为你还年轻，一切都可以重新来过。”

二、模拟方法

在现代科学中，类比推理的重要应用就是模拟方法，即在实验室中模拟在自然界中出现的某些现象或过程，构造出相应的模型，从模型中探讨其规律，然后再把经反复实验检验的模型加以放大，成为真实的自然现象或人造物。其一般形式是：

实验模型具有性质 a、b、c、d、e，
研制原型具有性质 a、b、c、d，
所以，研制原型也具有性质 e。

例如，我们要建三峡工程，一为制伏几乎年年泛滥的洪水，二为利用水能发电，根本解决能源供应的紧张与不足。所以，“高峡出平湖”曾经是几代中国伟人的梦想，包括孙中山、毛泽东、邓小平，他们渴望达到“神女应无恙，当惊世界殊”的惊人效果。这样一个耗资巨大，或者造福子孙，或者遗祸百世的超级工程不可能不事先进行可靠性研究和论证。怎么研究和论证？主要是运用模拟或模型方法，即尽可能地把所有相关因素都考虑进来，然后在实验室在模拟的三峡地区建一座微型三峡大坝，然后用各种方法对其实验，积累实验数据，用计算机进行数据分析，最后得出总的实验结论，然后把该实验结论推至未来的实际的三峡大坝。

由模拟方法推出的结论就一定可靠吗？不一定。因为无论人是多么小心谨慎，即使考虑得再事无巨细，大自然的鬼斧神工、造化神奇仍有可能超出人的认识能力甚至想象能力之外，她有可能仍在某个地方隐藏了她的秘密，从而在某个神不知、鬼不觉的时候，对胆大妄为的人类实施惩罚和报复。人类在运用模型方法于三峡大坝这样的巨大工程时，有可能在如下方面犯错误：一是仍然遗漏了某些特别关键的变量；二是对各个变量的作用模式和作用程度做了错误的估计；等等。对此我们只能乞求大自然这个威力无比的神奇上帝，保佑我们的三峡工程一切顺利，造福子孙。

仿生学的出现更是有意识地系统应用模拟方法的结果。仿生学是力图大规模地向自然学习，从自然界获取技术发明和技术创造的灵感，研究如何通过模仿生物的构造及其功能来建造先进技术装置的科学。人类历史上最著名的仿生创作就是飞机。人们看见鸟在天空自由自在地飞翔，特别羡慕那种境界和那种能力，于是也想飞翔，于是也给自己安上各种各样的翅膀，虽然开始没有成功，但最终还是在莱特兄弟手里成为现实。这里所运用的一般形式是：

自然原型具有性质 a、b、c、d、e，
技术模型具有性质 a、b、c、d，
所以，技术模型也具有性质 e。

显然，这里的结论是或然的，有可能为假，其道理与前面说过的一样。

三、比较方法

比较是确定事物之间相同点和相异点的思维方法，通过比较，既可以认识具体事物之间的相似，也可以了解具体事物之间的差异，从而为进一步的科学分类提供基础。比较方法的主要类型有：

（1）纵向比较和横向比较。前者是将同一或同类事物在不同历史形态下的具体情况进行比较，具有历史性、时间顺序性和纵深感等特点，亦称“历史比较法”。后者是将同一水平横断面上的不同事物，按照某种同一性标准进行比较，例如把中国目前的 GDP

（国内生产总值）与美国的GDP进行比较，以明白两个国家的实力对比和差距。当然，也可以同时进行纵向比较和横向比较。

（2）定性比较和定量比较。前者是比较反映事物本质属性的某些特征，从而来确定各个事物的质的规定性。后者是比较不同事物的数量特征，以确定各个事物的量的规定性。

比较要遵循以下逻辑原则：必须在同一关系下对事物进行比较；应就事物的内在关系进行比较；要有确定的比较标准。

在比较方面常见的错误有：第一，表面上在做比较，但不设定供比较的对象，实际上根本没有比较。例如，"精制面包营养高出30%"，"我们厂的电冰箱便宜345元"。就后一句而言，比谁便宜？是与该冰箱去年的价格相比？还是与同类型冰箱中质量最好因而价格最贵的相比？或者是与同类冰箱中最便宜的相比？不提供这样的背景信息，上述表面上的比较就毫无意义。第二，不设定比较的根据或基础，在不同的基础上进行比较，或者把本来不可比的对象、数据拿来强做比较。

[例22]

在美国与西班牙作战期间，美国海军曾经广为散发海报，招募兵员。当时最有名的一个海军广告是这样说的：美国海军的死亡率比纽约市民还要低。海军的官员具体就这个广告解释说："根据统计，现在纽约市民的死亡率是每千人有16人，而尽管是战时，美国海军士兵的死亡率也不过每千人只有9人。"

如果以上资料为真，则以下哪项最能解释上述这种看起来很让人怀疑的结论？

A. 在战争期间，海军士兵的死亡率要低于陆军士兵。

B. 在纽约市民中包括生存能力较差的婴儿和老年人。

C. 敌军打击美国海军的手段和途径没有打击普通市民的手段和途径多。

D. 美国海军的这种宣传主要是为了鼓动入伍，其中有很大的夸张性成分。

E. 尽管是战时，纽约的犯罪仍然很猖獗，报纸的头条不时有暴力和色情的报道。

解析：广告中的比较是荒唐的，说严重一点是在欺骗。因为海军士兵几乎都是青壮年，身体健康；而纽约市民中却包括老、幼、病、弱、残，这些人生存能力很弱，很容易夭亡，选项B正好指出了这一点。选项A与题干无关，C明显不实，E不能提供所需要的解释，因为一个城市暴力犯罪所导致的伤亡不可能大到比战场伤亡更大的程度，不能选D项的原因与C类似。因此，正确答案是B。

第五节 假说演绎法

科学假说是以已有的事实材料和科学原理为根据的，关于未知的现象、过程或规律性的假定性解释和说明，并且这种解释或说明是以理论化形式出现的。根据这一定义，科学假说的特点是：它以一定数量的事实材料为基础，但这些事实材料是不系统、不完整、不充分的；它以现有的科学理论为基础，但后者不足以解释、说明这些事实材料。

于是，科学家运用想象的翅膀，试图去跨越事实材料和理论之间的鸿沟，提出了许多或巧妙无比或愚蠢透顶的各种各样的假说，由此推动科学的发展和进步。恩格斯指出："只要自然科学运用思维，它的发展形式就是**假说**。"①

假说演绎法是指这样一组操作：在科学研究过程中，研究者在观察、实验的基础上，对所获得的事实材料进行加工制作，首先提出某种作为理论基本前提的猜测性假说，然后从它们逻辑演绎出一组具体结论，交付观察或实验去检验。若这些结论被证实，则该假说得到一定程度的支持；若被证伪，则说明该假说至少存在某些问题，需要被修改甚至被抛弃。循此方法不断重复，我们将会达到可靠性程度越来越高的假说。假说演绎法包括假说的提出、假说的展开和假说的检验三个关键步骤。这中间既有归纳性成分，又有演绎性因素，但从整体上说，假说演绎法是扩展性推理或论证，属于广义归纳的范围。

一、起点：问题和困境

美国哲学家杜威（John Dewey，1859—1952）指出，任何思考性活动都是用来解决问题的。我们之所以要提出假说，就是要用它去说明、解释、解决某些特异的现象、过程、问题和困境。所以，问题和困境是假说提出的起点。归纳起来，问题和困境主要有两类：

（1）理论和事实材料的冲突，这里的"理论"当然是已有的理论；这里的事实材料可以是早已发现的，如果如此，所要解决的就是一个老问题；也可以是新近发现的，如果如此，所要解决的就是一个新问题。这里的"冲突"是指，这些事实材料是已有理论所不能解释的，或者是与已有理论相矛盾的。

（2）已有理论之间的冲突，如关于某一领域的一个理论与另一个理论之间的不一致甚至矛盾。

例如，魏格纳（A. L. Wegener，1880—1930）在提出"大陆漂移说"之前，所面对的问题是：为什么会有如下所述的现象？"任何人在观察大西洋两对岸，一定会被巴西与非洲间海岸线轮廓的相似性所吸引住。不仅圣罗克角附近巴西海岸的大直角突出和喀麦隆附近非洲海岸线的凹进完全吻合，而且自此以南一带，巴西海岸的每一个突出部分都和非洲海岸的每一个同样形状的海湾相呼应。反之，巴西海岸有一个海湾，非洲方面就有一个相应的突出部分。如果用罗盘仪在地球仪上测量一下，就可以看到双方的大小都是准确一致的。"②

二、形成假说：溯因推理

在提出假说的阶段，类比、想象、直觉、顿悟起一定作用，溯因推理也起一定作用。所谓溯因推理，是指这样一种操作程序：从某个待解释现象出发，如果用某个一般性规

---

① 马克思恩格斯选集：第3卷. 3版. 北京：人民出版社，2012：932.

② 魏格纳. 海陆的起源. 北京：商务印书馆，1977：5.

律就能解释该现象何以如此发生，由此推出该一般规律有可能成立。其一般形式是：

待解释现象 e

如果 h，则 e

所以，h

例如，魏格纳为了解释前面所引述的现象，提出"大陆漂移说"，即大陆原来是一个整体，只是由于地球的自转和潮汐的力量才裂成了几大块，即现在的世界七大洲。如果这一假说成立，当然能够解释前面提到的那些地理现象。再如，在 19 世纪 40 年代，贝塞尔（F. W. Bessel，1784—1846）为了应用牛顿定律去解释天狼星位置的周期性摆动现象，提出天狼星有一个伴星，这两者围绕着共同的引力中心运行的假说。

由于因果关系的复杂性，能够解释某一现象的假说常常不是单一的，而是有好多个。因此，溯因推理的复杂形式是：

待解释现象 e

如果 h_1 或 h_2 或 h_3……或 h_n，则 e

并非 h_1

并非 h_2

并非 h_3

…………

h_n

例如，某人身体发高烧。如何解释这一现象？能够解释这一现象的原因有好多个，例如患重感冒，患肺炎，或者某个伤口严重感染，等等。然后，分别从某一个假设如患重感冒出发，推出患者还应该具有其他一些症状，检验他是否有这些症状，从而得出他是否患有某种疾病的诊断结论。

很明显，溯因推理是假言推理的肯定后件式，从形式上说不是有效的，即它不能保证从真前提得出真结论，它所能提供的是某个猜测，某种启发性思路。但它却是一种十分重要的思考形式，因为对于未知的现象，除了以某种形式猜谜之外，本来就没有万无一失的方法、程序、模式和准则。英国哲学家波普尔（Karl Popper，1902—1994）曾经说过，按逻辑上的重言式去说话，例如关于明天的天气，说"明天或者下雨或者不下雨"，永远不会被证伪，但与此同时它也没有传达任何新信息。一旦负载了哪怕一点新信息，它就有可能被证伪。并且，所传达的新信息越多，被证伪的机会就越大；但是，假如它一旦被证实，产生的效果也最大，甚至有可能引起科学革命。因此，我们不要怕证伪，不要怕犯错误。他指出，爱因斯坦与阿米巴菌的区别不在于一个犯错误一个不犯错误，而是在于：爱因斯坦能够从错误中学习，从克服错误中不断前进，而阿米巴菌却往往与错误一起死亡。

三、从假说推出观察结论

从假说出发，加上其他已经确证的科学理论和逻辑工具，主要运用演绎推理，推演出一些可供实践检验的结论。应该注意，这里的结论既应该包括对已有事实的解释，更应该包括对未知事实的预言。例如，如前所述的大陆漂移说，就能够演绎地解释以下事实，其中前四项是对于已有事实的说明和解释，后一项是对于未知事实的预言：

——各个大陆块可以像拼板玩具一样拼合起来，大陆块边沿之间的吻合程度是非常高的。这是大陆漂移的几何拼合证据。

——大西洋两岸以及印度洋两岸彼此相对地区的地层构造是相同的。这是大陆漂移的地质证据。

——根据动物化石和植物化石，大西洋两岸的古生物物种几乎是完全相同的，并且各大陆的大量古生物种属也是相同的。这是大陆漂移的古生物证据。

——留在岩层中的痕迹表明，在 3 亿 5 千万年前到 2 亿 5 千万年前这段时间之间，今天的北极地区曾经一度是气候很热的沙漠，而今天的赤道地区曾经为冰川所覆盖，这些陆块古时候所处的气候带与今日所处的气候带恰好相反。这是大陆漂移的古气候证据。

——并且，大西洋两岸的距离正在逐渐增大；格陵兰由于继续向西移动，它与格林威治之间的经度距离正在增大。①

四、验证假说：证实和证伪

从假说推演出的一些观察结论应交付实践去检验，从而确定该假说是否成立。如果这些观察结论被证明符合事实，那么该假说就得到证实；如果至少有某些观察结论被证明不符合事实，该假说就被证伪，表明该假说至少有某些部分是错误的，需要对其做出修改或放弃。应该指出，对于从该假说推出的那些特别重要的预言性结论的证实，有时候具有异乎寻常的意义，常常被叫作“判决性实验”。例如，18 世纪法国数学家克雷洛，根据牛顿的万有引力假说，计算出哈雷彗星的轨道，并预言它将于 1759 年 4 月 4 日或 5 日经过近日点，前后可能偏差一个月。后来，哈雷彗星果然在 3 月 12 日经过近日点，比克雷洛预言的日期早了 23 天。这一结果被认为对于牛顿的万有引力假说的证实来说是决定性的，此前尽管该假说也能解释许多经验事实，如潮汐的涨落，但仍只被当作假说，此后却被当作已被证实的科学理论。

根据我赞成的美国哲学家奎因（W. V. O. Quine，1908—2000，也译蒯因）提出的整体主义知识观，由于观察渗透理论，经验证据对于假说或理论的决定是不充分的，假说或理论实际上是经验材料和科学家个人的自由创造这两部分的合成。因此，我们的信念或知识是作为一个整体面对感觉经验法庭的，经验内容不能孤立地分配到假说或理论中的每个个别陈述，具有经验意义的是整个科学。并且，由于整体内的各个陈述在逻辑上是相互联系的，对整体内部的某些陈述的再评价必将引起整体内部的重新调整，对其真值的重新分配。在顽强不屈的经验面前，整体内部的任何陈述都可以被修正，也可以免予修正，甚至逻辑—数学规律也不例外，假如在理论的其余部分做足够剧烈的调整。因此，对假说的任何证实或证伪都只具有相对的意义，所谓判决性实验更多的只具有心理

① 吴家国，等. 普通逻辑. 增订本. 上海：上海人民出版社，1993：333-334.

学意义，而不太具有认识论意义和逻辑意义。

五、科学假说的评价标准

由于任何假说都不能被绝对地证实或证伪，因此常常会有许多或多或少被证实或证伪的假说同时并存。人们对于这些假说的选择，更多地体现了科学家的个人口味、偏好或习惯。不过，以下特征常常被作为评价和选择假说的标准或参考标准：

（1）保守性。即提出一个新假说时应尽可能与人们已有的信念保持一致。根据我们秉承的"以最小代价获最大收益的准则"，接受一个假说要求拒斥的先前信念越少，这个假说就越合理——假如其他情况相同的话。一个假说的合理性与它所排斥的先前信念的合理性成反比。

（2）普遍性。一个假说具有普遍性，就能保证它在不同的时间和地点，在稍微不同的条件下受到重复检验，从而避免因偶然的巧合而接受一个假说。例如，牛顿为了用同样的运动规律统一说明天体的椭圆运动和地上抛物体的抛物线运动，特别提出了万有引力假设。

（3）简单性。这是许多科学家和哲学家非常看重的一个标准，奎因甚至认为，"这种简单性是我们所能要求的最好的真理证据"①。这是因为，首先，从本体论上说，世界及其结构本身就是简单的，大千世界靠一些简单、基本的规律统辖着。其次，简单性对于人或动物来说具有生存价值，它有助于从过去和现在的经验中形成关于未来的正确预期。最后，简单性意味着经济和美，而经济和美总是有正面价值的。

（4）可反驳性。对于一个合理的假说而言，必须有某种可设想的事件，这事件将构成对于该假说的反驳。如果一个假说与我们先前持有的信念越冲突，我们采纳它所要付出的代价越大，它越是可反驳的。相反，一个不可反驳的假说就是一个不合理的假说，它没有向我们传达任何内容。许多伪科学的假说，如天上星辰控制着地上个人的命运，我们既无法知道什么证据支持它，也无法知道什么证据反驳它；并且在遭到质疑时，还可以提出一些莫名其妙、无关痛痒的特设性假说去维护它，且不付任何代价。

（5）谦和性。有两种意义：（i）如果一个假说在逻辑含义上比另一个更弱，就是说它被另一假说所蕴涵而不蕴涵另一假说；（ii）如果一假说设定已发生的事件是一更常见、更为人所熟悉的事件，因而也是一种更应期待的事件，则这个假说在平凡意义上更谦和。例如，当大街上发生汽车轧死行人事件时，假定司机由于一时疏忽酿成大祸，就比假定司机故意杀人更为谦和。谦和性的要求是：在同等条件下，假说越不离奇越好；或者说，除非必要，不要构造离奇的假说。

（6）精确性。精确性以一种间接的方式增加假说的合理性。假如一个假说的预测仅仅是由于无关的原因偶然地被证实为真，这就是一个巧合。而一个假说越精确，出现这种巧合的可能性就越小，假说由预测成功而得到的支持就越强。精确性主要来自量化手段。

---

① 涂纪亮，陈波．蒯因著作集：第4卷．北京：中国人民大学出版社，2007：245.

在合理假说所具有的上述 6 大特征中，保守性和谦和性可归入一类，它们告诉我们在遇到相反的观察，需要对理论或假说做出修正时所需采用的策略：尽可能与先前信念保持一致，做出最小或最谦和的修改。简单性和精确性可归为一类，它们是对于理论表达形式方面的要求，或者说是一种美学要求；但它们又不仅仅是一种美学要求，而具有本体论和认识论方面的根据。普遍性和可反驳性可归入一类，它们是就理论或假说与其经验证据的关系而言的。一个理论所覆盖的经验证据越多，它的适用范围越广，它就越普遍；而且只有存在着足以拒斥或修正它的经验证据时，它才是可反驳的。当然，除以上 6 点之外，还可以有其他考虑。

第六节 概率、统计推理

英国哲学家休谟（David Hume，1711—1776）对古典归纳逻辑提出了深刻的质疑，认为归纳推理不能从经验材料中发现、概括出具有必然性的一般规律。此后，逻辑学家们逐渐接受了休谟的诘难，几乎不再研究如何从感觉经验材料中发现普遍命题的程序和方法，而是去研究感觉经验证据对某个一般性假说的确证程度，并引入概率论和数理统计做工具，发展出了概率归纳逻辑。

一、基本概念

如果一个现象可以发生，也可以不发生，究竟是发生还是不发生，完全听凭偶然性起作用，事先无法做出准确的预测，这样的现象就叫作“随机现象”。例如，抛掷一枚硬币时，有可能正面朝上，也有可能反面朝上，究竟出现什么结果，无法准确预言。在概率论中，把一次试验中每一个可能出现的结果，叫作该试验的一个“样本点”，用 d 表示，抛掷硬币有两个样本点，即正面朝上 d_1，反面朝上 d_2。由所有样本点组成的集合叫作该试验的“样本空间”，用 D 表示，于是抛掷硬币的样本空间 $D=\{d_1, d_2\}$。假设一个口袋里有红、黄、蓝三种颜色的小球，则有三个不同的样本点：摸出红球 d_1，摸出黄球 d_2，摸出蓝球 d_3，样本空间相应地就是由这三个元素组成的集合。

我们把要考虑的由一些样本点组成的集合叫作“事件”，用 A、B、C、D 等表示，在抛掷硬币的例子中，$\{d_1\}$ 表示“抛掷硬币正面朝上”这一事件，$\{d_2\}$ 则表示“抛掷硬币反面朝上”这一事件。在抛掷三种颜色的球的例子中，$\{d_2, d_3\}$ 则表示“或者摸出黄球或者摸出蓝球”这一事件。事件的语言表达形式就是命题。以后我们将不区分事件和命题。

事件（集合）之间可以发生包含、交、并、差、补等关系，我们用命题逻辑的符号分别依次表示为：$A\rightarrow B$，$A\wedge B$，$A\vee B$，$A-B$（A 与 B 的差），$\neg A$（A 的补）。由单个样本点组成的集合所表示的事件，叫作“基本事件”；由全部样本点组成的集合（即样本空间）所表示的事件，不管怎样都会发生，是“必然事件”；由空集（即不包含任何样本点的集合）表示的事件，不管怎样都不会发生，是“不可能事件”；既非必然事件又非不可能事件的事件，就是真正意义上的“随机事件”。概率就是对随机事件 A 的发生可能性的量的刻画，通常用 P(A) 表示。

二、概率的三种解释

1. 古典概率

如果随机试验 E 的样本空间 D 中只包含有限个基本事件，并且在每次试验中每个基本事件发生的可能性完全相同（无差别原则），就称试验 E 为古典随机试验，由此测得的事件概率称为“古典概率”，亦称“先验概率”。

设 E 的样本空间 D 含有 m 个两两互斥且等可能的基本事件，事件 A 中共有 n 个这样的基本事件，那么，事件 A 的概率

$$P(A)=\frac{n}{m}$$

例如，“抛掷硬币正面朝上”这一事件的概率是 1/2。又如，把从自然数 1，2，…，9 这 9 个数字中任取 1 个数字作为基本事件，求如下两个事件的概率：

A＝{取奇数数字}

B＝{取 2 的倍数}

由于样本空间包括 9 个基本事件，所以 m＝9。对于事件 A，其基本事件有取 1，取 3，取 5，取 7，取 9，故 n＝5，于是 P(A)＝5/9。对于事件 B，n＝4，于是 P(B)＝4/9。

按照古典概率，要求每一个基本事件互不相容，出现的机会相等（无差别，等可能），这样的事件在现实中是很少有的。在现实中，我们大多要靠观察和经验来测出某个事件发生的概率，而不能仅凭样本空间中预先决定了的结构分布。

2. 统计概率

亦称“频率概率”。在随机试验中，一个基本事件 A 究竟是发生还是不发生，当然是不确定的，无法预测。但是，当实验的次数足够大，事件 A 发生的总次数 n 与整个试验的总次数 m 之比 $\frac{n}{m}$ 在一个常数 C（$0\leqslant C\leqslant 1$）附近做微小摆动，并稳定于 C。这个 C 实际上是对事件 A 相对于试验总次数的发生频率取极限得到的，简称“相对频率”。如果令 A 发生的概率 P(A)＝C，则我们就得到概率的频率定义。

例如，当抛掷硬币次数足够多时，正面朝上和反面朝上的机会几乎相等，以下是历史上记录的三次试验的统计结果：

表 5-1

试验者	试验次数	正面朝上次数	相对频率
德·摩根	2 048	1 061	0.518
皮尔斯	24 000	12 012	0.500 5
文恩	30 000	14 994	0.499 8

统计概率只适用于能够重复发生的事件。对于某些一次性事件，例如“中国足球队将进入 2026 年世界杯决赛”，统计概率以及前面所述的古典概率都不适用。

3. 主观概率

主观概率亦称“确信度”，是一个人对一个事件发生的信任程度，这常常用打赌商数来刻画。例如，如果你就“中国足球队将进入 2026 年世界杯决赛”这个事件或命题打赌，你根据以往的资料愿意就此事件给出的赔率是多少，如果是 1∶515，即赌客出一元钱，如果中国队进入决赛，你赔赌客 515 元；如果中国队没有进入决赛，赌金归你。这里，相信度的计算方法是 P(A)＝n/(m＋n)，于是，“中国足球队将进入 2026 年世界杯决赛”这个事件的概率是 1/(515＋1)＝1/516＝0.001 9，即 1.9‰。确信度依赖于以往的资料和对资料的分析，而这些是因人、因时、因地而异的，以这种确信度来定义概率，因此带有很强的主观性，所以叫作“主观概率”。

三、概率演算

以上给出的对概率的三种解释，实际上也是计算初始概率的三种方法。现在我们讨论这样的问题：给定事件和命题的初始概率或其他概率之后，另外的概率如何计算出来？这是通过概率演算来实现的。

在此之前，我们先定义条件概率 P(A/B)。

假设在某个随机试验中的两个事件 A 和 B，在事件 B 发生的条件下我们考虑事件 A 发生的概率，记为 P(A/B)，如果 P(B)＞0，则 P(A/B)＝P(A∧B)/P(B)。这就是说，在事件 B 已经发生的条件下，事件 A 发生的概率是这两个事件合取（同时发生）的概率与 B 发生的概率之比。

例如，设基本事件是“从自然数列 1，2，3，…，11，12 中任取一个数字”，事件 A 是“从该数列中取 3 的倍数”，事件 B 为“从该数列中取偶数”，条件概率 P(A/B) 是多少？为回答这一问题，我们有必要进一步明确一下，事件 B 已经发生，就是说，“取数字 2”、“取数字 4”、“取数字 6”、“取数字 8”、“取数字 10”和“取数字 12”这 6 个基本事件已经发生。在 B 发生的条件下，事件 A“取 3 的倍数”发生的机会是 2，即“取数字 6”和“取数字 12”，于是，条件概率 P(A/B)＝2/6＝1/3。

我们有下述概率演算的公理或定理：

(1) 对于任意事件 A，有 0≤P(A)≤1。即是说，任意事件的概率在［0，1］区间取值。

(2) 如果 A、B 是互斥事件，则 P(A∧B)＝P(A)×P(B)。

这是“特殊合取规则”，它可以推广到有任意 n 个（n≥2）支的合取事件。

例如，掷一次骰子得到一个六点的概率是 1/6，得到另一个六点的概率也是 1/6，于是连掷两次骰子得到两个六点的概率就是 1/6×1/6＝1/36。

(3) 对于任意两个事件 A、B，P(A∧B)＝P(A)×P(B/A)。

这是“广义合取规则”，它也可以推广到有任意 n 个（n≥2）支的合取事件。

例如，在某商厦出售的电视机中，某著名品牌的电视机占 78%，而该著名品牌电视机的合格率是 97.9%，在该商厦买到一台该著名品牌的电视机的合格品的概率是多少？设“在该商厦买到一台该著名品牌的电视机”为事件 A，“在该商厦买到一个合格品”为

B，于是“在该商厦买到一台该著名品牌的电视机的合格品”就是事件 $A\wedge B$。由于 P(A)＝78%，P(B/A)＝97.9%，于是 $P(A\wedge B)=P(A)\times P(B/A)=78\%\times 97.9\%=76.36\%$。

（4）如果 A、B 是互斥事件，则 $P(A\vee B)=P(A)+P(B)$。

这被叫作“特殊析取规则”，它可以推广到有任意 n 个（$n\geqslant 2$）支的析取事件。

例如，在某国外大学中，中国留学生占 8%，日本留学生占 5%，在该大学碰到一位中国留学生或者日本留学生的概率是多少？由于没有人既是中国留学生又是日本留学生，所以“碰到中国留学生”与“碰到日本留学生”是互斥的事件，根据上述规则，“碰到中国留学生或者日本留学生”的概率 $P(A\vee B)=8\%+5\%=13\%$。

（5）如果 A、B 是任意两个事件，则 $P(A\vee B)=P(A)+P(B)-P(A\wedge B)$。

这是“普遍析取规则”，它事先并不要求 A、B 是互斥事件。此规则可以推广到有任意 n 个（$n\geqslant 2$）支的析取事件。

例如，设连续两次掷同一枚硬币，至少一次正面朝上的概率是多少？显然，掷一次硬币正面朝上的概率是 1/2，另一次的概率显然也是 1/2，若按照特殊析取规则，则 1/2＋1/2＝1，即“掷两次骰子至少一次正面朝上”的概率是 1，成了必然事件，显然并非如此，因为两次抛掷都有可能得反面，所以它们并不是相互排斥的事件。故不能用特殊析取规则，而应该用普遍析取规则，于是有 $1/2+1/2-1/2\times 1/2=3/4$。这是与直观结果相符的。同一枚硬币连掷两次，共有四个等可能的结果：正一正，正一反，反一正，反一反。如果前三种情况中至少有一种情况发生，两掷中至少一次正面朝上的情况也就发生，因此“掷两次骰子至少一次正面朝上”的概率是 3/4。

注意，当两个事件是互斥事件时，$P(A\wedge B)=0$，于是普遍析取规则就变成特殊析取规则，后者只是前者的特例或极限情况。

（6）如果用 $A\vee\neg A$ 表示必然事件，则 $P(A\vee\neg A)=1$。

（7）对于任意事件 A，有 $P(A)=1-P(\neg A)$，并且 $P(\neg A)=1-P(A)$。即是说，A 事件的概率等于 1 与 A 的补事件的概率之间的差，而 A 的补事件的概率等于 1 与事件 A 的概率之间的差。

这个规则可以从上面的规则推出来。由于 A 和 $\neg A$ 是互相排斥的事件，特殊析取规则对它们仍成立，于是有 $P(A\vee\neg A)=P(A)+P(\neg A)$，而根据（6），有 $P(A\vee\neg A)=1$，再根据简单的算术计算，可以得到 $P(A)=1-P(\neg A)$，$P(\neg A)=1-P(A)$。

（8）如果用 $A\wedge\neg A$ 表示不可能事件，则 $P(A\wedge\neg A)=0$。

（9）如果 A、B 是两个事件，并且 $A\rightarrow B$（A 包含 B），则 $P(A-B)=P(A)-P(B)$。

现在我们用一个例证引入简单贝耶斯定理并说明如何应用它。假设某城市中有 90% 的家庭有一台以上电视机，在这些家庭中，25%有一台以上电脑。假设我们还知道，在没有电视机的那 10%的家庭中，20%有一台以上电脑，那么，有一台以上电脑的家庭同时有一台以上电视机的概率是多少？

为了回答这一问题，令 P(A) 是一个家庭有一台以上电脑的概率，P(B) 是一个家庭有一台以上电视机的概率，于是 P(A/B) 表示有一台以上电视机的家庭同时有一台以上电脑的概率，$P(A/\neg B)$ 表示没有一台以上电视机的家庭有一台以上电脑的概率，根据

给定信息，有

$$P(B)=90\%, P(\neg B)=10\%, P(A/B)=25\%, P(A/\neg B)=20\%$$

我们要计算出 P(B/A) 即“有一台以上电脑的家庭同时有一台以上电视机的概率”，我们就要使用简单的贝耶斯定理，即：

$$P(B/A)=P(B)\times P(A/B)/(P(B)\times P(A/B)+P(\neg B)\times P(A/\neg B))$$

代入相应的数字并进行计算：

$$P(B/A)=90\%\times 25\%/(90\%\times 25\%+10\%\times 20\%)=91.83\%$$

四、统计推理

先从一个例子谈起。

[例 23]

尽管城市居民也并非事事如意，但他们还是比农村同胞更少心理健康方面的问题。……某项调查征询了 6 700 名成年人，他们分别居住在六个社区之中，这些社区大至 300 万人口的城市，小到不足 2 500 人的城镇。其结果以被征询者的口述为基础，包括失眠、现在和过去的神经崩溃等症状。居住在人口超过五万的城市中的居民，其所提及的症状要比人口不足五万的城镇中的居民几乎低 20%。

解析：我们可以把这段论辩的结构整理如下：结论是“城市居民比农村同胞更少心理健康方面的问题”，论据是“一项调查显示，居住在人口超过五万的城市中的居民，其所提及的症状要比人口不足五万的城镇中的居民几乎低 20%”。这里利用了抽样统计得来的数据去证实该结论。

在统计学中，某一被研究领域的全部对象，叫作“总体”；从总体中抽选出来加以考察的那一部分对象，叫作“样本”。统计推理是由样本具有某种属性推出总体也具有某种属性的推理，即从 S 类事物经考察的对象中有 n%（0<n<100）具有性质 P，推出在 S 类的所有对象中 n%具有性质 P。在例 23 中，对象总体是某个国家的城市和农村的居民；样本是从六个社区中选取出来的 6 700 名居民；要考察的特征是心理健康与居住环境的关联。

统计结论的可靠性主要取决于样本的代表性。只有从能够代表总体的样本出发，才能得到关于总体的可靠结论。一般从抽样的规模、抽样的广度和抽样的随机性三个方面去保证样本的代表性。更具体地说，（1）要加大样本的数量，以便消除误差；（2）要采用分层抽样的方法，从总体的各个“层”去选取样本；（3）不带任何偏见地随机抽样。这最后一点是最难做到的，偏见可能无意识地渗透到调查问卷的表格、问题以及说话的语气、身体姿势等之中，几乎无孔不入、防不胜防。因此，对于任何一个抽样统计结果，你都可以从这些角度去质疑它的可靠性。

[例 24]

为了估计当前人们对管理基本知识掌握的水平，《管理者》杂志在读者中开展了一次管理知识有奖问答活动。答卷评分后发现，60%的参加者对于管理基本知识掌握的水平很高，30%左右的参加者也表现出了一定的水平。《管理者》杂志由此得出结论，目前社会群众对于管理基本知识的掌握还是不错的。

如果以下哪项为真，最能削弱以上结论？

A. 管理基本知识的范围很广，仅凭一次答卷就得出结论未免过于草率。

B. 掌握了管理基本知识与管理水平的真正提高还有相当的距离。

C. 并非所有《管理者》的读者都参加了此次答卷活动，其信度值得商榷。

D. 从发行渠道看，《管理者》的读者主要是高学历者和实际的经营管理者。

E. 并不是所有人都那么认真。有少数人照抄了别人的答卷，还获了奖。

解析： 选项B与题干结论无关，选项A、C、E对题干结论构成轻度质疑，如C、E质疑抽样数据的可靠性和可信性，但比较而言，D项的质疑最根本：因为题干结论涉及"目前社会群众"，而样本是《管理者》杂志的读者，选项D指出，《管理者》的读者主要是高学历者和实际的经营管理者。由此可以看出，这些样本相对于目前社会群众来说，不具有代表性。因此，无论这次抽样的统计结果是什么，都不能直接推广到总体上去。如果选项D真，最能削弱题干的结论。假如题干结论不是涉及"目前的社会群众"，而是只涉及《管理者》的读者，抽样结果是能够支持结论的。

五、警惕"精确"数字陷阱

在当代社会，各种数字、数据、报表满天飞，频频出现在电视广告、新闻报道、报刊通讯、杂志文章和专门著作之中，例如国民经济增长速度，某个城市居民的收入水平，消费物价指数，空气污染指数，某电视节目的收视率，书店的畅销书排行榜，某一商品的客户满意率，某一偏方对某一疾病的治愈率，全国烟民人数及其在总人口中所占的百分比，吸食毒品、卖淫的人数及其增长速度，同性恋者在总人口中所占比例，艾滋病的流行趋势，夫妻中在家里对配偶施暴的人数以及男女各占的比例，等等。我们确确实实生活在一个"数字化"的社会或时代中。我们当然不能对这些数字、数据、报表进行无端的怀疑，但也实在应该对它们保持必要的警惕：人们是如何得到这些数字和数据的？关于那些看起来不太可能弄得太清楚、太准确的问题，他们为什么会有那么清楚、准确的数字或数据？他们获得这些数字、数据的方法和途径是什么？这些方法和途径可靠吗？这些数字、数据的可信度高吗？这是每一个有正常理性的人都必须经常问自己的问题。正如"谎言重复千百遍就会被误以为是真理"一样，一个人长期处于各种错误信息的包围之中，处在不可靠的数字、数据、报表的包围之中，久而久之也会有意无意地把它们当作真实的东西加以接受，从而做出错误的判断和决策。因此，对"精确"数字保持必要的怀疑，这是一种明智的、理性的态度。

1. 平均数陷阱

我们几乎每天都会与"平均"打交道：我的工作能力和业绩在平均水平以上，工资接近平均水平，住房面积在平均水平以下，等等。有三种不同的平均数：（1）将所有数值加起来，再用这个相加之和去除累加的数值的个数。这是最常见的平均数。例如，一个单位有98人，把98人的工资相加后再除以98，就得到这个单位的平均工资数。（2）将所有数字从高到低排列起来，找到处于数列中间的那个数字，此数字为中位数，也是平均数的一种形式。它的获得相当于"去掉一个最高分，去掉一个最低分；再去掉一个最高分，去掉一个最低分……”。(3) 列出所有数值，然后计算每一个不同的数值或值域，最常出现的数值叫作众数，也是平均数的一种形式。但众数在日常生活中较少应用，用得最多的是第一种平均数。

除了弄清平均数的三种不同形式外，还要特别注意其中最大值和最小值之间的差异（范围），以及每个数值出现的次数（分布）。不然，平均数就有可能成为一种陷阱。例如，据说姚明和潘长江之间的平均身高是 1.95 米；再如，“本市平均的空气污染指数已降到警戒线以下”，但你切不要以为生活在本市就十分安全，因为可能你所生活的那个社区，或你所工作的那个单位是本市污染最严重的社区或单位，假如你继续在该社区生活或在该单位工作，就会严重地损害你的健康。

[例 25]

某人在所在企业破产后，打定主意要重新找一个工资较高的工作，一天他看到一则招聘广告：“本公司现诚聘 1 名技术工人。本公司人均月薪 6 200 元以上。”于是，他高兴地去应聘，很幸运地被录取了，但他第一个月拿到的正常月薪只有 1 500 元。他说该公司的招聘广告说谎，但该广告确实没有说谎。

增加以下哪一点最能够解释上述事实？

A. 这个公司本月效益不太好。

B. 他的工作小有瑕疵。

C. 他与公司经理关系不大好。

D. 该公司的平均工资是这样计算出来的：经理月薪 45 000 元，经理女秘书月薪 15 000 元，两名中层主管月薪 10 000 元，其他员工月薪 1 500 元。

E. 这个公司是一个高技术公司。

解析：注意题干中“正常月薪”几个字，增加选项 A、B、C 会与它相抵触，选项 E 与题干所问不相干，而 D 能够解释题干所设定的事实。因此，正确答案是 D。

2. 莫名其妙的百分比

在我们的日常生活中，到处都可能碰到百分比。不过，对于它们我们要弄清楚的第一件事情，就是该百分比所赖以计算出来的那个基数。

[例 26]

(1) 我们厂的电视机销售去年增加 50%以上，而我们的竞争对手只增加不到 25%。

(2) 犯罪浪潮正在席卷本市，去年的杀人案件增长了近 80%！

解析：这两个例子都遗漏了至关重要的信息：该百分比所依据的绝对数字。假如“我们”的销售是从 1 万台增加到 15 500 台（50%以上），而“我们”的竞争对手却是从 50 万台增加到 61.5 万台（不到 25%）。孰优孰劣，谁涨谁消，岂不是一目了然吗?! 如果你弄清楚了本市是一个人口一千多万的城市，去年的杀人案件是 6 件，今年的杀人案件是 10 件（增长近 80%），你对本市安全状况的担忧也许会大大减轻，甚至会庆幸自己生活在这个城市之中。

对于百分比，我们要问的第二个问题是：该百分比所表示的绝对总量。该百分比虽小，但绝不意味着它所体现的数字同样貌不惊人。

［例27］

说我们滥杀无辜，这是污蔑和造谣！我们所杀的是只占全国总人口0.01%的少数坏蛋。

解析：假如这个国家总人口为8.7亿，杀掉0.01%就意味着杀掉了8.7万人，相当于欧洲的一个比较小的国家的全国人口。难道杀得还不够多吗?!

对于百分比，我们要关注的第三个问题是：警惕有人为了某种目的，选用合乎需要的基础数据，使百分比（合乎需要地）显得畸大或畸小。例如，在显示艾滋病流行程度时，我们可以以全国总人口为基数，这样计算出来的百分比会很小；也可以选用吸毒、卖淫、同性恋人口为基数，这样计算所得的百分比会较大。

［例28］

据国际卫生与保健组织1999年年会“通讯与健康”公布的调查报告显示，68%的脑癌患者都有经常使用移动电话的历史。这充分说明，经常使用移动电话将会极大地增加一个人患脑癌的可能性。

如果以下哪项为真，将最严重地削弱上述结论?

A. 进入20世纪80年代以来，使用移动电话者的比例有惊人的增长。

B. 有经常使用移动电话历史的人在1990年到1999年超过世界总人口的65%。

C. 在1999年全世界经常使用移动电话的人数比1998年增加了68%。

D. 使用普通电话与移动电话通话者同样有导致脑癌的危险。

E. 没有使用过移动电话的人数在90年代超过世界总人口的50%。

解析：正确答案是B。如果B项断定为真，说明在世界总人口中，有经常使用移动电话历史的人所占的比例，已接近在脑癌患者中有经常使用移动电话历史的人所占的比例，这就严重削弱了题干的结论。正如一份对中国人的调查显示，肺癌患者中90%以上都是汉族人，由此显然不能得出结论，汉族人更容易患肺癌，因为汉族人本身就占了中国人的90%以上。其余各项均不能削弱题干的结论。

3. 数据与结论不相干

［例29］

某位酒厂老板对自己厂出的酒赞不绝口，因为每一百位消费者中只有三位投诉该酒有质量问题。他说：“这就是说，有97%的消费者对我厂的产品满意，由此可以看出我厂的酒是多么好。建议你们也经常买我厂的酒喝。”

解析：这位厂长把统计数据用到了风马牛不相及的结论上。很显然，只有3%的消费者投诉，并不能说明未投诉的消费者就对其产品非常满意，有些人也许嫌麻烦，有些人也许认为不值得而没有投诉，只是再也不打算买该厂的酒罢了。

第七节　归纳方法是合理的吗?

一、老归纳之谜：休谟问题及其回答

罗素曾谈到一个关于火鸡的故事。在火鸡饲养场里，有一只火鸡发现：第一天，主

人打铃后就给它喂食。然而，作为一个卓越的归纳主义者，它并不马上做出结论，它继续收集有关主人打铃与给它喂食之间的联系的大量观察事实；而且，它是在多种情况下进行这些观察的：雨天和晴天，热天和冷天，星期三和星期四……它每天都在自己的记录表中加进新的观察陈述。最后，它的归纳主义心理感到满意，通过归纳推理得出了下述结论："主人打铃后就会给我喂食。"可是，事情并不像它所想象的那样简单和乐观。在圣诞节前夕，当主人打铃后它跑出觅食时，主人却把它抓住宰杀、烹调，送上了餐桌。于是，火鸡通过归纳概括得到的结论就被无情地推翻了。那么，爱做归纳的火鸡最终被送上了餐桌，究竟怪谁呢？或者说，火鸡究竟错在哪里呢？

这是一个有关归纳的合理性的问题。关于归纳，可以区分出三类问题：（1）心理学问题，着重探讨归纳推理的起源，发现或得到归纳结论的心理过程和心理机制，以及对某个归纳结论所持的相信或拒斥的心理态度及其理由等。（2）逻辑问题，着重探讨归纳结论与观察证据之间的逻辑联系，或者说归纳过程的推理机制。（3）哲学问题，主要探讨归纳推理是否能得必然性结论，如果不能得必然性结论，它的合理性究竟何在？如何为它的合理性做辩护？这叫作"归纳的合理性及其辩护问题"，它是由休谟在《人性论》第一卷（1739）及其改写本《人类理解研究》（1748）中提出来的，因此亦称"休谟问题"。

休谟从经验论立场出发，对因果关系的客观性提出了根本性质疑，其中隐含着对归纳合理性的根本性质疑。他把人类理智的对象分为两种：观念的联系和实际的事情，相应地把人类知识也分为两类：关于观念间联系的知识，以及关于实际事情的知识。前一类知识并不依赖于宇宙间实际存在的事物或实际发生的事情，只凭直观或证明就能发现其确实性如何。而关于事实的知识的确实性却不能凭借直观或证明来发现，例如设想"太阳过去一直从东方升起"与"太阳明天将从西方升起"并不包含矛盾。那么，关于事实的知识或推理的根据何在？休谟指出："一切关于事实的推理，看来都是建立在因果关系上面的。只要依照这种关系来推理，我们便能超出我们的记忆和感觉的证据以外。"他继续分析说："从原因到结果的推断并不等于一个论证。对此有如下明显的证据：心灵永远可以构想由任何原因而来的任何结果，甚至永远可以构想一个事件为任何事件所跟随；凡是我们构想的都是可能的，至少在形而上学的意义上是可能的；而凡是在使用论证的时候，其反面是不可能的，它意味着一个矛盾。因此，用于证明原因和结果的任何联结的论证，是不存在的。这是哲学家们普遍同意的一个原则。"于是，休谟得出结论说："一切因果推理都是建立在经验上的，一切经验的推理都是建立在自然的进程将一律不变地进行下去的假定上的。我们的结论是：相似的原因，在相似的条件下，将永远产生相似的结果。"但休谟继续质疑说，关于自然齐一律的假定不可能获得逻辑的证明：显然，亚当以其全部知识也不能论证出自然的进程必定一律不变地继续进行下去，将来必定与过去一致，他甚至不能借助于任何或然论证来证明这一点。"因为一切或然论证都是建立在将来与过去有这种一致性的假设之上的，所以或然论证不可能证明这种一致性。这种一致性是一个事实，如果一定要对它证明，它只是假定在将来和过去之间有一种相似。因此，这一点是根本不允许证明的，我们不需证明而认为它是理所当然的。"[1] 由此，休

① 休谟.《人性论》概要//周晓亮. 休谟哲学研究：附录一. 北京：人民出版社，1999：367-381.

谟提出了他本人所主张的关于因果关系来源的观点："这种从原因到结果的转移不是借助于理性，而完全来自于习惯和经验。"在看见两个现象（如热和火焰，重与坚硬）恒常相伴出现后，我们可能仅仅出于习惯而由其中一个现象的出现期待另一个现象的出现。因此，"习惯是人生的伟大指南。唯有这一原则可能使经验对我们有用，使我们期待将来出现的一系列事件与过去出现的事件相类似"。而休谟所理解的"习惯"，乃是一种非理性的心理作用，是一种本能的或自然的倾向，于是他就把因果关系以及基于因果关系之上的归纳推理置于一种非理性、非逻辑的基础之上。

休谟的论证主要是针对因果关系的，但其中包含一个对归纳合理性的怀疑主义论证。我把这个论证概要重构如下：（1）归纳推理不能得到演绎主义的辩护。因为在归纳推理中，存在着两个逻辑的跳跃：一是从实际观察到的有限事例跳到了涉及潜无穷对象的全称结论；二是从过去、现在的经验跳到了对未来的预测。而这两者都没有演绎逻辑的保证，因为适用于有限的不一定适用于无限，并且将来可能与过去和现在不同。（2）归纳推理的有效性也不能归纳地证明，例如根据归纳法在实践中的成功去证明归纳，这就要用到归纳推理，因此导致无穷倒退或循环论证。（3）归纳推理要以自然齐一律和普遍因果律为基础，而这两者并不具有客观真理性。因为感官最多告诉我们过去一直如此，并没有告诉我们将来仍然如此；并且，感官告诉我们的只是现象间的先后关系，而不是因果关系；因果律和自然齐一律没有经验的证据，只不过出于人们的习惯性心理联想。

自从休谟对因果关系的客观性和归纳推理的必然性提出质疑以来，哲学家和逻辑学家不得不面对一些共同的问题：是否存在既具有保真性又能扩大知识的推理？归纳推理的合理性何在？进而言之，普遍必然的新知识是否可能？如何可能？人们已经提出了关于归纳合理性的各种辩护方案，例如先验论、约定论和演绎主义，逻辑经验主义者的"可证实性原则"和概率逻辑，波普尔的"可证伪性原则"和否证逻辑，赖欣巴赫等人对归纳的实用主义辩护，等等。但这些辩护方案都存在这样或那样的问题，以至于有这种说法："归纳法是自然科学的胜利，却是哲学的耻辱。"①

关于归纳问题，我所持的观点包括否定的方面和肯定的方面。其否定的方面是：归纳问题在逻辑上无解，即对于"是否存在既具有保真性又能够扩展知识的归纳推理"这个问题，逻辑既不能提供绝对肯定的答案，也不能提供绝对否定的答案。在这个意义上，"休谟的困境就是人类的困境"②。这是因为该问题是建立在如下三个虚假的预设之上的：存在着不可修正的普遍必然的知识；把合法的推理局限于有保真性的演绎推理，即对演绎必然性的崇拜；只能在感觉经验的范围内去证明因果关系的客观性和经验知识的普遍真理性。其肯定的方面包括：（1）归纳是在茫茫宇宙中生存的人类必须采取也只能采取的认知策略，因此归纳对于人类来说具有实践的必然性。（2）人类有理由从经验的重复中建立某种确实性和规律性。（3）人类有可能建立起局部合理的归纳逻辑和归纳方法论，并且已部分地成为现实。（4）归纳结论永远只是可能真，而不是必然真。并且，我还提出了一个全面的归纳逻辑研究纲领，包括发现的逻辑，（客观）辩护的逻辑，（主观）接

---

① 洪谦. 逻辑经验主义. 北京：商务印书馆，1989：257.

② 涂纪亮，陈波. 蒯因著作集：第2卷. 北京：中国人民大学出版社，2007：402.

受的逻辑，修改或进化的逻辑。①

现在来回答本小节开头提出的那个问题：爱做归纳的火鸡最终被送上餐桌，怪谁？我的回答是：谁也不能怪。因为归纳在本质上就是一种冒险；人类和其他动物在面对自然界时，除了在一定程度上冒险以外，没有任何别的有效生存策略。但是，我们却可以合理地期望：人类有比火鸡更好的命运。这是因为世界本身存在着结构、秩序、规律，而不是毫无章法可言的；由于人类具有火鸡并不具有的理性能力，人类通过对这种结构、秩序、规律的把握，就能够做出比火鸡更好的归纳和预测，从而避免完全由自然来决定自己的命运。

二、新归纳之谜：三个归纳悖论

归纳悖论可以视为休谟问题在现代归纳概率逻辑中的变形，它们也涉及归纳合理性及其辩护问题，一般与对某个全称假说的确证、否证、相信、接受等相关，指运用看似合理的归纳原则或归纳推理，得出了违反直觉的结论，或做出了互相矛盾的预测。主要的归纳悖论有以下三个：

1. 古德曼悖论

亦称“绿蓝悖论”，是由古德曼（Nelson Goodman，1906—1998）在《事实、虚构和预测》（1955）一书中提出来的。这个悖论的基本意思是：运用简单枚举法，从同样的观察事例可以得到不同的甚至是相互矛盾的预测结论。古德曼区分了旧的归纳问题和新的归纳之谜。前者是要回答：如何证明从关于已观察事实的命题到关于尚未观察的将来事实的推断是恰当的？这是归纳有效性的证明问题。古德曼认为，既然一切分析都表明，这个问题是无解的，我们就应该抛掉它，转而研究这样的问题：一是用某种一般的方式，给直观上可接受的归纳与直观上不可接受的归纳划界，而不必总是诉诸直觉；二是为我们偏爱第一组而不是第二组归纳辩护。这就是古德曼所提出的“新归纳之谜”。

他所阐述的“绿蓝悖论”就是与新归纳之谜相关的。设现在的时间为 t，并且下述推理是直觉上可接受的归纳论证：

A_1 所有迄今为止观察到的翡翠都是绿色的，所以，所有翡翠都是绿色的。

现在引入一个新的颜色谓词“绿蓝的”（grue）②，并定义如下：

D x 是绿蓝的，当且仅当，x 在时间 t 之前被观察到并且是绿色的，或者 x 在时间 t 之后被观察到并且是蓝色的。

然后考虑下述归纳论证：

A_2 所有迄今为止观察到的翡翠都是绿蓝的，所以，所有翡翠都是绿蓝的。

如果 A_1 的前提是真的，根据“绿蓝”的定义，则 A_2 的前提也是真的，并且 A_2 在形式上完全类似于 A_1。但 A_1 和 A_2 的推论在直觉上是相互矛盾的，因为根据 A_1，在时间 t

① 陈波. 休谟问题和金岳霖的回答：兼论归纳的实践必然性和归纳逻辑的重建. 中国社会科学，2001（3）.

② “grue”是古德曼生造的一个英文词，由“green”（绿色的）和“blue”（蓝色的）两词拼合而成，故译为“绿蓝”。

之后看到的翡翠将是绿色的，而根据 A_2，在时间 t 之后看到的翡翠将是蓝色的。造成这个悖论的原因是“绿蓝”是一个不可外推的谓词。因此，古德曼认为，并非所有谓词都适于外推，如果把一个不能外推的谓词加以外推，就会导致荒谬的预测，后者会与另一个合理的预测发生矛盾。因此，归纳逻辑应该制定一些规则，说明哪些谓词可以外推，哪些谓词不能外推，由可外推谓词组成的陈述是“似规律陈述”，含不可外推谓词的是“偶然陈述”。

2. 亨佩尔悖论

亦称“乌鸦悖论”、“确证悖论”或“全相关悖论”，是由亨佩尔（C. G. Hempel，1905—1997）在《确证逻辑研究》（1945）一文中阐述的，主要揭示关于确证的“尼柯德标准”和“等值条件”之间的冲突。一个形如“所有 A 是 B”的全称假说可以用一阶逻辑的记法表示为“$\forall x(Ax \rightarrow Bx)$”，按尼柯德标准，一个既是 A 又是 B 的个体 a 确证该全称假说；按等值条件，确证一假说的事例同时也确证与该假说等值的另一假说。根据一阶逻辑，$\forall x(Ax \rightarrow Bx)$ 等值于 $\forall x(\neg Bx \rightarrow \neg Ax)$。于是，按尼柯德标准，一个既不是 B 又不是 A 的个体确证 $\forall x(\neg Bx \rightarrow \neg Ax)$，因此按等值条件，它也确证 $\forall x(Ax \rightarrow Bx)$，而这是反直观的。举例来说，设待确证命题为“所有乌鸦都是黑的”，它等值于“所有非黑的东西都是非乌鸦”，根据尼柯德标准和等值条件，任何一个既不是黑的又不是乌鸦的东西，例如白雪、红花、绿叶、黄雀，都是该命题的确证事例或者说证据。这严重违反常识和经验，甚至是荒谬的。解决的办法或者是修改尼柯德标准，或者说等值条件不适合于确证。

3. 凯伯格悖论

亦称“彩票悖论”，是由凯伯格（H. E. Kyburg，1928—2007）在《概率和合理信念的逻辑》（1961）一书中提出的。凯伯格提出了接受假说的三个合理性条件：（1）接受一个很可能为真的假说是合理的；（2）接受从一组可合理接受的假说推出的逻辑后承是合理的；（3）接受一组彼此不一致的假说是不合理的。现在考虑下述情形：假定有一组彩票卖一百万张，有并且只有一张彩票得头奖。在这种情况下，接受“某一张彩票不能得头奖”这一假说是合理的，并且该假说对于一百万张中的每一张来说都成立，但由此却可以逻辑地推出一个包括一百万个合取支的合取命题：“彩票 1 不能得头奖，并且彩票 2 不能得头奖……并且彩票 1 000 000 不能得头奖”，该合取命题等值于“一百万张彩票中没有一张能够得头奖”。由于后者是先前可合理接受的那些假说的逻辑后承，因此它也是可合理接受的。但是，此假说与另一个可合理接受的假说“恰好有一张彩票得头奖”互相矛盾。凯伯格悖论是在合理接受多个假说时产生的，它表明如上所述的接受假说的三个合理性条件不能同时成立。

详细讨论这些归纳悖论的成因及其解决方案，显然超出了这本教材的范围。

第八节　归纳逻辑的综合应用

在国内外各种能力性考试如 GRE、GMAT、LSAT、MBA 的逻辑考试中，有很多考题要综合运用归纳逻辑的知识。

[例30]

“试点综合征”的问题屡见不鲜。每出台一项改革措施，先进行试点，积累经验后再推广，这种以点带面的工作方法本来是人们经常采用的。但现在许多项目中出现了“一试点就成功，一推广就失败”的怪现象。

以下哪项不是造成上述现象的可能原因？

A. 在选择试点单位时，一般选择工作基础比较好的单位。

B. 为保证试点成功，政府往往给予试点单位许多优惠政策。

C. 在试点过程中，领导往往比较重视，各方面的问题解决得快。

D. 试点尽管成功，但许多企业外部的政策、市场环境却并不相同。

E. 全社会往往比较关注试点和试点的推广工作。

解析：根据因果关系的特点，不同的结果应由不同的原因或条件所引起。因此，凡是指明了试点和推广时面对着不同的环境条件的，都有助于解释该现象；凡是没有揭示这一点的，都无助于解释该现象。选项A、B、C、D都揭示了试点和推广时面临不同的条件，只有E没有说明这两种情形下的不同条件，因此它不是“一试点就成功，一推广就失败”这种怪现象的可能原因。正确答案是E。

[例31]

在20世纪50年代，我国森林的覆盖率为19%，60年代为11%，70年代为6%，80年代不到4%。随着森林覆盖率的逐年减少，植被大量损失，削弱了土地对雨水的拦蓄作用，一下暴雨，水卷泥沙滚滚而下，使洪涝灾害逐年严重。可见，森林资源的破坏是酿成洪灾的原因。

以下哪项使用的方法与题干最为类似？

A. 敲锣有声，吹箫有声，说话有声。这些发声现象都伴有物体上空气的振动，因而可以断定物体上空气的振动是发声的原因。

B. 把一群鸡分为两组：一组喂精白米，鸡得一种病，脚无力，不能行走，症状与人得的脚气病相似；另一组用带壳稻米喂，鸡不得这种病。由此推测：精白米中没有带壳稻米中的某种东西是造成脚气病的原因。进一步研究发现，这种东西就是维生素B_1。

C. 意大利的弗·雷第反复进行了一个实验，在4个大广口瓶里，放进肉和鱼，然后盖上盖，或蒙上纱布，苍蝇进不去，一个蛆都没有。在另4个大广口瓶里，放进同样的肉和鱼，敞开瓶口，苍蝇飞进去产卵，腐烂的肉和鱼很快生满了蛆。可见苍蝇产卵是腐烂的鱼肉生蛆的原因。

D. 在有空气的玻璃罩内通电击铃，随着抽出空气的量的变化，铃声越来越小，若把空气全抽出，则完全听不到铃声。可见，空气多少是发出声音大小的原因，空气的有无是能否听到铃声的原因。

E. 棉花是植物纤维，疏松多孔，能保温；积雪是由水冻结而成的，有40%至50%的空气间隙，也是疏松多孔的，能保温。可见，疏松多孔是能保温的原因。

解析：题干中使用了寻求因果联系的方法之一——共变法，即某一现象发生变化，另一现象就随之发生相应的变化，则前一现象（可能）是后一现象的原因。比较各选项可以发现，只有D中使用了这一方法。所以，正确答案是D。

［例32］

Ⅰ．“宣泄怒火”对人非常重要。能量一经阻塞，势必要寻求释放。对感情的宣泄筑堤拦坝，必定会殃及自身，因为它会造成“决堤”，并把其他的人格体系也冲个片瓦无存。在抒发愤懑时你将感情的水库放空，于是情绪舒展，心中欣悦，把能量释放开去，用于更有建设性的工作。事实上，若人们战胜了感情的羁绊，充分抒发了情绪，必将消除压力，克服痛苦。

Ⅱ．如果孩子得了麻疹，我们肯定不会让他上学。因此，如果孩子得了艾滋病，也不该让他上学，因为艾滋病和麻疹在同是疾病方面相似。

Ⅲ．婚前性行为可以说是势在必行。无论如何，在买鞋之前，你总不能不让人先试一下鞋。

Ⅳ．外科医生在给病人做手术时可以看X光片，律师在为被告辩护时可以查看辩护书，建筑师在盖房子时可以对照设计图，教师备课可以看各种参考书，为什么唯独不允许学生在考试时看教科书及其相关的材料?

下述哪一种说法对于这几段议论不成立：

A. Ⅰ中的类比对结论的支持充分有力。

B. Ⅱ、Ⅲ、Ⅳ中的类比是错误的类比。

C. Ⅲ中的类比是正确的，因为在“婚前性行为—满意的婚姻”与“买鞋—合脚的鞋”这两者的相似之间具有因果相关性。

D. Ⅰ和Ⅱ中至少有一个是正确的类比。

E. Ⅰ、Ⅱ、Ⅳ中至少有一个是错误的类比。

解析：显然，不成立的说法是C，因为在“婚前性行为—满意的婚姻”与“买鞋—合脚的鞋”这两者的相似之间几乎没有任何因果相关性。鞋的尺码不对，除了更换，再没有其他办法去调适；而影响婚姻幸福的因素却很多很多，包括心理、生理、经济、社会关系等诸多方面，而这些都可以在婚姻双方的共同努力之下来加以改善，有些婚姻即使一开始双方都觉得非常好，以后也可以因许多新的因素而破裂。选鞋和选配偶之间太不相同了，不能进行类比，否则就是荒唐的类比。

［例33］

尽管是航空业萧条的时期，各家航空公司也没有节省广告宣传的开支。翻开许多城市的晚报，最近一直都在连续刊登如下广告：“飞机远比汽车安全！你不要被空难的夸张报道吓破了胆，根据航空业协会的统计，飞机每飞行1亿公里死1人，而汽车每走5 000万公里死1人。”汽车工业协会对这个广告大为恼火，他们通过电视公布了另外一个数字：“飞机每20万飞行小时死1人，而汽车每200万行驶小时死1人。”

如果以上资料均为真，则以下哪项最能解释上述这种看起来矛盾的结论?

A. 安全性只是人们在进行交通工具选择时所考虑问题的一个方面，便利性、舒适感以及某种特殊的体验都会影响消费者的选择。

B. 尽管飞机驾驶员所受的专业训练远远超过汽车司机，但是，因为飞行高度的原因，飞机失事的生还率低于车祸。

C. 飞机的确比汽车安全，但是，空难事故所造成的新闻轰动要远远超过车祸，所以，给人们留下的印象也格外深刻。

D. 两种速度完全不同的交通工具，用运行的距离做单位来比较安全性是不全面的，用运行的时间来比较也会出偏差。

E. 媒体只关心能否提高收视率和发行量，根本不尊重事情的本来面目。

解析：题干所提供的两个统计数字都正确，这似乎存在矛盾，其实并不矛盾。因为飞机和汽车的速度明显不同：在同样的时间内，飞机跨越了比汽车大得多的距离，用距离做基数来比较死人多少，显然对飞机有利；同样，经过同样的距离，汽车所费时间比飞机多得多，用行驶时间做基数来比较死人多少，显然对汽车有利。实际上，根本不能做这样的比较，选项D正好指出了这一点：在不知道二者的速度或速度比的情况下，只以运行距离为单位，或者只以运行时间为单位都无法比较二者的安全性。其余各项作为对题干的解释均不得要领。因此，正确答案是D。

本章概要

归纳推理往往被定义为从个别到一般的推理，演绎推理则被定义为从一般到个别的推理。但在本书中，归纳推理被定义为或然性推理，其前提的真不足以保证结论的真；演绎推理被定义为必然性推理，其前提的真能够保证结论为真。

简单枚举法根据某类对象中已经考察过的对象毫无例外地具有某性质，从而推出该类中的所有对象（无论是否已经被考察过）都具有该性质的结论。其结论的可靠性程度完全建立在枚举事例的数量及其分布范围上。科学归纳法是简单枚举法的变化形式，而完全归纳法则是简单枚举法的极限形式。

因果关系具有一系列特点，如普遍性、因果恒常伴随、先因后果、因果联系复杂多样等。排除归纳法就是根据因果关系的上述特点而设计的，其基本思路是：考察被研究现象出现的一些场合，在它的先行现象或恒常伴随的现象中去寻找它的可能的原因，然后有选择地安排某些事例或实验，根据因果关系的上述特点，排除一些不相干的现象或假设，最后得到比较可靠的结论。具体包括求同法、求异法、求同求异并用法、共变法和剩余法，它们通常被称为“求因果五法”或“密尔五法”。

类比推理根据两个或两类事物在一系列属性上相似，从而推出它们在另一个或另一些属性上也相似的结论。类比结论的可靠性程度主要取决于两个或两类事物之间已知相同属性与推出属性之间的相关程度。模拟方法是类比推理在现代科学中的重要应用，而比较则是确定两个或两类事物之间的相似点和差异点的方法。

假说演绎法包括假说的提出、假说的展开和假说的检验三个关键步骤，这中间既有归纳性成分，又有演绎性因素。在对假说进行评价和选择时，我们要考虑它们的普遍性、保守性、谦和性、简单性、精确性和可反驳性等因素。

如果专门研究感觉经验证据对某个一般性假说的确证程度，并引入概率论和数理统计做工具，由此将发展出概率归纳逻辑。有三种求初始概率的方法：古典概率、统计概率和主观概率，计算复合事件或命题的概率时，则根据概率演算来进行。统计推理是由样本具有某种属性推出总体也具有某种属性的推理。在现代社会，应特别注意以精确数字形式出现的陷阱，如平均数陷阱、莫名其妙的百分比等。

休谟对归纳推理的合理性提出了严重质疑：归纳推理的有效性既得不到演绎的辩护，也得不到归纳的辩护；归纳推理所依据的因果律和自然齐一律没有客观的、理性的基础，只不过是人们的习惯性心理联想。归纳悖论则是休谟问题在现代归纳概率逻辑中的变形，其中最有影响的是“绿蓝悖论”、“乌鸦悖论”和“彩票悖论”。

思考题

1. 究竟应该如何定义归纳推理和演绎推理？各有什么优点和缺点？

2. 因果关系究竟具有哪些特点？如何根据因果关系进行推理？

3. 能否举出在社会科学中比较成功地运用假说演绎法的例子？一个假说能否被绝对地证实或证伪？为什么？

4. 在现代社会中是否有以精确数字形式出现的陷阱？有哪些？如何揭穿它？

5. 归纳方法是合理的吗？假如它是合理的，应该如何为其合理性辩护？

6. 有这样一种说法，来源于波普尔：归纳结论是涉及潜无穷对象的全称陈述，而为观察证实的归纳例证不论数量多大，总是有限的，当以无限做底数去除不管多大的数量时，所得到的商即概率总是零。因此，归纳结论不仅得不到必然的支持，甚至也得不到或然的支持。请思考此说法是否成立，为什么？

练习题

1. 分析下列段落使用了何种归纳推理或方法，整理出其形式，并对其有效性做出简单分析。

(1) 我们应该看到，我们所居住的地球与其他行星，如木星、土星、火星、水星、金星，都很相似。尽管这些行星跟太阳的距离都不相同，但它们与地球一样，都是围绕太阳运行，从太阳取光；其中数个行星与地球一样，绕轴心自转，这等于说，它们也有日夜之分。此外，其中有些行星有卫星，这些卫星与月亮一样，都在没有阳光的时候给这些行星光线。这些行星都与地球一样，其活动受万有引力支配。鉴于这种种相似，我们有理由相信，这些星球上也有各式各样的生物存在，尽管我们暂时无法确证这一点。

(2) 一位基督教徒说：“除非有满足欲望的事物存在，造物就不会有欲望。”例如，一位婴儿感到饥饿，好的，于是就有像食品这样的东西存在；一只鸭子想游泳，好的，于是有像水这样的东西存在；人有性欲，好的，于是有像男人和女人这样的东西存在。如果我发现我的有些欲望是这个世界的经历所无法满足的，最合理的解释就是我是为另一个世界而造的。

(3) 三角形可以分为直角三角形、钝角三角形和锐角三角形三种。直角三角形的三内角之和等于 180°，钝角三角形的三内角之和等于 180°，锐角三角形的三内角之和等于 180°，所以，所有三角形的三内角之和都等于 180°。

（4）美国每 4 年一次的总统大选即将进行，选战打得如火如荼。某民意调查机构进行了一次电话调查，在 50 个州内随机抽取电话号码 12 505 个，得到有效答复 10 978 个，其中 46.57%的选民表示将投民主党候选人的票，42.82%的选民表示将投共和党候选人的票，其余选民称尚未打定主意。于是，该民意调查机构得出结论说，现在说哪一位候选人肯定当选将为时过早。

（5）假设某个人告诉我，他的一颗牙在未经麻醉的情况下被拔掉了，我将对他表示同情。假如有人问我："你怎么知道拔牙使他疼痛？"我可能合理地回答说："我知道拔牙会使我感到疼痛。我曾经看过牙医，我知道用麻醉治牙痛是多么痛苦，更别说拔牙了。他具有与我一样的神经系统，所以我推测，在他那样的情况下会非常痛，就像在那种情况下我也会有类似感觉一样。"

（6）维特根斯坦把思考与游泳相比较：在游泳中，人体有一种自然的倾向，即漂浮在水的表面，因此，身体要付出极大的努力才能潜入水底。同样，思维也要做出巨大的精神努力，才能使我们的心智摆脱表面现象的纠缠，探索哲学问题的深度。

（7）黄瓜秧能进行光合作用，花生苗能进行光合作用，小麦苗能进行光合作用，水稻能进行光合作用，大豆苗能进行光合作用，各种蔬菜能进行光合作用，各种树木也能进行光合作用，而所有这些东西都是绿色植物，所以，所有绿色植物都能进行光合作用。

2. 分析下列段落中使用了何种求因果联系的方法，整理出其形式结构，并对其正确性做出简单分析。

（1）人们一度假定，较大的大脑（相对于体重）是聪明的原因，因为在几个著名天才人物死后，发现他们有比一般人大得多的大脑。但是，当某著名科学家死后，发现他的大脑相对于其整个身体来说显得较小，但是他的大脑有许多不常见的皱褶，结果导致他的大脑外皮层比常人大得多，在其他几个天才人物死后，发现情况也是如此。因此，不是大脑规模，而是脑皮层的量才是在人类中出现天才的原因。

（2）美国前总统吉米·卡特在一封写给《纽约时报》的信（见该报 1993 年 2 月 21 日）中指出，联邦烟草税的大幅提高，将能够减少抽烟，从而挽救成千上万条生命。他写道："我知道，抽烟引起了难以计数的生命财产损失以及痛苦。我的父亲、母亲、两个姐妹和一个兄弟都死于癌症，他们每一个人都抽烟。每年有接近 50 万美国人死于主动或被动的吸烟。"

（3）我们要做实验确证黄热病完全由蚊虫传染而来。特造一小房间，所有门窗都装上防蚊设备，然后在室内用防蚊纱窗隔成两半，一边放进吸过黄热病人的血的蚊虫。一个志愿接受实验的人，他不是黄热病免疫者，住进了有蚊虫的那半间，结果被 7 只蚊虫叮咬；四天后，他得了黄热病。在另半间也住进了两个志愿者，均非黄热病免疫者。他们住了 13 个晚上，由于有防蚊设施，并没有染病。

另一实验为证明黄热病是由蚊虫传染而来，而不是由黄热病人的餐具传染而来。再造另一间有防蚊设备的房间。三个志愿者在这房间里住了 20 天，他们所使用的东西，如衣服、餐具及其他器皿，都是黄热病人用过的，所有用具都沾有黄热病人的血、呕吐物和排泄物，他们所使用的床单也是从黄热病死者的床上直接拿来的，未做任何清洗和处理，污秽仍在。

这种实验连续做了两次。接受实验的人受到严格保护，不会被蚊虫叮咬。结果，接受实验者无一人得黄热病。其后也证明他们不是黄热病免疫者，因为其中有四人后来都生了病，有的是由蚊虫传染的，有的是由注射黄热病人的血引起的。

(4) 敲锣发声时，用手指轻触锣面，可以感到锣面的振动；在锣不发声时，用手指触锣面，感受不到锣面的振动。用琴弓拉琴弦发声时，让纸条与发声的琴弦接触，纸条会被琴弦振动得跳起来；当琴弦不发声时，则与琴弦接触的纸条不会跳动。人说话时，用手指摸咽喉，也会觉得它在振动；人停止说话，咽喉也停止振动。有人根据上述观察得出结论：物体发声的原因就在于它们受到振动。

(5) 地球磁场发生磁爆炸的周期性经常与太阳黑子的周期一致。随着太阳黑子数目的增加，磁暴的强度也增高；当太阳黑子数目减少时，磁暴的强度也相应降低。由此可见，太阳黑子的出现可能是磁暴的原因。

(6) 如果你在真空中、在水中、在任何缺乏空气的容体中，加热某个易燃物体，都不会出现燃烧现象。而当你在有空气的情况下加热易燃物体时，燃烧现象却会出现。因此，在空气中加热是造成燃烧的原因。

3. 从下列各题的五个备选项中选择一个正确的答案，并做出简单的分析。

(1) 为了证明螃蟹的听觉器官确实长在腿上，一“砖家”捉了几只螃蟹并冲它们大吼，螃蟹很快跑掉了。然后又捉回来再冲它们大吼，螃蟹又都跑掉了。最后“砖家”把螃蟹的腿都切了，又对螃蟹大吼，它们果然都一动不动。实验证明“砖家”的判断是正确的，螃蟹的听觉器官确实长在腿上。

对下面哪个问题的回答与题干中的论证及结论的可靠性最为相关？

A. 假如对青蛙做类似的实验，能够得出结论“青蛙的听觉器官长在腿上”吗？

B. 假如不对螃蟹吼叫，但仍把它们的腿切掉，螃蟹还会跑掉吗？

C. 假如不对螃蟹吼叫，且不把它们的腿切掉，螃蟹还会跑掉吗？

D. 假如对螃蟹吼叫，但不把它们的腿切掉，螃蟹还会跑掉吗？

E. 吼叫真的能被螃蟹的腿“听”到吗？

(2) 在上一个打猎季节，在人行道上行走时被汽车撞上的人数是在树林打猎时被伤害的人数的两倍。因此，在上一个打猎季节，在树林中打猎比在人行道上行走更安全。

在评价上述论证时，下面哪一项是最有必要加以考虑的？

A. 在下一个打猎季节，在树林里打猎而被伤害的人比上一个打猎季节被伤害的人少的可能性。

B. 在上一个打猎季节中，在人行道上行走的人数与在树林里打猎的人数之比。

C. 在上一个打猎季节中，有多少在打猎中被伤害的人过去在相似的事故中被伤害。

D. 假如汽车驾驶员或开枪的猎人更小心的话，有多少事故可能被避免。

E. 当不在打猎季节时，平均有多少人在打猎事故中被伤害。

(3) 一项研究表明，吃芹菜有助于抑制好斗的情绪。151 名女性接受了调查。在称自己经常吃芹菜的女性中，95%称自己很少有好斗的情绪，或者很少被彻底激怒。在不经常吃芹菜的女性中，53%称自己经常有焦虑、愤怒和好斗的情绪。

以下陈述都削弱了上文的结论，除了：

A. 那些经常吃芹菜的女性更注意健身，而健身消耗掉大量体能，十分疲惫，抑制了好斗的情绪。

B. 女性受访者易受暗示且更愿意合作，会有意无意地配合研究者，按他们所希望的方向去回答问题。

C. 像安慰剂有疗效一样，吃芹菜会抑制好斗的情绪的说法激发了女性受访者的一系列心理和精神活动，让她们感觉不那么好斗了。

D. 芹菜具有平肝清热、除烦消肿、解毒宣肺、健胃利血、降低血压、健脑镇静之功效。

E. 吃芹菜的女士也经常吃安神静脑丸，后者能减轻焦虑和好斗等情绪。

(4) 相对来说，在冬季出生的人比在一年中其他时间出生的人，更多地患有使大脑失常的精神分裂症。一个最近的研究表明，这可能是因为一些怀孕的妇女在一年最冷的月份中饮食营养不足，那时人们最难获得或买得起多样的新鲜食物。

如果下面哪一项为真，最能够支持上面的结论？

A. 许多年来，精神分裂症的数目与经济衰退的程度没有联系。

B. 自杀率在冬季比一年中其他季节要明显高得多。

C. 在新鲜食物充足的春夏时节出生的人，很少患有使大脑失常的精神分裂症。

D. 新鲜食物的养分与储存食物的养分对大脑区域发育有相同的影响。

E. 在研究中，很大一部分病人的家族中有精神分裂症的病史。

(5) 在过去50年中，美国的大多数劳动力从制造业转向了服务业。这个变化的发生，并不是因为产品生产的下降，而是因为随着新技术的应用，更多的产品现在能够由相对少的人生产出来，于是更多的人能够投身于服务业以满足日益增大的服务需求。

如果下面哪一项为真，能够提供证据支持题干中的断言：更多的产品现在能够由相对少的人生产出来？

A. 美国的许多制造业把大量的国内外市场丢失给外国制造业。

B. 在20世纪40年代后期，服务业占据了所有工作的50%，今天却占据了所有工作的70%。

C. 制造业的产量，在1980年比1970年高出三分之一，而制造业雇用的人数在这一段时间内仅仅增加了5%。

D. 平均而言，制造业比服务业付较高的小时工资，而雇用较少的兼职人员。

E. 现在，那些在最近50年转向制造业的州的生活水平，比1940年更接近国家的平均水平。

(6) 随机选择一个购物者样本来回答一份营销调查中的问题。六个月后，随机选择另一个购物者样本回答相同的问题，但这些问题被安排成不同的次序。其结果是：对许多单个问题的答案有很大的不同。这一事实表明：不同的答案有时只取决于问题排列的次序。

上面的论述基于哪一个假设？

A. 调查不包括消费者在一年的不同时间内会给予不同回答的问题。

B. 回答营销调查的人通常不记得六个月前他们所给出的回答。

C. 第二次调查除了查明问题的顺序是否起作用外，没有别的动机。

D. 问题的重新排序并没有把每一个问题都置于与先前不同的次序中。

E. 第一个购物者的样本中，没有任何人在第二次调查样本中出现。

(7) 在一次办公会议上，10个吃鸡蛋沙拉的人有6个人不久后生病了，有关人士检测了剩下的鸡蛋沙拉，并没有发现其中存在有害细菌。由此得出结论：吃鸡蛋沙拉的人生病与鸡蛋沙拉无关。

下面哪一项是上述论证中的错误？

A. 把一系列事情的原因当成结果。

B. 抛弃了可能的解释而又没有提出一个可替换的新解释。

C. 没有考虑那些在刚吃过鸡蛋沙拉后未生病的人后来生病的可能性。

D. 忽视一些人比其他人易受有害细菌影响的可能性。

E. 把没有足够的证据说甲是乙的原因，处理成有足够的证据来否定甲是乙的原因。

(8) 在一个实验中，选200只所属种类通常不患血癌的老鼠，对它们施以同等量的辐射，并且让其中一半老鼠敞开肚皮去吃它们爱吃的食物，让另一半老鼠也吃同样的食物，但是限制它们的进食量。第一组中55只患了血癌，第二组中患血癌的仅有3只。

上述实验最支持下面哪一个结论？

A. 血癌莫名其妙地使一些通常不患该疾病的老鼠种类的个体患病。

B. 对暴露于实验量辐射的老鼠而言，通过限制它们的进食量，可以控制它们患血癌的发生率。

C. 对任何种类的老鼠来说，实验性地暴露于辐射很少对患血癌产生影响。

D. 假定无限量地给予食物，老鼠最终会找到一种对其健康最佳的饮食。

E. 允许老鼠吃它们常吃的食物增加了老鼠患血癌的可能性，不管它们是否暴露于辐射。

第六章

非形式逻辑

亚里士多德是所谓的“大逻辑”传统的开启者。由于他把逻辑视为一切科学的工具，他几乎涉及人类思维的所有方面，讨论了范围广泛的逻辑问题，例如概念、范畴，直言命题，模态命题，直言三段论，模态三段论，证明的理论与方法，归纳方法，论辩与修辞，谬误及其反驳，思维规律，并且也涉及复合命题及其推理。在19世纪以前，在逻辑学的研究特别是教学中，一直延续着这种“大逻辑”传统。在19世纪末20世纪上半叶，随着数理逻辑的创立，这种“大逻辑”传统逐渐被边缘化，逻辑课堂上占主导地位的是形式化的数理逻辑。但是，这种教学方式也显露出一些严重的缺陷，因为对于一般大学生来说，他们学逻辑的目的是要有助于他们的日常思维。但符号化的数理逻辑与人们的日常思维的关系不那么直接、明显，并且又比较难学。于是，学生和教师们都感到有必要对逻辑教学进行改革，甚至提出了这样的口号：逻辑教学应该“与人们的日常生活相关，与人们的日常思维相关”。首先是在北美，进而在世界范围内出现了一种开设批判性思维课程、编撰批判性思维教材的“新浪潮”（new wave），他们办有国际性杂志，经常召开相关的国际会议，这方面的研究论著和教科书也如雨后春笋般出现。美国哲学学会制定的哲学教育大纲指出，主修哲学的学生可以学两种逻辑课程，一种是符号逻辑，另一种是批判性思维。如果一名学生主修哲学但以后并不打算以哲学为职业，则选修“批判性思维”足矣。据初步统计，目前在美国大学特别是哲学系中，开设“批判性思维”课程的占到40%以上。与传统的逻辑教学有所不同，批判性思维重点关注的，是如何识别、构造特别是评价实际思维中各种推理和论证的能力。更具体地说，它要求给出一个人信念或行动的各种理由，分析、评价一个人自己的推理或论证以及他人的推理或论证，设计、构造更好的推理或论证。其核心理论是：定义理论，论证理论，谬误理论。批判性思维中也包括形式推理的部分，只不过其技术化程度相对较低；本章所讲的“非形式逻辑”则是其中的非形式部分。批判性思维已经成为美国许多能力性测试——如GRE、GMAT、LSAT等——中逻辑推理部分的理论基础。

第一节 定义理论

一、词项的内涵和外延

定义的对象首先是词项或者概念，而词项或概念都有内涵和外延。因此，我们有必要先弄清楚什么是词项以及什么是词项的内涵和外延。

所谓“词项”（term），是一种最小的并且是最基本的意义单位，在其正常用法中，它们都能够在直言命题中充当主语和谓语。按这种理解，所有的实词如名词、动词、形容词、代词、数量词都是词项，而虚词由于不能在句子中充当独立的语法成分，必须与其他的句子成分相配合才能表达某种意义，因此它们都不能算作词项，这包括助词如“的”“得”“地”，叹词如“啊”“哇”“呀”“唉”，疑问词如“吗”“呢”等，都不是词项。这里有两个问题需要讨论一下：

1. 各种逻辑联结词，如命题逻辑中的5个基本联结词“并且”、“或者”、“如果，则”、“只有，才”和“当且仅当”，谓词逻辑中的量词“所有的”和“有些”究竟算不算词项？我认为，它们不是词项，而是运算符号，就像数学中的运算“＋”“－”“×”“÷”一样。之所以如此，其理由是：首先，我们可以把词项作为定义的对象，直接给出它们的定义，例如给词项“生态位现象”下这样的定义：“生态位现象是指在大自然中，亲缘关系接近的、具有同样生活习性或生活方式的物种，不会在同一个地方出现，以免发生严酷的生存竞争，对其自身造成不必要的伤害。”但是我们不能把逻辑运算符号直接作为定义的对象，当实在要对它们下定义时，我们是给包含这些运算符的句子或命题下定义，称为“语境定义”，由此隐含地、曲折地定义这些运算符。其次，按一般的说法，所有词项都有内涵和外延，什么是运算符号“＋”、“－”、“×”、“÷”或“并且”、“或者”、“如果，则”、“只有，才”、“当且仅当”的外延？这是很难说清楚的。因此，至少在本书中，我们不把各种运算符号当作词项。

2. 如果说能够在句子中充当主语和谓语的就是词项，实际上任何东西都可以这样使用，假如没有自然的方法，我们也可以用一种人为的方法这样使用它们。例如就运算符来说，我们至少可以说，“并且是两个汉字”，“＋是表示数学中的加法运算的符号”，更特殊地，“ㄨ是一个笔画”。这实际上牵涉到词项的“正常用法”和“自名用法”的区分。一个词项被正常地使用，是指用它去命名事物、指称对象或陈述事件与事态。例如，在“北京是中华人民共和国的首都”一句中，“北京”一词就被用来指称一座大城市。而一个词项被“自名地”使用，则是指该词项本身被作为一述说对象，而不是用它来做出指称或陈述。例如在“北京是两个汉字”一句中，提到的是“北京”这一个语词，而不是一座大城市。在文献中，常把这一区分称为表达式的“使用”（use）与“提及”（mention）。通常用把一表达式置于一对单引号内如‘北京’的办法，来表示它不是被使用，而只是被提及；被正常使用的表达式则不加单引号。显然，在上面所举的几个例子中，“并且”“＋”“ㄨ”都只是被提及，而不是被使用，因此在其中都应该给它们加上单引号：

"'并且'是两个汉字"，"'＋'是表示数学中的加法运算的符号"，"'α'是一个笔画"。

表达式的使用与提及是一重要的区分，这是因为：表达式的使用预设了有某种类型的所指实体，而它的提及则无此种预设；混淆使用与提及在有些情况下还会导致悖论。例如，令符号C是"C不是一个真语句"这一语句的缩写，我们有：

（1）"C不是一个真语句"等同于C。

然后对语句C的那个带引号的名称，提出这样的符合直观的说明，即

（2）"C不是一个真语句"是一个真语句，当且仅当，C不是一个真语句。

从前提（1）和（2），立刻就得到一个悖论：

（3）C是一个真语句，当且仅当，C不是一个真语句。

仔细分析一下，上面的那些C实际上有两种不同的用法，当用符号C作为"C不是一个真语句"的缩写时，前一个C是有所指的，其所指就是引号内的那个句子，因此是在被使用；而引号内的那个C却没有任何所指，只表示其自身，只是被提及。因此，这两个C本质上是不同的符号，不能相互代替。悖论性结果就是把本来不能相互替换的东西硬拿来相互替换造成的。

词项都有内涵和外延，亦称有含义和所指。词项的内涵就是该词项所表达的概念，也就是该词项所指称的那个或那些对象所具有的并且被人们认识到的本质属性或区别性特征。例如，"人"这个词项的内涵就是："会语言、能思维、能够制造和使用劳动工具的动物"；"商品"这个词项的内涵就是："用来交换的劳动产品"。要注意，本质属性是一个事物本身所具有的，是一种客观的存在；而词项的内涵则是人们对事物属性的一种认识、鉴别和反映，它是主观性的，所以内涵必须是被人们认识到的事物的本质属性或区别性特征。这就意味着词项的内涵是可变的，因人、因时、因地可能有很大的不同。不过，若这样推论下去，内涵就会成为某种完全主观性的东西。但我们规定，词项的内涵不是指词项在情感等方面的意义，而是指认知意义；不是指它仅对某个人所具有的私人意义，而是被一定的社会所共同接受的公共意义，是被整个社会约定俗成的东西，具有主体间性。既然词项都有内涵，也就是说都表达概念，而概念作为精神性的东西也必须由词项来表达，于是人们为省事起见，常常把一个词项与该词项所表达的概念视为同一，例如我们常常说"人"这个概念，这并不会造成太大的混淆和麻烦。

词项的外延就是该词项所指的某个对象或某个对象的集合或者类别。例如，"长江"、"黄河"和"毛泽东"是指对中华民族来说很重要的事物或人：第一个指中国南方的一条江；第二个指中国北方的一条河，在某种意义上它们孕育了中华文明；第三个则指那位缔造了中华人民共和国、在中国历史上留下了他的深深的个人印记的伟人。而"人"的外延是指"由古往今来、属于不同的民族、有不同的肤色、操不同的语言、有不同的文化和传统的所有个体构成的集合或类"，你、我、他都是该集合或类别中的个体，故都属于"人"的外延；"自然数"的外延是一个无穷集合，单个自然数都是其中的元素；"电子计算机"的外延是一个有穷集，你、我、他所拥有的各式各样的电脑都是它的元素。有些词项在现实世界中没有外延，例如"独角兽"、"飞马"和"金山"，人们常常把它们叫作虚词项，并人为地给它们指定外延——空集合，即没有任何元素的集合。

一般认为，词项的内涵是识别它的外延的向导、依据和标准，例如我们根据"三角

形”的内涵去确定现实中的哪些事物属于或者不属于该词项的外延，我们常常都能如愿以偿，但我们在根据“永动机”的内涵去找它的外延时，却怎么也找不到，原来该词项表达一个空概念。但是，如果给我们一堆事物（外延），要我们分别去找它们的内涵，却常常不能如愿，不同的人会找到很不相同的东西，例如“三角形”的内涵可以是“由三条直线交叉而成的封闭图形”，也可以是“三内角和等于180°的封闭图形”，等等。这一点常常被概括为：词项的内涵决定词项的外延，但其外延却不决定其内涵。有时候还把这一点推广为：一个词项的内涵与其外延成反比；其内涵越多，其外延越少；内涵越小，外延越大。但严格追究起来，这种说法是成问题的，在此不赘述。

二、定义的结构

定义的对象就是词项或概念，当然也包括句子或命题。下定义要借助于词项的内涵和外延。所谓定义，就是以简短的形式揭示词项（概念）、句子（命题）的内涵和外延，使人们明确它们的意义及其使用范围的逻辑方法。例如，以下句子都是定义：

［例1］

（1）飞机是由动力装置产生前进推力、由固定机翼产生升力、在大气层中飞行的重于空气的航空器。

（2）光合作用是绿色植物利用叶绿素吸收日光所进行的碳营养过程。

（3）$A\subseteq B$，当且仅当，对任一x，如果$x\in A$，则$x\in B$。

（4）“香格里拉”一词，源于藏经中的香巴拉王国，在藏传佛教的发展史上，其一直作为“净土”的最高境界而被广泛提及。英国作家詹姆斯·希尔顿在小说《消失的地平线》（1933）中描述了有关香格里拉的故事，并由好莱坞于1944年拍成电影，香格里拉由此声名大噪，成为“伊甸园、理想国、世外桃源、乌托邦”的代名词。至于它究竟位于何处，久具争议。经中国国务院批准，云南省迪庆藏族自治州中甸县于2002年4月5日正式更名为香格里拉县。

解析：这里，前两个定义所定义的是指称实在事物的词项，第三个定义的是一个命题$A\subseteq B$，从而隐含地定义了该命题所包含的运算符“$\subseteq$”，第四个是关于“香格里拉”一词的词源定义，描述了该词的来龙去脉。

定义通常包括三个部分：被定义项、定义项和定义联项。被定义项就是在定义中被解释和说明的词项、概念或命题。定义项就是用来解释、说明被定义项的词项、概念或命题。定义联项是连接被定义项和定义项的词项，例如“是”、“就是”、“是指”和“当且仅当”等。定义的结构大致可以写成下述公式：

D_s就是D_p

其中，D_s代表被定义项，D_p代表定义项，“就是”代表定义联项。

三、定义的种类

根据不同的标准，定义可以区分为不同类型。例如，词项、概念都有内涵和外延，因此，要明确一个词项或概念，既可以从内涵角度着手，也可以从外延角度着手，于是有“内涵定义”和“外延定义”；被定义项可以是某个词项、概念所代表、指称的事物、对象，也可以仅仅是该词项本身，于是有“真实定义”和“语词定义”。

1. 内涵定义

即揭示一个词项、概念的内涵的定义。而一个词项、概念的内涵，则是该词项、概念所代表、指称的对象的特有属性或本质属性或区别性特征，通过这些属性或特征，能够把这类（或这个）对象与其他的对象区别开来。

属加种差定义 最常见的内涵定义形式。如果一个概念的外延全部包含在另一个概念的外延之中，而后者的外延并不全部包含在前者的外延之中，这两个概念之间就具有种属关系，前一概念是后一概念的种概念，后一概念则是前一概念的属概念。例如，“人”这个概念就是“动物”这个概念的种概念，而人与其他动物种类的区别就叫作“种差”。下定义最常用的方法，就是找出被定义概念的属概念，然后找出相应的种差，并以“被定义项＝种差＋属”的形式给出定义。例如：

［例 2］

（1）人是会语言、能思维、能够制造和使用劳动工具的动物。

（2）哺乳动物就是以分泌乳汁喂养初生后代的脊椎动物。

（3）帐篷指一种用帆布或其他材料制成、用杆支撑伸展的可折叠的掩蔽所。

（4）社会学是通过研究社会关系和社会行为，探讨社会协调发展和良性运行的条件和规律，为人们提供认识社会、管理社会和改造社会的知识和方法的综合性学科。

从不同的认识需要和认识角度出发，事物之间会显现出不同的差别，且其中许多差别都能够把不同类的事物区别开来。因此，属加种差定义就有多种多样的表现形式：

发生定义　从被定义概念所代表、指称的事物的发生、来源方面揭示种差的定义形式。

［例 3］

（1）水是由氢原子和氧原子化合而成的化合物。

（2）圆是动点在平面上绕一定点做等距离运动所形成的封闭曲线。

（3）核能，亦称原子能，指在核反应过程中，原子核结构发生变化所释放出来的能量。

功用定义　以某种事物的特殊用途作为种差的定义形式。

［例 4］

（1）电子计算机是具有自动和快速进行大量计算和数据处理功能的电子设备。

（2）粒子对撞机是一种通过两束相向运动的粒子束对撞的方法提高粒子有效相互作用能量的实验装置。

关系定义　以事物之间的特殊关系作为种差的定义。

［例 5］

（1）叔叔是指与父亲辈分相同而年龄较小的男子。

（2）原子量就是一个原子的重量与氢原子的重量相比的数量。

(3) 素数，亦称“质数”，指只能被1和自身整除的大于1的自然数。

属加种差定义是有局限的。对于比如说哲学的那些最普遍、最一般的概念来说，例如“存有”、“实体”、“属性”、“主体”和“客体”等，在它们之外或者之上已经没有更大且包含它们的属了，故不能给它们下属加种差定义。我们还需要其他的定义形式。

除属加种差定义之外，一些其他的内涵定义形式有：

操作定义 通过对一整套相关的操作程序的描述来对被定义项下定义。

[例6]

(1) x是酸类，如果将x与石蕊试纸接触，石蕊试纸就呈现出红色。

(2) 商标注册，是指使用人将其使用的商标依照《商标法》以及《商标法实施细则》规定的注册条件、程序，向商标管理机关提出注册申请，经商标局依法审核批准，在商标注册簿上登录，发给商标注册证，并给予公告，授予注册人以商标专用权的法律活动。

操作定义的引入是与诺贝尔物理学奖获得者布里奇曼（P. W. Bridgman，1882—1961）分不开的，他在《现代物理学的逻辑》(1927) 一书中提倡操作主义，其逻辑派生形式之一就是操作定义，认为：当且仅当在所讨论的情形下，一组特定的操作能够导致特定的结果，才能把被定义词项正确地用于该情形。由于在社会科学中，对一些重要术语的传统定义常常引起麻烦和混淆，因此一部分社会科学家主张在社会科学中使用操作定义，例如心理学家只参照个体行为或可观察的反应，来给一些造成麻烦的术语如“心灵”“知觉”“意识”下操作定义，从而在研究者中间引入某种中性的、公共的标准。这些理论和实践常常与作为哲学学说的“行为主义”联系在一起。

语境定义 指不属于属加种差定义的关系定义，对于有些关系概念，常常采取，有时候也只能采取这种定义形式。

[例7]

(1) $(A \rightarrow B) = df(\neg A \vee B)$

(2) x是一位祖父，当且仅当，存在一个y，存在一个z，x是y的父亲并且y是z的父亲。

2. 外延定义

通过列举一个概念的外延，也能够使人们获得对该概念的某种理解和认识，从而明确该概念的意义和适用范围。因此，外延定义也是一种比较常用的定义形式。

穷举定义 如果一个概念所指的对象数目很少，或者其种类有限，则可以对它下穷举的外延定义。

[例8]

(1) 有理数和无理数总称“实数”。

(2) 氧族元素是指氧O、硫S、硒Se、碲Te、镤Pa五种元素。

(3) 太阳系行星包括水星、金星、地球、火星、木星、土星、天王星、海王星。

列举定义 属于一个概念的外延的对象数目很大，或者种类很多，无法穷尽地列举，于是就举出一些例证，以帮助人们获得关于该概念所指称的对象的一些了解。

[例 9]

(1) 中国的少数民族有藏族、维吾尔族、蒙古族、回族、壮族、土家族、苗族等。

(2) 什么是自然语言?例如汉语、英语、俄语、德语、日语、朝鲜语都是自然语言。

实指定义 通过用手指着某一个对象,从而教会儿童去认识事物和使用语言,这样的方法常被叫作"实指定义"(ostensive definition)。实指定义据说是儿童学习母语最基本、最有效的手段。例如,指着鼻子叫孩子说"鼻子",摸着耳朵叫孩子说"耳朵",拍着桌子叫孩子说"桌子"。显然,这只是一种比喻意义上的定义形式,有很多缺陷。首先,所指着的东西究竟是什么,是异常不确定的。例如,当我们用手指指着桌子的时候,我们也同时在指着桌子的表面、桌子的腿、构成桌子的木料、桌子所在的那个位置、桌子上的器具……其次,在儿童通过实指定义去学习语言之前,他还必须学会分辨手指和手指的意义。例如,当我们用手指着某个东西的时候,我们同时也在显示该手指,该手指的形状,该手指的漂亮程度,该手指在空中所画的那个弧形,该手指在空间中的位置……根据如此不确定的实指定义,儿童居然学会了语言,这可以说是所有奇迹中比较大的一个奇迹。正是基于这样一些思考,美国哲学家奎因提出了著名的"(词项的)指称不可测知论题"。①

内涵定义和外延定义常常合在一起使用,例如,先给出某个概念的一些或全部内涵,再列举该概念的一些或全部外延。

[例 10]

基本粒子是迄今所知、能够以自由状态存在的所有最小物质粒子的统称,包括电子、中子、光子等,它们构成宏观世界的一切实物以及电磁场。

递归定义 用数学归纳法给对象下的定义,由三部分构成:(1)初始条件,刻画一些个体属于一给定集合;(2)归纳条件,当在条件(1)中列出的第 n 个个体属于给定集合时,第 n+1 个个体也属于该集合;(3)此外没有别的个体属于该集合。这样就定义出了一个集合。我们在前面的"命题逻辑"和"谓词逻辑"两章中给出的"公式"的定义就是递归定义。

[例 11]

任意正整数 a 的幂 a^n (n=0,1,2,…)的递归定义如下:

(1) $a^0=1$;

(2) $a^{k+1}=a^k+a$ (k=0,1,2,…)。

递归定义只适用于具有自然数性质的对象。它相当于给出了得到某个集合的元素的方法,根据这种方法,我们可以判定任一事物属于还是不属于该集合,在这一点上它类似于操作定义;但它又等于给出了一个集合的全部元素,也就是给出了得到其全部外延的方法,在这一点上它相当于外延定义。

3. 语词定义

语词定义的对象是语词,常常涉及该语词的词源、意义、用法等,而不涉及该语词

① 陈波. 奎因哲学研究:从逻辑和语言的观点看. 北京:三联书店,1998:129-134.

所代表、指称的事物和对象。可以区分出如下类型：

描述性定义 或者称“报道定义”，它是对被定义语词既有用法的报道或描述，语言词典上的定义大多是这种类型，故常被称为“词典定义”。

［例12］

(1) 胡：①古代泛称北方和西方的少数民族，如“胡人”；②古代称来自北方和西方少数民族的东西，也泛指来自国外的东西，如“胡琴”，“胡桃”，“胡椒”；③百家姓之一种。(《现代汉语词典》)

(2) Father既可做名词，也可做动词。作为名词，它有以下义项：①父亲；岳父；公公（=father-in-law）；继父（=stepfather）；养父（=adoptive father）。②［常做～s］祖先；前辈；长辈。③创始人，奠基者；创造者；发明者；设计者；根源；源泉：the father of radio 无线电之父/The sun is the father of warmth and light 太阳是光和热的源泉。④［常做～s］长者；（议会的）元老；（古罗马）元老院议员：the City Fathers 市议会议员们。⑤［the F-］上帝；（三位一体中的）圣父；［F-］（阐明教义的）早期基督教著作家；神父，有神父尊称的圣职人员：the Holy Father 教皇（=the Pope）。⑥［常作F-］（用作对老人的尊称）老爹；大爷。⑦（动植物的）父本。(《新英汉词典（世纪版）》)

描述性定义有一种特殊的类型，叫作“词源定义”，通过刻画某个词的来源、演变来说明该词的意义。对于有些学科如哲学、语言学、文化人类学来说，词源定义具有特别重要的意义，在某种意义上，词源是一种重要的文化密码，例如德国哲学家海德格尔(M. Heidegger，1889—1976）就特别热衷于通过考察一个哲学概念的词源来辨析它所隐含的深刻意义。

［例13］

(1) 太一，中国古代哲学术语。“太”是至高至极，“一”是绝对唯一的意思。《庄子·天下》称老子之学“主之以太一”。“太一”是老子《道德经》中所说的“道”的别称。

(2) 马太效应，在《圣经》中的《马太福音》第25章有这么几句话：“凡有的，还要加给他，叫他多余；没有的，连他所有的也要夺过来。”1973年，美国科学史家默顿用这句话来概括一种社会心理现象：“对已有相当声誉的科学家做出的科学贡献给予的荣誉越来越多，而对那些未出名的科学家则不承认他们的成绩。”默顿将这种社会心理现象命名为“马太效应”。

顺便指出，这里谈到的马太效应既有积极作用也有消极作用。其积极作用是：防止社会过早地承认那些还不成熟的成果，或过早地接受貌似正确的成果；它所产生的“荣誉追加”和“荣誉终身”等现象，对无名者有巨大的吸引力，促使无名者去奋斗，而这种奋斗又必须有明显超越名人过去的成果，他才能获得所向往的荣誉。其消极作用是：名人与无名者做出同样的成绩，前者可能得到了一大堆荣誉和奖赏，并在这种荣誉和奖赏中失去自己；而无名者则可能什么也得不到，甚至还会遭受非难和嫉妒，这样有可能扼杀真正的天才，从而妨碍科学的进步。

约定性定义 在科学研究和日常交往中，有时候为了保密，更多的时候是为了简便和实用，有时候也为了避免一些熟知词语往往带有的某些不相关意义的干扰，需要发明新词，或者需要使用缩略语，这都要求对该新词或缩略语的意义有所规定。

[例 14]

(1) 三个代表：指“代表中国先进生产力的发展要求，代表中国先进文化的前进方向，代表中国最广大人民的根本利益”，是江泽民所提出的一种建党学说的简称。

(2) 因特网，英语词“Internet”的音译加意译，指通过软件程序把世界各地的计算机连接起来，以便于信息资源的共享。

(3) IF 逻辑，是英语词“Independence-friendly First-order Logic”的缩写，由当代逻辑学家亨迪卡（Jaakko Hintikka）提出的一种非经典逻辑。

修正性定义 其中既有描述性成分，也有约定性或规定性成分。因为在日常语言中，许多词语的意义常常不那么规范、标准，满足日常交往的需要尚可，当要把它们用于严格、精确的目的时，就需要对它们的意义做出某些修改、订正和限制，使其具有清楚、明确、独一无二的意义，这在科学研究中和在法律、法规等政策性文件中用得比较多。

[例 15]

(1) 任何人遇到以下情况之一，即死亡：①循环系统和呼吸系统的功能永久停顿；②整个脑部（包括脑髓体）所有功能永久停顿。

(2) 所谓著作财产权，即著作人或依法取得著作之人对于属于文学、科学、艺术或其他学术范围之创作，享有独占的利用与处置其类似物权之特殊权利。依本法规定，著作财产权包含下列权利：①重制权；②公开口述权；③公开播送权；④公开上映权；⑤公开演出权；⑥公开展示权；⑦改作权；⑧编辑权；⑨出租权；⑩输入权。

(3) 所谓“改写”，即不改变著作内容的同一性而将文字之表现形式加以改变。包含下列概念：①戏剧化，将小说改编为剧本；②小说化，将非小说改编为小说；③非戏剧化，将戏剧著作改编为非戏剧著作；④增删润饰，如附索引、增加目录、例证、例题。

之所以需要定义“死亡”，是因为只有被判定死去的人才可以捐出器官，以往所使用的脑死亡的标准不明确，不好执行，因为人脑分为大脑和小脑两部分，大脑永久性受损并不表示小脑和脑髓体不能继续正常工作。因此，“死亡”需要有一个更精确的、易于判定和操作的定义。1983 年，由美国总统委任的一个医学道德委员会发表了一份报告书，里面给出了这个死亡定义，后来被广为接受，作为判定死亡的标准。

四、定义的规则

定义的目的就是通过揭示概念的内涵和外延，明确概念的适用范围，并因此判定该概念的某一次具体使用是否适当。一个好的定义，或者说一个可以接受的定义，必须满足一定的条件或标准，遵守一定的规则。这里给出以下几条：

1. 定义必须揭示被定义对象的区别性特征。

词项、概念是用来代表、指称对象的，是特定的事物在思维中的代表者，因为人们显然不能在想到、说到某个具体事物时，把该事物本身摆出来，而只能使用与该特定事物相配的特定的概念。为了做到特定的概念与特定的事物相配，该概念的定义就必须反映一类（个）事物区别于其他事物的那些特征，只有这样才不会在思维中造成混乱。据说，在古希腊雅典学院，柏拉图的后继者接受关于人的如下定义：

人是无羽毛的两足动物。

第欧根尼对此定义感到愤怒，他捉住一只鸡，将其宰杀，并把它的毛拔光，挂在学院的墙上，于是无羽毛的两足动物出现了，但这肯定不是人。后来，该学院的人将该定义修正为："人是有宽平指甲的、无羽毛的两足动物。"这仍然不是一个可以接受的定义。

不过，既然事物本身具有几乎无穷多的属性，由于认识和实践的需要不同，这些属性中能够起区别作用的并不是唯一的，从不同的角度去看会有不同的起区别作用的属性。但不管怎样，定义必须揭示被定义对象的区别性特征，这一点却是确定无疑的。

2. 定义项和被定义项的外延必须相等。否则，会犯"定义过窄"或"定义过宽"的错误。

所谓"定义过窄"，是指一个定义把本来属于被定义概念外延的对象排除在该概念的外延之外。

[例16]

（1）商品是通过货币交换的劳动产品。

（2）古生物学是研究各地质时代的动物形态、生活条件及其发展演变的科学。

这两个定义都犯有"定义过窄"的错误，因为在人类社会发展的早期或当代的某些不发达地区和角落，以物易物的"物"也是商品；或者通过给人家干某件活，来换取对方的某件物，这也是在进行商品交换。古生物学除了研究古动物之外，也研究古植物、古微生物。

所谓"定义过宽"，是指一个定义把本来不属于被定义概念外延的对象也包括在该概念的外延之中。

[例17]

（1）汽车是适用于街道或公路的自动车辆。

（2）哺乳动物是有肺部并要呼吸空气的脊椎动物。

这两个定义都犯有"定义过宽"的错误。根据它们，摩托车、电动自行车似乎应归于"汽车"之列；鸟类、爬行动物以及大多数成熟的两栖动物都有肺部并要呼吸空气，并且都是脊椎动物，它们似乎也属于哺乳动物。但实际情况并非如此。

定义过窄和定义过宽都是由于没有揭示被定义对象的区别性特征所造成的。

3. 定义不能恶性循环。否则，就会犯"循环定义"的错误。

所谓循环，是指在用定义项去刻画、说明被定义项时，定义项本身又需要或依赖于被定义项来说明。例如，有人在一篇文章中给出了三个相关的定义：

（1）人是有理性的动物。

（2）理性是人区别于其他动物的高级神经活动。

(3) 高级神经活动是人的理性活动。

通过这三个定义，我们既没有明白什么是人，也没有明白什么是理性和什么是高级神经活动，因为它们相互依赖，谁也说明不了谁。

但是，对于有些关系概念的定义，某种程度的循环是允许的，甚至是必不可少的。例如，什么是父亲和子女？父亲就是有自己的子女的男人，而子女则是由父母生下的后代。什么是原因和结果？原因就是引起一个现象的现象，而结果则是由一个现象所引起的现象。

4. 定义不可用含混、隐晦或比喻性词语来表示。否则，就会犯“定义含糊不清”或“用比喻下定义”的错误。

据说有人给出了这样一个定义：

> 什么是列宁主义？作为革命行动体系的列宁主义，就是由思维和经验养成的革命嗅觉，这种社会领域里的嗅觉，就如同体力劳动中肌肉的感觉一样。

看了或听了这个定义后，一般人都会有如坠云里雾中的感觉，混混沌沌，模模糊糊，什么也看不清楚，甚至在不看、不听这个定义时还明白一些什么，当看了、听了这个定义之后，反而什么也不明白了。其原因在于该定义使用许多莫名其妙的词语，例如用“由思维和经验养成的革命嗅觉”，“体力劳动中肌肉的感觉”，去刻画作为一种理论体系的列宁主义。

再如，据说英国哲学家斯宾塞（Herbert Spenser，1820—1903）给“进化”下了这样一个定义：

> [进化就是] 物质和伴随的运动的消耗两者的整合过程，而在这个过程中物质由不明确的、不一致的同质性转而成为明确的、一致的异质性，并且，在这个过程中，被保持的运动经历了与此平行的转化。

对此定义只有一个评价：莫名其妙！

下面这些句子作为一般的句子，是好的句子，甚至含有深刻的意义，但作为定义却是糟糕的：

(1) 儿童是祖国的花朵。

(2) 建筑是凝固的音乐。

(3) 书是人类进步的阶梯。

(4) 生活是最生动的河流，最丰富的矿藏。

(5) 爱情是一条流动的河。[这条河中也许有壮观的激流，但也必然会有平缓的流程；也许有明显的主航道，但也会有支流和暗流。除此以外，天上的云彩和两岸的景物会在河面上映出倒影，晚来的风会在河面上吹起涟漪，打起浪花。但我们承认，所有这一切都是这条河的组成部分，共同造就了我们生命中美丽的爱情风景。]

因为要真正明白一个事物、概念是什么，需要正面地去说明、刻画它，而不是形容、比喻它。万物之间既有相似也有差异。自其同者视之，物我齐一，天地一体。因此，几乎任何一个事物都可以比喻为任何一个其他的事物，但通过这样的比喻，却不能真正认识一个事物，或者弄清楚一个概念的适用范围。

5. 除非必要，定义不能用否定形式或负概念。

通过定义，我们是要弄明白一个事物本身是什么，而不是它不是什么。因为一个事物除了是它本身之外，它不是世界上其他的事物，而这样的事物是列举不完的。德国哲学家黑格尔曾有一句名言：

真理不是口袋中现存的铸币。

这句名言具有深刻的哲理，但不能作为“真理”的定义。他的意思是：真理不是唾手可得的，真理是一个过程，人们要真正学会、领悟一个真理，就必须以压缩的形式去重复人类认识和掌握这个真理的全过程。因此，他说：同一句格言，在一位初涉人世的小伙子嘴里说出来，与在一位饱经风霜的老人嘴里说出来，具有完全不同的内涵。我国宋朝诗人辛弃疾用一首词表达了类似的意思：

少年不识愁滋味。
爱上层楼，
爱上层楼，
为赋新词强说愁。

如今识尽愁滋味。
欲说还休，
欲说还休，
却道天凉好个秋。

五、定义的作用

在我们的日常思维中，定义是被普遍使用的一种逻辑方法。之所以如此，是因为：

1. 通过定义，人们能够把对事物的已有认识总结、巩固下来，作为后续的认识活动的基础。这是定义的综合作用。

例如，爱因斯坦提出相对论，凝结出许多新的概念，如“四维空间”“同时性的相对性”等，要真正弄懂这些概念，就必须去学习、理解相对论本身。这几乎是一个普遍的现象：一个理论就是靠其核心概念来支撑的，正因为如此，列宁才把概念、范畴比作人们认识和掌握自然现象之网的网上纽结。

2. 通过定义，人们能够揭示一个词项、概念、命题的内涵和外延，从而明确它们的使用范围，进而弄清楚某个词项、概念、命题的使用是否合适，是否存在逻辑方面的错误。这是定义的分析作用。这一点我们在前面已经详细阐明。

3. 通过定义，人们在理性的交谈、对话、写作、阅读中，对于所使用的词项、概念、命题能够有一个共同的理解，从而避免因误解、误读而产生的无谓争论，大大提高成功交际的可能性。这是定义的交流作用。

日常交流的分歧有时候是真正立场上的分歧，有时候则是情感态度上的分歧，但也有时候实际上没有分歧，只是由于误解而造成了分歧。在所有这些情形下，对关键词语的重新定义，对于澄清分歧之所在和有效地化解分歧，都是极有帮助的。

第二节　论证理论

一、把一切送上理智的法庭

批判性思维的基本理论预设是：任何观点或思想都可以并且应该受到质疑和批判；任何观点或思想都应该通过理性的论证来为自身辩护；在理性和逻辑面前，任何人或思想都没有对于质疑、批判的豁免权。批判性思维要培养学生这样的品质：不盲从、不迷信，遇事问为什么；清楚地、有条理地思考，追求合理性；在游泳中学会游泳，注重推理和论证的实际运用。

批判性思维的态度实际上是一种哲学态度。我曾在一篇文章中这样谈到哲学，认为它首先是一种生活方式，一种人生态度。它对一切问题都要追本溯源、寻根究底，做一番反省性或前瞻性的思考；它在别人从未发现问题的地方发现问题，对人们通常未加省察和批判就加以接受的一切成见、常识等进行批判性的省察，质疑它的合理性根据和存在权利。科学的一切领域、人生的一切方面都向哲学思维敞开，接受哲学家的质疑、批判和拷问；同时哲学思维本身也向质疑、批判和拷问敞开，也要在这种质疑、批判和拷问中证明自身的合理性。我把这一点叫作哲学思维的敞开性。哲学活动因此成为一种质疑、批判和拷问的活动，其具体任务包括两个：一是揭示、彰显暗含或隐匿在人们日常所拥有的各种常识、成见和理论背后的根本性假定和前提；二是对这些假定或前提的合理性进行质疑、批判和拷问，迫使它们为自己的合理性进行辩护。正是在这种意义上，可以把哲学活动看作一种前提性批判。①

有人曾经这样为哲学家的上述活动辩护："如果不对假定的前提进行检验，将它们束之高阁，社会就会陷入僵化，信仰就会变成教条，想象就会变得呆滞，智慧就会陷入贫乏。社会如果躺在无人质疑的教条的温床上睡大觉，就有可能渐渐烂掉。要激励想象，运用智慧，防止精神生活陷入贫瘠，要使对真理的追求（或者对正义的追求，对自我实现的追求）持之以恒，就必须对假设质疑，向前提挑战，至少应做到足以推动社会前进的水平。人类和人类思想的进步部分是反叛的结果，子革父命，至少是革去了父辈的信条，而达成新的信仰。这正是发展、进步赖以存在的基础。在这一过程中，那些提出上述恼人问题并对问题的答案抱有强烈好奇心的人，发挥着绝对的核心作用。这种人在任何一个社会中都不多见。当他们系统从事这种活动并使用同样可以受到别人批判检验的合理方法时，他们便被称之为哲学家了。"②

二、论证的识别

一个论证，是运用真实的或者至少是可以接受的理由，论证某个论断的真实性或虚

① 陈波. 论证是哲学活动的本性//赵汀阳. 论证. 沈阳：辽海出版社，1999：73-89.

② 麦基. 思想家. 北京：三联书店，1987：4.

假性的思维过程及其语言表述形式。从结构上看，一个论证中包含着下列要素：

1. 论题，即论辩双方共同谈论的某个话题，尽管双方在这个话题上可能具有完全相反的观点，例如“是否应该用法律的形式禁止婚外恋?”就是一个论题，围绕这个论题至少可以形成相互抵触的两种不同的观点。但有些时候，论题本身就是论证者要加以证明的观点，即论题本身就可以是论点，例如“论和为贵”。

2. 论点，即论证者在一个论证中所要证明的观点，它可以是描述性的，即表明世界是怎样的；也可以是指示性的，即表明世界应该如何、何者为好何者为坏等等。论点常常放在论证的开头，论证者一开始就表明自己的观点；但论点也是一个论证所要得出的结论。所以，论点既是论证的起点，也是论证的终点。

3. 论据，相当于推理的前提，指的是论证者用来论证其论点的理由、根据。论据可以是一般性原理，也可以是事实性断言、统计数据等等。一般要求论据必须真实，至少是论证双方共同接受的。

4. 论证方式，即论据对于论点的支持方式，表现为某种推理形式或某些推理形式的复合。由于推理形式可以是演绎的，也可以是归纳的，所以，论证方式可以是演绎的，也可以是归纳的，还可能是谬误的。

5. 隐含的前提或假设，论证常常隐含地利用了一些前提或假设，相应地也隐含地使用了一些推理形式，而没有把它们统统明明白白地说出来或写出来。但当我们要对一个论证的可靠性做出评估时，则需要把它们考虑进来。

一个较为复杂的论证的各个论据（前提）与论点（结论）构成的整个支持关系，构成一个论证链条或者网状结构。这个论证链条或者论证网络中的任何一个单个的支持关系，都是这个复杂论证中的步骤。结论有主结论与子结论之分。主结论就是一个论证链条或网络中的最终结论，而论证链条或网络中除主结论之外的任何一个步骤的结论，都是子结论。与子结论和主结论的区分相关的，是主论证和子论证的区分。子论证就是由子结论与其支持前提构成的论证，它们是论证链条或网络上的步骤；主论证是由主结论及其支持前提构成的论证，是一个论证的主干部分。

基于上述，在识别一个论证的结构时，常常要做下面的考虑：

第一，确定所要论证的论点，即论证者所明确主张的观点。

第二，确定论证的结论，包括子结论和主结论。结论之前经常会有一些标志词，所以找出论证中的结论标志词是确定论点的重要线索。这样的标志词通常包括：

所以	由此可见
因此	由此推出
显然	可以推断
相应地	我们认为
很可能	我们相信
这表明	我们可以推出
这证明	随之而来的是
这意味着	因为这个原因
这蕴涵着	因为这些原因

其结论是　　　我可以做出结论
其结果是　　　这允许我们推出
如此说来　　　这指向了下述结论
总而言之

跟在这些标志词之后的往往是论点或结论，由此找出该论证的论点或主要结论，用符号©表示。

第三，确定论证的论据（前提）。与论点类似，也可以找到一些前提的标志词，通过它们便可以确定论证的前提。这样的标志词通常包括：

既然　　　　其根据是
因为　　　　根据……事实
如果　　　　如……所表明的
假设　　　　如……所显示的
鉴于　　　　出于……的考虑
根据　　　　从……可以推出
从……推出　从……可以推导出
其理由是　　从……可以演绎出
其原因是

跟在这些标志词之后的或占据其省略号位置的往往就是前提、理由或论据。

第四，确定论证所隐含的前提和假设。如前所述，隐含的前提和假设也是完整的论证的构成要素，其作用不可忽视。

看英国数学家哈代（G. H. Hardy，1877—1947）的如下论证：

> 阿基米德将永远被记住，而埃斯库罗斯会被遗忘，因为一种语言会消亡，而数学理念不会消亡。

柯匹（I. M. Copi）指出，对该论证的充分分析表明，要合逻辑地得出该论证的结论，至少需要下列前提或推理步骤：

(1) 一种语言会消亡。
(2) 埃斯库罗斯的伟大剧作使用一种语言。
(3) 故埃斯库罗斯的成果终究会消亡。
(4) 数学理念不会消亡。
(5) 阿基米德的伟大工作使用数学理念。
(6) 故阿基米德的成果不会消亡。
所以，阿基米德将被永记，而埃斯库罗斯将被遗忘。①

可以看出，在这个论证中，至少有两个隐藏的前提或假设，这就是（2）和（5），或许因其明显性而被省略，但它们的确实性却值得怀疑。

隐含的前提和假设具有如下特点：（1）它们是隐藏的，没有被明确陈述出来；（2）它们被论证者认为是理所当然的；（3）它们是得出结论的必要条件；（4）其本身可能为假。

① 欧文·M. 柯匹，卡尔·科恩. 逻辑学导论. 第11版. 北京：中国人民大学出版社，2007：15.

隐含于论证之后的前提和假设主要包括两种类型：一种是背景性假设，一种是隐含的前提。背景性假设往往涉及论证者的价值观或价值偏好。例如，某人论证说："应该节食。面对美味大吃大喝，虽然可以逞一时口舌之快，却容易造成身体过胖，由此带来各种疾病，如高血压、高血脂、高血糖等，严重影响人的寿命和生存质量。"在这个论证中，至少隐藏着论证者的如下的价值偏好：健康比尽情享用美食更重要；长寿很重要；要注意生存质量。这些价值偏好之间是否有矛盾、冲突的地方？隐含的前提实际上涉及论证者的知识背景，论证者有时候为了掩饰其论据的不可靠而不明确地将其陈述出来。例如，有人论证说："类人猿和其后的史前人类所使用的工具很相似。最近在东部非洲考古所发现的古代工具，就属于史前人类和类人猿都使用过的类型。但是，发现这些工具的地方是热带大草原，热带大草原有史前人类居住过，而类人猿只生活在森林中。因此，这些被发现的古代工具是史前人类而不是类人猿使用过的。"为了使这个论证有说服力，还必须假设这样一点："即使在相当长的环境生态变化过程中，森林也不会演变为草原。"但这一假设可以受到质疑。

三、论证的图解

在考虑了论证的各构成要素及其联系方式之后，我们可以用图解法将论证的结构图示出来，以便对论证的结构有一个直观的把握。

（一）线形结构

请看下面的论证：

> 买卖人的器官，如心脏、肾脏、角膜等，应被视为非法。允许买卖器官不可避免地导致只有富人才负担得起移植费用的状态，这是因为，无论何种稀缺的东西作为商品买卖，其价格总是会攀升，这是由供求规律决定的。

解析：该论证包含如下要素：

论点：©买卖人的器官，如心脏、肾脏、角膜等，应被视为非法。

论据：①允许买卖器官不可避免地导致只有富人才负担得起移植费用的状态。②无论何种稀缺的东西作为商品买卖，其价格总是会攀升。③这是由供求规律决定的。

这个论证的结构较为简单，主结论有一个，三个论据有这样的支持关系：①由②支持，是②的子结论，②由③支持，是③的子结论。而总结论则由①提供直接支持。这个论证的前提与结论之间的关系是演绎的。若用©表示结论，则这个论证的结构可图示如下：

③
↓
②
↓
①
↓
©

（二）协同式结构

庄子在《齐物论》中提出了如下的关于“辩无胜”的论证：

既使我与若辩矣，若胜我，我不若胜，若果是也，我果非也邪？我胜若，若不吾胜，我果是也，若果非也邪？其或是也，其或非也邪？其俱是也，其俱非也邪？我与若不能相知也，则人固受其黮暗，吾谁使正之？使同乎若者正之，既与若同矣，恶能正之！使同乎我者正之，既同乎我矣，恶能正之！使异乎我与若者正之，既异乎我与若矣，恶能正之！使同乎我与若者正之，既同乎我与若矣，恶能正之！然则我与若与人俱不能相知也，而待彼者邪？①

用现代白话文来说，庄子的意思是：假使我和你辩论，你胜了我，我没有胜你，你果然对了吗？我果然错了吗？我胜了你，你没有胜我，我果然对了吗？你果然错了吗？是我们两人中一对一错呢，还是我们两人都对或都错呢？我和你都不知道。凡是人都有偏见，我们请谁来评判是非呢？假使请意见与你相同的人来评判，他既然与你意见相同，怎么能够评判？假使请意见与我相同的人来评判，他既然与我意见相同，怎么能够评判？假使请意见与你我都不同的人来评判，他已经跟你我相异了，怎么能够评判？假使请意见与你我都相同的人评判，他既然跟你我相同了，怎么能够评判？那么，你和我及其他人都不能评判谁是谁非了，故辩论分不出胜负。

解析：该论证的结构要素如下：

论点：Ⓒ辩论分不出胜负。

论据：①辩论的胜负需要裁判来裁决。②没有人能够当这样的裁判。③你我不能当这样的裁判。④与你意见相同的人不能当裁判。⑤与我意见相同的人不能当裁判。⑥与你我意见都不同的人不能当裁判。⑦与你我意见都相同的不能当裁判。

在这个论证中，总结论“辩无胜”由理由①和②协同支持，其中任何一个理由都不能单独推出该结论。而理由②又作为子结论，由子理由③、④、⑤、⑥、⑦协同支持。于是，该论证是一个二层结构，每一层分别都是协同式结构。我们把该论证结构图示如下：

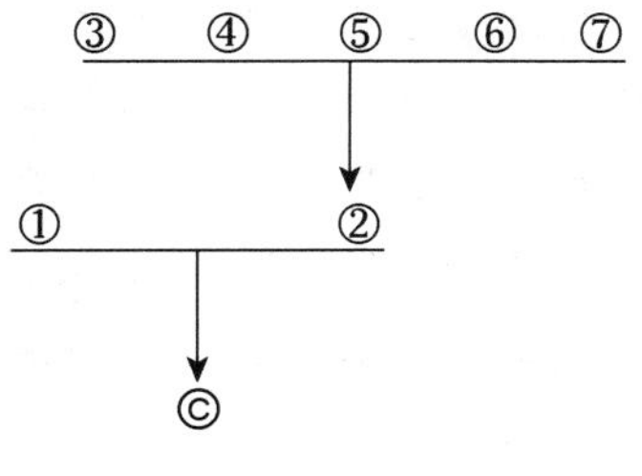

（三）收敛式结构

请看下面的论证：

摇滚乐对大学生的冲击，正对他们的学习产生着恶劣的影响。对书籍的热忱，

① 陈鼓应. 庄子今注今译. 北京：中华书局，1983：88.

被对摇滚歌星的痴迷所取代。一旦沉溺到摇滚乐激烈喧嚣的声浪之中不能自拔，怎么能设想他们还会去孜孜研读柏拉图以来的鸿篇巨制？这种音乐，如毒品一般，带给人的是幼稚的、转瞬即逝的晕眩，这一点，书本和教室从来无法提供。此外，与演员一样，学生们被音乐重重包围，对时间的流逝浑然不觉，学习只好被挤到脑后。

摇滚乐还不仅仅是在争夺学生们的精力。事实上，学生们已越来越诉诸摇滚乐来回答关于人生和世界的各种问题。社会公认的摇滚歌星，变成了年轻人心目中的新式英雄。然而，这些歌星提供的解决方案简单无用。今天繁复的疑难困惑，靠五分钟激情是断难厘清阐明的。尽管如此，学生们仍对那些腰缠万贯的音乐匠人的只言片语顶礼膜拜，而把功课和教授抛在了一边。

解析：该论证的要素如下：

论点：Ⓒ摇滚音乐对大学生产生着恶劣的影响。

论据：①书籍需要学生们潜心钻研，但它们无法与摇滚乐的通俗易懂、激昂猛烈相竞争。②摇滚乐引发的兴趣，使对学习的兴趣相形见绌。③在回答关于人生和世界的各种问题时，学生们诉诸音乐中的简单歌词，却忽视了教授们的深刻思想。

这是一个结构较为简单的论证，主结论只有一个，三个论据分别都支持这个结论的得出，它们组合在一起，对论点提供了更强的支持，也可以说，共同向着结论收敛。可图示如下：

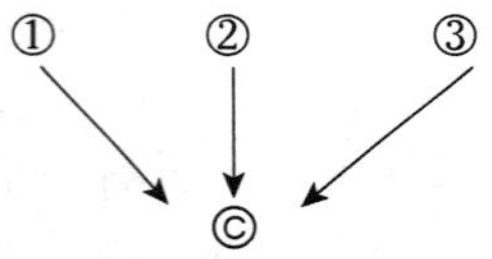

（四）复合式结构

反对克隆人有三个理由。首先，不安全。虽然克隆技术近几年发展迅速，但目前克隆动物的成功率还只有20%，贸然用到人身上，克隆出畸形、残疾、夭折的婴儿，是对人的健康和生命的不尊重和损害。科学界普遍认为，由于对细胞核移植过程中基因的重新编程和表达知之甚少，克隆人的安全性没有保障，必须慎之又慎。其次，可能影响到基因多样性。克隆人的“闸门”一旦开启，人们很有可能会以多种多样的理由来要求克隆人或“制造”克隆人，出现所谓的“滑坡效应”或“多米诺骨牌效应”。最后，有损人的尊严。根据公认的人是目的而非工具以及每个人都享有人权和尊严的伦理原则，生命科学界和医疗卫生界自然也要遵循。克隆人恰恰违背了这些原则。①

解析：该论证的要素如下：

论点（主结论）：Ⓒ反对克隆人。

论据：①克隆人不安全。

②克隆人可能影响到基因多样性。

---

① 沈铭贤．从克隆人之争看生命伦理学．新华文摘，2004（5）．

③克隆人有损人的尊严。

④虽然克隆技术……

⑤科学界普遍认为……

⑥克隆人的“闸门”……

⑦克隆人违背某些公认的伦理原则。

这些论点（结论）和论据构成如下图所示的支持关系：

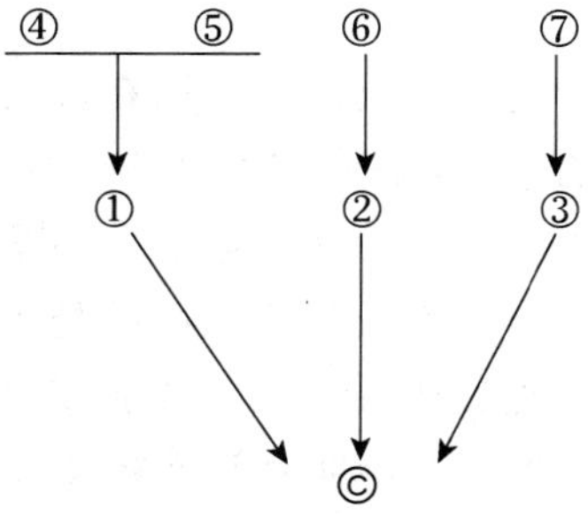

再看一个更为复杂的例子：

Ⓒ大爆炸理论正在瓦解……①根据传统知识，宇宙起源于大爆炸——200 亿年前的一次巨大的、完全对称的爆炸。问题是②天文学家通过观测进一步证实：现存的巨大星系团因为体积太大，完全不可能在仅仅 200 亿年时间中形成……对人造卫星所收集的新材料的研究，以及较早前的地面测量表明③星系聚集成巨大的带状物延续了数十亿光年，并且④星系在真空中分散开来跨越了亿万光年。因为⑤据观测，星系移动的速度远不及光速，数学家证明⑥聚集成这么大的物质团必须要至少 1 000 亿年时间——是假设的大爆炸时间的五倍……②像那么大的一种结构现在看来不可能在 200 亿年时间中形成……①大爆炸理论推出，物质均匀地散布在宇宙中。从完成聚散过程的速度看，②这么巨大的星系团无法这么快地形成。

解析：这段话中包含下列论证要素：

论点（主结论）：Ⓒ大爆炸理论正在瓦解。

有两个理由协同地支持这一主结论：

理由①：根据传统知识，宇宙起源于大爆炸——200 亿年前的一次巨大的、完全对称的爆炸。①另有一个稍微不同的表述。

理由②：天文学家通过观测进一步证实：现存的巨大星系团因为体积太大，完全不可能在仅仅 200 亿年时间中形成。②有另外两个稍微不同的表述。

理由②得到以下 4 个子理由的协同支持：

子理由③：星系聚集成巨大的带状物延续了数十亿光年。

子理由④：星系在真空中分散开来跨越了亿万光年。

子理由⑤：报告观察证据的前提④、⑤、⑥为⑦即自大爆炸起必须经过非常长的时间提供理由。

子理由⑥：数学家证明聚集成这么大的物质团必须要至少 1 000 亿年时间——是假设的大爆炸时间的五倍。

于是，上述论证的结构可以图解如下：

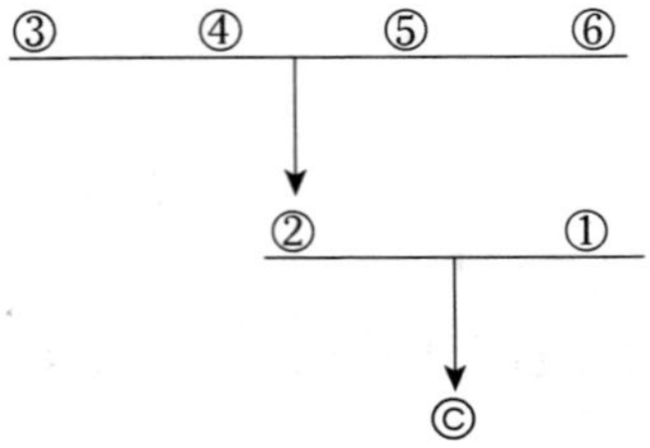

实际上，以上的解析写出来是不必要的，可以在段落中直接表明哪个是结论，哪些是理由，然后用相应的图解表明它们之间的结构关系。例如：

Ⓒ看来，用动物实验进行科学研究的做法并不是不必要的或靠不住的；①在使用脊椎动物进行实验之前，那个实验的草案必须经过包括一个兽医和一个公众成员在内的一个公共机构委员会进行的再审查，并且②在研究期间，动物的健康状况和被照顾的情况得到定期的检查。③研究者需要健康的动物进行科学研究和医学研究，因为④不健康的动物可能导致错误的研究结果。这强烈要求⑤科学家去弄清楚他们使用的任何动物是否健康并且是否得到了精心的饲养。此外，⑥用动物进行研究是昂贵的，因为⑦科学研究的资金受到限制，⑧只有高质量的研究才能通过有力的竞争获得对研究的支持。

解析：在这个论证中，其结论就是开头的第一个陈述。有 4 个前提直接支持这个结论，其中的两个前提又是分结论，逐次得到语段中所断言的其他前提不同方式的支持：

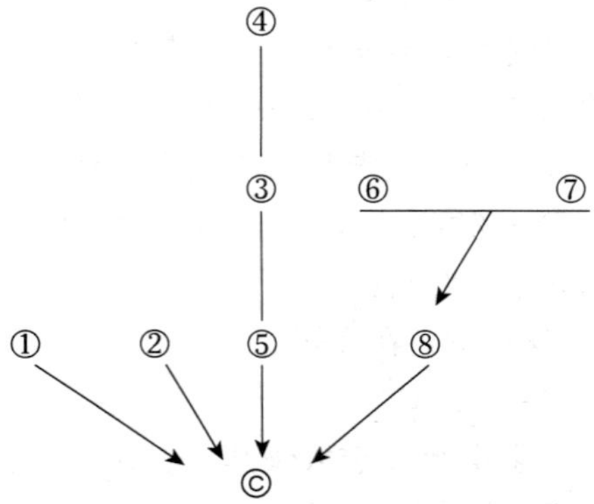

四、论证的评价

有的批判性思维教科书的作者指出，正确地提问对论证评估是十分重要的。他们主张，在评价某段论证之前，最好问以下 14 个问题：（1）问题和结论是什么？（2）理由是什么？（3）哪些词句的意义模糊不清？（4）价值冲突和假设是什么？（5）描述性假设是什么？（6）证据是什么？（7）抽样选择是否典型？衡量标准是否有效？（8）是否存在竞争性假说？（9）统计推理是否错误？（10）类比是否贴切中肯？（11）推理中是否存在错误？（12）重要的信息资料有没有遗漏？（13）哪些结论能与有力的论据相容不悖？（14）争论中你的价值偏好是什么?[1]这里，问题（1）、（2）、（5）、（6）可以说属于论证的识别所涉及的问题，其他问题都与论证的评估有关。

我认为，在对已有论证做出评价时，主要应该考虑下列问题：

1. 论证中的论题及关键性概念是否清楚、明白？

除非弄清楚论证中关键性词句的含义及其在使用环境中的意义，否则无法对论证做出评价。然而，有些作者疏于给出术语的定义，并且许多关键术语歧义丛生，稍不注意就会上当受骗。因此，有必要找出一段论证中的关键性词句，并且问这样的问题：它们通常或可能是什么意思？它们实际上是什么意思？它们的这种使用合适吗？然后就可以依次区分出论证中的（1）关键性词语，（2）定义较为充分的关键性词语，（3）可做别种解释的关键性词语，（4）在论证的论题中出现的关键性词语。

［例 18］

我们对待吸毒，应该像对待言论和宗教信仰一样，将其视为一种基本的权利。吸毒是一种自愿行为。没有人非得去吸毒，就像没有人非得去读某本书一样。如果州政府打算限制毒品消费，它只能对其公民强行压服——其方法类似于保护儿童免遭引诱，或限制奴隶对自己的生命实行自决。

解析：此段论证的关键性词语包括“吸毒”、“基本的权利”、“自愿行为”、“限制毒品消费”和“对其公民强行压服”等，要对作者的观点做出回应，有必要对“吸毒”一词加以必要的限定与说明。

2. 前提和隐含前提是否真实或至少是可接受的？

真实前提是得出真实结论的必要条件，但这一条件却不是那么容易保证的。有时候，前提可能只是某种常识性说法，但常识并不总是那么可靠。有一个说法很有道理：在常识里可能隐藏着一个时代的偏见。有时候，前提可能是大多数人的看法，但真理并不以信仰者的多少为依归。有时候，前提可能是某位权威的意见和看法，但权威并非在一切时候、一切情况下都是权威。除此之外，在论证中常常会暗中使用一些未明确陈述的前提和假设，它们的可靠性更要受到质疑。因此，批判性思维有广大的生长空间，一切并不都是那么理所当然，显而易见。

3. 前提和结论之间是否具有语义关联？

我们通常进行推理或论证时，前提和结论之间总是存在某种共同的意义内容，使得我们可以由前提想到、推出结论，正是这种共同的意义内容潜在地引导、控制着从前提到结论的思想流程。除非一个人思维混乱或精神不正常，他通常不会从“2＋2＝4”推出“雪是白的”，也不会从“2＋2＝5”推出“雪是黑的”，因为这里前提和结论在内容、意义上没有相关性，完全不搭界，尽管“如果 2＋2＝4，那么雪是白的，2＋2＝4，所以雪是白的”是一个形式有效的推理。这就表明，有些逻辑上有效的推理形式，作为日常思维中的论证却可能是坏的论证，例如根据同一律，从 p 当然可以推出 p，但若以 p 为论据去论证 p，即使不是循环论证，也至少犯有“无进展谬误”。批判性思维在做论证评价时，常常要考虑前提与结论、论据与论点之间的这种内容相关性，要求它们之间既有内

---

① M. 尼尔·布朗，斯图尔特·M. 基利. 走出思维的误区. 北京：中央编译出版社，1994：13.

容的关联，又不能在内容上相互等同。

4. 论证中前提对结论的支持强度如何？

演绎有效 如果一个推理的前提真则结论必真，或者说前提真时结论不可能假，那么，这个推理就是演绎有效的。尽管从假的前提出发也能进行合乎逻辑的推理，其结论可能是真的，也可能是假的，但从真前提出发进行有效推理，却只能得到真结论，不能得到假结论。只有这样，才能保证使用这种推理工具的安全性。这种有效性（亦称“保真性”）是对于正确的演绎推理的最起码要求。如果一个论证只包括从论据到论点的演绎有效的推理，则它是一个演绎有效的论证，论据的真必然导致论点的真。除了在数学等精确科学中出现外，这样的论证在日常思维中并不多见。

归纳强的 有许多推理或论证尽管不满足保真性，即前提的真不能确保结论的真，但前提却对结论提供了小于100%但大于50%的证据支持度，这样的推理或论证仍然是合理的，并且被广泛而经常地使用着。这样的推理或论证可以称之为“归纳强的”。否则，如果一个推理或论证，其证据支持度小于50%，则可以称它是“归纳弱的”。归纳弱的推理仍有一定的合理性和说服力，但其说服力是十分有限的。一般所说的简单枚举法、类比法等，当作为论证方法时，从逻辑上看都是归纳弱的。

谬误的 指以完全违反逻辑的手法从前提推出了结论，在下面的“谬误理论”一节中将重点讨论此类推理或论证。

在GRE、GMAT、LSAT和国内的MBA逻辑考试中，有一种题型可以称为“论证评价型”，它要求对题干中给出的论证做出评价，或者指出哪一个选项与对该论证的评价最为相关。其问题往往采取这样的形式：“对于评价上述论证的充分性来说，下面哪一个选项最为重要？”“对于评价上述段落中所做出的断言，下面哪一个选项用处最小？”

[例19]

在产品检验中，误检包括两种情况：一是把不合格产品定为合格；二是把合格产品定为不合格。有甲、乙两个产品检验系统，它们依据的是不同的原理，但共同之处在于：第一，它们都能检测出所有送检的不合格产品；第二，都仍有恰好3%的误检率；第三，不存在一个产品，会被两个系统都误检。现在把这两个系统合并为一个系统，使得被该系统测定为不合格的产品，包括且只包括两个系统分别工作时都测定的不合格产品。可以得出结论：这样的产品检验系统的误检率为0。

以下哪项最为恰当地评价了上述推理？

A. 上述推理是必然性的，即如果前提真，则结论一定真。

B. 上述推理很强，但不是必然性的，即如果前提真，则为结论提供了很强的证据，但附加的信息仍可能削弱该论证。

C. 上述推理很弱，前提尽管与结论相关，但最多只为结论提供了不充分的根据。

D. 上述推理的前提中包含矛盾。

E. 该推理不能成立，因为它把某事件发生的必要条件的根据，当作充分条件的根据。

解析： 答案为选项A。根据题干，误检之一是把不合格的产品定为合格的，而甲、乙两个检验系统都能检测出所有送检的不合格产品，因此这种误检实际上被排除掉了；误检之二是把合格产品定为不合格，甲、乙两个系统都仍有恰好 3%的误检率，因此就是这方面的误检。现在把这两个系统合并为一个系统。显然，在这个新系统中，同样没有第一类误检，因为其中的甲、乙两个系统依据的是不同的原理，在新系统中仍各自起作用。问题在于有没有第二类误检。答案是：没有。因为根据题干，被新系统测定为不合格的产品，包括且只包括两个系统分别工作时都测定的不合格产品；而题干中已经指明：不存在一个产品，会被两个系统都误检。所以，可以必然地得出结论：这样的产品检验系统的误检率为 0。选项 B、C、D、E 都不正确。

[例 20]

科学院：研究表明，使用自然方法可以使一些管理良好的农场在不明显降低产量，甚至在某些情况下还能提高产量的基础上，减少合成肥料、杀虫剂以及抗生素的使用量。

批评家：不是这样的，科学院选择用以研究的似乎是使用自然方法最有可能取得成功的农场。那些尝试了这样的自然方法失败了的农场主会怎么样呢？

下面哪一项是对批评家应答的逻辑力量的最充分评价？

A. 农业上的成功与失败很少仅仅因为幸运与否，因为农业就是对或然事件的管理。

B. 那些批评家毫无理由地假设那些失败不是由土壤质量所引起的。

C. 被讨论的问题仅仅是为了展示某些事情是可能的，所以与被研究的例子是否具有代表性没有关系。

D. 那些批评家表明如果被研究的农场的数量加倍，那么研究的结果将会有很大不同。

E. 那些批评家表明，自然方法对于大多数农场主都不适合。

解析：科学院的研究揭示了这样一种可能性：使用自然方法，可以不明显降低农场的产量，甚至在某些情况下还可以提高产量。批评家的批评是：科学院的研究结果不具有代表性或典型性。可以说，批评家的质疑文不对题，不得要领，因为当谈论某件事的可能性时，我们完全可以不顾及它是否具有代表性或典型性，后者是另外一个问题。因此，正确答案是 C。其他选项都不能从题干中合理地推出。

五、论证的建构

人们不仅需要反驳谬误，更重要的是要揭示真理；不仅要否定论敌的观点，更要传播自己的主张，而这都需要以论证的形式进行，而论证需要遵守一定的规则。根据不同的需要或标准，可以列出不同的论证规范。这里主要从认识论角度列出以下几条论证规则：

1. 论题的可信度必须比论据低，并且论题本身必须清楚、确切，在论证过程中要保持同一。

一般来说，一个论证之所以有必要进行，是因为某论点很重要，但其真实性或可接受性不明显，受到人们的怀疑，于是需要用一些更真实、更可接受的命题做论据，以合乎逻辑的方式推出该论点的真实性或可接受性。相反，如果论点的可信度比论据还高，那就没有必要用该论据去论证该论点，倒是有必要去用该论点去支持该论据，论证过程要完全倒过来，原有的整个论证因此就不成立。

只有论题本身是清楚、确切的，论证活动才能做到有的放矢，富有成效。否则，会犯“论旨不清”的错误，后者常常是由于其中所涉及的关键性概念、命题的意义不清造成的。例如，一只松鼠站在树上，两个猎人围绕它转了一圈。他们动时，松鼠也跟着他们动。这时，一个猎人说，他们已经围绕松鼠转了一圈，因为他们已经围绕松鼠绕了一条封闭的曲线；而另一个猎人却说，他们没有围绕松鼠转一圈，因为他们始终只看到松鼠的正面，没有看到它的其他各面。两人争得不可开交，显然，他们对“一圈”这一概念有不同的理解，不解决这一分歧，无论怎么争论，都不会有确定的结果。所以，美国哲学家詹姆斯（William James，1842—1910）在《实用主义》一书中谈到这一例证时说道：“我对他们说，‘哪一方才是对的’，要视乎你们实际上怎样理解‘绕着松鼠来跑’这句话。如果你的意思是，从它的北面跑向它的东面，再跑向它的南面，然后跑向它的西面，再返回它的北面，那么，那个人的确绕着松鼠来跑，因为他没错是依这个方式来移动他的位置。反过来说，如果‘绕着松鼠来跑’的意思是，先跑到松鼠的前面，再跑到它右边，然后跑到它背后，又再跑到它左边，最后又跑到它前面，那么，那个人就不算绕着松鼠来跑，因为从始至终，松鼠的肚子都向着那个人。只要分清楚这两个意思，根本就不用再争论下去。你们可以双方都错，也可以双方都对，全在乎你们怎样了解‘绕着松鼠来跑’这几个字。”①

由于论证是用论据去论证论题，有时候论据的真实性本身又需要论证。于是，在一个主论证中会出现若干分论证，分论证中有时又会有分论证，最后有可能出现这样的情况：论题是A，在论证A时要涉及B，B要牵涉到C，C又牵涉到D，D又牵涉到E，而E可能与A毫无关系，它们之间相差何止“八千里路云和月”！出现这种情况时，就出现了“转移论题”或“偷换论题”的逻辑错误，有时候甚至是离题万里。

2. 前提必须是真实的，或者至少是论辩双方共同接受的。

因为从不真实的前提出发，不能在逻辑上强制对方接受结论（论点）的真。然而，由于认识过程的复杂性，一个命题是不是真实的，有时候是很难说清楚的，但只要论证双方都认定该前提是真实的，或者是可以接受的，它就可以用来充当论据，逻辑也会强制论辩双方去接受从那些共同接受的前提推出的结论。例如，在中世纪神学家之间，也可以合乎理性、合乎逻辑地讨论“上帝是否存在”的问题，并对之给出各种各样的论证。在我们不信上帝的人看来，这些论证可能同样都毫无说服力，但在神学家们看来，其中有些论证有较大的说服力，有些论证有较小的说服力，有些论证没有说服力。他们赖以评判的依据就是他们所共同接受的一些知识，例如关于《圣经》的知识，等等。因此，在论证中，前提不一定、常常也不必就是真实的知识（不依赖某个或某些特定的认知主体，而对全人类都是一样的），而只要求是论辩双方共同接受的知识，因为论辩是在这些

① William James. Pragmatism. New York：Dover Publication，1995：17.

人之间进行的，论证的说服对象也是这些人。违反上述规则所犯的逻辑错误，叫作“论据虚假”“预期理由”“论据不为双方所认可”等。

由于论证的目的是说服某些人去接受、承认论点的真，因此在挑选论据时，就要选择那些能为待说服对象所理解、接受的真命题作为论据，否则就如同对牛弹琴，达不到论证的目的和效果。

3. 论据必须是彼此一致和相容的。

如果论据本身不一致，即论据本身包含 $p\wedge\neg p$ 这样的矛盾命题，或者可以推出这样的矛盾命题，而根据如前所述的命题逻辑，

$$p\wedge\neg p\rightarrow q$$

是逻辑规律。而这个公式是说，矛盾命题蕴涵任何命题，换句话说，从逻辑矛盾可以推出任一结论。显然，可以作为任何一个结论的论据的东西，就不能是某个确定结论的确切的、强有力的论据。因此，一组不一致或自相矛盾的命题不能做论据。

4. 论证中所使用的推理必须是演绎有效的，或者是归纳强的。否则论证不可靠，会犯“推不出来”或“不据前提的推理”的逻辑错误。

第三节 谬误理论

所谓“谬误”（fallacy），不是指一般的虚假、错误、荒谬的认识、命题或理论，而是指推理或论证过程中所犯的逻辑错误。所以，简单地说，谬误就是有缺陷的推理。前面说过，一个推理和论证要得出真实的结论，必须满足两个条件：一是前提真实，二是从前提能够合乎逻辑地推出结论。但前提真实这个条件，涉及命题的实际内容，涉及语言、思想和世界的关系，是逻辑管不了的。而前提和结论之间的逻辑关系，却是逻辑应该管也能够管的。谬误常常出现在前提与结论的逻辑关系上，它是指那些看似正确、具有某种心理的说服力、但经仔细分析之后却发现其为无效的推理或论证形式。

如果有意识地运用谬误的推理、论证形式去证明某个错误观点，这就是诡辩。德国哲学家黑格尔指出：“诡辩这个词通常意味着以任意的方式，凭借虚假的根据，或者将一个真的道理否定了，弄得动摇了，或者将一个虚假的道理弄得非常动听，好像真的一样。”[①] 因此，诡辩是一种故意违反逻辑的规律和规则，为错误观点所进行的似是而非的论证。

具体的谬误形式很多，有人曾概括出 113 种。如此多的具体谬误可以分为不同的类型，例如有人将其分为语形谬误、语义谬误和语用谬误，有人将其分为形式谬误、实质谬误和无进展谬误。但较为普遍接受的做法是将谬误区分为“形式谬误”和“非形式谬误”两大类，再将后者分为若干个小类。

---

① 黑格尔．哲学史讲演录：第 2 卷．北京：三联书店，1960：7.

一、形式谬误

所谓“形式谬误”，是指逻辑上无效的推理、论证形式。在本书前面各章中，已经分别指出了一些形式谬误，这里择其要者列举如下：

1. 命题逻辑中的形式谬误

（1）否定前件式：如果p则q，非p，所以，非q。例如：如果李鬼谋杀了他的老板，则他就是一个恶人，李鬼没有谋杀他的老板，所以，李鬼不是一个恶人。这个推理显然不成立，谋杀行为（无论是否谋杀老板）固然足以使某个人成为恶人，但恶人并不局限于杀人者，还有许多其他的作恶形式，因此，从“李鬼没有谋杀某个人”不能推出“李鬼不是恶人”。

（2）肯定后件式：如果p则q，q，所以，p。例如：如果王猛是网络发烧友，他就会长时间上网，王猛确实长时间上网，所以，王猛是一位网络发烧友。这个推理是无效的，其前提都真时，结论可以为假，例如王猛之所以长时间上网，是因为这是他的工作，他已经开始讨厌他的工作了，因为总是与网络的虚拟世界打交道，都弄得有点虚实混淆、真假不辨了，心里失去安全感，不如与真实的人交往来得实在。

（3）互换条件式：如果p则q，所以，如果q则p。例如：如果x是正偶数，则x是自然数，所以，如果x是自然数，则x是正偶数。每个上过小学的人都明白，这个推理是不正确的。

（4）不正确的选言三段论：或者p或者q，q，所以，非p。例如：杜甫或者是大诗人或者是唐朝人，杜甫是举世皆知的大诗人，所以，杜甫不是唐朝人。因为作为前提的选言命题是相容的，各个支命题可以同真，这个推理不正确。

2. 词项逻辑中的形式谬误

这里只给出错误的推理形式及其例证，不再分析错误的具体原因。

（1）中项不周延。例如：有些政客是骗子，有些骗子是窃贼，所以，有些政客是窃贼。

（2）大项周延不当。例如：老虎是食肉动物，狮子不是老虎，所以，狮子不是食肉动物。

（3）小项周延不当。例如：所有新纳粹分子都是激进主义者，所有激进主义者都是恐怖分子，所以，所有恐怖分子都是新纳粹分子。

（4）两个否定前提。例如：所有种族主义者都不是公正的，有些种族主义者不是警察，所以，有些警察不是公正的。

（5）不正确的肯定或否定。例如：所有说谎者都是骗人者，有些说谎者不是成年人，所以，有些成年人是骗人者。又如：所有吸血鬼都是怪物，所有怪物都是上帝的造物，所以，有些上帝的造物不是吸血鬼。

3. 谓词逻辑中的形式谬误

（1）不正确的量词换序。例如：$\forall x \exists y R(x, y)$，所以，$\exists y \forall x R(x, y)$。例如：取个体域为自然数，R表示“小于关系”，$\forall x \exists y R(x, y)$是说：对任何自然数而言，都

可以找到另外的自然数比它大，即没有最大的自然数。而$\exists y\forall xR(x, y)$是说：有一个自然数，它比任何自然数都大，即有最大的自然数。这里，前提真而结论假，推理无效。

（2）不正确的换位。例如：$\forall x(Sx\rightarrow Px)$，所以，$\forall x(Px\rightarrow Sx)$。这是从“所有S是P”推出“所有P都是S”。例如：“所有中国的亿万富翁都是中国人”，所以，“所有中国人都是中国的亿万富翁”，前提真而结论假，无效。再如：$\exists x(Sx\wedge\neg Px)$，所以，$\exists x(Px\wedge\neg Sx)$。这是从“有些S不是P”推出“有些P不是S”，同样无效。

（3）不正确的推导。例如：从$\exists x(Sx\wedge Px)$推出$\exists x(Sx\wedge\neg Px)$，从$\exists x(Sx\wedge\neg Px)$推出$\exists x(Sx\wedge Px)$，这是从“有些S是P”推出“有些S不是P”，从“有些S不是P”推出“有些S是P”，无效。

（4）不正确的同一替换。例如：小强知道鲁迅是鲁迅，鲁迅是生物学家周建人的哥哥，所以，小强知道鲁迅是生物学家周建人的哥哥。这个推理是无效的，它从有关小强的知识世界的命题，借助现实世界中的一个命题，推出了有关小强的知识世界的另一个命题，但中间所借助的那个命题有可能不属于小强的知识世界，即是说，尽管鲁迅实际上是生物学家周建人的哥哥，但小强可能不知道这一点，甚至连周建人是谁都不知道，所以就不能推出该结论。这说明同一性替换规则对于某些特殊的概念不成立，后者可能有其特殊的逻辑。

二、非形式谬误

所谓“非形式谬误”，是指结论不是依据某种推理、论证形式从前提得出，而是依据语言、心理等方面的因素从前提得出，并且这种推出关系是无效的。非形式谬误可以进一步分为三小类：歧义性谬误、假设性谬误和关联性谬误。

1. 歧义性谬误

（1）概念混淆。自然语言中的词语常常是多义的，或者说是语义模糊的。如果人们在论证过程中，有意无意地利用这种多义性和模糊性，去得出不正确的结论，就会犯“概念混淆”的逻辑错误。例如：“凡有意杀人者当处死刑，刽子手是有意杀人者，所以，刽子手当处死刑。”这个推理是不成立的，因为刽子手不是一般的“有意杀人者”，而是“奉命有意杀人者”。又如，三个秀才进京赶考，路上遇到一个算卦的，于是三人合算一卦，算命先生伸出了一个指头，并说“一”，然后不置一语。这个“一”实际上穷尽了所有可能：一起考上；一起考不上；只有一个考上；只有一个考不上。无论什么结果出来，算命先生都是对的，他所利用的就是卦语“一”的模糊性或不确定性。再如：“蚂蚁是动物，所以，大蚂蚁是大动物”，“这是一头小象，而那是一条大蚯蚓，所以，这头小象小于那条大蚯蚓”。这里，大、小是相对的概念，蚂蚁的“大”、动物的“大”、某头象的“小”等是相对于不同的类别而言的，不能加以混淆。

（2）构型歧义。由于句子语法结构的不确定而产生的一句多义。例如，一算命先生给人算卦说：“父在母先亡。”由于标点不同，这句话有两种含义：父亲健在，母亲已亡；父亲在母亲前面去世。如果加上时态因素，它可以表示对过去的追忆，对现实的描述，对未来的预测，因此就有6种不同的含义：(i) 父母亲都去世了，但母亲先去世；(ii) 父母亲都去世了，但父亲先去世；（iii）父亲健在，但母亲已去世；（iv）母亲健在，父亲已去世，即父亲在母亲前面去世；（v）父亲将在母亲之前去世；（vi）母亲将在父亲之前去世。这已经穷尽了全部可能的情况，永远不会错。算命先生就是以此类把戏骗人钱财的。

（3）错置重音。同一个句子，由于强调其中的不同部分，会衍生出不同的意义。例如，“我们不应该背后议论我们的朋友的缺点”，这句话以平常的语气说出，是一个意思；如果重读其中的“背后”二字，则会有“我们可以当面议论我们的朋友的缺点”之意；如果重读其中的“我们的朋友”，则会有“我们可以背后议论不是我们的朋友的人的缺点”之意。如果有意利用重读、强调等手法，传达不正确的、误导人的信息，就犯了“错置重音”的谬误。这在广告中特别常见。例如，以特别醒目的大字体标出一个特别低的价格，在旁边则用小字体印上“起”，或用一大堆小字体标明各种限制条件。当顾客真的光顾该店时，大呼上当。

（4）合举。指把整体中各部分的属性误认为是该整体的属性，或者把个体的性质当作这些个体的汇集的性质，由此做出错误的推论。例如，由一辆公共汽车比一辆出租车耗油更多，推出所有公共汽车的总耗油量一定比所有出租车的总耗油量多；由某些农户去年栽种某种农产品，赚了很多钱，推论出：如果所有农户都去生产这种农产品，也同样能够赚很多钱。再如，由一个足球队的每一个球员都很优秀，推出该足球队一定很优秀；由组成森林的每棵树都不怎么壮观，推出那片森林也不怎么壮观；由每条溪流都很细小，推出由这些溪流所汇成的江河也很细小；等等。

合成谬误的另一种表现形式是“越多越好”：某个东西很好，因此越多越好；某件事情很好，因此越多越好。例如，维生素有利于身体健康，因此除正常食物吸收之外，再每天多吃一些维生素片剂更好；某种药物吃两片有效，因此吃三片、四片甚至更多片会更有效。显然，任何事情都是有限度的，超过限度，反而会造成伤害。

（5）分举。与合举刚好相反，是指由一整体具有某种属性，推出该整体中的每一个体也具有某种属性。例如，由美国是当今世界上最富裕的国家，推出每一个美国人都是富人；由某人在一重要单位工作，推出该人也一定是一位非常重要的人物；由去年全国农业遭灾，推出某地或某户农民家庭也歉收。它们都犯了分举的谬误。

分举谬误的另一种表现形式是“越少越好”：某种东西有副作用，因此越少越好；某件事情有不好的效果，因此越少越好。例如，由于在现代社会人们很容易发胖，导致胖人很多，给生活带来麻烦，于是整个社会的审美倾向偏好瘦型，有所谓“骨感美人”的说法。于是，有些女士以为人越瘦越好，近乎疯狂地节食，认为脂肪、淀粉容易导致发胖，因此吃得越少越好，以至患了厌食症，结果对身体造成比发胖更严重的危害。

2. 假设性谬误

所谓“假设性谬误”，就是论证的前提或推理过程中暗含不当假定、预设的谬误，某种错误结论的得出就依赖于这些不当甚至错误的假定或预设。

（1）非白即黑论证。亦称“虚假的二难推理”。这是指在本来有其他选项的情况下却要求人们做出非此即彼的选择。这就像在黑与白之间本来有很多中间色，却非要人们或者选择黑或者选择白。例如，美国在遭受“9·11”恐怖袭击之后，对整个世界摆出了一副异常强硬的姿态："或者跟我们站在一起反恐，那么你是我们的朋友；或者不与我们站在一起反恐，那么你就是我们的敌人。"还有一则汽车销售广告："或者你开 Lynx，或者你根本不开车！""如果一个教授有能耐，即使给他笨学生他也能够取得成功；如果他没有能耐，即使给他好学生他也会失败。所以，他的学生究竟是聪明还是笨，对他来说是无关紧要的。"

（2）复杂问语。问句当然是问不知道的东西，但任何问句都有它所假定的东西。所以，任何问句都包括两部分：一是该问句已经假定的内容，叫作该问句的预设；二是所问的东西。如果一个问句中包含虚假的预设，这样的问句实际上含有某种陷阱，叫作"复杂问语"。例如，

你已经停止打你的老婆了吗？

就预设了一个事实：听话人经常打自己的老婆。对"复杂问语"无论做出肯定还是否定的回答，都接受了那个预设。因此，回答此类问语的最好方法是指出其中那个预设为假。例如，一般人回答上述问题的正确方法是：我根本没有打过老婆，何谈停止不停止！

有时人们把两个问题合成一个问题，也叫作"复杂问语"。例如："是否赞成对这个项目追加投资两千万元？""是否赞成对婚外恋者处一年以上有期徒刑？"这都是把多个问题合成一个问题处理的例子。实际上，为了讨论富有成效，让各种意见都得到充分表达，上述问题都应该分开议处："是否赞成对这个项目追加投资？"在这个问题取得一致意见之后，再来讨论第二个问题："该追加多少？"同样，先讨论："是否应该用法律形式来制止婚外恋？"如果回答是肯定的，再讨论第二个问题："对婚外恋者该给什么样的法律制裁？"

回答问语的另一个办法是回避，即重复该问句的预设。

[例 21]

三国时，大将军钟会去看望当时的名士嵇康。嵇康正在脱光衣服打铁，不理会钟会。当钟会看了一会儿正要离开时，嵇康问道："何所闻而来？何所见而去？"钟会答道："闻所闻而来，见所见而去。"

解析：钟会的回答只是重复了嵇康问话中的预设，没有新的内容。但它是一个很有意思的回答，所以流传下来了。在外交场合和礼仪场合，对于不便回答或不好回答的问题，就可以采取回避的手法，它比单纯的拒绝显得更有礼貌和更有修养。

（3）以全赅偏。亦称"偶性谬误"。在我们的日常思维中，我们会使用许多一般性概括或者说通则，它们表明情况一般是怎样的。例如，"人是有理性的"，"偷窃是不道德的"，等等，但如果把这些在正常条件下为真的说法当作在所有条件下为真，也就是无条件的真，就犯了以全赅偏的错误。例如："这个国家是民主国家，它宣称所有的人都生而自由平等，并且不能剥夺他们的自由。所以，这个国家应该停止监禁罪犯和疯子。""弄痛一个人是坏事情，所以，牙医简直是在犯罪！""人是有理性的，张教授的那个痴呆儿是人，所以，张教授的那个痴呆儿是有理性的。"后面这个推理并不能说明"人是有理性的"这个一般性说法是假的。所以，有这样的说法："没有一个谬误比下面的谬误危害更大：将一个在许多情况下不算误导的陈述句，当作毫无条件地永远是真的。"

（4）以偏概全。亦称"特例概括""轻率概括""逆偶性谬误"。例如，古时宋国有一

位农夫，偶然遇到一只兔子撞在树上死去，他不费力气就捡到了它。他认定，此等好事还会发生，于是他扔下农具、不再干农活，一直守在树旁，希望再捡到撞死的兔子。这就是成语“守株待兔”的故事，该位农夫因为特例概括而成为千古笑柄。再如，鲁迅曾谈道：“一个旅行者走进了下野的有钱的大官的书斋，看见有许多很贵的砚石，便说中国是‘文雅的国度’；一个观察者到上海来一下，买几种猥亵的书和图画，再去寻寻奇怪的观览物事，便说中国是‘色情的国度’。”①今天的不少旅行者仍有鲁迅所说的这些毛病。

（5）混淆因果。包括“虚假原因”“以先后为因果”“因果倒置”等。例如：“自从1840年以来，所有在20的倍数的偶数年当选的美国总统都是死在办公室里：哈里森，1840年；林肯，1860年；加菲尔德，1880年；麦肯尼，1900年；哈丁，1920年；罗斯福，1940年；肯尼迪，1960年。所以，在1980年当选的美国总统也会死在办公室里。”“在某些国家，无神论传播很广，自杀率也很高，所以，失去对上帝的信仰就是导致自杀的原因。”这都是以偶然的巧合或现象的同时并置为原因，属于虚假原因。

“闪电之后常常接着打雷和下雨，所以，闪电是打雷和下雨的原因。”“在××来我这里之后，我的某件贵重物品就找不到了。肯定是被他偷走了！”这是“以先后为因果”的谬误。尽管原因总是在结果之先发生，但先发生的现象不一定就是原因，最多只能列为可能的原因，究竟是不是真正的原因，还要做许多的调查研究工作。

下面是美国的逻辑：“我们只会惩罚那些专制独裁的无赖国家，我们惩罚了伊拉克，所以，伊拉克先前是专制独裁的无赖国家。还有少数几个国家在我们打算惩罚的名单上，因此，这几个国家也是专制独裁的无赖国家。”不管事实究竟如何，这样的推理和论证却是无效的，有那么一点骄横和蛮不讲理的味道，是在强加事物之间的因果关系。“聪明人常常都能够成功致富，所以，如果你想让我进入聪明人的行列，最好的办法是给我一大笔财产。”还有，某种疾病常常表现出某些症状，有些庸医经常把症状当原因，不治病根，而只治那些症状。这些都是因果倒置的例证。

（6）虚假类比。把两类很不相同的事物强做类比，从而得出荒谬的结论。例如：“为什么我们要因为人的行为而惩罚他们？他们所做的事情都是他们的本性的表达，他们禁不住要这样做。我们难道要对石头下落、洪水上涨感到愤怒吗？”“音乐也许是最流畅、最有感染力的艺术形式，尽管它没有述说任何故事。抽象的绘画和雕塑位于人类创造力最辉煌的作品之列，尽管它们都没有述说任何故事。所以，小说或戏剧所讲述的故事，对它们作为艺术形式是否优秀、卓越，毫无贡献可言。”

（7）预期理由。指用本身的真实性尚待证明的命题充当论据，而起不到证明的作用。例如，在昆曲《十五贯》中，糊涂知县就用想当然的方式判案，是典型的预期理由：

> 看她艳若桃李，岂能无人勾引？年正青春，怎会冷若冰霜？她与奸夫情投意合，自然要生比翼双飞之心。父亲阻拦，因之杀其父而夺其财。此乃人之常情。这案情就是不问，也早已明白八九了。

再如，美国第二次攻打伊拉克的一个重要理由是：伊拉克有大规模杀伤武器，这些武器掌握在这个邪恶国家的政权手中，会对世界和平和人类生存带来威胁。因此，要对

---

① 鲁迅杂文小说散文全集：第3卷．北京：中国致公出版社，2001：955.

这个邪恶国家实施预先打击。但当美国成功占领伊拉克之后，把伊拉克查了个底朝天，也没有找到大规模杀伤武器的任何踪影。攻打伊拉克的那个理由属于典型的预期理由，把“想当然”当成了“所以然”，美国也为此付出了很大的代价，其道德形象在人们的心中大打折扣。

（8）理由虚假。指用虚假的理由充当论据，却根本起不到证明的作用。例如：“所有的猴子都是人变的，金丝猴是猴子，所以金丝猴是人变的。”这个推理既不能证明它的结论，当然也没有反驳它的结论，人们根本不会认真理睬此类推理或论证，不会把它们当一回事。

3. 关联性谬误

所谓“关联性谬误”，是指从语言、心理上有关，但在逻辑上无关的前提出发进行推理，以致前提与结论的推出不相干，因此更正确的说法是“不相干谬误”。主要有：

（1）诉诸人身，即通过对论敌的人格、品质、处境等的评价来论证那个人的某种言论为错误，或者至少是降低其言论的可信度。包括：

第一，人身攻击。“你们不要相信他的话，他因乱搞男女关系受过处分。”这等于在人们要喝井水之前给井里下毒，所以这也叫作“给水井投毒谬误”。“目前的经济政策导致这个国家在迅速下滑。这主要是由于一些前政府顾问和前政府官员以及一些仍在掌权的自以为有学问的知识分子相互勾结在一起。这些人自私自利，自以为是，完全不受人民和议会的监控。”这一大段话没有说明现行经济政策究竟在哪里有问题，这些问题如何导致经济衰退，而通篇都是一些对有关人士的攻击性言辞，并不能论证他的观点。

第二，处境人身攻击或人身保护，即通过论及某个人处于某个特定的位置，证明他的观点就一定对或者一定错。例如：“该银行总裁坚持认为，富人的个人所得税不应该提高。对于一个有巨额收入并且贪婪地渴望获得更多的人，你还能指望他有什么别的观点呢?”“某位记者并不出生于农村，家里也没有亲人、亲戚在农村，他不了解农村的真实状况，他关于农民、农村、农业所说的话完全不可信。”

上述谬误的另一种表现形式是“你也是”谬误，即通过指出对方言行方面的某种矛盾，来证明对方的观点不正确。看下面的对话：“甲：抽烟有害健康，你应该戒烟。乙：嘿！看谁在说话呢！你不是正在抽烟嘛。”

第三，恶意诋毁。例如，黑格尔曾经谈到一个例子：在集市上，一位女顾客对一位女商贩说：“喂，老太婆，你卖的鸡蛋是臭的呀!”女商贩听后雷霆大怒，说：“什么？我的鸡蛋是臭的？你敢这样说我的蛋？我看你才臭呢！你？要是你爸爸没有在大路上给虱子吃掉，你妈妈没有跟法国人相好，你奶奶没有死在医院里，你就该为你花里胡哨的围脖买一件合身的衬衫啦！谁不知道，这条围脖和你的帽子是从哪儿来的。要是没有军官，你们这些人才不会像现在这样打扮呢！要是太太们多管管家务，你们这些人都该蹲班房了。还是补一补你袜子上的那个窟窿去吧!”对此我们只要引用鲁迅的一句话就足够了：“辱骂和恐吓绝不是战斗。”显然，一个人的人格、品质、处境与他观点的正确与否之间没有直接的逻辑联系。

（2）诉诸情感，即用激动众人感情的办法来代替对某个论题的论证。不论述自己的观点何以成立，而是以哗众取宠来取胜，叫作“诉诸公众”。例如：“我所主张的只不过是大多数公众的观点，你反对我，就是在与公众作对。不信你问一问在场的人?”不去陈述某个观点成立的理由，而是促使别人同情持有这种观点的人，以图侥幸取胜，叫作“诉诸怜悯”。例如，有的犯罪嫌疑人在法庭上痛哭流涕地说道：“我上有年迈的失去自理能力的老母，下有一个正在上小学的孩子，如果给我判刑，投入监狱，他们该怎么办呀?!”

（3）诉诸权威，严格地说是“诉诸不适当的权威”，例如在相对论问题上听一听爱因斯坦怎么说当然是必要的，并且是有说服力的。但是，由于权威并非时时、处处、事事都是权威，如果在关于经济危机的处置上也引用爱因斯坦的意见来论证某种观点，例如：“爱因斯坦都这么说，你竟敢不同意?”就犯了诉诸权威的错误。这种错误在广告中十分常见，一些文艺、体育明星常常被拉来为商品做广告，例如买某个牌子的汽车、饮料、护肤品、礼品等。难道这些明星在这些事情上也是行家?！一个最明显的诉诸权威的例子：在欧洲中世纪，亚里士多德及其学说享有崇高的地位。一位经院哲学家不相信人的神经在大脑里会合的结论，一位解剖学家请他去参观人体解剖，他亲眼看到了这一事实，解剖学家问他：“你这回应该相信了吧?”他却这样答道：“你这样清楚明白地使我看到了这一切，假如亚里士多德的著作里没有说人的神经在心脏中会合的话，那我一定会承认这是真理了。”

（4）诉诸强力，指不正面陈述理由去论证某个观点成立或不成立，而是通过威胁、恫吓甚至使用棍棒和武力，去迫使对方接受自己的观点或放弃他本人的观点。所谓“秀才遇到兵，有理说不清”，“强权胜于公理”，“打棍子、扣帽子、抓辫子、装袋子”等都是诉诸强力的谬误。“你承认还是不承认自己是小偷?不然你就别想从这里活着出去!”20世纪，意大利有法西斯哲学家曾这样说：“我们可以有很多不同的工具来彻底说服对方，讲道理是其中一种，大棒子是另外一种。一旦对方真正给说服了，用什么工具也就无所谓了。”使用强力实际上就等于放弃理性，也就等于承认自己输了理，以致在理性上无计可施。

（5）诉诸无知，指断定某事如此的理由是没有该事不如此的证据。例如：“我坚信有鬼存在，不然那些怪事怎么解释?”“因为没有证据表明上帝不存在，所以上帝是存在的。”诉诸恐惧也是诉诸无知的一种表现形式，例如为了反对某项计划、方案，用一些想象的、未经证实的副效应和有害效果来恐吓公众，从而获得支持。

应该指出，在逻辑上诉诸无知是一种无效的论证形式，但在许多国家的法律中却有一条“无罪推定原则”，即在证明某个人有罪之前，假定所有被告都是无罪的，控方说他有罪，必须拿出证据来，“谁检控谁举证”，并且这些证据需经法庭认定、接受。如果不能有力地证明某人有罪，法庭就必须宣判某人无罪。之所以有这一原则，是因为法律认为：伤害无辜是比让罪犯逃逸危害更大的事情。所以，美国最高法院曾这样重申这一准则：“要减少因为事实方面的错误而错判的情况，‘有力地证明有罪’的准则是必须依从的。因为这一准则有力地支持了‘无罪推定’这个基本而不可违反的准则，而后者正是刑法得以执行的基础。”

（6）诉诸起源，指通过说某个理论、观点、事物的来源好不好，来论证该理论、观点是否成立，该事物是好还是坏。例如，有人论证说：“麻将是中国文化的产物，而中国文化都有正面价值，所以我们要推广打麻将运动。汉堡是洋鬼子的东西，有什么好吃的，太崇洋媚外了，所以应该发起不吃汉堡的运动。因此，我们要打麻将，不吃汉堡，做一个具有中国文化气质的、堂堂正正的中国人。”又如，某人说：“我知道这种药是由一种剧毒的植物提炼成的，尽管医生建议我服用它，但我绝不服用，因为我害怕被毒死。”“人只不过是由原子构成的；而原子没有自由意志，所以人也没有自由意志。”

（7）不据前提的推理，指罗列了一些数据、命题，但它们与结论的推出没有关系，结论是不合逻辑地从那些数据、命题推出来的。

［例 22］

古代，一家有祖孙三代。爷爷经过寒窗苦读，由农民子弟考中状元，做了大官。不料他的儿子却游手好闲，一事无成。但他的孙子却考上了探花。于是，爷爷就经常抱怨他的儿子，说他们家就他一个人不争气。但他的儿子却说：“你的父亲不如我的父亲，你的儿子不如我的儿子，我比你还争气！”

解析：一个人是否争气，主要看他自己的作为，而与他父亲、儿子的作为没有多大关系。因此，那位儿子所引用的证据与他要证明的结论“我比你还争气”不相干。

再如，有人写了这样一封推荐信：“我敢肯定，博比最适合得到工程师奖学金。他通过艰苦的努力获得了他的高分数，不像其他申请者那样不怎么费力就得到了高分数。博比爱好体育并且很容易相处。特别是，他的父亲和祖父都是该奖学金的获得者。”信中所列举的理由与信中的结论几乎毫无关系。“素食主义是有害健康和不卫生的实践。如果所有人都是素食者，那么经济就会遭受严重的影响，许多人将失去工作。”“不，我不会为你买一台电锯。如果我买了电锯，你又会要我买圆锯，然后又会要我买打孔机，很快你又会要我为你装备一个工作间。我们负担不起。”

“推不出来”也是一种不据前提的推理，它有许多表现形式。例如：“如果长期躺在床上看书，就会患近视眼；我从不躺在床上看书，所以，我不会患近视眼。”这是充分条件假言推理的否定前件式，是无效的。因为一个人患近视眼有很多原因，例如遗传，否定其中一个原因，不能否定有或可能有该结果。

（8）窃取论题，亦称“循环论证”，指用论题本身或近似论题的命题做论据去论证论题。有以下两种形式：

一是重复论题：即用另一种与论题在表述方式有差异，但实质内容没有差异的命题做论据。例如：“吸鸦片会令人昏睡，因为鸦片中含有令人昏睡的成分。”“所有基督教徒都是品行端正的，因为所谓基督教徒就是品行端正的人。”“整体而言，让每个人拥有绝对的言论自由肯定对国家有利，因为若社群里每个人都享有完全不受限制的表达自己思想感情的自由，对这个社群是非常有利的。”

二是循环论证：论证者要证明 A，这要用到 B，证明 B 要用到 C，证明 C 要用到 D，而证明 D 要用到 E，证明 E 又要用到 A。在兜了一个或大或小的圈子之后，又回到最初的出发点。在《论辩的魂灵》一文中，鲁迅以反讽的笔调揭露了顽固派的诡辩手法：“你说谎，卖国贼是说谎的，所以你是卖国贼。我骂卖国贼，所以我是爱国者。爱国者的话是最有价值的，所以我的话是不错的。我的话既然不错，你就是卖国贼无疑了。”这里，顽固派所进行的是一个典型的循环论证。

有逻辑学家正确地指出："应该记住这一点，一个很长的讨论是谬误的最有效的面纱。当诡辩以浓缩的形式呈现于我们面前时，像毒药一样，它立刻会被防备和厌恶。一个谬误若用几句话赤裸裸地加以陈述时，它不会欺骗一个小孩；如果以四开本的书卷'稀释'时，则可能会蒙骗半个世界。"①

(9) 稻草人谬误，这是指在论辩过程中，通过歪曲对方来反驳对方，或者通过把某种极端荒谬的观点强加给对方来丑化对方的诡辩手法，就像竖起一个稻草人做靶子，并自欺欺人地以为：打倒了这个稻草人，也就打倒了对方。

歪曲对方观点的重要手法有夸张、概括、限制、引申、简化、省略、虚构，等等。这种做法早就被孟子使用过："孟轲曾说，'杨氏为我，是无君也。墨氏兼爱，是无父也。无父无君，是禽兽也。'（《孟子·滕文公下》）杨朱'为我'论点的含义是重视个人生命的保存，反对别人对自己的侵夺，也不侵夺别人，孟轲却把它说成是目无君主。墨翟'兼爱'论点的含义是普遍平等地爱人，不受等级贵贱与血缘亲疏的局限，孟轲却把它说成是目无父亲。而无父无君又被等同于禽兽。这是一个古老而又影响深远的稻草人谬误。"②

但是，无论在逻辑上还是在人们的心理上，此类诡辩手法都是不管用的。因为批判的态度应该是科学的态度：在批判对方时，在与对方论战时，每个人都有义务忠实地转达对方的观点，并在此基础上与之展开论战，这既是道德的要求，也是逻辑的要求！

我们列举、分析谬误的目的，是为了弄清楚谬误的产生原因、机制，以便在我们的思维中避免谬误，反驳诡辩。上面所列举的各种谬误，其错误的原因或者机制都比较明显，所以我们省去了详细的分析，而将此项工作留给读者。

本章概要

非形式逻辑或批判性思维重点关注的，是如何识别、构造特别是评价实际思维中的各种推理和论证。定义理论、论证理论和谬误理论是其核心理论。

定义的对象是语词或者概念，有时也包括命题。而语词或概念都有内涵和外延，定义就是以简短的形式揭示语词、概念、命题的内涵和外延，使人们明确它们的意义及其使用范围的逻辑方法。定义具有综合作用、分析作用和交流作用。

根据不同的标准，定义可以区分为不同的类型。(1) 内涵定义，具体形式有：属加种差定义，发生定义，关系定义，操作定义，语境定义，递归定义，等等。(2) 外延定义，包括穷举定义，列举定义，实指定义等。(3) 语词定义，包括描述性定义，约定性定义，修正性定义。

下定义要遵守以下规则：(1) 定义必须揭示被定义对象的区别性特征。(2) 定义项和被定义项的外延必须相等。(3) 定义不能恶性循环。(4) 定义不可用含混、隐晦或比喻性词语来表示。(5) 除非必要，定义不能用否定形式或负概念。

---

① 武宏志，马永侠. 谬误研究. 西安：陕西人民出版社，1996：197.

② 中国人民大学哲学系逻辑教研室. 逻辑学. 北京：中国人民大学出版社，2002：270.

从结构上看，一个论证中包含着下列要素：论题，论点，论据，论证方式，以及隐含的前提或假设。要识别一个论证的结构，需要（1）找出该论证的论点或主要结论；（2）找出支持这个论点的主要理由；（3）找出支持该论点的未明确说出或写出、但为该论证所隐含的理由或论据；（4）区分理由和论证的层次；（5）用论证结构示意图加以表示。

在对已有论证做评价时，主要应考虑下列问题：（1）论证中的论题及关键性概念是否清楚、明白？（2）前提和隐含前提是否真实或至少是可接受的？（3）前提和结论之间是否具有语义关联？（4）论证中前提对结论的支持强度如何？具体分为演绎有效的、归纳强的和谬误的。

在建构你自己的论证时，要遵守以下规则：（1）论题的可信度必须比论据低，并且论题本身必须清楚、确切，在论证过程中要保持同一。（2）前提必须是真实的，或者至少是论辩双方共同接受的。（3）论据必须是彼此一致和相容的。（4）论证中所使用的推理必须是演绎有效的，或者是归纳强的。否则论证不可靠，会犯“推不出来”的逻辑错误。

“谬误”是有缺陷的推理和论证，指那些看似正确、具有某种心理说服力，但经仔细分析之后却发现其为错误的推理或论证形式。谬误可以分为不同的类型，如形式谬误和非形式谬误，后者又可分为歧义性谬误、假设性谬误和关联性谬误，各个类别中有许多不同的具体形式。我们列举、分析谬误的目的，是为了在我们的思维中避免谬误，反驳诡辩。

思考题

1. 任何词项都有内涵（含义）和外延（所指）吗？为什么？词项的内涵和外延真的成反比关系吗？能否举出它的反例？

2. 请尽可能找出支持或反对“语句也有内涵和外延，并且其内涵是该语句所表达的思想即命题，其外延是该语句的真值（真或假）”的各种理由。[①]

3. 请尽可能设想出定义的各种作用，并举例说明。

4. 在论证中所使用的论据是否必须真实？为什么？请举出赞成和反对的各种理由。

5. 通常所谓的谬误是否有可能被正面使用，比如说作为修辞手段或其他用法？请举例说明，并为之辩护。

练习题

1. 讨论下述定义，指出它们是否正确；如果不正确？违反什么规则，犯有什么逻辑错误？能否给出一个相应的正确的定义？

（1）知识就是正确的意见。

（2）诚实就是欺骗意图的习惯性缺乏。

（3）美就是在镜中凝视自身的永恒。

① 弗雷格．涵义和所指//涂纪亮．语言哲学名著选辑：英美部分．北京：三联书店，1988.

(4) 大提琴是一种用弓演奏的弦乐器。

(5) 正方形就是四角相等的四边形。

(6) 信仰就是你知道不真实但却相信它的东西。

(7) “文房四宝”指笔、墨、纸、砚这四种文具。

(8) 有神论者是任何并非无神论者或不可知论者的人。

(9) 经济学就是研究从社会中的人的经济活动中产生的现象的学科。

(10) 战争是一种旨在驱迫我们的对手去满足我们的意志的暴力活动。

(11) 新闻（news）就是对北（north）、东（east）、西（west）、南（south）所发生的事情的报道。

(12) 新闻就是对离奇的、非同一般的、出乎意料的事情的报道。例如，狗咬人不是新闻，但人咬狗就是新闻。

(13) 新闻就是对多数人感兴趣且带有刺激性的事件如战争、犯罪的报道。

(14) 新闻就是对新发生的事情的报道，而不是对过去事件的记录，因为后者不是新闻，而是历史。

(15) “自由主义者”意指一个迷恋于分送其他人的钱财的、故作多情的行善者。

(16) “自由主义者”意指效力于为我们全体公民提供足够的住房和医疗以及平等机会的目标的真正人道主义者。

2. 分析下面论证的结构，然后用结构示意图表示，并对其论证力量做出评价。①

(1) 有人主张“上帝存在”，并提出了下列论证：

宇宙在自然法则和自然力量的掌握之中，而这些法则和力量看来就像是某个有智力的精神造就的产品。这个精神就是上帝，是他创造了这个宇宙。宇宙依靠上帝而存在的事实表现在犹太教和基督教传统的创世神话中，也表现在全世界的其他神话中。

跟其他动物不一样，我们是有精神意识的动物。这是因为我们是由上帝创造的，因为上帝是精神的存在，他确定了自然法则，也确定了人的精神。

英国约有40%的人报告说，有过某种形式的“宗教体验”，他们感觉到一种远远超过自身的强大力量，或者意识到一种超自然的个人存在物。在全部历史上，人类都曾有过“超自然”、“奇异”和神圣的体验。如果认为所有这些体验都完全是错误的，那就是人类的过于傲慢。

世上有圣贤存在，他们有能力做出极大的善举、奉献和治疗（比如过世的加尔各答修女特蕾莎）。这一事实表明，存在一个终极之爱的发源处，是人类可以接近的（上帝），这个发源处可以战胜人类的邪恶和自私。世上的邪恶是人类不服从上帝的结果，这在亚当和夏娃当初在天堂里不听上帝的话、结果堕落的象征故事中可以看出来。大自然的灾难比如饥荒是一个符号，说明这个世界不仅仅是驯服的，而且也是自由的。在一个没有人性和天生自由的世界上，上帝的爱和原宥是没有任何意义的。

宇宙跟一切别的事物一样，都必须有一个存在的意义、目的和归宿。上帝提供并确

① 特里华·萨塞尔. 正方与反方：辩论者手册. 北京：光明日报出版社，中央编译出版社，2000：235-237，211-213.

保对宇宙和对单个人的意义及目的。宇宙和人性最后由上帝的爱来救赎。在个人的性命之上，存在着一个客观的意义和救赎，存在着一个更大的宇宙过程。通过对上帝的爱，我们可以谙知这一宇宙过程的存在。

(2) 有人主张“上帝不存在”，并提出了下列论证：

我们不需要上帝就能够解释自然法则和自然力量，人类能够发展到这一步，宇宙之所以存在，都必须有这些法则和力量的存在。我们找到法则和力量这个事实不应该是大惊小怪之事。不管怎么说，宇宙作为一件我们无法解释的“明摆着的事实”，这是一个在智力上更为诚实的回答，远胜于发明一个超自然的上帝。

道德准则是由人类社会创造的，这样，人们就可以彼此和睦相处。一种文化跟另一种文化的道德准则都不一样，它们都只是人类构建的结果。认为精神感觉——由一部分人规定的道德准则的结果——是某种超自然事物存在的结果是错误的。

这样的感觉和体验可以用自然心理需求和大脑思维过程予以解释。基督教徒而不是佛教徒感觉到存在着基督或圣母玛利亚的幻象绝非巧合。这种体验都是宗教说教的结果，经常也是感觉缺失、毒品、睡眠缺乏、禁食、默想或其他有意识地改变思维状态的行为的结果。

人类是如此自私，在与自然的相互交往中表现得非常邪恶，因此无法相信有关爱人类的上帝存在。上帝若有爱心，为什么会容忍对儿童的性虐待、非洲无辜民众的饥饿和纳粹的大屠杀呢？在人类所犯的罪行之上，还有在自然界中动物所遭受的苦难，还有人类在自然灾害中的苦痛，比如饥饿、地震和洪灾（例如孟加拉国）。自然世界跟人类世界一样都显示出跟良善和神圣一样多的冷漠和邪恶。

从终极来看，宇宙是无意义的。我们只有有限的精神力量，并没有什么理性的方法让我们在宇宙的存在这个“残忍的事实”中找到什么意义。除此之外，现代脑科学在过去称为“灵魂”的东西与大脑之间建立的密切关系，使我们不再可能认为有什么死亡之后的存在形式。主观的意义都限制在各个人有死的生命范围之内。

3. 分析下面的这些话语中是否含有谬误？如果有，是什么样的谬误？错在何处？如何反驳？

(1) 你怎么能够怀疑灵魂使肉体不朽？为什么不考虑一下每年春天自然界都获得新生？确实，你不能怀疑对自然界其余部分真实的东西对人类也是真实的。

(2) 所有制造商都完全有自由去确定他们自己生产的产品的价格，所以，对所有制造商联合起来确定他们的所有产品的价格，也没有什么可指责的。

(3) 洋人会说洋话。你主张读洋书，就是洋奴，人格破产了！读人格破产的洋奴崇拜的洋书，其价值可知矣！但我读的洋文是学校的课程，是政府的命令，反对者，即反对政府也。无父无君之无政府党，人人得而诛之。

(4) 神学告诉我们，创造太阳是为了照耀地球。但是，人们移动火把以便照亮房子，而不是移动房子以便让火把照亮。故可得出结论：是太阳围绕地球转，而不是地球围绕太阳转。

(5) 也许，对李鬼的指控没有一个得到证实。但是，凡有烟处必有火。如果李鬼是完全清白的，那么就不会有这些针对他的指控了。

（6）成功男人的妻子都穿高档名牌服装。所以，一位妻子帮助她丈夫成功的最好办法就是去花大笔钱买高档名牌服装。

（7）底特律是美国的第七大城市，该市实行严格的枪支控制法，去年共出现了596个杀人犯。同一年，在美国的第九大城市费尼克斯，没有实行枪支控制法，共出现了136个杀人犯。罪犯们不惧怕软弱无力的法制体系，但是，他们惧怕被武装起来的公民。

（8）当你有清楚的证据表明，亚里士多德曾断言：所有元素包括空气都有重量，只是除开火以外，你还能怀疑空气有重量吗？

（9）目前，吸二手烟的害处，除了引起肺癌和其他令人厌恶的事情外，还会导致耳聋和衰老。当人们在家中独自用壁炉取暖时，吸二手烟还算什么问题吗？那些顶部竖着烟囱的浪漫的印第安帐篷又怎样呢？在你的新家建造一个什么样的壁炉？让我们对诸如吃烧烤一类的事情所引起的问题做些研究，你吃的热狗会使人得可恶的癌症吗？

（10）如果你喜欢与人相处，那么请选用高露洁牙膏刷牙。当伏明霞和刘国梁刷牙时，总是用高露洁，而不会想到别的品牌。

（11）人们有选择的自由，因为没有人能够证明我们没有这种自由。

（12）如果这个作品不是莎士比亚的，那么你说它是谁的呢？

（13）每一件发生的事情都有一个原因，因为如果某件事情的发生没有原因，那么它就是由它本身所引起的，而这是不可能的。

（14）一位外来的参观者，在参观了北京大学或清华大学之后，他看到了学院、图书馆、运动场、博物馆、各学科系所和管理办公室，然后他问道：大学在哪里呢？

（15）每天晚上，你把美国人口的一半安排在影剧院或运动场的包厢前面，观看人们进入击打、枪战和爆炸的场面。你能够期望他们出来后，走在大街上互相拥抱吗？

4. 从下列各题的五个备选项中选择一个正确的答案，并做出简单的分析。

（1）X：一次性塑料杯子含有对环境有害的氟氯烃，应该用纸杯子代替它。在生产这种泡沫塑料的过程中会产生苯乙烯，它是一种对人体有害的致癌物。此外，泡沫塑料不易被大自然分解，会长久地留在自然界。

Y：你忽视了制造纸杯对环境的影响。研究表明，生产纸杯要燃烧更多的石油，它所需要的电力是泡沫杯的36倍，并且需要12倍于泡沫杯的蒸汽和2倍于泡沫杯的冷却水。况且纸杯比泡沫杯重，运输也要消耗更大的能量。造纸厂会排出废水，当这些杯子腐烂时，还会产生对全球变暖有负面效应的甲烷。所以，不应该用纸杯代替泡沫杯。

以下哪一项对于评价X和Y的意见分歧最重要？

A. 在多长时间内，X和Y所说的污染才能达到最大？

B. 是否某些国家的人比另一些国家的人使用更多的一次性商品？

C. 能否找到能够替代泡沫杯的无环境危害的产品？

D. 在分析一种商品对环境的影响时，生产、销售这种商品以及处理它对环境所产生的后果各自应占多大的比重？

E. 以它们最流行的大小，纸杯和泡沫杯是否能盛同样多的液体？

（2）脂立消是一种新型减肥药，它可以有效地帮助胖人减肥。在临床实验中，100个服用脂立消的人里只有6个人报告说服用这种药物有副作用。生产该减肥药的公司称：“94%的人在服用了脂立消后得到了积极的效果，可以说，我们的药是市场上最有效的减肥药。”

下面哪一个选项最恰当地指出了该广告存在的问题？

A. 移花接木，夸大其辞，虚假宣传，这是所有广告的通病，这则广告也不例外。

B. 该广告在证明脂立消的减肥效果时，所提供的样本数据太小，没有代表性。

C. 该广告暗中假定：如果该药没有副作用，它就对减肥有积极效果，而这个假定非常可疑。

D. 该广告贬低其他减肥药，却没有提供足够的证据，存在不正当竞争。

E. 所有的广告都在瞎掰，这则广告同样如此。

(3) 乐意讲或者听有关自己的有趣故事或笑话，是一个人极为自信的标志。这种品格常常只在人们较为成熟时才会具有，它比默许他人对自己开玩笑的良好品质还要豁达。

如果上述题干为真，最能支持下面哪个结论？

A. 具有高度自信的人，不讲别人的笑话或有关别人的有趣故事。

B. 许多人宁愿自己讲一个有趣故事或笑话，而不愿听别人讲。

C. 一个缺乏自信的人既不乐意讲也不乐意听有关他自己的有趣故事或笑话。

D. 当着一个人的面讲述他的有趣故事或笑话，是表示对他尊敬的一种方式。

E. 高度自信的人讲述有关他自己的有趣故事或笑话，是为了让他的听众了解他的自信。

(4) 美国黑种人患高血压的比美国白种人高两倍。把西方化的非洲黑种人和非洲白种人相比，情况也是如此。研究者们假设，西方化的黑种人之所以会患高血压，是两个原因相互作用的结果，一个原因是西方食品含盐量高，另一个原因是黑种人遗传基因中对于缺盐环境的适应机制。

如果以下哪项为真，最能支持研究者的假设？

A. 当代西方化非洲黑种人塞内加尔人和冈比亚人后裔的血压通常不高，塞内加尔和冈比亚历史上一直不缺盐。

B. 非洲某些地区的不同寻常高盐摄入是危害居民健康的严重问题。

C. 考虑到保健，大多数非洲白种人也注意控制盐的摄入量。

D. 西非约鲁巴人的血压不高，约鲁巴人有史以来一直居住在远离海盐的内陆，并远离非洲撒哈拉盐矿。

E. 缺盐和不缺盐对于人的新陈代谢过程没发现有什么实质性的不同影响。

(5) 第二次世界大战时，美英联军对德国展开大轰炸。美英空军损失惨重。专家们仔细检查了执行任务归来的飞机，发现所有返回的飞机机腹都遍布弹痕，但机翼却完好无损。他们由此推断：机腹非常容易受到炮火攻击，应该改进机腹的防护。后来证实，这些专家推断时受到“幸存者偏差”的影响，实际情况是：被击中机翼的飞机都坠落了，而仅被击中机腹的飞机大都返航了。

下面各个选项中的推断都有类似的“幸存者偏差”，除了：

A. 美女、帅哥在职场竞争中有很大优势，他们容易获得高薪职位。

B. 读大学期间就退学创业容易获得成功，例如，比尔·盖茨和甲骨文公司老板拉里·埃里森就是如此。

C. 抽烟或许有利于健康长寿，例如邓小平、黄永玉都是“老烟鬼”，但都很长寿。

或许，抽烟带来的心理抚慰远大于它所造成的伤害。

D. 在有十万个样本的随机抽样调查中发现，在中国，受众最多的电视节目是《新闻联播》。

E. 政治家族的后代大多从政，且容易获得成功。

(6) 有些人经常提倡对枪支加强控制和管理，是因为他们认为当局应该恰当地管理有潜在伤害性的武器。但是他们也赞成管理厨房的刀具、铁棍甚至人们的手脚吗？

下面哪一项在使用与上面相同的论证方法，却在论证一个相反的观点？

A. 假如像枪这样有潜在伤害性的武器不需要被管理，那么为什么公民不能无政府管理地拥有自己的原子弹呢？

B. 假如通过一个管理系统控制枪支的所有者，罪犯使用和购买这样的武器不是更困难吗？

C. 因为第二修正案保证公民有携带武器的自由，这种权利由政府来限制不是违反宪法吗？

D. 因为政府发布许多条例管理日常活动，为什么它不能管理像使用手枪和来复枪这样严重的活动呢？

E. 假如要求政府管理枪支，那么有什么能阻止人们去要求政府管理弓箭、矛甚至鱼竿呢？

(7) 那些认为动物园的安全措施已十分齐备的人，面对下面的新闻报道应当清醒了。昨天，一对年轻父母不慎使自己的小孩落入猴山而被群猴抓伤，幸而管理人员及时赶到驱散群猴，将小孩送入医院抢救，才没有酿成严重后果。因此，应进一步检查动物园的安全措施。

以下哪项是对上述论证方法的恰当概括？

A. 从一个特定事件得出一个普遍结论。

B. 用个人而非逻辑的理由进行批评。

C. 将一个普遍的原理适用于一个特定的事例。

D. 混淆了某一事件所发生的原因。

E. 对相似但意义不同的术语的混淆。

(8) 章刚：据确认，超过80%的海洛因服用者都有服用大麻的历史。这样的证据似乎表明，吸大麻将确定无疑地导致服用海洛因。

王艳：或许吸大麻确实导致吸海洛因，但引用你提到的统计数据去证实这一点却是荒谬的，因为在服用海洛因的人中100%都有喝水的历史。

在回应章刚的论述时，王艳使用了下面哪一个论证技巧？

A. 提供证据表明章刚用来支持他的结论的统计数据是不准确的。

B. 对仅仅基于统计证据而确立因果关系的可能性提出质疑。

C. 提供一个例子表明，并非诱使服用海洛因的任何东西都是不安全的。

D. 通过表明章刚的推理将导致一个明显错误的结论来表明他的推理是有缺陷的。

E. 指明章刚的论证违反一个论证规则。

参考书目

S. Barnet, Hugo Bedau. Current Issues and Enduring Questions: A Guide to Critical Thinking and Argument with Readings. 6th edition. Boston: Bedford/St. Martin's, 2002.

M. Neil Browne, Stuart Keeley. Asking the Right Questions: A Guide to Critical Thinking. 11th edition. N. J.: Prentice Hall, 2014.（尼尔·布朗，斯图尔特·基利．学会提问．第 11 版．吴礼敬，译．北京：机械工业出版社，2019）

Irving M. Copi, Carl Cohen. Introduction to Logic. 11th edition. N. J.: Prentice Hall, 2002.（欧文·M. 柯匹，卡尔·科恩．逻辑学导论．第 11 版．张建军，等译．北京：中国人民大学出版社，2007）

Irving M. Copi. Symbolic Logic. 5th edition. N. J.: Prentice Hall, 1979.（I. M. 柯庇．符号逻辑．宋文坚，宋文淦，等译．北京：北京大学出版社，1988）

Irving M. Copi, Keith Burgess-Jackson. Informal Logic. 3rd edition. N. J.: Prentice Hall, 1995.

Richard L. Epstein. The Semantic Foundation of Logic. vol. Propositional Logic; vol. Predicate Logic. CA: Wadsworth Thomson Learning, 2001.

A. Fisher. Critical Thinking: An Introduction. New York: Cambridge University Press, 2001.

G. E. Hughes, M. J. A. Cresswell. New Introduction to Modal Logic. London and New York: Routledge, 1996.

P. A. Hurley. Concise Introduction to Logic. 10th edition. CA: Wadsworth Thomson Learning, 2008.（帕特里克·赫尔利．简明逻辑学导论．第 10 版．陈波，等译．北京：世界图书出版公司，2010）

J. D. McCawley. Everything that Linguists Have Always Wanted to Know about Logic, but Ashamed to Ask. Oxford: Blackwell, 1981.（J. D. 麦考莱．语言逻辑分析：语

言学家关注的一切逻辑问题．王维贤，等译．杭州：杭州大学出版社，1998）

B. N. Moore，R. Parker. Critical Thinking. 6th edition. McGraw-Hill Higher Education，2003.（布鲁克·摩尔，理查德·帕克．批判的思考．余飞，谢友倩，译．北京：东方出版社，2007）

H. Mortimer. The Logic of Induction. Chichester：Ellis Horwood Limited，1988.

Richard W. Paul，Linda Elder. Critical Thinking：Tools for Taking Charge of Your Professional and Personal Life. N. J.：Prentice Hall，2002.（理查德·保罗，琳达·埃尔德．思考的力量：批判性思考成就卓越人生．丁薇，译．上海：上海人民出版社，2006）

R. L. Purtill. Logic for Philosophers. New York：Harper and Row，1971.

W. V. Quine. Methods of Logic. New York：Holt，1950.

P. Tidman，Paul Kahane. Logic and Philosophy：A Modern Introduction. 9th edition. CA：Wadsworth Thomson Learning，2002.（保罗·蒂德曼，霍华德·卡哈尼．逻辑与哲学：现代逻辑导论．第九版．张建军，等译．北京：中国人民大学出版社，2017）

R. M. Sainsbury. Logical Forms. Oxford：Blackwell，1991.

P. F. Strawson. Introduction to Logical Theory. London：Methuen and Co. Ltd.，1952.

陈波．逻辑学是什么．北京：北京大学出版社，2002.

陈波．逻辑哲学．北京：北京大学出版社，2005.

陈波．逻辑学十五讲．北京：北京大学出版社，2008.

陈波．逻辑哲学研究．北京：中国人民大学出版社，2013.

陈波．悖论研究．第二版．北京：北京大学出版社，2017.

陈波．思维魔方：让哲学家和数学家纠结的悖论．北京：北京大学出版社，2014.

陈慕泽．数理逻辑教程．上海：上海人民出版社，2001.

陈晓平．归纳逻辑与归纳悖论．武汉：武汉大学出版社，1994.

陈晓平．贝叶斯方法与科学合理性：对休谟问题的思考．北京：人民出版社，2010.

陈宗明．汉语逻辑概论．北京：人民出版社，1993.

邓生庆．归纳逻辑：从古典向现代类型的演进．成都：四川大学出版社，1991.

谷振诣，刘壮虎．批判性思维教程．北京：北京大学出版社，2006.

汉密尔顿．数理逻辑．朱水林，译．上海：华东师范大学出版社，1986.

胡世华，陆钟万．数理逻辑基础．北京：科学出版社，上册，1981；下册，1982.

胡耀鼎，张清宇．数理逻辑．北京：中国标准出版社，1985.

江天骥．归纳逻辑导论．长沙：湖南人民出版社，1987.

金岳霖．形式逻辑．北京：人民出版社，1979.

斯蒂芬·里德．对逻辑的思考：逻辑哲学导论．李小五，译．沈阳：辽宁教育出版社，1998.

斯特拉·科特雷尔．批判性思维训练手册．李天竹，译．北京：北京大学出版社，2013.

宋文坚．逻辑学．北京：人民出版社，1998.

宋文坚．新逻辑教程．北京：北京大学出版社，1992.

宋文淦．符号逻辑基础．北京：北京师范大学出版社，1993.
苏佩斯．逻辑导论．宋文淦，等译．北京：中国社会科学出版社，1984.
塔尔斯基．逻辑与演绎科学方法论导论．周礼全，等译．北京：商务印书馆，1963.
王维贤，李先焜，陈宗明．语言逻辑引论．武汉：湖北教育出版社，1989.
王宪钧．数理逻辑引论．北京：北京大学出版社，1982.
武宏志，周建武．批判性思维：论证逻辑视角．北京：中国人民大学出版社，2005.
吴家国，等．普通逻辑．增订本．上海：上海人民出版社，1993.
张尚水．数理逻辑导引．北京：中国社会科学出版社，1990.
中国人民大学哲学系逻辑教研室．逻辑学．北京：中国人民大学出版社，2002.
周礼全．模态逻辑引论．上海：上海人民出版社，1986.
周礼全．逻辑：正确思维和成功交际的理论．北京：人民出版社，1994.
周北海．模态逻辑导论．北京：北京大学出版社，1997.
诸葛殷同，等．形式逻辑原理．北京：人民出版社，1982.

推荐阅读书目

使用本教材的学生，还可以把下列书目作为课外读物、辅助读物或延伸读物。

欧文·M. 柯匹，卡尔·科恩. 逻辑学导论. 第 11 版. 张建军，等译. 北京：中国人民大学出版社，2007.

帕特里克·赫尔利. 简明逻辑学导论. 第 10 版. 陈波，等译. 北京：世界图书出版公司，2010.

保罗·蒂德曼，霍华德·卡哈尼. 逻辑与哲学：现代逻辑导论. 第九版. 张建军，等译. 北京：中国人民大学出版社，2017.

尼尔·布朗，斯图尔特·基利. 学会提问. 第 11 版. 吴礼敬，译. 北京：机械工业出版社，2019.

金岳霖. 形式逻辑. 北京：人民出版社，1979.

周礼全. 逻辑：正确思维和成功交际的理论. 北京：人民出版社，1994.

吴家国，等. 普通逻辑. 增订本. 上海：上海人民出版社，1993.

宋文坚. 逻辑学. 北京：人民出版社，1998.

王宪钧. 数理逻辑引论. 北京：北京大学出版社，1982.

宋文淦. 符号逻辑基础. 北京：北京师范大学出版社，1993.

陈慕泽. 数理逻辑教程. 上海：上海人民出版社，2001.

陈波. 逻辑学是什么. 北京：北京大学出版社，2002.

陈波. 逻辑哲学. 北京：北京大学出版社，2005.

陈波. 逻辑学十五讲. 北京：北京大学出版社，2008.

陈波. 思维魔方：让哲学家和数学家纠结的悖论. 北京：北京大学出版社，2014.

中国人民大学哲学系逻辑教研室. 逻辑学. 北京：中国人民大学出版社，2002.

谷振诣，刘壮虎. 批判性思维教程. 北京：北京大学出版社，2006.

图书在版编目（CIP）数据

逻辑学导论/陈波著．--5版．--北京：中国人民大学出版社，2023.9

新编21世纪哲学系列教材

ISBN 978-7-300-32168-4

Ⅰ.①逻… Ⅱ.①陈… Ⅲ.①逻辑学-高等学校-教材 Ⅳ.①B81

中国国家版本馆CIP数据核字（2023）第174408号

普通高等教育“十一五”国家级规划教材

新编21世纪哲学系列教材

逻辑学导论（第5版）

陈　波　著

Luojixue Daolun

出版发行	中国人民大学出版社		
社　　址	北京中关村大街31号	**邮政编码**	100080
电　　话	010－62511242（总编室）		010－62511770（质管部）
	010－82501766（邮购部）		010－62514148（门市部）
	010－62515195（发行公司）		010－62515275（盗版举报）
网　　址	http://www.crup.com.cn		
经　　销	新华书店		
印　　刷	北京溢漾印刷有限公司	**版　　次**	2003年1月第1版
开　　本	787 mm×1092 mm　1/16		2023年9月第5版
印　　张	18.75　插页1	**印　　次**	2025年9月第3次印刷
字　　数	423 000	**定　　价**	49.00元